Bilanzbuchhalter-Prüfung Band II
für Dummies

Hans J. Nicolini
Alexander Betov
Ulrich Schwiete

Bilanzbuchhalter-Prüfung Band II für dummies®

WILEY-VCH GmbH

Bilanzbuchhalter-Prüfung Band II für Dummies

Bibliografische Information der Deutschen Nationalbibliothek

Die Deutsche Nationalbibliothek verzeichnet diese Publikation in der Deutschen Nationalbibliografie; detaillierte bibliografische Daten sind im Internet über `http://dnb.d-nb.de` abrufbar.

Coverfoto: © stockpics – stock.adobe.com
Korrektur: Johanna Rupp, Walldorf
Satz: Straive, Chennai, India
Druck und Bindung:

Print ISBN: 978-3-527-72204-4
ePub ISBN: 978-3-527-84785-3

Über die Autoren

Alexander Betov (MBA, M. Sc.) studierte internationale Betriebswirtschaft und Psychologie in den Niederlanden, England und Monaco. Seit vielen Jahren ist er im internationalen Marketing tätig und lehrt als Dozent Führung, Management und Marketing an Hochschulen und Universitäten in den Niederlanden, England und Deutschland. In der beruflichen Weiterbildung unterrichtet er zudem Kommunikation, Führung und Zusammenarbeit, insbesondere als Vorbereitung auf die Bilanzbuchhalterprüfung.

Udo Cremer, Bilanzbuchhalter, Diplom-Kaufmann (FH), ist seit Jahren als freiberuflicher Dozent im Rahmen der Weiterbildung zum Bilanzbuchhalter tätig. In der beruflichen Weiterbildung unterrichtet er vor allem die Fächer Jahresabschluss, Umsatzsteuer, Körperschaftsteuer, Einkommensteuer und Gewerbesteuer. Außerdem ist er Prüfer in mehreren IHK-Prüfungsausschüssen für Bilanzbuchhalter und Wirtschaftsfachwirte. Als Autor hat er bereits mehrere Bücher zu den Themen Jahresabschluss und Steuerrecht geschrieben und verfasst regelmäßig fachspezifische Beiträge in zahlreichen Zeitschriften.

Sigrid Matthes (Industriekauffrau, Diplom-Ökonomin) ist seit vielen Jahren als freiberufliche Dozentin im Raum Köln/Bonn tätig. In Unternehmen führt sie betriebliche Schulungen von Mitarbeitenden im Rechnungswesen durch und bereitet kaufmännische Auszubildende auf ihre Abschlussprüfungen vor. In der beruflichen Weiterbildung unterrichtet sie seit vielen Jahren schwerpunktmäßig Kosten- und Leistungsrechnung für Fachwirte und Bilanzbuchhalter und engagiert sich als Prüferin in einem Prüfungsausschuss der IHK. Als Autorin hat sie bereits einige Bücher zur Vorbereitung auf Weiterbildungsprüfungen geschrieben. Dabei ist es ihr ein besonderes Anliegen, die Prüfungsinhalte so darzustellen, dass nicht nur die Prüfung bestanden wird, sondern auch der Transfer in die Praxis gelingt.

Hans J. Nicolini, Diplom-Kaufmann, studierte Betriebswirtschaftslehre an der Universität Köln und promovierte zum Thema »Marktmacht«. Ergänzend erfolgte ein Studium an der Fernuniversität Hagen zum Arbeitsrecht und zur Erwachsenenpädagogik. An öffentlichen und privaten Bildungseinrichtungen hat er in leitender Funktion Lehrgänge konzipiert und organisiert. Als Professor, Lehrbeauftragter und Dozent hat er die Situation von Lernenden in unterschiedlichen Studiengängen kennengelernt. Sein Interesse gilt besonders der angemessenen, fairen und gerechten Durchführung von Prüfungen. Er ist Verfasser von zahlreichen Büchern und Fachbeiträgen.

Knud Rosenboom (Diplom-Kaufmann, Studiendirektor) hat nach seinem Studium an der Universität des Saarlandes mit den Schwerpunkten Wirtschaftsprüfung, Steuerlehre sowie Steuerrecht viele Jahre im Konzernrechnungswesen einer börsennotierten Aktiengesellschaft sowie als Prüfer bei einer großen Wirtschaftsprüfungsgesellschaft gearbeitet. Heute leitet er ein kaufmännisches Berufskolleg. Er ist Mitglied in mehreren Bilanzbuchhalter-Prüfungsausschüssen sowie Berufsbildungsausschüssen und ist als freiberuflicher Dozent in den Bereichen nationale und internationale Rechnungslegung sowie Kosten- und Leistungsrechnung tätig.

Ulrich E. Schwiete, Diplom-Volkswirt, ist tätig als fachbezogener Lehrbeauftragter bei mehreren Hochschulen. Er engagiert sich seit über 35 Jahren in verschiedenen Funktionen bezogen auf die kaufmännische Fortbildung unter privaten oder öffentlich-rechtlichen Trägerschaften. In Lehrgängen zur Vorbereitung auf die Bilanzbuchhalterprüfung hat er als Dozent und später in pädagogischer Leitungsfunktion einschlägige Erfahrungen gesammelt. Eine zielgerichtete Vermittlung von Inhalten stand dabei im Mittelpunkt. Als Mitglied von IHK-Ausschüssen zur Bilanzbuchhalterprüfung ging es ihm stets um faire Prüfungskonzeptionen. Er hat bereits diverse fachbezogene Literatur und Lernmaterialien verfasst.

Auf einen Blick

Inhaltsverzeichnis

Einleitung

Aha, Sie möchten also Bilanzbuchhalter werden? Respekt! Oder spielen Sie zumindest mit dem Gedanken? Eine gute Idee. Ihre persönliche Zufriedenheit und der Arbeitsmarkt werden es Ihnen danken.

Diese Prüfung gehört zu den ältesten und renommiertesten – aber auch zu den anspruchsvollsten – kaufmännischen Fortbildungsprüfungen überhaupt. Lassen Sie sich bei der Prüfungsvorbereitung von erfahrenen Experten helfen! Wir freuen uns, dass Sie sich für dieses Buch entschieden haben.

Über dieses Buch

Sechs erfahrene Trainer und IHK-Prüfer präsentieren Ihnen ihr Fachwissen, erklären Ihnen den Prüfungsstoff verständlich und bereiten ihn mithilfe von anschaulichen Beispielen für Sie auf. Sie geben Ihnen Tipps, was Sie in der Prüfung erwartet, und weisen Sie auf wesentliche Fallen bei den Aufgaben hin. Geballtes Fachwissen wird *dummiesgemäß* verständlich präsentiert!

Den gesamten Stoff des Rahmenplanes für die Bilanzbuchhalter-Prüfung haben wir Ihnen ausführlich in drei Bänden zusammengestellt. Vielleicht fragen Sie sich, was Sie in welchem Band finden?

Die Aufteilung orientiert sich an den drei Situationsaufgaben, die Sie in Ihrer schriftlichen Prüfung bearbeiten müssen. Abbildung 1 zeigt Ihnen die Verteilung der Handlungsbereiche (So heißen die »Fächer« in der Prüfungsordnung) auf die drei Bände. Sie können jeden Band einzeln nutzen.

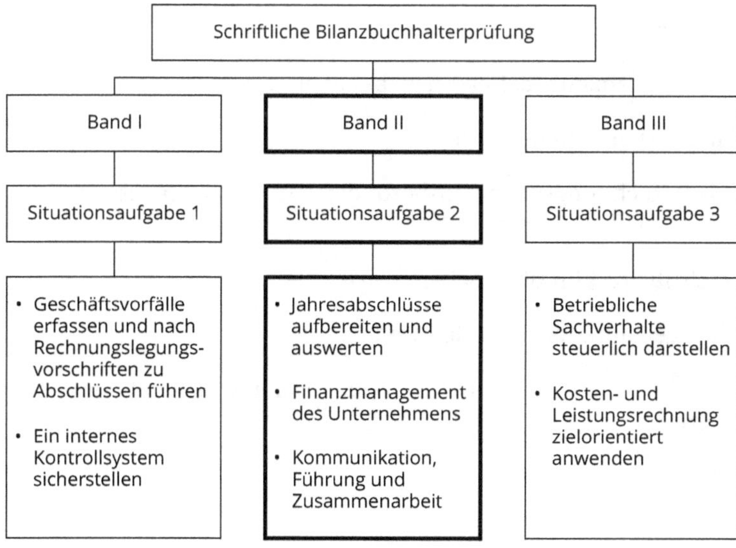

Abbildung 1: Schriftliche Bilanzbuchhalter-Prüfung

In diesem Band II geht es um die drei Handlungsbereiche

- Jahresabschlüsse aufbereiten und auswerten,
- Finanzmanagement des Unternehmens,
- Kommunikation, Führung und Zusammenarbeit,

denen Sie in der Prüfung bei der Bearbeitung der zweiten Situationsaufgabe wiederbegegnen werden.

Konventionen in diesem Buch

Keine Sorge! In diesem Buch werden Sie nicht mit Fachwissen behelligt, das Sie in der Prüfung nicht benötigen. Die drei Bände decken die Anforderungen des IHK-Rahmenplans für die Bilanzbuchhalter-Prüfung vollständig ab – nicht mehr, aber auch nicht weniger.

Sie sollten allerdings bereits über Buchführungskenntnisse verfügen. Die sind zwar kein eigenständiges Prüfungsthema, werden aber grundsätzlich vorausgesetzt und können auch in Form von Buchungssätzen in Prüfungsaufgaben mit abgefragt werden.

Eine Besonderheit ergibt sich bei den Formeln: In der schriftlichen Prüfung steht Ihnen eine IHK-Formelsammlung zur Verfügung, Sie müssen die Formeln erfreulicherweise nicht auswendig können. In den *Dummies*-Bänden werden deshalb ausschließlich diese Formeln genutzt – auch dann, wenn es andere Möglichkeiten der Darstellung gibt.

Törichte Annahmen über die Leser

Wir vermuten, dass Sie dieses Buch in die Hand nehmen, weil Sie

- mit dem Gedanken spielen, Bilanzbuchhalter/Bilanzbuchhalterin zu werden,
- sich dazu auf die Prüfung vorbereiten möchten,
- bereits Vorwissen aus dem Rechnungswesen, insbesondere aus der Buchhaltung, mitbringen,
- Ihre nächsten Karriereschritte fest im Blick haben,
- Ihren Wissensdurst auf angenehme Weise stillen wollen,
- Ihren Lerneifer befriedigen möchten, der es Ihnen erlaubt, sich intensiv mit dem Prüfungsstoff zu beschäftigen.

Wie dieses Buch aufgebaut ist

Wie alle *... für Dummies*-Bücher ist auch dieses in Teile aufgeteilt, und zwar in die folgenden:

Teil I: Genau hinsehen: Jahresabschlüsse auswerten

In Teil I geht es um den Jahresabschluss. Die Jahresabschlussanalyse setzen Sie ein, um dem Jahresabschluss zusätzliche Informationen zu entlocken, die Sie ihm selbst so nicht entnehmen können. Sie stellen damit fest, inwieweit das Unternehmen

- ✔ in der Vergangenheit in der Lage war und
- ✔ in der Zukunft in er Lage sein wird,

seine betriebswirtschaftlichen Ziele zu erreichen.

Der Jahresabschluss ist zwar vergangenheitsbezogen, stellt aber einen Indikator dar für die zukünftige Entwicklung. Mit der strategischen Analyse unternehmen Sie auch einen Blick in die Zukunft.

Teil II: Finanzmanagement

In diesem Teil lernen Sie einen zentralen Aspekt der unternehmerischen Tätigkeit kennen: Ohne finanzielle Mittel kann kein Unternehmen dauerhaft existieren. Sie erfahren, welche Möglichkeiten Ihnen zu Beschaffung von Finanzmitteln zur Verfügung stehen, wie Sie den damit verbundenen Risiken entgegenwirken können und welche Sicherungsinstrumente Ihnen zur Verfügung stehen. In einem zentralen Abschnitt werden die Investitionen und insbesondere die Verfahren der Investitionsrechnung vorgestellt. Schließlich erfahren Sie, welche Besonderheiten Sie im internationalen Handel beachten müssen.

Teil III: Kommunikation, Führung und Zusammenarbeit

Im dritten Teil stehen die zwischenmenschlichen Aspekte der Unternehmensführung im Mittelpunkt. Sie lernen, wie klare und effektive Kommunikation nicht nur die Zusammenarbeit im Team und das Verständnis zwischen Mitarbeitenden und Führungskräften stärkt, sondern auch eine Basis für erfolgreiche Konfliktlösungen schafft. Sie erfahren auch, wie Sie mit modernen Führungstechniken Teams motivieren, deren Leistungsfähigkeit steigern und gemeinsam gesetzte Ziele effizient erreichen. Praktische Methoden im Personalmanagement und Strategien für wirkungsvolle Präsentationen runden diesen Teil ab.

Teil IV: Der Top-Ten-Teil

Im Top-Ten-Teil erhalten Sie Tipps und Tricks zur Prüfungsvorbereitung.

Symbole, die in diesem Buch verwendet werden

Wie in allen ... *für Dummies*-Büchern begegnet Ihnen auch in diesem eine Reihe von Symbolen:

Hier finden Sie Dinge, die Sie sich merken sollten oder die bemerkenswert sind.

Tipps, insbesondere für die Bilanzbuchhalterprüfung, erhalten Sie bei diesem Symbol.

Hier finden Sie Definitionen für wichtige Begriffe.

Beispiele, die das Erklärte veranschaulichen, gibt es hier.

Aufgepasst heißt es, wenn Sie dieses Symbol sehen.

Wie es weitergeht

Jetzt sind Sie dran. Nehmen Sie sich genügend Zeit, innerhalb der einzelnen Teile die Kapitel in der vorgesehenen Reihenfolge durchzuarbeiten. Wenn Sie aber schon über Vorkenntnisse verfügen, hilft Ihnen das Stichwortverzeichnis, schnell die Themen zu finden, die Sie gerade interessieren.

Vergessen Sie nicht, sich die Beispielaufgaben anzusehen. Sie merken dann, ob Sie den Stoff wirklich beherrschen und erhalten für den Ernstfall ein Gespür für die Art der Fragenstellungen.

Und dann geht es ja noch mal los: Wenn Sie alle drei Situationsaufgaben erfolgreich gemeistert haben, wartet noch die mündliche Prüfung auf Sie. Aber das ist eine weitere Herausforderung, erst mal werden Sie mit der Vorbereitung auf die schriftliche Prüfung ausreichend beschäftigt sein.

Lassen Sie sich in Ihren Vorbereitungen zwischendurch nicht entmutigen – aller Anfang ist schwer. Es ist völlig normal, wenn Sie zu Beginn Ihrer Studien beim Lösen von Aufgaben erst einmal komplett neben der Musterlösung liegen. Beim regelmäßigen Training anhand von Prüfungsaufgaben werden Sie mit der Zeit erkennen, dass die Inhalte wiederkehren und sich Wiederholungseffekte zu Ihrer Zufriedenheit und Beruhigung einstellen.

Verlag und Autoren wünschen Ihnen viel Spaß bei der Lektüre und viel Erfolg bei Ihrer Prüfung.

Teil I
Genau hinsehen: Jahresabschlüsse auswerten

IN DIESEM TEIL ...

Die Jahresabschlussanalyse setzen Sie ein, um dem Jahresabschluss zusätzliche Informationen zu entlocken, die Sie dem Jahresabschluss selbst so nicht entnehmen können. Sie stellen damit fest, inwieweit das Unternehmen in der Vergangenheit in der Lage war und in der Zukunft in er Lage sein wird, seine betriebswirtschaftlichen Ziele zu erreichen.

Der Jahresabschluss ist zwar vergangenheitsbezogen, stellt aber einen Indikator dar für die zukünftige Entwicklung. Mit der strategischen Analyse unternehmen Sie auch einen Blick in die Zukunft.

IN DIESEM KAPITEL

Ziele und Adressaten

Informationsquellen

Vorgehen bei einer Jahresabschlussanalyse

Kapitel 1
Bevor es losgeht: Die Grundlagen von Jahresabschlüssen

In diesem Kapitel erfahren Sie, warum eine Jahresabschlussanalyse durchgeführt wird und welche Instrumente Ihnen dabei zur Verfügung stehen. Sie erkennen die Interessen, Voraussetzungen und Ziele, die Ihr Handeln beeinflussen. Schließlich lernen Sie die grundsätzlichen Möglichkeiten kennen, wie Sie bei einer Analyse vorgehen können.

Notwendigkeit der Analyse von Jahresabschlüssen

Unternehmen sind verpflichtet, einen Jahresabschluss mit *Bilanz* und *Gewinn- und Verlustrechnung* (GuV) aufzustellen.

- ✔ **Bei Kapitalgesellschaften** müssen Sie den Jahresabschluss um einen Anhang erweitern (§ 264 Abs. 1 HGB). Zusätzlich müssen Sie noch einen *Lagebericht* aufstellen (§ 289 HGB).
- ✔ **Bei kapitalmarktorientierten Kapitalgesellschaften** müssen Sie zwingend eine *Kapitalflussrechnung* und einen *Eigenkapitalspiegel* erstellen (§ 264 Abs. 1 Satz 2 HGB). Eine Erweiterung um eine Segmentberichterstattung können Sie vornehmen.

Während der HGB-Abschluss den rechtlichen Vorschriften entsprechen muss, streben Sie bei der Jahresabschlussanalyse eine betriebswirtschaftliche Beurteilung an.

Die Zahlen, die Sie im Jahresabschluss finden, sind nur aussagefähig, wenn sie richtig gelesen werden können. Die Instrumente dazu stellt Ihnen die Jahresabschlussanalyse zur Verfügung.

Um ein Gesamtbild der wirtschaftlichen Lage eines Unternehmens erstellen zu können, müssen Sie verschiedene Teilaspekte untersuchen. Umfang und Gewichtung sind dabei einerseits von Ihrem Erkenntnisinteresse und andererseits von den Informationen abhängig, die Ihnen für die Analyse zur Verfügung stehen. Abbildung 1.1 zeigt Ihnen die unterschiedlichen Möglichkeiten.

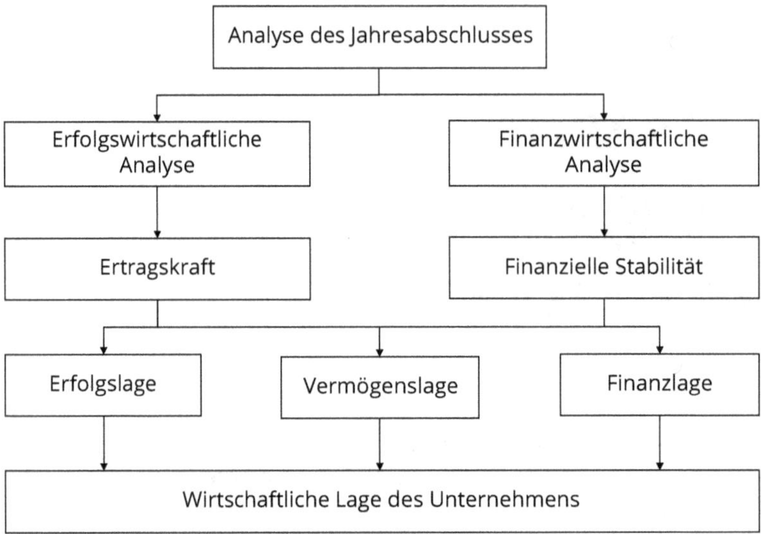

Abbildung 1.1: Analyse eines Jahresabschlusses

Mit der Jahresabschlussanalyse steht Ihnen ein systematisches Verfahren zur Verfügung, mit dem Sie die Informationen aus dem Jahresabschluss einsetzen, um zusätzliche Erkenntnisse über die wirtschaftliche Lage und über die Zukunftsaussichten eines Unternehmens zu erhalten.

Ziele der Jahresabschlussanalyse

Die Jahresabschlussanalyse soll Ihnen – ausgehend von den Informationen zur Vermögens-, Finanz- und Ertragslage, die gemäß § 264 Abs. 2 HGB ein den tatsächlichen Verhältnissen entsprechendes Bild vermitteln sollen – ein betriebswirtschaftlich gerechtfertigtes *Gesamturteil* zur aktuellen wirtschaftlichen Lage eines Unternehmens und seiner zukünftigen Entwicklung ermöglichen.

Zentrales Ziel der Jahresabschlussanalyse ist die Ermittlung der wirtschaftlichen Lage eines Unternehmens.

Stakeholder: Adressaten der Jahresabschlussanalyse

Die Jahresabschlussanalyse erstellen Sie für die *Stakeholder* des Unternehmens. Das sind Personen und Personengruppen oder Institutionen, die zu dem Unternehmen in irgendeiner Weise in Beziehung stehen. Die Abbildung 1.2 ermöglicht Ihnen einen Eindruck von den unterschiedlichen Interessenten.

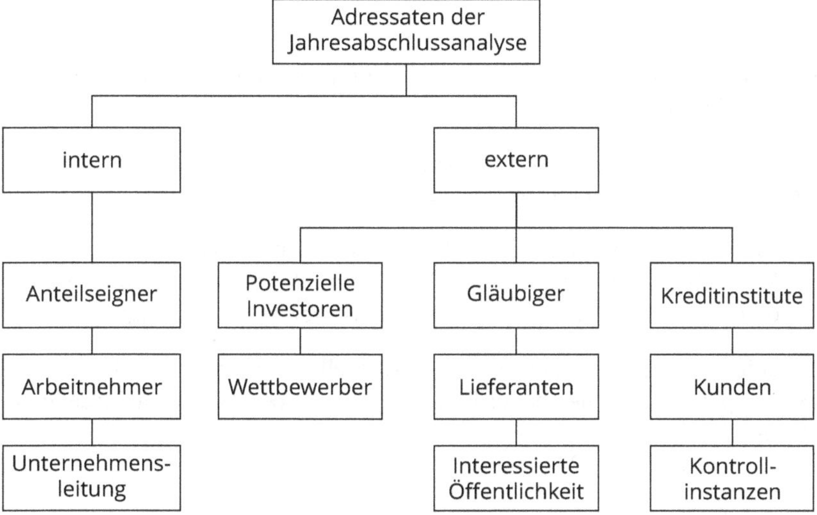

Abbildung 1.2: Adressaten der Jahresabschlussanalyse

- ✔ **Die Anteilseigner** haben ein Interesse an der Verzinsung ihres investierten Kapitals und an der langfristigen Wertsteigerung ihrer Anteile.
- ✔ **Der Aufsichtsrat** vertritt die Interessen der Eigentümer. Er kann die Ergebnisse der Jahresabschlussanalyse als Beurteilungs- und Entscheidungskriterien nutzen.
- ✔ **Die Arbeitnehmer** und ihre Vertretungsorganisationen (zum Beispiel Betriebsrat, Gewerkschaften) interessiert die Sicherheit ihrer Arbeitsplätze und die abschätzbare Gehalts- und Karriereentwicklung.
- ✔ **Die Unternehmensleitung** kann mit den betriebswirtschaftlichen Daten ihren Erfolg belegen. Sie nutzt die Ergebnisse der Jahresabschlussanalyse als Lenkungs- und Kontrollinstrument.
- ✔ **Potenzielle Investoren** können mithilfe der Analyse ihr mögliches Engagement einschätzen.
- ✔ **Die Gläubiger** erhalten Informationen über die aktuelle und zukünftige Fähigkeit des Unternehmens, Tilgungs- und Zinszahlungen termingerecht leisten zu können.
- ✔ **Kreditinstitute** brauchen Sicherheit bei der Vergabe von Darlehen. Die Jahresabschlussanalyse bildet die Grundlage für die Festlegung der Konditionen.

Die Banken sind verpflichtet, sich ein umfassendes Bild über die wirtschaftlichen Verhältnisse des Kreditnehmers zu verschaffen (§18 KWG).

- ✔ **Die Konkurrenten** können bei der Ausrichtung ihrer eigenen Strategien auch die Ertrags- und Finanzlage ihres Wettbewerbers berücksichtigen. Durch einen Vergleich können sie ihre eigene Leistungsfähigkeit erkennen.
- ✔ **Die Lieferanten** streben eine langfristige Geschäftsbeziehung an. Bei Vertragsabschlüssen können die Informationen aus der Jahresabschlussanalyse ihre Verhandlungspositionen beeinflussen.
- ✔ **Die Kunden** interessiert, ob das Unternehmen seinen Liefer- und Gewährleistungsverpflichtungen nachkommen kann.
- ✔ **Kontrollinstanzen** wie Abschlussprüfer, das Kartellamt, die Finanzverwaltung und andere informieren sich im Rahmen ihrer Aufgabenstellung.
- ✔ **Die Öffentlichkeit** erwartet, dass die Unternehmen ihren wirtschaftlichen und gesellschaftlichen Verpflichtungen nachkommen. Die Presse, die Industrie- und Handelskammern und andere stellen dazu Analyseergebnisse gezielt zur Verfügung.

Die unterschiedlichen Adressaten haben individuell unterschiedliche Erwartungen. Diesen Aspekt dürfen Sie bei der Erstellung der Jahresabschlussanalyse nicht vernachlässigen.

Das Maßgeblichkeitsprinzip

Unabhängig von der Analyse müssen Sie für den Fiskus eine *Steuerbilanz* erstellen. Die Steuerbilanz baut auf den handelsrechtlichen Bilanzierungsvorschriften auf. Nach § 5 Abs. 1 EStG richten sich die Ansätze der Steuerbilanz grundsätzlich nach den handelsrechtlichen Grundsätzen ordnungsmäßiger Buchführung.

Von diesem *Maßgeblichkeitsprinzip* weichen steuerliche Bestimmungen in Einzelfällen ab, weil ihre Zielsetzung die Bestimmung des zu versteuernden Vermögenszuwachses ist (vergleiche § 4 Abs.1 EStG).

Die Steuerbilanz ist nicht Gegenstand der Jahresabschlussanalyse.

Wer suchet, der findet: Informationsquellen

Machen Sie sich nochmals klar, dass jede Analyse nur so gut sein kann wie die Informationen, auf denen sie beruht.

Klaus Spiegel betreibt die Glaserei »Bruchstück«. Er möchte wissen, wie hoch der Umsatz im vergangenen Monat war. Eine zuverlässige Information kann er sich nur beschaffen, wenn die Kasse korrekt geführt ist und alle Forderungen gebucht sind.

Damit die Analyse aktuell, zuverlässig und umfassend ist, müssen Sie Unterlagen der unterschiedlichsten Art aus dem untersuchten Unternehmen selbst heranziehen, aber auch weitere Quellen nutzen. Abbildung 1.3 zeigt Ihnen die grundsätzlichen Möglichkeiten.

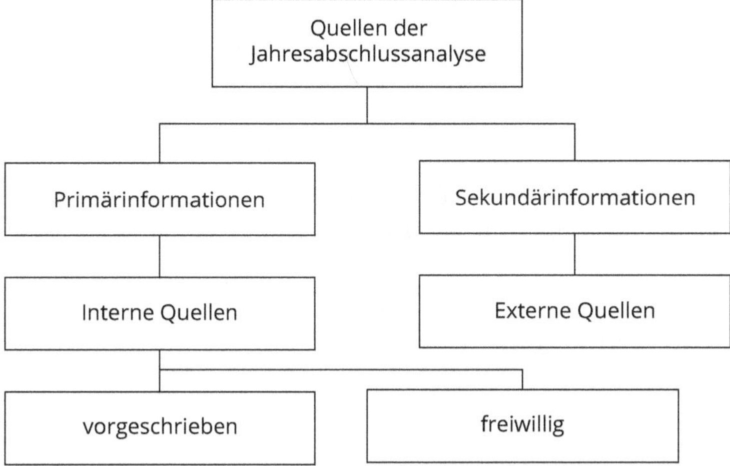

Abbildung 1.3: Quellen der Jahresabschlussanalyse

Primärinformationen werden von den Unternehmen selbst veröffentlicht. Dazu gehören:

- ✔ *Pflichtveröffentlichungen*, deren Umfang bei Kapitalgesellschaften von der Größenklasse (vergleiche §§ 267 ff. HGB) abhängt. Tabelle 1.1 zeigt Ihnen die Unterschiede.

	Kleinstkapitalgesellschaften § 267a HGB	**Kleine Kapitalgesellschaften § 267 Abs. 1 HGB**	**Mittelgroße Kapitalgesellschaften § 267 Abs. 2 HGB**	**Große Kapitalgesellschaften § 267 Abs. 3 HGB**
Bilanz	Kurzform	Kurzform	erweiterte Kurzform	X
GuV			Kurzform	X
Anhang		Kurzform	erweiterte Kurzform	X
Lagebericht			X	X

Tabelle 1.1: Pflichtveröffentlichungen

Einzelunternehmen und Personengesellschaften, bei denen mindestens ein Gesellschafter eine natürliche Person ist, müssen keinen Anhang und keinen Lagebericht aufstellen.

- ✔ *weitere Informationsmöglichkeiten der unterschiedlichsten Art,* die ursprünglich nicht für Analysezwecke gedacht sind, Ihnen aber in vielen Fällen ebenfalls wertvolle Hinweise liefern, zum Beispiel:
  - Reden auf der Hauptversammlung
  - Pressekonferenzen
  - Aktionärsbriefe
  - Werbeschriften
  - Homepage

Sekundärinformationen, stammen nicht von dem Unternehmen selbst, können aber trotzdem Ihre Einschätzung erweitern und verbessern, zum Beispiel:

- ✔ Bankeninformationen
- ✔ Publikationen von Fach- und Wirtschaftsverbänden
- ✔ Wirtschaftsdatenbanken
- ✔ Tageszeitungen
- ✔ Fachzeitschriften
- ✔ Wirtschaftssendungen in Radio und Fernsehen
- ✔ Börsenmitteilungen
- ✔ Veröffentlichungen von Industrie- und Handelskammern und von Wirtschaftsverbänden
- ✔ Statistische Ämter
- ✔ Deutsche Bundesbank
- ✔ Beiträge im Internet

Der Umfang Ihrer Jahresabschlussanalyse ist abhängig von der Art des Unternehmens, weil Sie dabei unterschiedliche Informationsquellen nutzen können.

Funktionen der Jahresabschlussanalyse

Wenn Sie die *Informationsquellen* sorgfältig gewählt haben und die hauptsächlichen Adressaten feststehen, verdeutlichen Sie sich, welche Funktionen die Jahresabschlussanalyse jetzt übernehmen kann (siehe Abbildung 1.4):

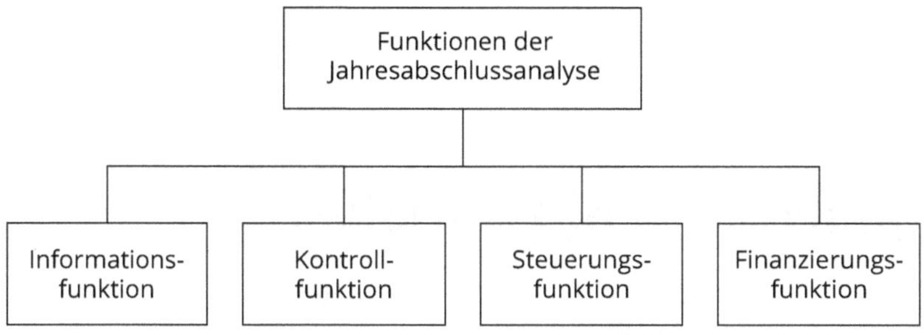

Abbildung 1.4: Funktionen der Jahresabschlussanalyse

- **Informationsfunktion**: Durch die Jahresabschlussanalyse können Sie – über die Angaben im Jahresabschluss hinausgehende – weitere detaillierte Informationen über die wirtschaftliche Lage des Unternehmens gewinnen, insbesondere zur finanziellen Stabilität, zur Ertragskraft und zum Erfolgspotenzial. Für Externe, die aus den unterschiedlichsten Gründen mit dem Unternehmen verbunden sind oder ein Engagement erwägen, können das wertvolle Hinweise sein.
- **Kontrollfunktion**: Sie dient Ihnen zur Überprüfung und Beurteilung von Unternehmensentscheidungen. Dazu stellen Sie die verdichteten Informationen, die Sie durch die Jahresabschlussanalyse erhalten haben, *Zielgrößen* gegenüber. Das können

  - Vergleichszahlen aus früheren Perioden,
  - Vergleichszahlen von anderen Unternehmen oder
  - Soll-Werte sein, die aktuell für das Unternehmen entwickelt worden sind.

  Durch den Vergleich können Sie das gesamte Unternehmen oder auch nur bestimmte Sachverhalte beurteilen. Ob Sie einen Tatbestand dann als positiv oder negativ einschätzen, hängt von den angewandten Bewertungsmaßstäben und Ihren subjektiven Vorstellungen ab.
- **Steuerungsfunktion**: Durch die Jahresabschlussanalyse und besonders aus der Interpretation der Kennzahlen erhalten Sie eine fundierte Grundlage, um betriebliche Entscheidungen treffen zu können.

  Die Erkenntnisse dienen Ihnen insbesondere als Grundlage für betriebliche Planungsentscheidungen. Die Jahresabschlussanalyse ermöglicht Ihnen also auch die Nutzung von Chancen im Unternehmen.

- **Finanzierungfunktion:** Die Jahresabschlussanalyse dient Ihnen als Grundlage für Entscheidungen zur Bereitstellung von Eigen- und besonders von Fremdkapital. Wenn Sie bei einem Kreditinstitut ein Darlehen beantragen, werden bei der Bewilligung und bei der Festlegung der Konditionen die Ergebnisse der Analyse herangezogen.

Weil ihnen das Vorgehen der Banken bekannt ist, werden die Darlehensnehmer bei der Gestaltung der Bilanzpolitik die Interessenlage der Kreditinstitute antizipieren.

So geht es: Arten der Jahresabschlussanalyse

Je nach Erkenntnisziel, Informationsquellen und -möglichkeiten der Analysten werden Sie bei der Jahresabschlussanalyse unterschiedlich vorgehen.

Interne und externe Jahresabschlussanalyse

Je nachdem, woher Sie die Daten für Ihre Analyse erhalten, unterscheiden Sie zwischen der internen und der externen Analyse (siehe Abbildung 1.5).

Die *interne Jahresabschlussanalyse* bezieht sich auf das eigene Unternehmen. Mit einer *externen Analyse* wird der Jahresabschluss eines Unternehmens untersucht, dem die Analysten nicht angehören.

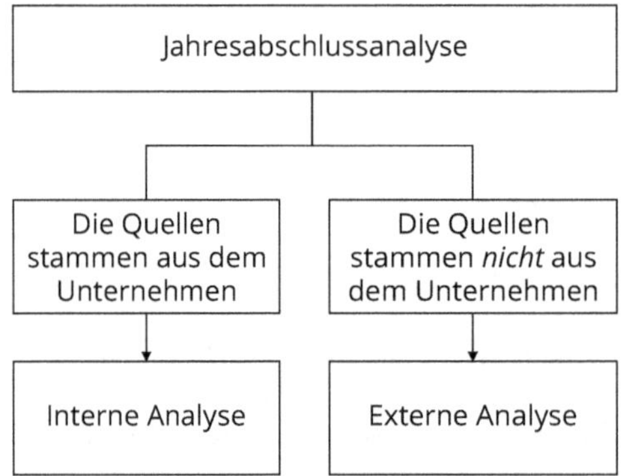

Abbildung 1.5: Durchführung der Jahresabschlussanalyse

In beiden Fällen tragen Sie möglichst relevante Informationen zusammen, um Zusammenhänge deutlich erkennbar zu machen.

- **Die interne Jahresabschlussanalyse** wird durch Mitarbeiter des Unternehmen oder Vertrauenspersonen (zum Beispiel Steuerberatern, Wirtschaftsprüfern) erstellt.

Die Inhaberin der Buchhandlung »Leselust« möchte wissen, wie hoch ihre Umsatzrentabilität ist. Da ihr die Fachkenntnisse fehlen, legt sie die notwendigen Unterlagen ihrem Steuerberater vor.

Der Vorteil einer internen Analyse besteht darin, dass Sie prinzipiell alle Unterlagen nutzen können, die für die Beurteilung dieses Unternehmens von Bedeutung sein könnten. Sie können aktuell beispielsweise auf die

- Buchführung,
- Verträge,
- Kostenrechnung,
- Betriebsabrechnungsbögen,
- Finanzplanung und
- andere Unterlagen und Kenntnisse

zurückgreifen. Sie sind also nicht allein auf die im Jahresabschluss publizierten Daten angewiesen, auch die bilanzpolitischen Maßnahmen sind Ihnen bekannt.

Die interne Bilanzanalyse dient der Informationsverdichtung, Urteilsbildung und Entscheidungsfindung der Unternehmensleitung. Positive oder negative Entwicklungen können frühzeitig erkannt werden.

✔ **Die externe Jahresabschlussanalyse** wird von außenstehenden Dritten durchgeführt. Sie müssen sich deshalb auf die veröffentlichten Jahresabschlüsse und andere allgemein zugängliche Quellen beschränken.

Externe Analysten haben keinen Zugang zu Daten aus der Kosten- und Leistungsrechnung.

Wegen der eingeschränkten Informationsmöglichkeiten wird die Aussagekraft einer externen Analyse ungenauer sein, Sie müssen mehr auf Schätzungen und Spekulationen aufbauen als bei einer internen. Aber Geschäftspartner, Arbeitnehmer, andere Interessierte und die Öffentlichkeit können sich nur so ein Bild des Unternehmens machen.

Die Tabelle 1.2 zeigt Ihnen die Unterschiede.

Externe Jahresabschlussanalyse Beschränkung auf veröffentlichte Informationen	**Interne Jahresabschlussanalyse** Zugang zu allen relevanten Informationen
zum Beispiel	zum Beispiel
• Aktionäre • Kreditgeber • Lieferanten • Kunden • Wettbewerber • Presse	• Unternehmensleitung • Gesellschafter • Aufsichtsrat • Jahresabschlussprüfer • Finanzverwaltung

Tabelle 1.2: Interne und externe Jahresabschlussanalyse

Einzelanalyse und vergleichende Analyse

Sie können eine Analyse mit einem einzelnen Abschluss durchführen und erhalten dabei ganz bestimmt wertvolle Informationen. Allerdings wird Ihre Interpretation dann schwierig, weil Sie kaum beurteilen können, ob die ermittelten Werte »gut« oder »schlecht« sind. Es fehlt Ihnen dann einfach ein Maßstab.

Der Informationsgewinn ist höher, wenn Sie die ermittelten Ist-Werte mit anderen vergleichen können. Die Abbildung 1.6 zeigt, dass Sie dazu entweder

- einen Zeitvergleich,
- einen Branchenvergleich oder
- einen Normenvergleich

durchführen können. Sie ermöglichen einen wesentlich besseren Einblick in die wirtschaftliche Lage des Unternehmens.

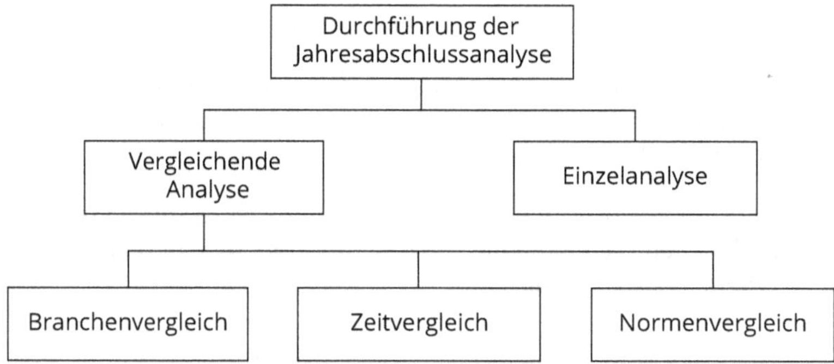

Abbildung 1.6: Einzel- oder vergleichende Analyse

- **Einzelanalyse:** Dabei steht Ihnen nur ein einziger Jahresabschluss zur Verfügung. Ihr Aussagewert ist gering, weil Referenzwerte fehlen. Ein Vergleich mit Daten aus der Vergangenheit oder von vergleichbaren Unternehmen ist nicht möglich.

Die absolute Größe von einzelnen Posten oder auch die Werte von Kennzahlen können allein kein Maßstab für Ihre Beurteilung sein. Sie können lediglich besondere Auffälligkeiten erkennen.

- **Zeitvergleich** (intertemporärer Vergleich): Sie analysieren mehrere aufeinanderfolgende Jahresabschlüsse desselben Unternehmens. Dadurch erkennen Sie Entwicklungstendenzen, die Aussagekraft ist damit deutlich höher.

  Allein die Veränderung von einzelnen Positionen und erst recht die Entwicklung von Kennzahlen im Zeitablauf ermöglichen Ihnen eine bessere Beurteilung als die Einzelanalyse und damit auch eine bessere Prognose über die zukünftige Entwicklung.

Voraussetzung für einen Zeitvergleich ist selbstverständlich, dass die Abschlüsse selbst tatsächlich objektiv vergleichbar sind:

- Die Daten müssen inhaltlich vergleichbar sein. Die Bilanzierungs- und Bewertungsmethoden müssen gleich sein.
- Die Perioden müssen gleich lang sein.
- Die Daten müssen nach denselben Grundsätzen aufbereitet sein.
- Die Daten müssen nach denselben Grundsätzen interpretiert werden.
- Preiseinflüsse müssen eliminiert werden.

Bei einem Zeitvergleich besteht die Gefahr, dass Sie »Schlendrian mit Schlendrian« vergleichen. Berücksichtigen Sie bei der Interpretation deshalb ergänzend auch Daten anderer Unternehmen oder den Branchendurchschnitt.

✔ **Betriebsvergleich/Branchenvergleich:** Sie stellen die Jahresabschlüsse verschiedener Unternehmen zu einem bestimmten Zeitpunkt gegenüber. Dadurch können Sie mögliche Erklärungen beziehungsweise Ursachen für Abweichungen bei Kennzahlen finden.

Der Branchenvergleich ist in der Regel die Analyseart, die Externen die besten Aufschlüsse bietet.

Voraussetzung für einen sinnvollen Betriebsvergleich ist, dass die Unternehmen, deren Abschlüsse Sie vergleichen, genügend ähnlich sind.

- Unterschiedliche Größen,
- die Rechtsform,
- das Produktionsprogramm,
- die Finanzierungssituation und
- andere Einflüsse

können Ihnen den Vergleich erschweren und Ihre Erkenntnisse erheblich einschränken.

✔ **Normenvergleich (auch Soll-Ist-Vergleich):** Sie stellen den aus dem Jahresabschluss ermittelten Größen Richtwerte oder Planwerte (Sollgrößen) gegenüber (siehe Abbildung 1.7). Sie vergleichen also die tatsächlichen Zahlen aus einem Jahresabschluss mit den gewünschten beziehungsweise prognostizierten Werten. Damit können Sie gegenwärtige oder zukünftige Anforderungen erkennen und gegebenenfalls Korrekturmaßnahmen einleiten.

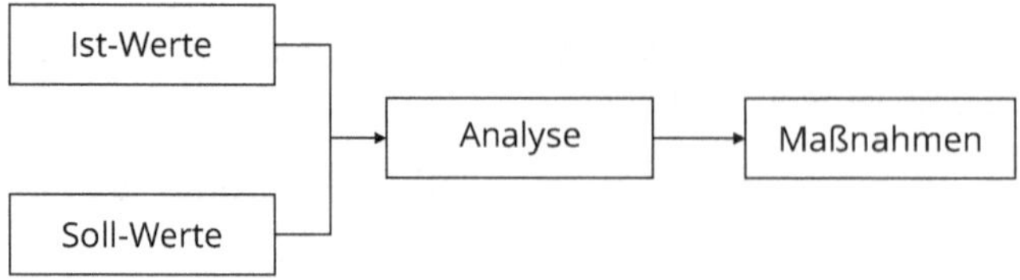

Abbildung 1.7: Normenvergleich

Den Normenvergleich führen Sie in vier Schritten durch:

1. Bestimmung der Sollwerte
2. Erfassung der Istwerte
3. Durchführung einer Abweichungsanalyse
4. Einleitung von Korrekturmaßnahmen

Die Beurteilung anhand der Abweichungen von Soll-Größen erscheint zunächst überzeugend. Sie werden tatsächlich aber nur wenige Normgrößen identifizieren können, die sich als sinnvoller Beurteilungsmaßstab eignen und zu einem eindeutigen Urteil führen.

Die Gesamtkapitalrentabilität soll mindestens so hoch sein wie der langfristige Kapitalmarktzins.

Statische und dynamische Betrachtung

Machen Sie sich nochmals klar, dass sich Jahresabschlüsse grundsätzlich auf einen Stichtag beziehen. Tatsächlich kann aber kurz vor oder kurz nach dem Jahresabschlusstermin die Unternehmenssituation vollkommen anders sein.

- ✔ **Statische Analyse:** Sie beziehen sich nur auf die Zahlen eines einzigen Jahresabschlusses. Sie können deshalb nur sehr eingeschränkte Aussagen. treffen, weil Ihnen die notwendigen Referenzwerte fehlen.
- ✔ **Dynamische Analyse:** Ihre Analyse wird aussagefähiger, wenn sie sich auf zwei aufeinanderfolgende Jahresabschlüsse bezieht. Mit einer *dynamischen Jahresabschlussanalyse* berücksichtigen Sie den Zeitraum zwischen den beiden Abschlüssen.

Abbildung 1.8 zeigt Ihnen die Unterschiede.

Die Kapitalflussrechnung entwickeln Sie aus zwei aufeinanderfolgenden Jahresabschlüssen. Zur Analyse des Cashflows benötigen Sie Daten aus der Gewinn- und Verlustrechnung.

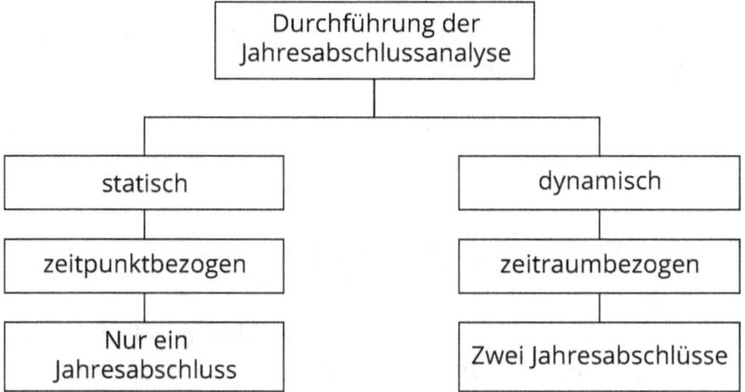

Abbildung 1.8: Statische und dynamische Analyse

Formelle und materielle Analyse

Außerdem unterscheidet man:

- **Formelle Analyse:** Sie untersuchen die Übereinstimmung des Jahresabschlusses mit den handels- und steuerrechtlichen Vorschriften. Sie prüfen, ob er den Grundsätzen ordnungsmäßiger Buchführung und Bilanzierung entspricht.

Bei prüfungspflichtigen Unternehmen wird die formelle Analyse durch einen Wirtschaftsprüfer durchgeführt.

- **Materielle Analyse:** Sie untersuchen die Bilanzierung dem Grunde nach. Dabei stellen fest, ob
  - Aktivierungs- und Passivierungspflichten beachtet worden sind,
  - Aktivierungswahlrechte ausgenutzt worden sind,
  - die Bewertungsvorschriften beachtet worden sind.

  Die Beurteilung der Zahlungsströme gehört ebenfalls zur materiellen Jahresabschlussanalyse.

Alles im Rahmen: Vorgegebene Bedingungen

Die Jahresabschlussanalyse machen Sie nicht in einem luftleeren Raum. Es handelt sich schließlich nicht um eine willkürlich zusammengestellte Sammlung von Kennzahlen. Sie ist vielmehr beeinflusst von Traditionen und Erfahrungen, rechtlichen Bedingungen, technischen Gegebenheiten, ethischen und politischen Wertvorstellungen.

Vergegenwärtigen Sie sich, dass Ihre Analyse von individuellen und gesellschaftlichen Zielen beeinflusst wird.

Die Rahmenbedingungen, unter denen Sie eine Analyse durchführen, können Sie nicht oder nur in geringem Maße beeinflussen.

Markt und Märkte: Wirtschaftliche Rahmenbedingungen

Machen Sie sich nochmals klar, dass jedes Unternehmen in einem gegebenen Umfeld mit zahlreichen Beziehungen tätig ist. Zu den wirtschaftlichen Bedingungen gehören zum Beispiel

- ✔ die aktuelle und erwartete konjunkturelle Situation,
- ✔ die Entwicklung des Preisniveaus,
- ✔ die Bedingungen am Kapitalmarkt,
- ✔ die Wettbewerbssituation,
- ✔ das Alter und die historische Entwicklung des Unternehmens,
- ✔ die Größe und die Organisation des Unternehmens und
- ✔ die vorhandene Kundenstruktur.

Regeln überall: Rechtliche Rahmenbedingungen

Die rechtlichen Rahmenbedingungen müssen bei einer Analyse von Ihnen akzeptiert werden, schließlich können Sie die nicht beeinflussen. Das sind beispielsweise

- ✔ die Rechtsform des Unternehmens,
- ✔ Organe der Gesellschaft,
- ✔ Struktur der Kapitalgeber.

Als Beispiele sind kartellrechtliche Bestimmungen, Genehmigungspflichten und Zulassungen (zum Beispiel bei Apotheken, Steuerberatern, Banken), Beschränkungen bei der Beschaffung und auf den Absatzmärkten (zum Beispiel bei Einfuhrbestimmungen oder Waffenexporten) zu nennen.

Wir und die anderen: Marktstellung

Wenn Sie die Entwicklung eines Unternehmens beurteilen wollen, müssen Sie sich auch mit den Wettbewerbern auseinandersetzen, die ihre Produkte auf demselben Markt anbieten. Die eigene Stellung auf dem Markt können Sie durch den *Marktanteil* beschreiben.

Zur Berechnung haben Sie zwei Möglichkeiten:

- **Absoluter Marktanteil:** Dabei ermitteln Sie, welchen prozentualen Anteil ein Unternehmen mit seinen Produkten oder seiner Dienstleistung am gesamten Volumen eines definierten Marktes zu einem bestimmten Zeitpunkt hat.

$$\text{Absoluter Marktanteil} = \frac{\text{Unternehmensumsatz}}{\text{Marktvolumen}} * 100$$

- **Relativer Marktanteil:** Dabei ermitteln Sie, wie hoch der eigene Marktanteil am absoluten Marktanteil des größten Konkurrenten ist.

$$\text{Relativer Marktanteil} = \frac{\text{Eigener Marktanteil}}{\text{Marktanteil des stärksten Konkurrenten}} * 100$$

Interessant für Ihre Analyse ist sicher auch das *Marktwachstum* von einer Periode zur nächsten. Dazu stellen Sie das zusätzliche Marktvolumen der aktuellen Periode dem Marktanteil in der Vorperiode gegenüber:

$$\text{Marktwachstum in \%} = \frac{\text{Zusätzliches Marktvolumen}}{\text{Marktanteil in der Vorperiode}} * 100$$

Instrumente zur Beurteilung der eigenen Marktstellung und zur Prognose der erwarteten Entwicklung sind zum Beispiel die Bosten-Box und die SWOT-Analyse.

Die Boston-Box

Die Boston-Box bildet die Marktposition einzelner Produkte nach den Kriterien Wachstum und relativer Marktanteil mithilfe einer Matrix wie in Abbildung 1.9 ab.

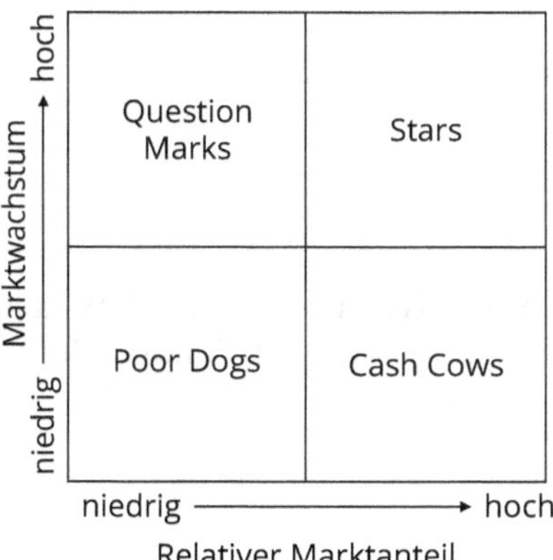

Abbildung 1.9: Boston-Box

- **Question Marks** sind Einführungsprodukte, deren Marktanteil noch gering ist, die aber bereits über ein hohes Marktwachstum verfügen. Ihre Entwicklung müssen Sie beobachten.

- ✔ **Stars** sind Produkte, mit denen bereits hohe Umsätze erzielt werden, die aber dennoch über Wachstumspotenzial verfügen. Diese Produkte sollten Sie weiterentwickeln.
- ✔ **Cash Cows** haben einen hohen Marktanteil, ihr Marktwachstum ist aber gering. Diese Produkte sorgen wesentlich für den Umsatz.
- ✔ **Poor Dogs** verfügen nur über einen geringen Marktanteil, Wachstum können Sie nicht erwarten. Sie müssen entscheiden, ob diese Produkte vom Markt genommen werden oder ob sich ein Relaunch lohnt.

Die SWOT-Analyse

Mit der *SWOT-Analyse* untersuchen Sie die Marktsituation eines Unternehmens bezüglich seiner spezifischen Stärken und Schwächen, um angemessen auf Veränderungen der Unternehmensumwelt reagieren zu können. Die Tabelle 1.3 zeigt Ihnen, dass Sie dabei zwischen internen und externen Faktoren unterscheiden müssen.

Interne Einflussfaktoren		Externe Einflussfaktoren	
S	**W**	**O**	**T**
Strengths	Weaknesses	Opportunities	Threats
Stärken	Schwächen	Chancen	Risiken

Tabelle 1.3: SWOT-Analyse

- ✔ **Interne Einflussfaktoren** sind die Fähigkeiten und Ressourcen, über die Sie selbst verfügen können und die Sie deshalb selbst beeinflussen können. Für die Analyse identifizieren und beschreiben Sie die Stärken und Schwächen, zum Beispiel:
  - Aufbau- und Ablauforganisation
  - Finanzielle Situation
  - Wissen und Können der Mitarbeiter
  - Kunden und Lieferanten
- ✔ **Externe Einflussfaktoren** ergeben sich aus den Trends und Veränderungen der unternehmerischen Umwelt. Darauf haben Sie keinen direkten Einfluss. Beispiele sind:
  - Gesetzliche Vorschriften
  - Politische Rahmenbedingungen
  - Ökologische Herausforderungen
  - Technologische Veränderungen
  - Konjunkturelle Entwicklung
  - Kundenverhalten

Als Chancen dürfen Sie dabei nur solche Faktoren berücksichtigen, die Sie auch tatsächlich nutzen. Risiken stellen dagegen die Bereiche dar, in denen Sie nicht gut aufgestellt sind. Hier müssen Sie Maßnahmen zur Gegensteuerung ergreifen.

Mit der SWOT-Analyse können Sie feststellen, ob und gegebenenfalls an welchen Stellen Reaktionen erforderlich sind. Sie kann aber nicht zeigen, welche Maßnahmen im Einzelnen ergriffen werden müssen.

Can betreibt den Fahrradladen Velospeed. Er schätzt seine Situation so ein, wie in Tabelle 1.4 gezeigt.

Interne Einflussfaktoren		Externe Einflussfaktoren	
S	**W**	**O**	**T**
Stärken	Schwächen	Chancen	Bedrohungen
Stabiler Kundenstamm Verkauf durch Experten Eigene Werkstatt	Keine bekannten Markenräder im Angebot Werkstatt nicht für Elektroräder ausgerüstet	Verbesserung der örtlichen Radwege Verteuerung von Benzin	Befristeter Mietvertrag für die Verkaufsräume Neue Anbieter von Leihrädern

Tabelle 1.4: Beispiel einer SWOT-Analyse

Zielgenau gestalten: Bilanzpolitik

Bei der Erstellung des Jahresabschlusses gibt es durchaus Gestaltungsmöglichkeiten. Selbstverständlich haben folglich diejenigen, die den Jahresabschluss erstellen, ein Interesse daran, die Ergebnisse in ihrem Sinne darzustellen.

Bei einem HGB-Abschluss müssen Sie in erster Linie die Interessen der Gläubiger berücksichtigen. Deshalb bewerten Sie das Vermögen (wegen des *Vorsichtsprinzips*), tendenziell niedrig. Die Passiva bewerten Sie dagegen aus demselben Grund eher höher. Ihre Perspektive ist damit auf die bisherige Entwicklung gerichtet.

Die Rechnungslegung ist also keineswegs »neutral« oder »wertfrei«. Wenn Sie die

- ✔ Bilanzierungswahlrechte,
- ✔ Bewertungswahlrechte und
- ✔ Ausweiswahlrechte

gezielt einsetzen, um ein bestimmtes Ergebnis zu erzielen und damit die Adressaten des Jahresabschlusses zu beeinflussen, dann treiben Sie *Bilanzpolitik*.

Bilanzpolitik ist die Gesamtheit der Maßnahmen zur bewussten und zielgerichteten Gestaltung des Jahresabschlusses in legalem Rahmen. Dadurch sollen die Adressaten des Jahresabschlusses beeinflusst werden.

Die Ziele der Bilanzpolitik ergeben sich aus der *Unternehmensstrategie.* Abbildung 1.10 zeigt, dass sie in zwei hauptsächliche Kategorien eingeordnet werden können:

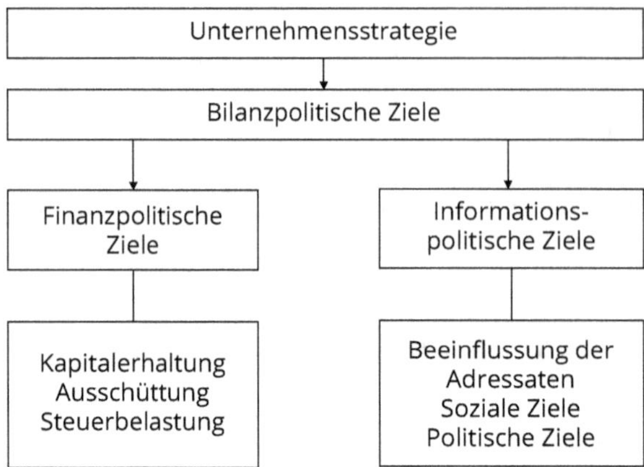

Abbildung 1.10: Bilanzpolitische Ziele

Die Erwartungen und die erwarteten Reaktionen der Analysten prägen die bilanzpolitischen Ziele. Weil die Abschlüsse die Analysten überzeugen sollen, müssen Sie die Verfahren und Methoden, etwa die Ausnutzung von Wahlrechten, auf deren Erkenntnisziel hin auswählen und ausrichten.

Abbildung 1.11 zeigt Ihnen die Maßnahmen zur Gestaltung des Jahresabschlusses im Überblick.

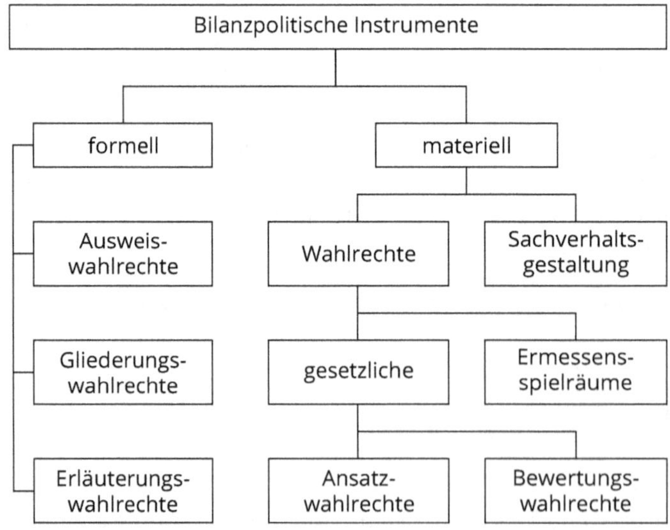

Abbildung 1.11: Bilanzpolitische Instrumente

Abbildung 1.12 zeigt, wie sich Bilanzpolitik und Bilanzanalyse gegenseitig beeinflussen. Sie müssen sie gemeinsam betrachten.

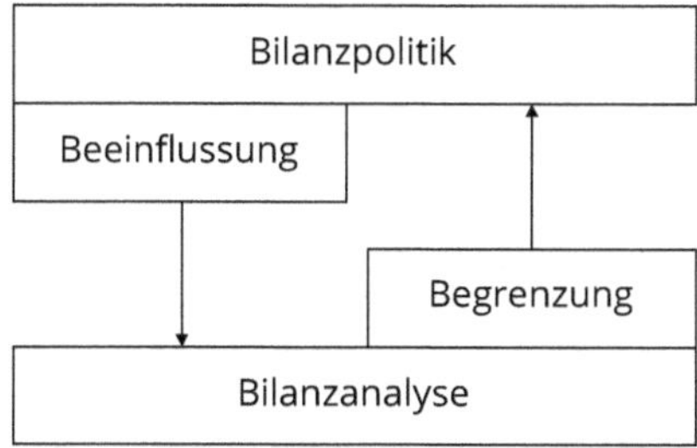

Abbildung 1.12: Bilanzpolitik und Bilanzanalyse

- **Den Erstellern des Jahresabschlusses** sind die Methoden und Regeln der Jahresabschlussanalyse bekannt. Durch die Bilanzpolitik sollen die Analysten gezielt so beeinflusst werden, dass sie möglichst die beabsichtigten Schlussfolgerungen ziehen.
- **Den Analysten** sind umgekehrt die Gestaltungsmöglichkeiten bei der Aufstellung des Jahresabschlusses bekannt. Sie werden ihn deshalb in ihrem Interesse so aufbereiten, dass fundierte betriebswirtschaftliche Aussagen möglich werden. Die gezielten bilanzpolitischen Maßnahmen zur Gestaltung werden dazu aufgedeckt und gegebenenfalls korrigiert, damit ein möglichst realistisches Bild des analysierten Unternehmens entsteht.

Ablauf der Jahresabschlussanalyse

Den typischen Ablauf einer Jahresabschlussanalyse zeigt Ihnen die Abbildung 1.13.

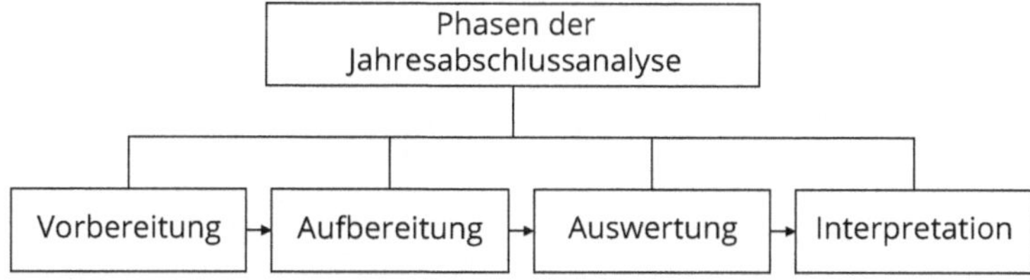

Abbildung 1.13: Phasen der Jahresabschlussanalyse

- **Vorbereitungsphase.** Verschaffen Sie sich einen allgemeinen Überblick über das Unternehmen, die Branche, Rahmenbedingungen und so weiter.
- **Aufbereitungsphase.** Erstellen Sie eine Strukturbilanz und führen Sie eine Erfolgsspaltung der Gewinn- und Verlustrechnung durch.
- **Auswertungsphase.** Berechnen Sie Kennzahlen und führen Sie Vergleiche durch. Die Auswertung ermöglicht Ihnen Prognosen zur weiteren Entwicklung.
- **Interpretation.** Fassen Sie die Ergebnisse zusammen und formulieren Sie abschließend ein Gesamturteil.

IN DIESEM KAPITEL

Gründe für die Aufbereitung

Aufbereitungsmethoden

Aufbereitungsmaßnahmen

Kapitel 2

Erst mal aufbereiten: Strukturbilanz

Weil Sie bei der Jahresabschlussanalyse andere Ziele verfolgen als bei der Aufstellung des Jahresabschlusses, müssen Sie zuerst die Analysefähigkeit herstellen. In diesem Kapitel erfahren Sie, wie das geht. Um ein einheitliches Vorgehen bei der Jahresabschlussanalyse zu ermöglichen, entwickeln Sie aus der Handelsbilanz eine *Strukturbilanz.*

So geht's: Die Grundidee

Die Jahresabschlussanalyse ermöglicht Ihnen die betriebswirtschaftliche Beurteilung eines Unternehmens. Die Handelsbilanz stellen Sie aber nach rechtlichen Vorgaben auf, die als wesentliches Ziel den Schutz der Gläubiger haben. Sie können sie deshalb nicht als Basis für eine betriebswirtschaftliche Analyse nutzen.

Der handelsrechtliche Jahresabschluss ist für eine betriebswirtschaftliche Analyse ungeeignet.

Die Strukturbilanz ist die Grundlage für alle Teile der Bilanzanalyse. Sie müssen sie zunächst aus der Handelsbilanz entwickeln. Die Daten erhalten Sie aus dem betrieblichen Rechnungswesen, insbesondere aus der Finanzbuchhaltung. Dieser Schritt wird als *Aufbereitung* bezeichnet.

Dazu formen Sie die Handelsbilanz so um, dass sie für eine Analyse geeignet ist. Die Abbildung 2.1 zeigt Ihnen das Prinzip.

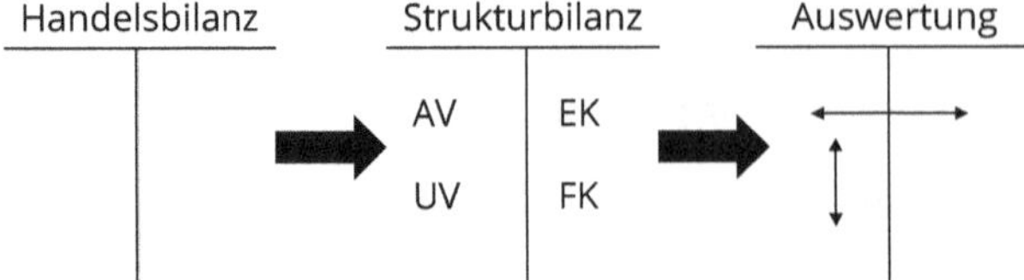

Abbildung 2.1: Entwicklung der Strukturbilanz

Abhängig von Ihrem Erkenntnisziel entscheiden Sie, welche Maßnahmen erforderlich sind, um die gewünschten Informationen herauszuarbeiten.

- **Informationsverdichtung:** Zusammenhänge, die Sie dem Jahresabschluss nicht unmittelbar entnehmen können, werden verdeutlicht und transparent gemacht.
- **Aufdecken und Eliminieren von Gestaltungsmaßnahmen:** Beeinflussungen des Jahresabschlusses durch bilanzpolitische Maßnahmen isolieren Sie und machen sie rückgängig. Aus den Bilanzangaben und anderen Darstellungen im Jahresabschluss, die zu Fehleinschätzungen führen können, entwickeln Sie betriebswirtschaftlich realistische Daten, die Ihnen als unternehmerische Entscheidungsgrundlage dienen können.
- **Beurteilung des Managements:** Die Analyseergebnisse ermöglichen Ihnen Rückschlüsse auf die Fähigkeit des Managements, das Unternehmen erfolgreich zu leiten.

Bei einem Abschluss nach IFRS ist die Informationsfunktion gegenüber dem handelsrechtlichen Jahresabschluss deutlich hervorgehoben.

Aufbau und Entwicklung der Strukturbilanz sind nicht gesetzlich geregelt, es gibt auch keine allgemein verbindlichen Normen dafür. Die Art und Weise, wie Sie die Jahresabschlussanalyse gestalten, hängt in erster Linie von den Adressaten des Jahresabschlusses beziehungsweise von deren Informationswünschen ab.

Ziele der Datenaufbereitung

In der Strukturbilanz stellen Sie die Unternehmensdaten so dar, dass sie möglichst die tatsächliche wirtschaftliche Situation zeigen. Damit schaffen Sie die Voraussetzung für Vergleiche und weitergehende Auswertungen. Maßgebend ist das Erkenntnisinteresse der Analysierenden.

Die Strukturbilanz ist für die Analyse erforderlich, weil sonst verschiedene Abschlüsse nicht vergleichbar wären.

Um eine sinnvolle Auswertung vornehmen zu können, müssen Sie zunächst eine Aufbereitung vornehmen. Grundlage ist in der Regel der handelsrechtliche Jahresabschluss. Einzelne Positionen der Bilanz ordnen Sie dazu neu und fassen sie zu aussagefähigen und analysierbaren Größen zusammen.

Informationsmängel der Handelsbilanz ergeben sich zum Beispiel durch

✔ **Ansatzwahlrechte** (auch Bilanzierungswahlrechte)

Ein Disagio darf, muss aber in der Handelsbilanz nicht aktiviert werden (§ 250 Abs. 3 HGB). Für selbst geschaffene immaterielle Vermögensgegenstände besteht ein Ansatzwahlrecht (§ 248 Abs. 2 HGB). Aktive latente Steuern können, müssen aber nicht aktiviert werden (§ 274 Abs. 1 HGB).

✔ **Bewertungswahlrechte**

Bei den Herstellungskosten haben Sie unter anderem Wahlrechte bei dem Ansatz von Kosten der allgemeinen Verwaltung und von Fremdkapitalzinsen.

✔ **Ermessensspielräume**

Einschätzung einer »voraussichtlich dauerhaften Wertminderung« eines Grundstücks, Bestimmung der »voraussichtlichen Nutzungsdauer« einer Maschine, Bildung von »angemessenen« Rückstellungen.

✔ **Sachverhaltsgestaltungen**

Durch die Aufnahme eines Darlehens vor und die unmittelbare Tilgung nach dem Bilanzstichtag verbessern Sie die Kennzahl »Liquidität«.

Factoring führt zu einer höheren Liquidität.

Einlagen in das Eigenkapital kurz vor dem Bilanzstichtag erhöhen die Eigenkapitalquote.

Das Ergebnis Ihrer Aufbereitung ist eine Strukturbilanz. Sie stellt unter betriebswirtschaftlichen Aspekten das bilanzanalytische Vermögen dem bilanzanalytischen Eigen- und Fremdkapital gegenüber. Von bilanzpolitischen Maßnahmen haben Sie sie weitgehend bereinigt.

Aktiva	Passiva
Anlagevermögen	Eigenkapital
Umlaufvermögen	Fremdkapital

Abbildung 2.2: Grundschema der Strukturbilanz

Abbildung 2.2 zeigt Ihnen das Grundschema einer Strukturbilanz.

Welche Form der Strukturbilanz Sie für Ihre Auswertungszwecke genau wählen, hängt eng mit den Fragestellungen zusammen, die Sie mithilfe der Strukturbilanz beantworten wollen.

Ihr Zweck kann zum Beispiel die

- Gläubigerorientierung,
- Kreditwürdigkeit,
- Investorenorientierung,
- Risikoeinschätzung,
- Schuldendeckungsfähigkeit,
- Vermögenssituation,
- Liquiditätsabschätzung

beinhalten. In jedem Falle ergibt sich ein Schema mit nur noch wenigen Posten.

- Die Posten der Aktivseite fassen Sie zum bilanzanalytischen Anlagevermögen und Umlaufvermögen zusammen.
- Die Posten der Passivseite fassen Sie zu Eigenkapital und Fremdkapital zusammen.

Eine typische Strukturbilanz hat deshalb die in Tabelle 2.1 gezeigte Form.

Aktiva			Passiva
I.	Bilanzanalytisches Anlagevermögen	I.	Bilanzanalytisches Eigenkapital
II.	Bilanzanalytisches Umlaufvermögen	II.	Bilanzanalytisches Fremdkapital
	Mittel 1. Grades		langfristig
	Mittel 2. Grades		mittelfristig
	Mittel 3. Grades		kurzfristig

Tabelle 2.1: Strukturbilanz

Das Ziel der Aufbereitung von Daten aus der Handelsbilanz ist die Erstellung einer neu geordneten und bereinigten Bilanz. Diese Strukturbilanz ist die Grundlage für die Bilanzanalyse.

Was zu tun ist: Aufbereitungsmethoden

Wenn die Ziele, die Adressaten und die Informationsquellen feststehen, können Sie sich an die Erstellung der Strukturbilanz machen. Um eine Vergleichbarkeit verschiedener Strukturbilanzen zu erreichen, ist es allerdings sinnvoll, trotz unterschiedlicher Zielsetzungen grundsätzlich einheitlich vorzugehen.

Für die Aufbereitung existieren allgemein anerkannte, aber keine allgemein verbindlichen Regeln.

Zur Aufbereitung der Bilanz stehen Ihnen verschiedene Methoden zur Verfügung. Abbildung 2.3 zeigt Ihnen die wichtigsten.

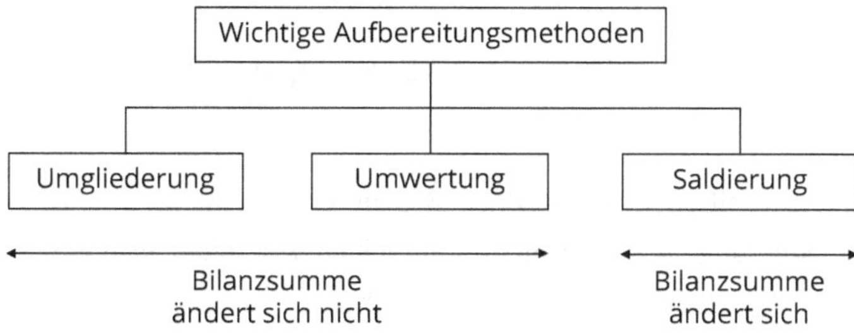

Abbildung 2.3: Aufbereitungsmethoden

- **Umgliederungen** (auch Umgruppierungen). Vorhandene Positionen verschieben Sie in eine neue oder eine andere Bilanzposition, zu der sie betriebswirtschaftlich gehören. Bei Umgliederungen ändern Sie die Bilanzsumme nicht.

Der Bilanzgewinn ist in der Handelsbilanz eine Position des Eigenkapitals (EK). Weil er aber ausgeschüttet wird, handelt es sich wirtschaftlich um kurzfristiges Fremdkapital (FK).

- **Umwertungen** (auch Umbewertungen). Die in der Bilanz ausgewiesenen Beträge entsprechen nicht immer den wirklichen Werten. Es sind Unterbewertungen (*Stille Reserven*) und Überbewertungen denkbar, die Sie für bilanzanalytische Zwecke korrigieren müssen.

Die Aufdeckung von stillen Reserven erhöht in der Regel sowohl die Aktiva als auch das Eigenkapital. Wenn eine Veräußerung vorgesehen ist, können Sie die stillen Reserven allerdings im Eigenkapital nur mit 70 % berücksichtigen, die restlichen 30 % sind wegen der Steuerverpflichtung bilanzanalytisch Fremdkapital.

Die B & B AG beabsichtigt, ein Grundstück zu verkaufen, das mit 1 Mio. € bilanziert ist. Der Käufer bietet 1,5 Mio. €. Durch den Verkauf wird das Eigenkapital um (500.000 € * 70 % =) 350.000 € erhöht, die restlichen (500.000 € * 30 % =) 150.000 € erhöhen die kurzfristigen Verbindlichkeiten.

- **Saldierungen**. Sie rechnen Bilanzpositionen oder Teile davon mit Positionen auf der anderen Bilanzseite auf, zwischen denen eine direkte Beziehung besteht.

Ein aktiviertes Disagio saldieren Sie mit dem Eigenkapital, weil es kein Vermögensgegenstand ist. Betriebswirtschaftlich handelt es sich um Zinsaufwand.

Hier passiert was: Aufbereitungsmaßnahmen

Wenn Sie die Aufbereitungsmethoden kennen, steht der Anwendung nichts mehr im Wege. Für einzelne Bilanzpositionen prüfen Sie, ob eine Aufbereitung zu betriebswirtschaftlich sinnvolleren Informationen beitragen kann.

In der Tabelle 2.2 sind die wichtigsten Maßnahmen zur Aufbereitung der Handelsbilanz zusammengefasst.

Bilanzposition	Aufbereitungsmaßnahme	Begründung
Ausstehende Einlagen	Saldierung mit Eigenkapital (EK)	Sie stehen tatsächlich nicht zur Verfügung
Stille Reserven (ohne Realisierung)	Aufdeckung Erhöhung EK	Werterhöhung der Vermögengegenstände (VG)
Stille Reserven (bei Realisierung)	Hinzurechnung EK 70 %, Kurzfristige Verbindlichkeiten 30 %	Werterhöhung der VG, aber entstehende Steuerschuld
Firmenwert	Saldierung mit EK	Kein Vermögensgegenstand, es fehlt Einzelverkehrsfähigkeit
Erhaltene Anzahlungen	Saldierung mit FK	Es besteht eine Leistungsverbindlichkeit, kein Vermögensgegenstand
Disagio (wenn im aktiven Rechnungsabgrenzungssposten (aRAP) aktiviert)	Saldierung mit EK	Betriebswirtschaftlich handelt es sich um vorgezogenen Zinsaufwand
Aktive Rechnungsabgrenzungssposten (RAP) (ohne Disagio)	Umgliederung in UV	Forderungscharakter
Aktive latente Steuern	Saldierung mit EK	Kein Zahlungsanspruch
Aktiver Unterschiedsbetrag aus der Vermögensverrechnung	Saldierung mit EK	Dem Zugriff Dritter entzogen
Bilanzgewinn	Umgliederung in Fremdkapital (FK)	Zur Ausschüttung vorgesehen
Pensionsrückstellungen	Umgliederung in langfristiges FK	Zahlungsverpflichtung
Steuerrückstellungen	Umgliederung in kurzfristiges FK	Steuerverpflichtung, gelten immer als kurzfristig
Passive latente Steuern	Umgliederung in EK	Bildung führte zu EK-Minderung
Passive RAP	Umgliederung in kurzfristiges FK	Verbindlichkeitencharakter

Tabelle 2.2: Aufbereitungsmaßnahmen

Die wichtige Berechnung des bilanzanalytischen Eigenkapitals nehmen Sie folgendermaßen vor:

	Gezeichnetes Kapital
+	Kapitalrücklage
+	Gewinnrücklage
+	Gewinnvortrag
–	Verlustvortrag
+	Jahresüberschuss
–	Jahresfehlbetrag
=	Bilanziertes Eigenkapital
–	Aktiviertes Disagio
–	Firmenwert
–	Aktive latente Steuern
–	Zur Ausschüttung vorgesehener Betrag
–	Aktiver Unterschiedsbetrag
+	Passive latente Steuern
+	70 % Stille Reserven
=	Bilanzanalytisches Eigenkapital

Bei Maßnahmen zur Aufbereitung der Handelsbilanz zu einer Strukturbilanz entscheiden Sie im Zweifel immer danach, welchen Charakter die entsprechende Bilanzposition hat.

Sie leiten den Gartenbaubetrieb »Prumme und Kappes GmbH«. Von Ihrem Steuerberater haben Sie die in Tabelle 2.3 gezeigte Bilanz erhalten.

Zusätzlich erhalten Sie von Ihrem Steuerberater folgende Informationen:

1. Die Grundstücke enthalten stille Reserven in Höhe von 1.660.000 €.
2. Die passiven Rechnungsabgrenzungsposten gelten vollständig als kurzfristig.
3. Das aktivierte Disagio hat einen Wert von 24.900 €.
4. Die sonstigen Rückstellungen sind zu 50 % kurzfristig. Der Rest ist mittelfristig.
5. Die Verbindlichkeiten gegenüber Kreditinstituten sind langfristig. Die restlichen Verbindlichkeiten sind kurzfristig.
6. Die Wertpapiere des Umlaufvermögens sind kurzfristig liquidierbar.
7. Auf das gezeichnete Kapital soll eine Dividende in Höhe von 10 % ausgeschüttet werden.

Bilanz (in €)			
Aktiva			**Passiva**
A. Anlagevermögen:		A. Eigenkapital:	
I Immaterielle Vermögensgegenstände		I Gezeichnetes Kapital	4.150.000
Lizenzen	107.900	II Kapitalrücklage	332.000
Geschäfts- oder Firmenwert	58.100	III Gewinnrücklagen	
II Sachanlagen:		Gesetzliche Rücklage	249.000
Grundstücke, Bauten	2.075.000	Andere Gewinnrücklage	1.245.000
Anlagen, Maschinen	1.909.000	IV Gewinnvortrag	16.600
Betriebs- und Geschäftsausstattung	1.245.000	V Jahresüberschuss	232.400
III Finanzanlagen:		B. Rückstellungen	
Beteiligungen	74.700	Pensionsrückstellungen	1.245.000
Sonstige Ausleihungen	49.800	Steuerrückstellungen	830.000
B. Umlaufvermögen:		Sonstige Rückstellungen	996.000
I Vorräte:		C. Verbindlichkeiten	
RHB-Stoffe	1.660.000	Verbindlichkeiten gegenüber Kreditinstituten	7.885.000
Unfertige Erzeugnisse	3.320.000	Erhaltene Anzahlungen	124.500
Fertige Erzeugnisse	4.150.000	Verbindlichkeiten aus LuL	3.320.000
II Forderungen und sonstige Vermögensgegenstände		Sonstige Verbindlichkeiten	3.320.000
Forderungen aus LuL	8.549.000	D. Rechnungsabgrenzungsposten	41.500
Forderungen gegen verbundene Unternehmen	581.000	E. Passive latente Steuern	913.000
sonstige Vermögensgegenstände	415.000		
III Wertpapiere:	232.400		
IV Kassenbestand	41.500		
C. Rechnungsabgrenzungsposten	99.600		
D. Aktive latente Steuern	332.000		
	24.900.000		**24.900.000**

Tabelle 2.3: Die Bilanz der Prumme und Kappes GmbH

Um eine Jahresabschlussanalyse vornehmen zu können, erstellen Sie eine Strukturbilanz (siehe Tabelle 2.4).

Strukturbilanz in €							
Aktiva							**Passiva**
I.	Anlagevermögen		7.121.400	I.	Eigenkapital		7.968.000
II.	Umlaufvermögen			II.	Fremdkapital		
	1.	Vorräte	9.005.500		1.	Langfristiges Fremdkapital	9.130.000
	2.	Forderungen	9.619.700		2.	Mittelfristiges Fremdkapital	498.000
	3.	Liquide Mittel	273.900		3.	Kurzfristiges Fremdkapital	8.424.500
Analytisches Gesamtvermögen			26.145.000	Analytisches Gesamtkapital			26.145.000

Tabelle 2.4: Die Strukturbilanz der Prumme und Kappes GmbH

Tabelle 2.5 zeigt Ihre Berechnung.

Anlagevermögen				
	Lizenzen		107.900	
	Grundstücke und Bauten	+	3.735.000	
	Anlagen, Maschinen	+	1.909.000	
	Betriebs- und Geschäftsausstattung	+	1.245.000	
	Finanzanlagen	+	124.500	7.121.400
Umlaufvermögen				
	Vorräte		9.130.000	
	Erhaltene Anzahlungen	–	124.500	9.005.500
	Forderungen		9.545.000	
	Aktive Rechnungsabgrenzungsposten	+	74.700	9.619.700
	Liquide Mittel			273.900
Eigenkapital	EK aus Bilanz		6.225.000	
	Geschäfts- oder Firmenwert	–	58.100	
	Disagio	–	24.900	
	Ausschüttung	–	415.000	
	Aktive latente Steuern	–	332.000	
	Passive latente Steuern	+	913.000	
	Stille Reserven	+	1.660.000	7.968.000

Fremdkapital	Pensionsrückstellungen		1.245.000	
	Verbindlichkeiten gegenüber Kreditinstituten	+	7.885.000	
	Langfristiges Fremdkapital			9.130.000
	50 % der sonstigen Rückstellungen		498.000	
	Mittelfristiges Fremdkapital			498.000
	Steuerrückstellungen		830.000	
	50 % der sonstigen Rückstellungen	+	498.000	
	Verbindlichkeiten aus LuL	+	3.320.000	
	Sonstige Verbindlichkeiten	+	3.320.000	
	Ausschüttung	+	415.000	
	Passive Rechnungsabgrenzungsposten	+	41.500	
	Kurzfristiges Fremdkapital			8.424.500

Tabelle 2.5: Berechnung der Strukturbilanz

IN DIESEM KAPITEL

Informationen durch Kennzahlen

Funktionen von Kennzahlen

Arten von Kennzahlen

Kapitel 3
Auf das Interesse kommt es an: Kennzahlen

Kennzahlen sind das zentrale Instrument der Jahresabschlussanalyse. In diesem Kapitel erfahren Sie, wie Sie Kennzahlen bilden und welche Informationen Sie damit erhalten können.

Ganz schön aussagekräftig: Information durch Kennzahlen

Wenn Sie kurze und prägnante Informationen zu einem Unternehmen benötigen, bietet sich die Bildung von Kennzahlen an. Mit ihrer Hilfe können Sie die aktuelle Situation eines Unternehmens knapp und übersichtlich darstellen.

- ✔ **Periodenvergleich**: Durch einen Vergleich über mehrere Perioden können Sie Entwicklungen und Tendenzen erkennen.
- ✔ **Branchenvergleich**: Durch einen Branchenvergleich können Sie feststellen, ob andere Unternehmen besser oder schlechter aufgestellt sind.

Die Grundlage für die Kennzahlenrechnung bildet die Strukturbilanz.

Kennzahlen sind numerische Messgrößen, die Ihnen in konzentrierter Form Auskunft geben über quantitativ erfassbare betriebliche Sachverhalte. Mit Kennzahlen erhalten Sie einen schnellen und doch umfassenden Überblick.

Kennzahlen liefern Ihnen eine Vielzahl von Informationen über die technische, organisatorische und wirtschaftliche Leistungsfähigkeit der Organisation. Sie können

- ✔ Sachverhalte sichtbar machen, die in dieser Form sonst nicht zu erkennen sind.
- ✔ Sachverhalte durch Verdichtung komprimiert darstellen.
- ✔ einen schnellen Einblick in komplexe Strukturen erhalten.
- ✔ Zusammenhänge messbar machen.
- ✔ die Transparenz zur Beurteilung der Lage eines Unternehmens erhöhen.

Mit der Verwendung von Kennzahlen können Sie verschiedene Ziele verfolgen:

- ✔ **Interne Leistungsbeurteilung.** Kennzahlen dienen der Erfassung des Ist-Zustandes und erlauben Ihnen Vergleiche mit früheren Perioden.
- ✔ **Positionsbestimmung** im externen Vergleich. Sie können die eigene Situation mit anderen, aber ähnlichen Organisationen vergleichen, um Verbesserungsmöglichkeiten zu erkennen.
- ✔ **Bestimmung von Unternehmenszielen.** Auf der Basis von Zielwerten von Kennzahlen können Sie die Organisation in einem permanenten Verbesserungsprozess steuern.
- ✔ **Qualitätsmanagement.** Kennzahlen können Ihnen als Element bei der Ausrichtung kontinuierlicher Verbesserungsprozesse dienen.
- ✔ **Öffentlichkeitsarbeit.** Kennzahlen können die Leistungsfähigkeit dokumentieren und Ihnen die Erfolge transparent machen.
- ✔ **Frühwarnung.** Stärker und unregelmäßiger auftretende Umweltänderungen führen dazu, dass Chancen und Risiken häufig zu spät erkannt werden. Um die Reaktionsfähigkeit des Unternehmens zu erhöhen, können Sie auch schwache Signale für krisenhafte Bedrohungen erfassen und auswerten. Dazu können Sie Kennzahlen bestimmen, die Ihnen bei Überschreiten zuvor festgelegter Toleranzschwellen über Chancen oder Risiken Auskunft geben.

Von Ihren Informationsinteressen hängt ab, welche Art von Kennzahlen Sie wählen. Aber überschätzen Sie die Aussagekraft von Kennzahlen nicht:

- ✔ **Ihre Zuverlässigkeit beruht auf der Qualität der genutzten Daten.**
- ✔ **Kennzahlen stellen immer nur eine Momentaufnahme dar.** Sie beziehen sich auf die Situation an einem Stichtag, zu einem anderen (auch nahen) Zeitpunkt kann sich ein anderes Bild ergeben.
- ✔ **Mit Kennzahlen können nur Sachverhalte analysiert werden, die sich in quantitativen Größen ausdrücken lassen.**
- ✔ **Kennzahlen dürfen nicht isoliert betrachtet werden**, weil sie sich gegenseitig beeinflussen können.

- **Eine Kennzahl als Gesamtindikator gibt es nicht.** Für die entscheidende Frage, ob eine Gefährdung der Organisation vorliegt, steht eine einzelne Kennzahl nicht zur Verfügung.
- **Ihre Beurteilung ist nur im Vergleich möglich.**

Funktionen von Kennzahlen

Wenn Sie Kennzahlen bilden, müssen Sie festlegen, welche Funktionen sie übernehmen sollen:

- **Wahrnehmungsfunktion.** Kennzahlen ersetzen intuitive und undifferenzierte Urteile durch nachprüfbare Daten. Sie können Ihnen auf einfache und reduzierte Weise komplexe Zusammenhänge transparent machen.
- **Kommunikationsfunktion.** Kennzahlen ermöglichen eine faktenbasierte Diskussion und eine kritische Auseinandersetzung mit den festgestellten Entwicklungen.
- **Anreizfunktion.** Kennzahlen erlauben Ihnen präzise und herausfordernde Zielsetzungen.
- **Vorgabefunktion** (auch Operationalisierungsfunktion). Sie können Kennzahlen einsetzen, um quantitative Ziele zu vereinbaren. Die Überprüfung der Zielerreichung ist damit leicht möglich.
- **Steuerungsfunktion.** Kennzahlen ermöglichen Ihnen, Veränderungs- und Verbesserungsprozesse zu beobachten. Soll-Ist-Abweichungen können Sie leicht erkennen und analysieren. Das ermöglicht Ihnen, frühzeitig Fehlentwicklungen entgegenzuwirken.

Vor- und Nachteile von Kennzahlen

Aus der Tabelle 3.1 können Sie entnehmen, was für oder gegen die Verwendung von Kennzahlen spricht.

Vorteile	Nachteile
Frühzeitige Erkennung von Abweichungen und Schwachstellen	Nur quantitative Größen Umweltschutz, Mitarbeiterzufriedenheit und so weiter werden nicht berücksichtigt.
Festlegung von Zielgrößen möglich	Der Anwender kann beliebige Kennzahlen und Interpretationen wählen, die seinen Zielen am besten entsprechen.
Vereinfachung von Steuerungsprozessen	Momentbetrachtung, langfristige Ziele bleiben unberücksichtigt

Tabelle 3.1: Verwendung von Kennzahlen

Sie müssen sich klarmachen, dass der Aussagwert einer einzelnen Kennzahl begrenzt ist. Weil es keine empirisch belastbaren Zielgrößen gibt, Sollwerte also schwer bestimmbar sind, können Sie aufgrund einer einzelnen Kennzahl kein Urteil über die wirtschaftliche Lage eines Unternehmens fällen. Das wäre schön, denn dann könnte man sich den größten Teil der Analyse sparen.

Wenn Sie mehrere Kennzahlen zur Analyse eines Sachverhaltes nutzen, wird die Aussage aber zuverlässiger. Erst aus der zusammenführenden Betrachtung erhalten Sie eine Basis für ein fundiertes Urteil.

Die möglichen Arten der Kennzahlen zeigt Ihnen die Abbildung 3.1.

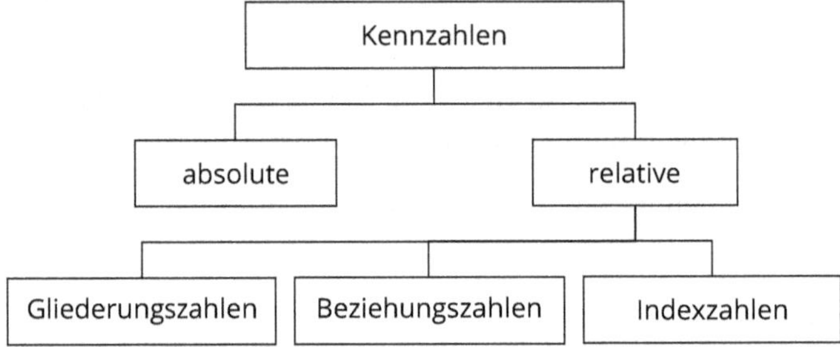

Abbildung 3.1: Kennzahlen

Eine Kennzahl allein ist wenig aussagefähig, erst ein Zeit- oder Branchenvergleich liefert Informationen, die als Entscheidungsgrundlage dienen können.

Kein Bruch: Absolutkennzahlen

Absolutkennzahlen sind von anderen Zahlengrößen unabhängig. Sie stellen einen absoluten Betrag dar, den Sie direkt aus dem Rechnungswesen übernehmen, zum Beispiel als

- Einzelzahlen,
- Summen,
- Differenzen oder
- Mittelwerte.

Wichtige Absolutkennzahlen sind die Bilanzsumme, die Umsatzerlöse, der Jahresüberschuss, die Höhe des Anlagevermögens und der Cashflow.

Die Aussagefähigkeit von Absolutkennzahlen ist begrenzt, weil Sie keinen Vergleichsmaßstab zur Verfügung haben. Sie müssen sie durch andere Kennzahlen ergänzen.

Die Relationen müssen stimmen: Verhältniszahlen

Bei den *Verhältniszahlen* oder relativen Kennzahlen setzen Sie zwei Größen zueinander ins Verhältnis. Drei Varianten sind üblich:

- Mit *Gliederungszahlen* ermitteln Sie den Anteil einer Teilgröße an der zugehörigen Gesamtgröße. Sie ermitteln also das relative Gewicht einer einzelnen Größe als Teil einer Gesamtheit.

  Gliederungszahlen werden verwendet, um Teilgesamtheiten darzustellen und zu vergleichen. Zur Visualisierung von Gliederungszahlen können Sie beispielsweise Kreisdiagramme nutzen (siehe Abbildung 3.2).

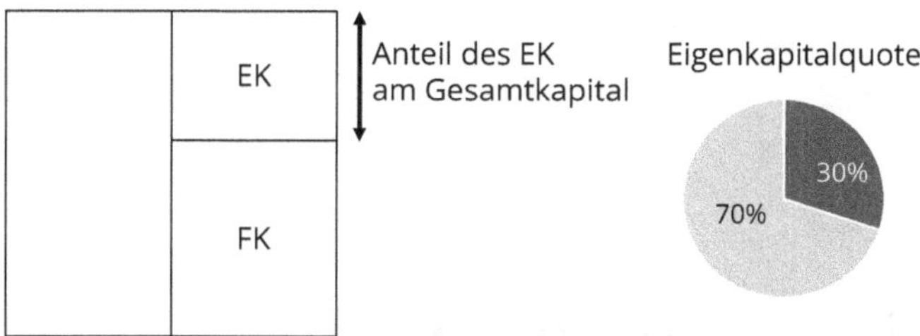

Abbildung 3.2: Gliederungszahl

Die Eigenkapitalquote gibt den Anteil des Eigenkapitals am Gesamtkapital an.

- Mit *Indexzahlen* stellen Sie Veränderungen im Zeitablauf dar. Die Anfangswerte zum Beginn des Betrachtungszeitraums erhalten dazu den Basiswert 100. Die Werte zu späteren Zeitpunkten ermitteln Sie dann im Verhältnis zu diesem Basiswert.

  Die Abbildung 3.3 zeigt, wie Sie das Umsatzwachstum als prozentuale Größe im Vergleich zu einer Basisperiode angeben können.

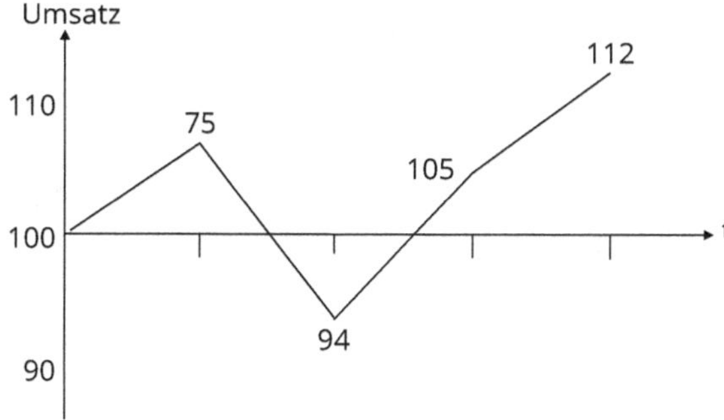

Abbildung 3.3: Umsatzentwicklung mit Indexzahlen

✔ Bei *Beziehungszahlen* setzen Sie zwei logisch zusammenhängende Größen zueinander in Beziehung, zwischen denen Sie eine Ursache-Wirkungs-Beziehung vermuten. Bei dem Quotienten haben Zähler und Nenner unterschiedliche Merkmale.

Bei Veränderungen können Sie die Ursachen dafür nicht allein mit der Beziehungszahl feststellen.

$$\frac{\text{Betriebsergebnis}}{\text{Umsatzerlöse}} * 100$$

Aus dem Zusammenhang zwischen Betriebsergebnis und Umsatzerlösen können Sie die Umsatzrentabilität berechnen.

Den Umsatz je Mitarbeiter können Sie durch

$$\frac{\text{Umsatzerlöse}}{\text{Zahl der Mitarbeiter}}$$

feststellen.

Die Ziele im Blick: Richtzahlen

Richtzahlen sind branchenübliche Durchschnittszahlen, mit denen Sie die Zahlen aus dem Jahresabschluss mit anderen vergleichen können. Die Bewertung des Vergleichs ist schwierig, denn die Durchschnittswerte einer Branche werden naturgemäß auch von Unternehmen beeinflusst, die sich in einer außergewöhnlichen Situation befinden.

Das Benchmarking, die Orientierung an den Besten, zeigt Ihnen die möglichen Chancen und Risiken deutlicher.

IN DIESEM KAPITEL

Kennzahlen zum Anlagevermögen

Kennzahlen zum Umlaufvermögen

Lagerkennzahlen

Kapitel 4
Kennzahlen der Aktivseite

In diesem Kapitel lernen Sie die Instrumente zur Analyse der Vermögensseite der Bilanz kennen. Aus Ihrer eigenen Tätigkeit wissen Sie, dass die Ausstattung mit Vermögensgegenständen für jedes Unternehmen Voraussetzung für seine wirtschaftlichen Aktivitäten ist. Deshalb gehören die Analyse der Vermögensstruktur und die Ermittlung der einschlägigen Kennzahlen zu den zentralen Themen der Jahresabschlussanalyse.

Vermögensstruktur: Das gesamte Vermögen im Blick

Die *Vermögensstruktur* zeigt Ihnen die Art, die Zusammensetzung, den Aufbau und die Bindungsfristen des gesamten Vermögens eines Unternehmens. Sie erkennen dabei insbesondere das Verhältnis des Anlagevermögens (AV) zum Umlaufvermögen (UV) (*Konstitution*) und deren jeweilige Anteile am Gesamtvermögen (GV) (siehe Abbildung 4.1).

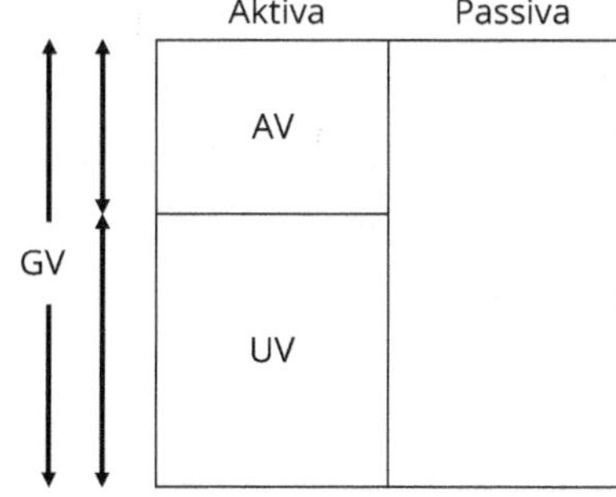

Abbildung 4.1: Vermögensstruktur

Die Vermögenstruktur ist ein Indikator für *die betriebliche Flexibilität*. Die Kennzahlen ermöglichen Ihnen Rückschlüsse auf die Anpassungsfähigkeit des Unternehmens bei Änderung der Beschäftigung. Dadurch können Sie das *Vermögensrisiko* besser beurteilen.

Auf der Aktivseite der Bilanz: Das Anlagevermögen

Zum *Anlagevermögen* gehören die Vermögensgegenstände, die dauernd dem Geschäftsbetrieb dienen sollen (§ 247 Abs. 2 HGB). Bei Kapitalgesellschaften wird es in drei Kategorien gegliedert (§ 266 Abs. 2 HGB):

- ✔ immaterielle Vermögensgegenstände,
- ✔ Sachanlagen und
- ✔ Finanzanlagen.

Das Anlagevermögen wird auf der Aktivseite der Bilanz ausgewiesen.

Der Anteil des Anlagevermögens am Gesamtvermögen: Die Anlagenintensität

Zur Beurteilung des Anteils des langfristig gebundenen Vermögens ist die wichtigste Kennzahl die *Anlagenintensität*. Sie zeigt Ihnen, wie hoch der Anteil des Anlagevermögens (AV) am Gesamtvermögen (GV) ist (siehe Abbildung 4.2).

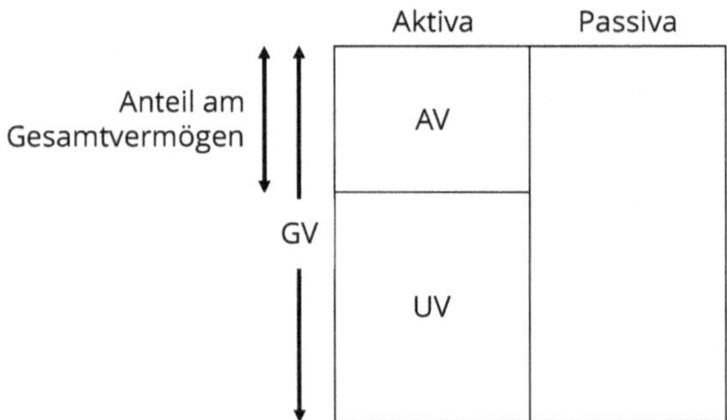

Abbildung 4.2: Anlagenintensität

Als Formel schreiben Sie

$$\text{Anlagenintensität} = \frac{\text{Anlagevermögen}}{\text{Gesamtvermögen}} * 100$$

Der Anteil des Anlagevermögens ist bei den Unternehmen extrem unterschiedlich und stark abhängig von der jeweiligen Branche und dem Alter der Anlagen:

- **Wenn Sie einen Produktionsbetrieb analysieren**, hat er durch intensiven Maschineneinsatz und Automatisierung im Allgemeinen ein hohes Anlagevermögen.
- **Wenn der Betrieb ein Handels- oder Dienstleistungsunternehmen ist**, wird das Anlagevermögen eher niedrig sein.
- **Wenn die Anlagegüter bereits ganz oder in wesentlichem Umfang abgeschrieben sind**, stehen sie mit dem niedrigen Wert in der Bilanz, die Anlageintensität ist entsprechend niedrig.
- **Wenn Vermögensgegenstände erst in letzter Zeit angeschafft worden sind**, hatten sie einen höheren Anschaffungswert und sind erst in geringem Ausmaß abgeschrieben. Die Anlagenintensität ist entsprechend hoch.
- **Wenn Vermögensgegenstände geleast sind**, werden sie in der Regel nicht bilanziert. Die Anlagenintensität erscheint dadurch niedriger.

Ob die Zusammensetzung des Vermögens und der Anteil der langfristigen Vermögensgegenstände üblich sind oder wesentlich von den üblichen Werten abweichen, können Sie nur vor dem Hintergrund der Branchenzugehörigkeit beurteilen. Wichtig ist aber, dass Sie die chronologische Entwicklung analysieren.

Die Vor- und Nachteile einer hohen Anlagenintensität sind in Tabelle 4.1 zusammengefasst.

Vorteile	Nachteile
Relativ neue Anlagen, wenig abgeschrieben	Hohe Kapitalbindung
Hoher Rationalisierungsgrad	Geringe Flexibilität bei Beschäftigungsschwankungen
Geringer Reparaturbedarf	Geringe Anpassungsfähigkeit bei technologischen Veränderungen
Kurzfristig keine Ersatzinvestitionen erforderlich	Abschreibungen sind Fixkosten

Tabelle 4.1: Hohe Anlagenintensität

Die Anlagenintensität können Sie durch sachverhaltsgestaltende Maßnahmen nachhaltig beeinflussen:

- **Leasing:** Durch Leasing können Sie die Kennzahl herabsetzen. Die Leasinggüter werden in der Regel nicht beim Leasingnehmer bilanziert und können deshalb bei der Berechnung der Anlagenintensität nicht berücksichtigt werden. Dafür muss der Leasingnehmer regelmäßige Leasingraten zahlen. Diese Aufwendungen können Sie aus der Kennzahl nicht ersehen.

- **Outsourcing:** Durch die Auslagerung von Aufgaben an externe Experten können Sie auf eigene Anlagen verzichten. Dadurch sinkt die Anlagenintensität.
- **Geringes Umlaufvermögen:** Aufgrund ihrer Konstruktion steigt die Kennzahl auch, wenn das Umlaufvermögen geringer wird.

Tabelle 4.2 zeigt Ihnen, dass die Verringerung des Vorratsvermögens zu einer höheren Anlagenintensität führt.

	Vorher	Nach Verringerung des Umlaufvermögens
Anlagevermögen	735.000 €	735.000 €
Umlaufvermögen		
Vorräte	441.000 €	**294.000 €**
Liquide Mittel	147.000 €	147.000 €
Bilanzsumme	1.323.000 €	1.176.000 €
Anlagenintensität	$\frac{735.000\ €}{1.323.000\ €} \times 100 = 55{,}6\ \%$	$\frac{735.000\ €}{1.176.000\ €} \times 100 = 62{,}5\ \%$

Tabelle 4.2: Änderung der Anlagenintensität bei geringerem Vorratsvermögen

Die Aussagefähigkeit der Kennzahl können Sie deutlich verbessern, wenn Sie die Entwicklung über mehrere Jahre hinweg beobachten. Zusätzlich ist der Vergleich mit anderen Unternehmen der Branche sinnvoll.

Achten Sie bei der Ermittlung der Kennzahl darauf, ob sie sich auf das (gesamte) Anlagevermögen oder (nur) auf das Sachanlagevermögen beziehen soll.

Altersstruktur des Anlagevermögens

Durch die Untersuchung der *Altersstruktur* erhalten Sie ein Instrument zur Beurteilung der Qualität des Sachanlagevermögens. Die Ausstattung mit neuen, modernen und wirtschaftlich arbeitenden Anlagen ist Voraussetzung für eine langfristige Sicherung der Existenz und des Wachstums des Unternehmens. Es wird damit eher in der Lage sein, seine Marktposition auch auf Dauer zu behaupten beziehungsweise weiter auszubauen.

Die Kennzahl *Anlagenabnutzungsgrad* zeigt Ihnen, in welchem Umfang das Sachanlagevermögen (SAV) bereits abgeschrieben ist.

$$\text{Anlagenabnutzungsgrad} = \frac{\text{Kumulierte Abschreibungen auf immaterielle VG und SA}}{\text{immaterielle VG und SA zu AHK am Ende des Geschäftsjahres}} * 100$$

Bei großen und mittelgroßen Kapitalgesellschaften finden Sie die kumulierten Abschreibungen auf Sachanlagen und die Anschaffungs- oder Herstellungskosten im Anlagenspiegel (§ 284 Abs. 3 HGB).

Allgemein gibt Ihnen die Kennziffer einen Hinweis darauf, ob in den vergangenen Perioden in ausreichendem Umfang Investitionen vorgenommen worden sind und ob damit die Produktionseinrichtungen laufend dem technischen Fortschritt angepasst wurden.

Häufig ist es sinnvoll, dass Sie den Anlagenabnutzungsgrad getrennt für unbewegliches und bewegliches Sachanlagevermögen erfassen, denn die Nutzungsdauer und als Folge die kumulierten Abschreibungen können sehr unterschiedlich sein. Den Anlagenabnutzungsgrad des Sachanlagevermögens ermitteln Sie dann mit der Formel

$$\text{Anlagenabnutzungsgrad des SAV} = \frac{\text{Kumulierte Abschreibungen auf das SAV}}{\text{SAV zu AHK}}$$

Statt des Anlagevermögens zu historischen Anschaffungs- beziehungsweise Herstellungskosten können Sie auch den Buchwert des Anlagevermögens verwenden. Dann setzen Sie aber nur das immaterielle Anlagevermögen und die Sachanlagen an, weil Finanzanlagen nicht ersetzt werden müssen und in der Regel keine planmäßigen Abschreibungen erfolgen.

Sie ermitteln den Anlagenabnutzungsgrad des Sachanlagevermögens der Schlaufix GmbH mithilfe des folgenden Anlagespiegels (Auszug), Angaben in €:

	AB zu AHK	Zugänge zu AHK	Abgänge zu AHK	Abschreibungen kumuliert	Restwert 31.12.02	Restwert 31.12. 01	Abschreibungen für 02
immaterielle VG							
Sachanlagen	1.111.500	296.400	222.300	444.600	741.000	755.820	207.480

Der Anlagenabnutzungsgrad beträgt

$$\frac{444.600\,€}{1.111.500\,€ + 296.400\,€ - 222.300\,€} * 100 = 37{,}5\,\%.$$

Extern haben Sie in der Regel nur einen eingeschränkten Überblick über die Nutzungsdauer der einzelnen Vermögensgegenstände und Sie kennen auch die bereits voll abgeschriebenen Anlagen nicht.

Was sollten Sie zum Anlagenabnutzungsgrad wissen?

✔ Je höher der Anlagenabnutzungsgrad ist, desto höher ist die Wahrscheinlichkeit, dass Ihr Unternehmen mit veralteten Produktionsanlagen arbeitet und – jedenfalls bei einer geringen Investitionsquote – zeitnah *Ersatzinvestitionen* erforderlich werden. Es besteht dann die Gefahr, dass die Verschuldung des Unternehmens ansteigen wird.

Einen Wert von über 50 % können Sie als Hinweis auf ein veraltetes Sachanlagevermögen deuten. Bei einem niedrigen Anlagenabnutzungsgrad ist dagegen unwahrscheinlich, dass in nächster Zeit die Sachanlagen ersetzt werden müssen.

- Der Anlagenabnutzungsgrad ist auch dann niedrig, wenn relativ günstige Reinvestitionen getätigt worden sind.
- Wie Sie den Anlagenabnutzungsgrad beurteilen müssen, hängt wesentlich von der Branchenzugehörigkeit des Unternehmens ab. Dabei müssen Sie darauf achten, dass die ermittelte Kennzahl durch Miete oder Leasing von Anlagevermögen und von der gewählten Abschreibungsmethode beeinflusst wird.
- Berücksichtigen Sie, dass die rein finanztechnische Betrachtung unter Umständen völlig anders ausfallen kann als die technische Beurteilung der Anlagenabnutzung. Eine Vergleichbarkeit ist daher nicht selbstverständlich gegeben.
- Den Anlagenabnutzungsgrad müssen Sie im Zusammenhang mit der *Investitionspolitik* des Unternehmens analysieren und bewerten, weil das Ausmaß der Anlagenabnutzung weitgehend durch die Investitionstätigkeit des Unternehmens bestimmt wird.
- Die Beurteilung des Anlagenabnutzungsgrades hängt wesentlich von der Branchenzugehörigkeit des Unternehmens ab.
- Die ermittelte Kennzahl kann durch Miete oder Leasing von Anlagevermögen beeinflusst sein.
- Die gewählten Abschreibungsmethoden bestimmen die Kennzahl wesentlich.

Ihre Erkenntnisse aus der Anlagenintensität können Sie durch weitere Kennzahlen untermauern:

- **Die durchschnittliche Lebensdauer** ergibt sich aus dem Quotienten aus historischen Anschaffungskosten (AHK) und den Abschreibungen des Anlagevermögens (AV):

$$\text{Durchschnittliche Lebensdauer des AV} = \frac{\text{Historische AHK}}{\text{Abschreibungen}}$$

- **Das durchschnittliche Alter des Anlagevermögens** können Sie ermitteln, indem Sie die kumulierten Abschreibungen durch die Abschreibungen der Periode teilen:

$$\text{Durchschnittliches Alter des AV} = \frac{\text{kumulierte Abschreibungen}}{\text{Abschreibungen}}$$

Fatik hat eine Maschine zum Preis von 2 Mio. € mit einer Nutzungsdauer von 10 Jahren erworben. Die lineare jährliche Abschreibung beträgt 200.000 €.

Bei einer Betrachtung nach 5 Jahren betragen die kumulierten Abschreibungen 5 * 200.000 € = 1 Mio. €.

Teilen Sie nun die kumulierten Abschreibungen durch die Abschreibungen der aktuellen Periode, erhalten Sie das Alter der Maschine:

$$\text{Alter der Maschine} = \frac{1.000.000\ €}{200.000\ €} = 5\ \text{Jahre}$$

Arbeiten Sie in Ihrem Unternehmen mit einem deutlich älteren Anlagevermögen als die Wettbewerber, kann dies ein Indiz dafür sein, dass in den Folgeperioden Investitionen notwendig werden. Das würde zu einem Abfluss von liquiden Mitteln führen.

- **Die Abschreibungsintensität** ermöglicht Ihnen, die durchschnittliche Nutzungsdauer der Anlagen zu ermitteln. Sie zeigt Ihnen als Prozentsatz an, in welchem Umfang im abgelaufenen Geschäftsjahr die historischen Anschaffungs- und Herstellungskosten des Sachanlagevermögens abgeschrieben worden sind:

$$\text{Abschreibungsintensität} = \frac{\text{Abschreibungen}}{\text{Gesamtleistung}} * 100$$

oder

$$\text{Abschreibungsintensität} = \frac{\text{Abschreibungen}}{\text{Umsatzerlöse}} * 100$$

Die Spedition Fuzzi GmbH ermittelt zum 31. Dezember Abschreibungen auf ihr Sachanlagevermögen in Höhe von 440.000 € und Umsatzerlöse in Höhe von 1.750.000 €.

$$\text{Abschreibungsintensität} = \frac{440.000\ €}{1.750.000\ €} * 100 = 25{,}14\ \%$$

Die Kennzahl ermöglicht Ihnen unterschiedliche Interpretationen:

- **Nutzungsdauer:** Je höher der ermittelte Prozentsatz ist, desto kürzer ist die angenommene Nutzungsdauer. Als Folge ist auch der kurzfristige Investitionsbedarf höher.
- **Rationalisierungsgrad:** Je höher der ermittelte Prozentsatz ist, desto höher ist der Rationalisierungsgrad. Im Hinblick auf die künftige Marktposition und die Wettbewerbsfähigkeit können Sie das positiv einschätzen.

Wenn die Geschäftsausstattung im Wesentlichen aus immer wieder kurzfristig erneuerten Anlagegütern – zum Beispiel PCs oder Laptops – besteht, ist die Abschreibungsintensität höher als in Unternehmen, die ihre Anlagegüter über einen längeren Zeitraum nutzen.

- **Investitionsbedarf:** Eine abnehmende Abschreibungsintensität kann darauf hindeuten, dass die letzten Investitionen bereits länger zurückliegen und entsprechender Investitionsbedarf besteht.

- **Stille Reserven:** Eine sinkende Abschreibungsintensität kann auf die Auflösung stiller Reserven zugunsten des Gewinns hindeuten.
- **Bilanzpolitik:** Abschreibungen können nicht allein nutzungsbedingt vorgenommen worden sein, sondern auch bilanzpolitisch beeinflusst sein. Sofern Sie solche Einflüsse nicht feststellen und eliminieren können, wird die Abschreibungsintensität – wie alle Kennzahlen, die Abschreibungen berücksichtigen – verzerrt. Hinweise darauf können Sie aber erhalten, wenn Sie die Abschreibungsintensität über einen längeren Zeitraum hinweg beobachten.

Um die Analysemöglichkeiten zu verbessern, können Sie die Abschreibungsintensität auch für einzelne Positionen des Sachanlagevermögens berechnen. Dadurch wird der Einfluss, den die Zusammensetzung des Sachanlagevermögens auf die durchschnittliche Abschreibungsquote hat, zurückgedrängt und Ihre Erkenntnisse werden differenzierter und präziser.

Abschreibungsquote

Mit der *Abschreibungsquote* ermitteln Sie das prozentuale Verhältnis der Abschreibungen des Geschäftsjahres (GJ) zu den Anschaffungs- beziehungsweise Herstellkosten (AK / HK) der immateriellen Vermögensgegenstände (VG) und der Sachanlagen am Ende des Geschäftsjahres (GJ). Grundstücke und Finanzanlagen werden dabei nicht einbezogen. Sie werden in der Regel nicht planmäßig abgeschrieben.

$$\text{Abschreibungsquote} = \frac{\begin{array}{c}\text{Abschreibungen des GJ}\\ \text{auf immaterielle VG und Sachanlagen}\end{array}}{\begin{array}{c}\text{immaterielle VG und Sachanlagen}\\ \text{zu AK / HK am Ende des GJ}\end{array}} * 100$$

Sie können mit der Abschreibungsquote feststellen, wie hoch die Nutzungsdauer der Anlagegüter ist. Daraus können Sie dann wiederum ableiten, wie häufig die Anlagen ersetzt werden müssen.

Bei einer hohen Abschreibungsquote können Sie

- auf Anlagen mit durchschnittlich kurzer Nutzungsdauer oder
- auf ein durchschnittlich hohes Alter der Anlagen

schließen. Daraus können Sie die Notwendigkeit von bevorstehenden Ersatzinvestitionen mit entsprechendem Kapitalbedarf erkennen.

Beratungsunternehmen, deren Geschäftsausstattung im Wesentlichen aus PCs oder Laptops besteht, werden eine höhere Abschreibungsquote haben als Produktionsunternehmen, die ihre Maschinen manchmal Jahrzehnte nutzen.

Eine Beobachtung über mehrere Jahre ist erforderlich, damit Sie die notwendigen finanziellen Mittel abschätzen können. Schließlich erfolgen Investitionen nicht immer im gleichen jährlichen Rhythmus.

Die Definitionen von Abschreibungsintensität und Abschreibungsquote sind teilweise unterschiedlich. Diese Beschreibung entspricht der IHK-Formelsammlung.

Investitionsquote

Eine weitere Analyse der Investitionspolitik ermöglicht Ihnen die *Investitionsquote.*
In der Grundform

$$\text{Investitionsquote} = \frac{\text{Gesamte Nettoinvestitionen}}{\text{Anlagevermögen zu AHK am Anfang des GJ}} * 100$$

setzen Sie die Nettoinvestitionen ins Verhältnis zum gesamten Anlagevermögen, weil die Höhe der Investitionen wesentlich von der Unternehmensgröße abhängt.

Nettoanlageinvestition = Sachanlageinvestition – Abgang zu Buchwerten

Je nach Erkenntnisinteresse können Sie auch Varianten nutzen:

$$\text{Investitionsquote} = \frac{\text{Nettoinvestitionen in das SAV}}{\text{Sachanlagevermögen zu historischen AHK}} * 100$$

Trotz gleichbleibender Nettoinvestitionen wird die Investitionsquote zunehmen, wenn durch Abschreibungen der Wert des Anlagevermögens abnimmt. Deshalb werden die historischen Anschaffungs- und Herstellungskosten (AHK) berücksichtigt.

$$\text{Investitionen in \% des Umsatzes} = \frac{\text{Gesamte Nettoinvestitionen}}{\text{Umsatzerlöse}} * 100$$

Aus dem Ergebnis können Sie folgern:

- ✔ **Eine hohe Investitionsquote** legt nahe, dass Rationalisierungen oder Erweiterungsinvestitionen vorgenommen worden sind.
- ✔ **Eine niedrige Investitionsquote** lässt auf notwendige Ersatzinvestitionen schließen.

In diesem Zusammenhang können Sie das SAV je nach Erkenntnisinteresse auch ohne Grund und Boden berücksichtigen.

Wenn Sie die *Investitionsdeckung*

$$\text{Investitionsdeckung} = \frac{\text{Jahresabschreibungen auf das SAV}}{\text{Investitionen in das SAV}} * 100$$

ermitteln, können Sie feststellen, ob der abschreibungsbedingte Werteverzehr innerhalb einer Periode durch Investitionen kompensiert worden ist. Aus dem Vergleich von Abschreibungen und Investitionen können Sie also erkennen, ob ein Unternehmen wächst oder eher schrumpft.

- Bei einer Investitionsdeckung von mehr als 100 % sind die Abschreibungen vollständig durch Neuanschaffungen gedeckt. Der Bestand des Sachanlagevermögens nimmt zu und es kann eine Kapazitätserhöhung vermutet werden.
- Eine Investitionsdeckung unter 100 % zeigt dagegen eine Abnahme des Sachanlagevermögens in der beobachteten Periode.

Je höher die Kennzahlen zur Investitionsanalyse sind, desto größer ist die *Investitionsneigung* in dem Unternehmen. Die technische Ausstattung ist dann tendenziell auf neuem Stand und die mögliche zukünftige Entwicklung des Unternehmens können Sie dann optimistisch beurteilen.

Die Kennzahl sollten Sie aber mit Vorsicht genießen, weil sie durch unterschiedliche Einflüsse erheblich verzerrt sein kann:

- **Azyklische Investitionstätigkeit:** Weil Investitionen in Sachanlagen normalerweise unregelmäßig erfolgen, ist eine Analyse für nur eine Periode wenig aufschlussreich. Sie müssen die Entwicklung immer über einen längeren Zeitraum verfolgen, um Verzerrungen durch besondere Aktivitäten oder auch fehlendes Engagement in einzelnen Jahren zu vermeiden.
- **Leasing:** Wenn Sachanlagen nicht erworben, sondern geleast werden, fallen anstelle von Abschreibungen Leasingaufwendungen an. Die Leasinggüter werden in der Regel nicht abgeschrieben, die Leasingraten werden aber in der GuV erfasst und mindern den Jahresüberschuss.
- **Preissteigerungen:** In der Finanzbuchhaltung beziehen Sie die Abschreibungen auf die historischen Anschaffungskosten, die Investitionen berücksichtigen Sie aber mit ihren aktuellen Preisen. Je höher die Preissteigerungsrate und je länger der Zeitraum bis zur Neuinvestition ist, desto größer werden die Ungenauigkeiten.
- **Technischer Fortschritt:** Neuere Maschinen und Anlagen sind meistens leistungsfähiger als die bisherigen. Dieselben Produktionskapazitäten sind dann durch geringere Investitionen möglich, mit demselben finanziellen Aufwand ergibt sich eine höhere Leistungsfähigkeit.

Ob die Investitionen ausreichen, müssen Sie aber auch im Vergleich zu den Wettbewerbern beurteilen. Sie können anhand der Investitionsquoten beurteilen, ob Wachstum und eine stärkere Marktposition angestrebt werden. Andere Kennzahlen sollten Ihre Einschätzung zusätzlich stützen.

Umlaufvermögen: Besonders wichtig bei der Jahresabschlussanalyse

Zum *Umlaufvermögen* zählen alle Vermögensgegenstände, die nicht dazu bestimmt sind, dem Betriebszweck dauerhaft zu dienen, zum Beispiel

- ✔ Vorräte,
- ✔ Forderungen und
- ✔ Kassenbestände und Bankguthaben.

Das Umlaufvermögen bindet Kapital, verursacht Lagerkosten und birgt Risiken unterschiedlichster Art. Deshalb sollten Sie ihm bei der Jahresabschlussanalyse besondere Aufmerksamkeit widmen.

Wie viel Unternehmensvermögen gebunden ist: Die Umlaufintensität

Als Gegenstück zur Anlagenintensität ermitteln Sie mit der *Umlaufintensität* (auch *Umlaufquote, Arbeitsintensität*), wie hoch der Anteil des Umlaufvermögens am Gesamtvermögen ist (siehe Abbildung 4.3).

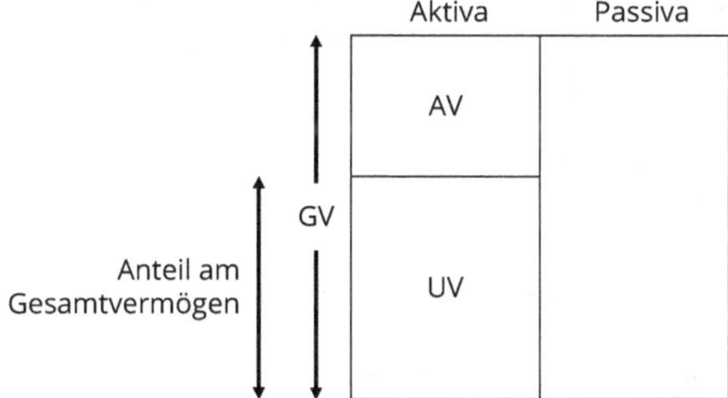

Abbildung 4.3: Umlaufintensität

Diese Kennzahl zeigt Ihnen den prozentualen Anteil des Vermögens, das kurzfristig im Unternehmen gebunden ist. Aus der Höhe der Umlaufintensität können Sie Schlüsse zur Kapitalbindung und zur Kostenflexibilität ziehen.

$$\text{Umlaufintensität} = \frac{\text{Umlaufvermögen}}{\text{Gesamtvermögen}} * 100$$

Für die Strahlemann GmbH haben Sie die folgende Strukturbilanz entwickelt:

Aktiva			Passiva
	€		€
Anlagevermögen	155.792	Eigenkapital	149.800
Vorräte	89.880		
Forderungen	14.980	langfristiges Fremdkapital	64200
Liquide Mittel	8.988	kurzfristiges Fremdkapital	55.640
	269.640		269.640

$$\text{Die Umlaufintensität beträgt } \frac{89.880\,€ + 14.980\,€ + 8.988\,€}{269.640\,€} * 100 = 42{,}2\ \%.$$

Die Summe aus Anlagenintensität und Umlaufintensität entspricht immer 100 %, also dem Gesamtvermögen beziehungsweise der Bilanzsumme.

Die Höhe der Umlaufintensität ist von der Branche abhängig: Unternehmen mit hohen Lagerbeständen verfügen über eine höhere Umlaufintensität. Vergleiche sind deshalb nur innerhalb einer Branche sinnvoll.

Aus bilanzanalytischer Sicht sollten Sie eine möglichst hohe Umlaufintensität anstreben. Je niedriger nämlich der Anteil des langfristigen Vermögens am Gesamtvermögen (Anlagenintensität) ist, desto höher ist die finanzielle Flexibilität.

Was sollten Sie zu einer hohen Umlaufintensität wissen?

- ✔ **Die Kapitalbindung** sinkt mit steigender Umlaufintensität.
- ✔ **Finanzierung.** Kurzfristiges Fremdkapital können Sie in der Regel einfacher beschaffen.
- ✔ **Fixkosten.** Unter sonst gleichen Bedingungen sind die Fixkosten niedriger.
- ✔ **Liquidität.** Umlaufvermögen lässt sich schneller liquidieren.
- ✔ **Kapitalbedarf.** Der Kapitalbedarf und damit die Kosten des Kapitaldienstes sind geringer.
- ✔ **Kostenremanenz.** Bei hoher Umlaufintensität sind die Auswirkungen auf den Erfolg geringer.
- ✔ **Die Kapazitätsausnutzung** ist bei hoher Umlaufintensität tendenziell höher.
- ✔ **Ersatzinvestitionen.** Die Notwendigkeit von Ersatzinvestitionen ist geringer.
- ✔ **Anpassungsfähigkeit.** Auf geänderte Anforderungen der Märkte kann einfacher reagiert werden.

Sie müssen eine Balance finden zwischen einem angestrebten niedrigen Umlaufvermögen, das hohe Flexibilität und geringe langfristige Kapitalbindung zur Folge hat, und einem höheren Umlaufvermögen, mit dem das Unternehmen jederzeit seine Produktions- und Lieferverpflichtungen erfüllen kann.

Veränderungen der Umlaufintensität sind in der Regel nicht zufällig. Deshalb sollten Sie weitergehende Analysen des Umlaufvermögens anstellen, insbesondere zu den Forderungen und zum Vorratsvermögen.

Interpretieren Sie die Ergebnisse der Analyse der Umlaufintensität vorsichtig. Ihre Aussagekraft wird durch gleich mehrere Probleme eingeschränkt:

- ✔ **Absatzlage:** Bei der Beurteilung des Anteils des Umlaufvermögens am Gesamtvermögen müssen Sie zusätzlich Einzeluntersuchungen hinsichtlich der Vorrats- oder Forderungsquote vornehmen, damit Sie einen Eindruck von der Absatzlage gewinnen können.
- ✔ **Steigende Preise:** Das Umlaufvermögen wird mit durchschnittlich aktuelleren Preisen in die Bilanzpositionen eingehen. Bei steigenden Preisen führt das zu einem höheren Anteil des Umlaufvermögens am Gesamtvermögen und entsprechend zu einer höheren Umlaufintensität.
- ✔ **Zuordnung:** Die Zuordnung von Vermögensgegenständen zum Umlauf- oder Anlagevermögen gibt nur bedingt Auskunft über die jeweilige Dauer der Kapitalbindung. Auch Teile des Umlaufvermögens können durchaus geplant langfristig im Unternehmen verbleiben, etwa der eiserne Bestand. Die Höhe des langfristig gebundenen Kapitals erscheint dadurch zu niedrig.
- ✔ **Beurteilung:** Es kann kein Wert angegeben werden, nach dem die Vermögensstruktur gut oder schlecht ist. Sie können nicht einmal etwas über die angestrebten Anteile beziehungsweise das wünschenswerte Verhältnis von Anlage- und Umlaufvermögen sagen.

Die isolierte Betrachtung der Kennzahl erscheint also wenig aussagekräftig. Sie müssen entweder eine sehr viel genauere Untersuchung der Inhalte der jeweiligen Bilanzpositionen vornehmen oder Ihre Erkenntnisse durch die Interpretation weiterer Kennzahlen absichern.

Die Mengen müssen stimmen: Vorratsintensität

Mit der Kennzahl *Vorratsintensität* (auch *Lagerintensität, Vorratsquote*) können Sie sich Aufschluss über den Umfang der Vorräte an Roh-, Hilfs- und Betriebsstoffen (RHB) und an Halb- und Fertigerzeugnissen verschaffen. Sie ermitteln damit den Umfang der Kapitalbindung durch die Lagerhaltung.

Dazu wird der Wert der Vorräte zum Gesamtvermögen (GV) ins Verhältnis gesetzt (siehe Abbildung 4.4).

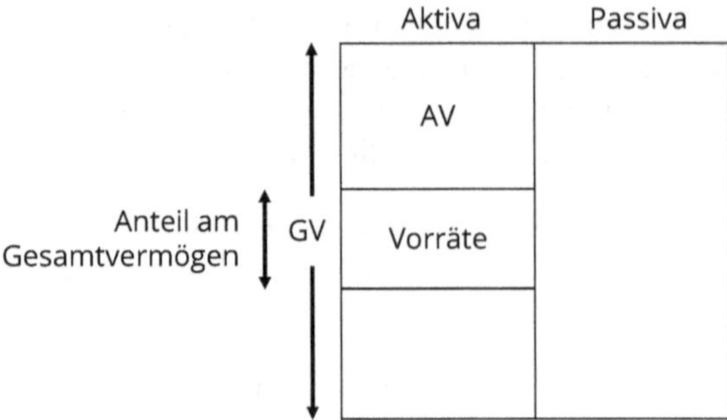

Abbildung 4.4: Vorratsintensität

Sie rechnen mit der Formel

$$\text{Vorratsintensität in \%} = \frac{\text{Vorräte}}{\text{Gesamtvermögen}} * 100$$

Für Analysezwecke können Sie die Vorräte nochmals unterteilen und die Vorratsintensität für Roh-, Hilfs- und Betriebsstoffe (RHB) und für Halb- und Fertigfabrikate (HFF) getrennt berechnen:

$$\text{Vorratsintensität}_{\text{RHB}} \text{ in \%} = \frac{\text{Vorräte an Roh–, Hilfs – und Betriebsstoffen}}{\text{Gesamtvermögen}} * 100$$

beziehungsweise

$$\text{Vorratsintensität}_{\text{HFF}} \text{ in \%} = \frac{\text{Vorräte an Halb – und Fertigfabrikate}}{\text{Gesamtvermögen}} * 100$$

Alternativ zum Gesamtvermögen können Sie auch die Umsatzerlöse als Bezugsgröße verwenden.

Das Gesamtvermögen der Adler GmbH beträgt 3.765.000 €. Aus der Bilanz können Sie erkennen, dass Roh-, Hilfs- und Betriebsstoffe im Wert von 627.500 € und Halb- und Fertigfabrikate im Wert von 376.500 € vorhanden waren.

$$\text{Vorratsintensität} = \frac{627.500\text{ €} + 376.500\text{ €}}{3.765.000\text{ €}} * 100 = 26{,}7\ \%$$

$$\text{Vorratsintensität}_{\text{RHB}} = \frac{627.500\text{ €}}{3.765.000\text{ €}} * 100 = 16{,}7\ \%$$

$$\text{Vorratsintensität}_{\text{HFF}} = \frac{376.500\text{ €}}{3.765.000\text{ €}} * 100 = 10{,}0\ \%$$

Je geringer die Vorratsintensität, desto geringer sind die Kapitalbindung und das Lagerrisiko. Entsprechend niedriger sind die Lagerhaltungskosten. Ein geringer prozentualer Anteil der Vorräte am Gesamtvermögen deutet auf eine gut funktionierende Supply-Chain hin.

Beachten Sie bei der Interpretation der Kennzahl: Ein hoher prozentualer Anteil der Vorräte am Gesamtvermögen

- ✔ verringert die finanzielle Flexibilität des Unternehmens,
- ✔ enthält das Risiko der mangelnden Verwertbarkeit der Lagerbestände.

Die Ursache für eine hohe Vorratsintensität können Sie in verschiedenen Bereichen vermuten:

- ✔ Erhöhung der Läger für Halb- und Fertigprodukte
- ✔ Umstellung der Lagerhaltung und Änderung der Vorratspolitik
- ✔ Hohe Lagerreichweiten
- ✔ Rückläufige Umsätze
- ✔ Absatzprobleme
- ✔ Mängel der Lager- und Beschaffungsorganisation

Aus Sicht der Unternehmensleitung kann es aber auch sinnvoll sein, die Bestände der Vorräte zu erhöhen. Gründe dafür können zum Beispiel sein:

- ✔ Einführung neuer Produktionstechnik
- ✔ Erwartung eines größeren Auftrags
- ✔ Vorbereitung auf höhere Verkaufszahlen, Ausweitung der Produktion
- ✔ Vorbereitung auf erwartete Preissteigerungen im Einkauf, die höher ausfallen als die Kosten der Kapitalbindung
- ✔ Veränderte Mengenrabattstaffeln
- ✔ Verbesserung der jederzeitigen Lieferfähigkeit. Wichtige Ersatzteile werden zum Beispiel vorgehalten, um Stillstandszeiten zu vermeiden
- ✔ Lagerpositionen werden aus spekulativen Gründen aufgebaut. Güter können durch Lagerung auch wertvoller werden, zum Beispiel Wein, Whisky, Kunstobjekte
- ✔ Umstellung der Lagerhaltung
- ✔ Verringerung der Anzahl der Bestellvorgänge
- ✔ Vorbereitung auf erwartete Engpässe bei den Lieferanten

- Gezielte Ausnutzung von günstigen Einkaufskonditionen, zum Beispiel Rabatten
- Höhere Flexibilität bei zusätzlichen Aufträgen

Im September 2019 haben britische Unternehmen auffallend hohe Vorräte angelegt, um erwarteten Problemen beim Bezug von Produkten aus der EU durch den Brexit vorzubeugen.

Eine niedrigere Vorratsintensität können Sie erreichen durch

- **Verkürzung der Lagerdauer**
- **Reduzierung der Bestände** auf ein Sicherheitsminimum
- **Beseitigung von Vertriebshindernissen**
- **Verkürzung der Bestellzyklen** auf die optimale Bestellmenge

Interpretieren Sie diese Kennzahl vorsichtig, weil die Höhe der Vorräte zum Stichtag leicht und erheblich beeinflusst werden kann:

- Durch eine gezielte Anwendung bestimmter Bewertungsmethoden können Sie den ausgewiesenen Wert beeinflussen.
- Durch die gezielte Festlegung der Beschaffungszeitpunkte können Sie die Vorratsmenge steuern, die im Jahresabschluss ausgewiesen werden soll.
- Bei der Make-to-Order-Strategie beginnt die Fertigung erst, wenn die Kundenaufträge vorliegen. Deshalb können die Vorräte niedrig sein. Diese Strategie ist dafür oft mit längeren Lieferzeiten verbunden.
- Wenn die Produktion anhand von Nachfrageprognosen erfolgt (»Make to Stock«), führt das tendenziell zu hohen Vorratsbeständen.
- Ein hoher Bestand an Halbfertigerzeugnissen besteht, wenn spezifische Varianten der Produkte nach individuellen Kundenwünschen hergestellt werden.

Schnell soll es gehen: Umschlagshäufigkeit der Vorräte

Die *Umschlagshäufigkeit* der Vorräte (auch *Lagerumschlag, Lagerumschlagsgeschwindigkeit, Lagerumschlagshäufigkeit, Vorratsumschlag, Warenumschlag*) zeigt Ihnen, wie oft die Vorräte in einer Periode umgeschlagen werden.

Dazu bilden Sie die Relation zwischen den Umsatzerlösen und dem durchschnittlichen Lagerbestand an Roh-, Hilfs- und Betriebsstoffen (RHB):

$$\text{Umschlagshäufigkeit der RHB} = \frac{\text{Umsatzerlöse}}{\text{durchschnittlicher Lagerbestand an RHB}} * 100$$

Aus der Formel erkennen Sie:

- Je höher die Kennzahl ist, desto weniger Kapitaleinsatz ist erforderlich.
- Ein niedriger oder über mehrere Perioden abnehmender Wert muss als ungünstig beurteilt werden, weil dann die Lagerhaltung und damit die Kapitalbindung zugenommen hat.

Die Läger müssen einerseits so umfangreich sein, dass keine Produktionsstörungen und Lieferengpässe auftreten, andererseits soll aber die Lagerdauer kurz sein, um möglichst geringe Kosten der Kapitalbindung zu verursachen.

In engem Zusammenhang mit der Umschlagshäufigkeit können Sie weitere Kennzahlen ermitteln:

- Der *durchschnittliche Lagerbestand* gibt – wert- oder mengenmäßig – die durchschnittlichen Bestände währen eines Jahres an. Sie können ihn vereinfacht mit der Formel

  $$\text{Durchschnittlicher Lagerbestand} = \frac{\text{Anfangsbestand} + \text{Endbestand}}{2}$$

  ermitteln. Einen genaueren Wert liefert Ihnen die Formel

  $$\text{Durchschnittlicher Lagerbestand} = \frac{\text{Anfangsbestand} + 12\ \text{Monatsendbestände}}{13}$$

- Aus dem reziproken Wert der Umschlagshäufigkeit können Sie entnehmen, wie viele Tage die Vorräte durchschnittlich im Unternehmen lagern, bevor sie verbraucht werden: Die *Lagerdauer* der Vorräte beträgt dann:

  $$\text{Lagerdauer in Tagen} = \frac{360}{\text{Umschlagshäufigkeit der Vorräte}}$$

Je höher die Lagerumschlagshäufigkeit ist, desto kürzer ist die *durchschnittliche Lagerdauer.*

Welche Schlüsse ziehen Sie daraus?

- Bei einer niedrigen Lagerumschlagshäufigkeit könnten die Bestände zu hoch sein.
- Bei einer außergewöhnlich hohen Lagerumschlagshäufigkeit können Sie einen zu niedrigen Lagerbestand vermuten. Produktionsbereitschaft und Service können dann gefährdet sein.

Sie sollten eine kurze Lagerdauer anstreben, damit die Läger möglichst effizient genutzt werden. Ihr Anstieg zeigt Ihnen eine suboptimale Vorratshaltung, die

- auf der Beschaffungsseite durch ein ineffizientes Beschaffungswesen und
- auf der Absatzseite durch eine Überschätzung der Absatzmöglichkeiten

verursacht sein kann.

Zusätzliche Lagerkennzahlen, die Sie kennen sollten

Um die *Vorratspolitik* beurteilen zu können und Ursachen für festgestellte Entwicklungen zu finden, müssen Sie weitere Lagerkennzahlen heranziehen. Sie können Ihnen Auskunft darüber geben, ob Sie im Vergleich zu anderen Unternehmen oder anderen Organisationseinheiten eine wirtschaftliche Lagerhaltung betreiben:

✔ **Umschlagsdauer:** Zur Berechnung der *Umschlagsdauer* beziehen Sie den Bestand an Vorräten auf die Umsatzerlöse:

$$\text{Umschlagsdauer der Vorräte} = \frac{\text{durchschnittlicher Bestand an Vorräten}}{\text{Wareneinsatz}} * 360$$

Die Kennzahl zeigt Ihnen, wie viel Tage die Vorräte durchschnittlich im Unternehmen verbleiben. Je niedriger die Lagerdauer ist, desto geringer ist offenbar das durch die Lagerhaltung gebundene Kapital. Als Folge daraus wird das Liquiditätspotenzial besser ausgenutzt. Maßnahmen zur Erhöhung der Umschlagshäufigkeit wären zum Beispiel:

- Reduzierung des Sicherheitsbestandes
- Verkürzung der Beschaffungszeiten
- Optimierung des Sortiments

Die Berechnung können Sie auf die gesamten Vorräte eines Unternehmens beziehen oder nur auf Teile des Lagers oder auch nur auf einzelne Produkte. Für einen Betriebs- beziehungsweise Branchenvergleich kann sich die Kennzahl aber nur auf die gesamten Vorräte beziehen.

✔ **Bezugskosten** (BK) sind die gesamten Abwicklungskosten einer Bestellung. Sie enthalten die Vorbereitungskosten, die Kosten des Bestellabschlusses, die Verbuchungskosten und die Kosten des Zahlungsverkehrs.

$$\text{Bezugskosten je Bestellung} = \frac{\text{Summe der Bestellkosten einer Periode}}{\text{Anzahl der Bestellungen einer Periode}}$$

✔ Die **Lagerhaltungskosten** enthalten die Kosten für Lagerräume, Versicherungen, Wertminderung durch Schwund und Überalterung und die Kosten für das gebundene Personal.

✔ Der **Lagerhaltungskostensatz** (LHKS) zeigt Ihnen, wie hoch die Kosten der Lagerhaltung (Kostenintensität) in Abhängigkeit vom Wert der gelagerten Ware sind.

$$\text{LHKS} = \left(\frac{\text{Lagerkosten}}{\text{Durchschnittlicher Lagerwert}} * 100\right) + \text{kalkulatorischer Jahreszins}$$

✔ **Optimale Bestellmenge:** So wird die Bestellmenge bezeichnet, bei der die Summe aus den Bezugs- und Lagerhaltungskosten (Gesamtkosten für die bestellte Menge) in einem Planungsraum am niedrigsten ist.

Je kleiner die bestellte Menge, desto niedriger sind die Lagerkosten. Die Bezugskosten sind aber höher, weil mehr Bestellvorgänge erfolgen müssen.

Um dieses Problem der optimalen Bestellmenge rechnerisch zu lösen, können Sie die sogenannte *Andler-Formel* (Andler´sche Formel) nutzen:

$$X_0 = \sqrt{\frac{200 * J * BK}{EP * LHKS}}$$

Dabei gilt:

X_0	=	Optimale Bestellmenge
J	=	Jahresbedarf in Mengeneinheiten
BK	=	Kosten pro Bestellung
EP	=	Kaufpreis pro Mengeneinheit
LHKS	=	Lagerhaltungskostensatz

✔ Mit der **Lagerumschlagshäufigkeit** stellen Sie fest, wie oft der Lagerbestand in einer Periode umgeschlagen worden ist.

$$\text{Lagerumschlagshäufigkeit} = \frac{\text{Wareneinsatz}}{\text{durchschnittlicher Lagerbestand}}$$

✔ Der **Lagerzinssatz** zeigt Ihnen, wie viel Prozent Zinsen Sie das im Lagerbestand gebundene Kapital durchschnittlich kostet.

$$\text{Lagerzinssatz} = \frac{\text{Zinssatz} * \varnothing \text{ Lagerdauer in Tagen}}{360}$$

✔ Die **Lagerreichweite** berechnen Sie, um festzustellen, wie lange die Vorräte für die Produktion beziehungsweise den Verkauf reichen. Sie zeigt Ihnen, wie lange der durchschnittliche Lagerbestand bei einem durchschnittlichen Verbrauch ausreicht.

$$\text{Lagerreichweite} = \frac{\text{durchschnittlicher Lagerbestand}}{\text{durchschnittlicher Verbrauch der Periode}}$$

beziehungsweise

$$\text{Lagerreichweite in Tagen} = \frac{\text{durchschnittlicher Lagerbestand}}{\text{durchschnittlicher Bedarf pro Tag}}$$

Die Lagerreichweite ist von Bedeutung für die Beurteilung der Lieferfähigkeit.

Die Hinundher KG benötigt pro Jahr 1.000 Transportkisten zum Stückpreis von 50 €. Für jede Bestellung fallen Bezugskosten i. H. v. 100 € an, der Lagerhaltungskostensatz wurde mit 10 % ermittelt. Sie berechnen die optimale Bestellmenge:

$$X_0 = \sqrt{\frac{200 * J * BK}{EP * LHKS}}$$

$$X_0 = \sqrt{\frac{200 * 1.000 * 100\,€}{50\,€ * 10\,\%}}$$

$$X_0 = \sqrt{\frac{20.000.000\,€}{5\,€}} = 2.000$$

Die optimale Bestellmenge beträgt 2.000 Stück.

Durch den Verkauf von Saftpressen konnte die Frutti GmbH im vergangenen Jahr Umsatzerlöse i. H. v. 480.000 € erzielen. Der durchschnittliche Wert der Lagerbestände betrug 40.000 €. Wie hoch ist die Umschlagshäufigkeit der Vorräte von Saftpressen? Wie viele Tage befinden sich die Saftpressen durchschnittlich im Lager?

$$\text{Umschlagshäufigkeit der Vorräte} = \frac{480.000\,€}{40.000\,€} = 12$$

Das Lager hat sich im vergangenen Jahr 12-mal (also einmal im Monat) umgeschlagen.

$$\text{Lagerdauer in Tagen} = \frac{360}{12} = 30\ \text{Tage}$$

Die Saftpressen verbleiben durchschnittlich 30 Tage im Lager.

Forderungsintensität, auch Forderungsquote genannt

Die Kennzahl *Forderungsintensität* (auch *Forderungsquote*) zeigt Ihnen den Anteil bestehender Forderungen am Gesamtvermögen (siehe Abbildung 4.5).

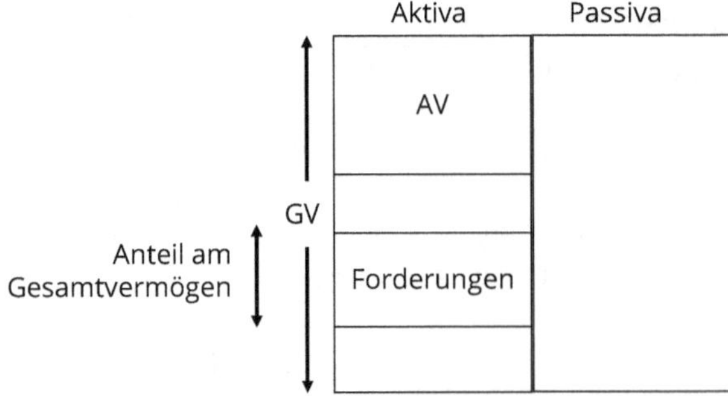

Abbildung 4.5: Forderungsintensität

Als Formel schreiben Sie:

$$\text{Forderungsintensität} = \frac{\text{Forderungen aus LuL}}{\text{Gesamtvermögen}} * 100$$

Die Forderungsintensität ist hoch, wenn ein großer Teil des gesamten Vermögens durch die Forderungen gebunden ist. Die müssen teuer finanziert werden, schmälern die Rendite und bergen Ausfallrisiken. Streben Sie deshalb eine niedrige Forderungsintensität an.

Je geringer der Wert der Forderungsintensität, desto schneller liquidiert ein Unternehmen seine Forderungen. Das zeugt von einem wirksamen Forderungsmanagement.

Wenn keine Besonderheiten vorliegen, nutzen Sie zur Berechnung die Forderungen aus Lieferungen und Leistungen. Die Kennzahl bezieht sich dann auf ausstehende Zahlungen von Kunden.

Bei einer hohen Forderungsintensität können Sie auf gestiegene Umsätze schließen. Sie kann jedoch auch Hinweis sein auf

- ein schlechtes Forderungsmanagement,
- eine schlechte Zahlungsmoral der Kunden,
- verspätete Rechnungsstellung,
- schlechte Zahlungskonditionen.

In diesen Fällen droht eine Belastung der Liquidität und es besteht ein verstärktes Risiko von Zahlungsausfällen.

Bei der S & W KG betragen die Forderungen aus Lieferungen und Leistungen zum Bilanzstichtag 450.000 € bei einer Bilanzsumme von 2.700.000 €.

$$\text{Forderungsintensität} = \frac{450.000\,€}{2.700.000\,€} * 100 = 16{,}7\ \%$$

Die Forderungsintensität beträgt 16,7 %.

Dem Forderungsmanagement muss Ihre besondere Aufmerksamkeit gelten: Schuldner passen ihr Verhalten nicht selten an die Erfahrungen mit einem Gläubiger an. Sie zahlen dann verspätet oder erst nach Mahnung.

Die Forderungsintensität müssen Sie über mehrere Jahre und möglichst auch im Branchenvergleich analysieren. Ihre Erkenntnis können Sie zusätzlich verbessern, wenn Sie auch die absoluten Werte betrachten.

Die Entwicklung des Forderungsbestandes können Sie (siehe Abbildung 4.6) durch entsprechende Aufzeichnungen leicht verfolgen und bewerten:

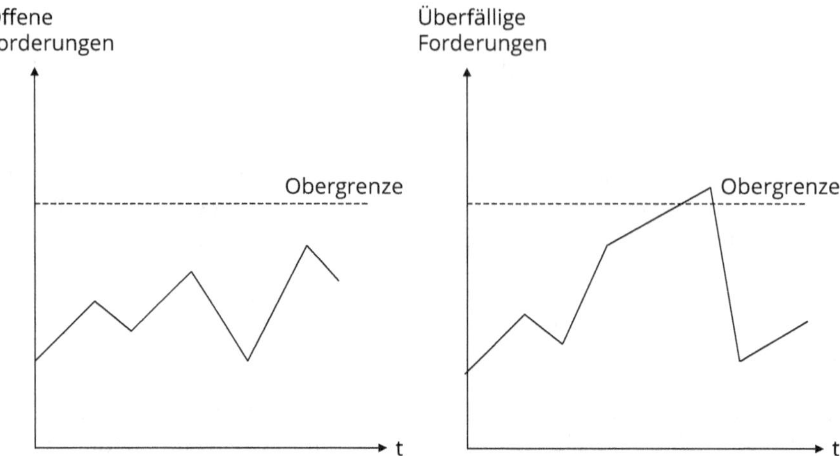

Abbildung 4.6: Forderungsbestand

Eine Verbesserung der Forderungsintensität können Sie hum Beispiel durch folgende Maßnahmen erreichen:

- **Forderungsmanagement.** Durch ein wirkungsvolles, schnell reagierendes und trotzdem kundenorientiertes Forderungsmanagement können Sie die Kennzahl niedrig halten.
- **Zahlungsziele.** Je kürzer die Zahlungsziele mit den Kunden vereinbart werden, desto geringer ist der Forderungsbestand.
- **Mahnwesen.** Durch ein konsequentes Mahnwesen sorgen Sie dafür, dass ausstehende Zahlungen frühzeitig eingehen.
- **Factoring.** Nach dem Verkauf von Forderungen (Factoring) haben Sie keinen Einfluss mehr auf diese Kennzahl.

Die isolierte Betrachtung der Kennzahl kann leicht zu Fehlinterpretationen führen.

Umschlagshäufigkeit der Forderungen

Für Ihren unternehmerischen Erfolg ist die zeitnahe Realisation der Forderungen aus Lieferungen und Leistungen (LuL) unverzichtbar. Der unerwartete Ausfall von Forderungen durch Zahlungsunfähigkeit oder mangelnde Zahlungsbereitschaft stellt ein erhebliches Risiko für die Liquidität dar.

Die *Umschlagshäufigkeit der Forderungen* zeigt Ihnen, wie oft sich der Forderungsbestand in einer Periode umgeschlagen hat. Dazu stellen Sie den Umsatzerlösen einer Periode den durchschnittlichen Forderungsbestand dieser Periode gegenüber. Nutzen Sie dazu die Formel

$$\text{Umschlagshäufigkeit der Forderungen aus LuL} = \frac{\text{Umsatzerlöse}}{\varnothing\ \text{Forderungen aus LuL (netto)}}$$

Der durchschnittliche Forderungsbestand bezieht sich dabei ausschließlich auf die Kundenforderungen, die Sie der Bilanzposition »Forderungen aus Lieferungen und Leistungen« entnehmen können.

Sie sollten eine möglichst hohe Umschlagshäufigkeit anstreben, denn eine hohe Umschlagshäufigkeit bedeutet eine geringere Kapitalbindung. Durch ein wirkungsvolles Forderungsmanagement mit einem konsequenten Mahnwesen können Sie die Umschlagshäufigkeit der Forderungen direkt beeinflussen.

Die *Debitorenlaufzeit* (auch *Kundenziel, Debitorendauer, Days Sales Outstanding,* DSO) zeigt Ihnen, wie das durchschnittliche Zahlungsverhalten der Kunden ist. Sie können erkennen, wie lange es im Durchschnitt dauert, bis die Kunden ihre Rechnungen beglichen haben und damit die Umsatzerlöse liquiditätswirksam werden. Die Berechnung erfolgt mit der Formel

$$\text{Debitorenlaufzeit in Tagen} = \frac{\text{durchschnittlicher Bestand an Forderungen}}{\text{Umsatzerlöse}} * 360$$

Der Forderungsbestand der Fix & Alle GmbH hat sich im Laufe des Geschäftsjahres 01 von 960.000 € auf 1.050.000 € erhöht. Die Umsatzerlöse betrugen in diesem Zeitraum 16.000.000 €. Wie viele Tage dauert es durchschnittlich, bis die Kunden der Fix & Alle GmbH ihre Rechnungen bezahlt haben?

$$\text{Debitorenlaufzeit in Tagen} = \frac{\dfrac{960.000\,€ + 1.050.000\,€}{2}}{16.000.000\,€} * 360 = 22{,}6$$

Die durchschnittliche Debitorenlaufzeit beträgt 22,6 Tage.

Eine Veränderung der Umschlagsdauer der Forderungen kann sehr unterschiedliche Ursachen haben:

- ✔ **Besonderheit der Branche:** Veränderungen können auf branchenübliche Entwicklungen zurückzuführen sein.
- ✔ **Konjunktur:** Konjunkturelle Entwicklungen beeinflussen das Zahlungsverhalten der Kunden.
- ✔ **Zahlungsziele:** Eine Verlängerung der Zahlungsziele beeinflusst die Kennzahl unmittelbar.
- ✔ **Bonität:** Es können Kunden mit schlechter Bonität beliefert worden sein.
- ✔ **Skonto:** Der Abbau von Skontoregelungen veranlasst Kunden, später zu zahlen.
- ✔ **Forderungsmanagement:** Durch gezielte Gewährung von Skonti und den Ausbau eines effizienten Mahnwesens kann der Eingang von Zahlungsmitteln beschleunigt werden.

- **Höhere Risiken:** Durch risikoreichere Geschäfte, etwa zur Erhöhung des Umsatzes, kann die Zahl der säumigen Kunden zunehmen. Einen Hinweis dazu kann Ihnen die Veränderung der Forderungsausfallquote liefern:

$$\text{Forderungsausfallquote} = \frac{\text{ausgefallene Forderungen}}{\text{gesamter Forderungsbestand}} * 100$$

Es ist vorteilhaft, wenn die durchschnittliche Debitorenlaufzeit kürzer ist als die durchschnittliche Kreditorenlaufzeit.

Der Zeitraum der Kapitalbindung von der Beschaffung über die Produktionszeit bis zum Eingang der Forderungen wird als *Cash Conversion Cycle* (CCC) bezeichnet. Nutzen Sie zur Berechnung die Formel

CCC = durchschnittliche Lagerdauer + Debitorenlaufzeit – Kreditorenlaufzeit.

		Fall A	Fall B
	Durchschnittliche Lagerdauer	30 Tage	12 Tage
+	Debitorenziel	12 Tage	12 Tage
–	Kreditorenziel	20 Tage	24 Tage
=	Cash Conversion Cycle	22 Tage	0 Tage

IN DIESEM KAPITEL

Kennzahlen zum Eigenkapital

Kennzahlen zum Fremdkapital

Kapitel 5
Die Geldquellen: Kennzahlen der Passivseite

Das Kapital steht in der Bilanz auf der *Passivseite.* Sie zeigt Ihnen, wie die Vermögensgegenstände finanziert sind. In diesem Kapitel lernen Sie die Kennzahlen kennen, die Auskunft geben über die Höhe und Zusammensetzung des Eigen- und Fremdkapitals. Die Kennzahlen zur Kapitalseite der Bilanz geben Ihnen unter anderem Informationen über

- ✔ den Grad der finanziellen Unabhängigkeit,
- ✔ den Umfang der Haftungs- und Garantiefunktion des Eigenkapitals,
- ✔ die Kreditwürdigkeit,
- ✔ die finanzielle Stabilität,
- ✔ die Verlustrisiken der Kapitalgeber,
- ✔ die Möglichkeiten der Kapitalbeschaffung,
- ✔ das Kreditorenmanagement.

Money, money, money: Die Kapitalstruktur

Die *Kapitalstruktur* erkennen Sie aus der Zusammensetzung des Gesamtkapitals (GK) auf der Passivseite der Bilanz (siehe Abbildung 5.1).

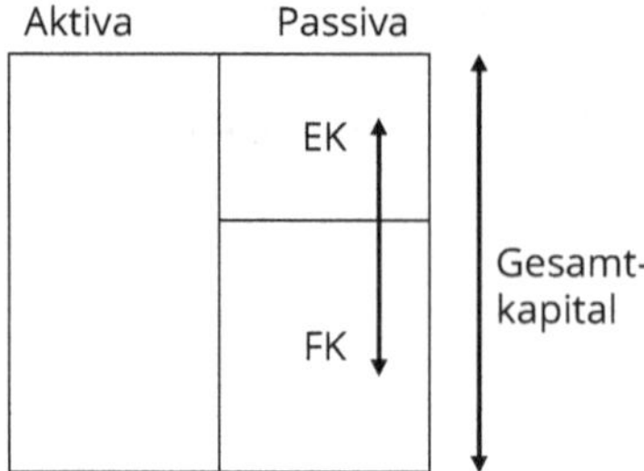

Abbildung 5.1: Kapitalstruktur

Sie wird dargestellt durch das Verhältnis

$$\frac{\text{Eigenkapital}}{\text{Fremdkapital}}$$

und kann Ihnen Aufschluss geben über Art, Fristigkeit und Sicherheit des Kapitals. So können Sie einerseits Finanzierungsrisiken und andererseits die Kreditwürdigkeit des Unternehmens abschätzen.

Die Abgrenzung zwischen Eigen- und Fremdkapital hat für die Bilanzanalyse erhebliche Bedeutung: Beide Größen nutzen Sie bei zahlreichen Kapitalkennziffern, die Sie zu Analysezwecken verwenden.

Eine zufriedenstellende Kapitalstruktur wird je nach Branche sehr unterschiedlich sein. Bei Unternehmen mit hohem Anlagevermögen (zum Beispiel Raffinerien) wird ein höherer Anteil des Eigenkapitals gefordert werden als bei einem weniger anlageintensiven Unternehmen (zum Beispiel einer Beratungsgesellschaft). Deshalb sollten Sie bei der Bewertung der Kapitalstruktur immer einen Branchenvergleich durchführen.

Eine allgemeingültige zufriedenstellende Kapitalstruktur kann es also nicht geben. Trotzdem sollten Sie die unterschiedlichen vertikalen Finanzierungsregeln kennen:

- **1:1-Regel:** Nach der 1:1-Regel soll das Verhältnis von Eigenkapital zu Fremdkapital ≥ 1 sein. Die Eigenkapitalquote soll also mindestens 50 % betragen.
- **2:1-Regel:** Nach der 2:1-Regel soll das Verhältnis von Fremdkapital zu Eigenkapital ≥ 2 sein. Die Eigenkapitalquote soll danach zwischen 33 % und 50 % liegen.
- **3:1-Regel:** Nach der 3:1-Regel soll das Verhältnis von Fremdkapital zu Eigenkapital ≥ 3 sein. Die Eigenkapitalquote soll danach zwischen 25 % und 33 % liegen.

Von uns: Eigenkapital

Das *Eigenkapital* ist in der Bilanz die rechnerische Differenz zwischen Vermögen und Schulden. Es ist das *Beteiligungskapital* der Eigentümer und steht dem Unternehmen langfristig zur Verfügung.

Tabelle 5.1 zeigt Ihnen, was allgemein für das Eigenkapital gilt.

Kriterium	
Rechtsverhältnis	Beteiligung
Fristigkeit	Unbefristet, eventuell kündbar
Verzinsung	Kein Anspruch
Gewinnbeteiligung	Recht auf Anteil am Gewinn
Mitwirkung an der Geschäftsführung	Unterschiedlich nach Rechtsform und Gesellschaftsvertrag
Geldentwertung	Risiko trägt der EK-Geber
Interessenlage der EK-Geber	Langfristige Rendite

Tabelle 5.1: Eigenkapital

Das Eigenkapital ermöglicht eine weitgehende Dispositionsfreiheit und schafft eine relative Unabhängigkeit von Kreditgebern. Abbildung 5.2 zeigt Ihnen die drei Funktionen.

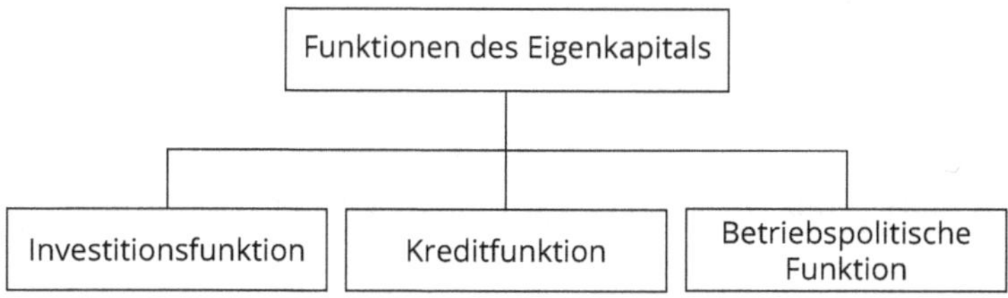

Abbildung 5.2: Funktionen des Eigenkapitals

Das sollten Sie zu den Funktionen wissen:

- ✔ **Investitionsfunktion.** Investitionen sollen mit Eigenkapital finanziert werden, weil sie dem Unternehmen dauerhaft zur Verfügung stehen und deshalb mit Kapital finanziert sein sollen, das ebenfalls langfristig zur Verfügung steht.
- ✔ **Kreditfunktion.** Das Eigenkapital dient als Grundlage und Sicherheit bei der Aufnahme von Fremdkapital. Aus Sicht der Gläubiger stellt das Eigenkapital Haftungskapital dar. Je höher der Eigenkapitalanteil ist, desto höher ist deshalb die Kreditwürdigkeit Ihres Unternehmens einzuschätzen.
- ✔ **Betriebspolitische Funktion.** In Krisenzeiten ist ein Unternehmen mit höherem Eigenkapitalanteil konkurrenzfähiger, weil es bei der Preiskalkulation auf die Berücksichtigung der kalkulatorischen Zinsen auf das Eigenkapital für eine gewisse Zeit verzichten kann. Ein hoher Eigenkapitalanteil vermindert die Gefahr kurzfristiger Liquiditätsprobleme.

Der Umfang des Eigenkapitals hängt ab von der Rechtsform.

- ✔ Bei **Personengesellschaften** entspricht das Eigenkapital dem Vermögen abzüglich des Fremdkapitals. Das sind die Mittel, die von den Eigentümern zur Verfügung gestellt worden sind, zuzüglich der nicht entnommenen Gewinne und abzüglich der Verluste.

	Einlagen
+	nicht entnommene Gewinne
–	eventuelle Verluste
=	Eigenkapital

- Bei **Kapitalgesellschaften** enthält das Handelsgesetzbuch detaillierte Regelungen. Danach gilt:

	Gezeichnetes Kapital	Grundkapital bei der AG
		Stammkapital bei der GmbH
+	Kapitalrücklagen	Siehe § 272 Abs. 2 HGB
+	Gewinnrücklagen	Siehe §§ 266 Abs. 3 und 272 Abs. 3 HGB
	Gesetzliche Rücklage	
	Rücklage für eigene Anteile	
	Satzungsmäßige Rücklagen	
	Andere Gewinnrücklagen	
+/–	Gewinnvortrag/Verlustvortrag	Übertragung von Gewinn oder Verlust aus Vorjahren
+/–	Jahresüberschuss/Jahresfehlbetrag	Ergebnis vor der Gewinnausschüttung
=	Eigenkapital	

Bei der Abgrenzung zwischen Eigen- und Fremdkapital müssen Sie auf einige Besonderheiten achten:

- **Stille Beteiligungen** können unter bestimmten Umständen (zum Beispiel Nachrangabrede, längerfristige Kapitalüberlassung, stille Einlagen bei Verlustbeteiligung des Stillen) bilanzanalytisches Eigenkapital darstellen.
- **Genussrechte** können bei entsprechender Gestaltung (zum Beispiel Erfolgsabhängigkeit, Teilnahme am Verlust, langfristige Kapitalüberlassung und Nachrangigkeit) bilanzanalytisches Eigenkapital sein.
- **Hybride Finanzierungsinstrumente** wie zum Beispiel Wandel- und Optionsanleihen enthalten bilanzanalytisch sowohl einen Eigenkapital- als auch einen Fremdkapitalanteil. Eine erfolgsabhängige Verzinsung ist ein Anhaltspunkt für Eigenkapital.

Meins: Die Eigenkapitalquote

Die *Eigenkapitalquote* (siehe Abbildung 5.3) gehört zu den wichtigsten Bilanzkennziffern. Sie zeigt Ihnen den Anteil des Eigenkapitals am Gesamtkapital.

Die *Eigenkapitalquote* zeigt den Beitrag der Eigentümer zur Gesamtfinanzierung und zur Abdeckung des Unternehmerrisikos.

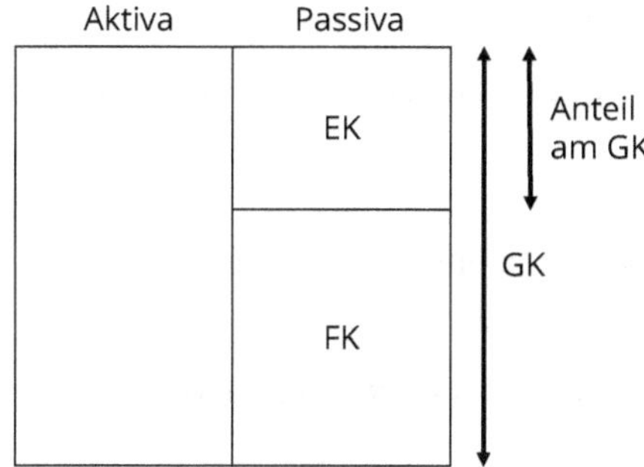

Abbildung 5.3: Eigenkapitalquote

Für die Berechnung nutzen Sie diese Formel:

$$\text{Eigenkapitalquote} = \frac{\text{Eigenkapital}}{\text{Gesamtkapital}} * 100 \text{ bzw. } \frac{\text{Eigenkapital}}{\text{Bilanzsumme}} * 100$$

Aus der verkürzten Bilanz der Saftig GmbH

Bilanz

Aktiva		Passiva	
Anlagevermögen	1.410.000 €	Eigenkapital	822.500 €
Umlaufvermögen	869.500 €	Fremdkapital	1.457.000 €
	2.279.500 €		2.279.500 €

Berechnung der Eigenkapitalquote

$$\text{Eigenkapitalquote} = \frac{822.500\ €}{2.279.500\ €} * 100 = 36{,}1\ \%$$

Eine zu niedrige Eigenkapitalquote trägt im Allgemeinen unmittelbar dazu bei, dass das Rating eines Unternehmens negativ ausfällt und dadurch schlechtere Konditionen bei der Aufnahme von Fremdkapital eingeräumt werden. Bei den meisten Banken sind die Kreditmöglichkeiten und die Konditionen unmittelbar von der Eigenkapitalausstattung der Darlehensnehmer abhängig.

Als Vorteile einer hohen Eigenkapitalquote können Sie festhalten:

- **Konditionen.** Wegen hoher Kreditwürdigkeit erhalten Sie bessere Konditionen bei der Aufnahme von Fremdkapital.
- **Unabhängigkeit.** Sie sind von Darlehensgebern unabhängiger.
- **Zinsen.** Sie müssen für Eigenkapital keine Zinsen zahlen, lediglich in der Kosten- und Leistungsrechnung werden kalkulatorische Zinsen berücksichtigt.

- **Langfristigkeit.** Das Kapital steht Ihnen dauerhaft zur Verfügung.
- **Resilienz.** In Krisenzeiten zeigt Ihr Unternehmen eine höhere Widerstandsfähigkeit.

Dem stehen als Nachteile gegenüber:

- **Erwartungen.** Die Eigenkapitalgeber erwarten eine angemessene Rendite. Alternative Anlagen können für sie vorteilhafter sein.
- **Risiko.** Die Eigenkapitalgeber sind am unternehmerischen Risiko beteiligt.

Eine allgemeingültige »richtige« Eigenkapitalquote kann es nicht geben, sie hängt zum Beispiel ab von der Branche, der Unternehmensgröße, den Interessen der Stakeholder und den Finanzierungsmöglichkeiten. Bei Darlehensaufnahme werden von Banken in der Regel circa 30 % Eigenkapital erwartet.

Die Eigenkapitalquote ist aber allein kein eindeutiger Maßstab für die Kreditwürdigkeit eines Unternehmens. Sie müssen sie immer im Zusammenhang mit anderen Kennzahlen interpretieren.

Die Tabellen 5.2 bis 5.5 ermöglichen Ihnen nach unterschiedlichen Gesichtspunkten einen Eindruck von der ungefähren durchschnittlichen Eigenkapitalausstattung deutscher Unternehmen:

Eigenkapitalquoten nach Branchen in Deutschland	
Chemische/Pharmazeutische Industrie	38 %
Textilindustrie	36 %
Gummi/Kunststoff/Glas/Keramik	38 %
Metallindustrie	35 %
Nahrungsmittel	33 %
Information/Kommunikation	32 %
Verarbeitendes Gewerbe	32 %
Maschinenbau	30 %
Elektroindustrie	30 %
Großhandel	30 %
Holzwaren/Druckerzeugnisse	28 %
Verkehr/Lagerei	27 %
Energie-/Wasserversorgung	27 %
Fahrzeugbau	27 %
Unternehmensdienstleistungen	23 %
Einzelhandel	23 %
Kraftfahrzeughandel	21 %
Baugewerbe	13 %

Tabelle 5.2: Eigenkapitalquoten nach Branchen

Eigenkapitalquoten nach Umsatzgrößenklassen in Deutschland	
< 10 Mio. € Umsatz	34 %
10–50 Mio. € Umsatz	37 %
> 50 Mio. € Umsatz	33 %

Tabelle 5.3: Eigenkapitalquoten nach Umsatzgrößenklassen

Eigenkapitalquoten nach Rechtsformen in Deutschland	
Kapitalgesellschaften	34 %
Nichtkapitalgesellschaften	26 %

Tabelle 5.4: Eigenkapitalquoten nach Rechtsformen

Eigenkapitalquoten nach der Zahl der Mitarbeiter (MA)	
< 10 MA	20,9 %
10–49 MA	31,3 %
> 50 MA	29,7 %
Ø	29,7 %

Tabelle 5.5: Eigenkapitalquoten nach der Zahl der Mitarbeiter

Die Eigenkapitalquote können Sie prinzipiell verbessern durch

- ✔ Erhöhung des Eigenkapitals oder
- ✔ Verringerung des Fremdkapitals.

Welche konkreten Möglichkeiten Ihnen dafür zur Verfügung stehen, ist allerdings auch von der Rechtsform abhängig. Tabelle 5.6 gibt Ihnen einen Überblick.

Rechtsform	Maßnahme	Nachteile
Alle Unternehmen	Gewinnthesaurierung	Die Eigentümer erhalten keine oder eine geringere Ausschüttung.
	Leasing	
	Factoring	
AG	Ausgabe neuer zusätzlicher Aktien	Der Aktienkurs wird sinken. Zustimmung der Hauptversammlung erforderlich
GmbH	Die Gesellschafter schießen neues Kapital zu.	Änderung des Gesellschaftsvertrags erforderlich
	Neue Gesellschafter übernehmen Geschäftsanteile.	Änderung der Beteiligungsquoten Änderung des Gesellschaftsvertrags erforderlich

Rechtsform	Maßnahme	Nachteile
Personengesellschaften	Zusätzliche Kapitaleinlage der bisherigen Gesellschafter	Zustimmung aller Gesellschafter erforderlich
	Kapitaleinlage neuer Gesellschafter	Neue Gesellschafter haften auch für die bisherigen Verbindlichkeiten der Gesellschaft (§§ 28, 130, 173 HGB).
Stille Gesellschaft		Eigenkapital darf nur ausgewiesen werden, wenn der Stille auch an Verlusten beteiligt wird.

Tabelle 5.6: Erhöhung der Eigenkapitalquote

Die Kapitalerhöhungen sind an zum Teil enge Voraussetzungen gebunden (§§ 182–220 AktG).

Geld im Überschuss: Die Rücklagenquote

Rücklagen sind Überschüsse aus wirtschaftlicher Tätigkeit. Sie dienen der Selbstfinanzierung des Unternehmens und stellen einen wesentlichen Teil des Eigenkapitals dar. Für Kapitalgesellschaften ist die Bildung von Rücklagen vorgeschrieben (siehe § 266 HGB Abs. 3 HGB). Die Rücklagenquote (siehe Abbildung 5.4) zeigt Ihnen, wie hoch der Anteil der gesamten Rücklagen ist:

$$\text{Rücklagenquote} = \frac{\text{Gesamte Rücklagen}}{\text{Eigenkapital}} * 100$$

oder

$$\text{Rücklagenquote} = \frac{\text{Gesamte Rücklagen}}{\text{Gesamtkapital}} * 100$$

Verwechseln Sie Rücklagen nicht mit Rückstellungen. Rücklagen ordnen Sie dem Eigenkapital zu, bei Rückstellungen handelt es sich um Fremdkapital.

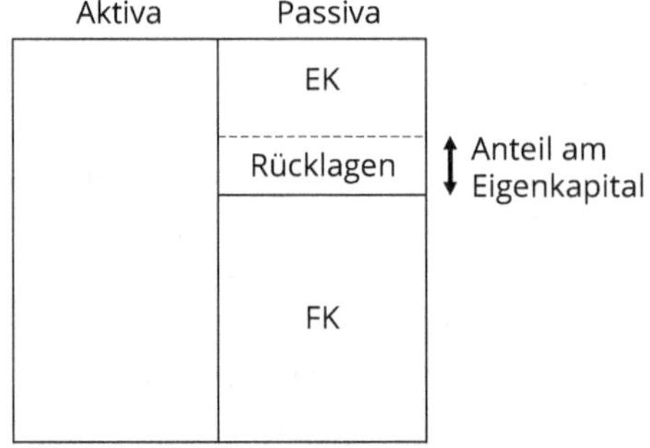

Abbildung 5.4: Rücklagenquote

Sie sollten eine hohe Rücklagenquote anstreben. Je höher sie ausfällt, desto besser ist das für die Finanzkraft des Unternehmens zu werten. Außerdem wird die Aufnahme von Fremdkapital erleichtert.

Bei der Betrachtung über einen Zeitraum können Sie erkennen, in welchem Ausmaß Gewinnthesaurierungen oder Kapitalzuführungen vorgenommen worden sind, die das Eigenkapital erhöht und damit die Haftungsbasis verstärkt haben.

Ein Rückgang der Rücklagenquote kann zum Beispiel. durch

- ✔ Investitionen aus Eigenkapital
- ✔ einen Verlustausgleich des abgelaufenen Geschäftsjahres oder
- ✔ Auszahlungen an die Eigentümer

verursacht sein.

Finanzkräftig: Der Selbstfinanzierungsgrad

Beim *Selbstfinanzierungsgrad* beziehen Sie nicht alle Rücklagen, sondern nur die *Gewinnrücklagen* in Ihre Berechnung ein. Sie erkennen daraus, zu welchen Teilen sich Ihr Unternehmen selbst finanziert. Dadurch werden die Finanzkraft und damit die Investitionsstärke erhöht.

In die Gewinnrücklage werden die Teile des erwirtschafteten Gewinns eingestellt, die nicht an die Anteilseigner ausgeschüttet, sondern im Unternehmen einbehalten werden (*Gewinnthesaurierung*).

Durch den Selbstfinanzierungsgrad wird also beschrieben, in welchem Umfang in der Vergangenheit die Thesaurierungsmöglichkeiten genutzt wurden.

Der Selbstfinanzierungsgrad soll möglichst hoch sein.

$$\text{Selbstfinanzierungsgrad} = \frac{\text{Gewinnrücklagen}}{\text{Eigenkapital}} * 100$$

Im notwendigen Zeitvergleich müssen Sie prüfen, ob die Gewinnrücklagen eventuell durch Kapitalerhöhungen aus Gesellschaftsmitteln reduziert worden sind. Der Selbstfinanzierungsgrad wäre dann nicht unmittelbar vergleichbar.

Von anderen: Fremdkapital

Fremdkapital wird einem Unternehmen von externen Kapitalgebern für einen befristeten Zeitraum zur Verfügung gestellt. In der Regel müssen Sie dazu *Sicherheiten* leisten. Damit soll sichergestellt werden, dass die vereinbarten Zinsen gezahlt werden und der

Darlehensbetrag zurückzahlgezahlt werden kann. Am Unternehmenserfolg sind die Fremdkapitalgeber nicht beteiligt.

Das Fremdkapital umfasst alle Schulden eines Unternehmens, zu denen auch die Rückstellungen zählen. Sie stellen ebenfalls eine Möglichkeit der Fremdfinanzierung dar.

Rückstellungen müssen Sie für Verpflichtungen bilden, von denen noch unbekannt ist, wann und in welcher Höhe sie zu leisten sind. Sie mindern bei ihrer Bildung den Gewinn, führen aber nicht zu einer Auszahlung. Sie können deshalb vorhandene liquide Mittel bis zur Auflösung der Rückstellungen anderweitig einsetzen und erzielen insofern einen Finanzierungseffekt.

Abbildung 5.5 zeigt Ihnen typische Formen des Fremdkapitals.

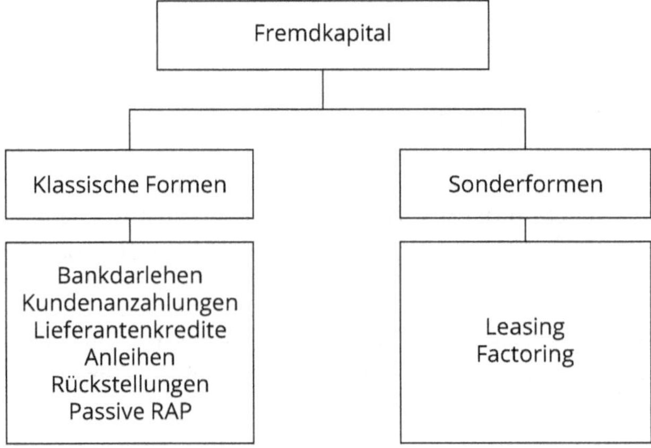

Abbildung 5.5: Fremdkapital

Anteil des Fremdkapitals am Gesamtkapital: Die Fremdkapitalquote

Korrespondierend zur Eigenkapitalquote zeigt Ihnen die *Fremdkapitalquote* (auch *Anspannungskoeffizient* oder *Anspannungsgrad*) den Anteil des Fremdkapitals (FK) am Gesamtkapital (GK). Sie ist ein Maß für die Verschuldung und damit für die finanzielle Solidität des Unternehmens. Abbildung 5.6 zeigt den Zusammenhang.

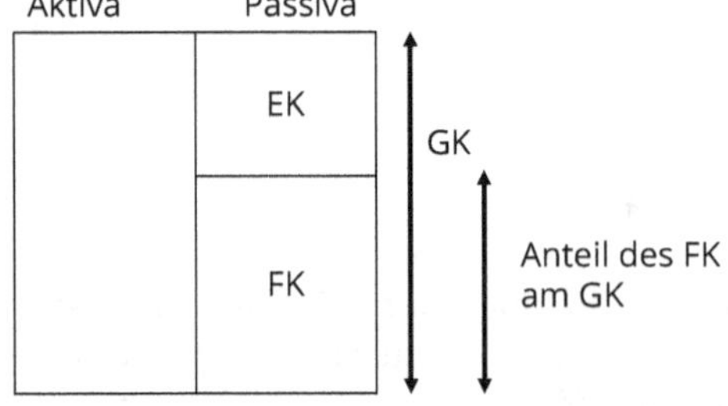

Abbildung 5.6: Fremdkapitalquote

Zur Berechnung nutzen Sie die Formel:

$$\text{Fremdkapitalquote} = \frac{\text{Fremdkapital}}{\text{Gesamtkapital}} * 100$$

Eine differenziertere Analyse ermöglichen Ihnen folgende Berechnungen:

$$\text{Langfristige Fremdkapitalquote} = \frac{\text{Langfristiges Fremdkapital}}{\text{Gesamtkapital}} * 100$$

und

$$\text{Kurzfristige Fremdkapitalquote} = \frac{\text{Kurzfristiges Fremdkapital}}{\text{Gesamtkapital}} * 100$$

Die Fremdkapitalquote ist naturgemäß (wie die Eigenkapitalquote) stark branchenabhängig. Je niedriger der Anteil des Fremdkapitals am Gesamtkapital ist, desto finanziell unabhängiger ist das Unternehmen.

Die Fremdkapitalquote sollte möglichst niedrig sein, um die Kreditwürdigkeit zu erhalten und das Kapitalrisiko niedrig zu halten. Beachten Sie aber den Leverage-Effekt.

Wegen $GK = EK + FK$ hängen die Eigenkapitalquote und die Fremdkapitalquote unmittelbar zusammen. Sie können sie deshalb auch wie folgt berechnen:

$$\text{Fremdkapitalquote} = 100\,\% - \text{Eigenkapitalquote}$$

Aus der Strukturbilanz der Quick AG berechnen Sie die Eigen- und die Fremdkapitalquote.

Strukturbilanz

Aktiva			Passiva
Anlagevermögen	1.002.000 €	Eigenkapital	584.500 €
Umlaufvermögen		Fremdkapital	
Vorräte	334.000 €	Langfristige Darlehen	617.900 €
Forderungen	200.400 €	Verbindlichkeiten aus LuL	417.500 €
Kasse, Bank	83.500 €		
	1.619.900 €		1.619.900 €

$$\text{Fremdkapitalquote} = \frac{1.035.400\ €}{1.619.900\ €} * 100 = 63{,}9\ \%$$

$$\text{Eigenkapitalquote} = \frac{584.500\ €}{1.619.900\ €} * 100 = 36{,}1\ \%$$

$$\text{Eigenkapitalquote} + \text{Fremdkapitalquote} = 100\ \%$$

$$\text{Fremdkapitalquote} = 100\ \% - 36{,}1\ \% = 63{,}9\ \%$$

Je höher die Fremdkapitalquote, desto geringer wird die Bonität des Unternehmens beurteilt, desto weniger kreditwürdig ist es und desto höher ist folglich auch das Kapitalrisiko.

Vorteile einer hohen Fremdkapitalquote sind:

- ✔ **Aufwand.** Die Zinsen für Fremdkapital stellen in der Regel Aufwand dar und mindern den Jahresüberschuss.
- ✔ **Entscheidungen.** Fremdkapitalgeber haben – jedenfalls grundsätzlich – keinen unmittelbaren Einfluss auf die Unternehmensleitung.
- ✔ **Verbesserung der Rentabilität.** Die Ausnutzung des Leverage-Effektes ist möglich.
- ✔ **Kurzfristige Beschaffung.** Kapitalbeschaffung durch Darlehen ist kurzfristig möglich.
- ✔ **Umfang variabel.** Die Darlehenshöhe kann kurzfristig an die aktuellen Bedürfnisse angepasst werden.

Dem stehen als Nachteile gegenüber:

- ✔ **Belastung der Liquidität.** Durch Zins- und Tilgungszahlungen steigt die Liquiditätsbelastung.
- ✔ **Risiko.** Fremdkapital stellt eine Verpflichtung dar. Mit zunehmender Fremdkapitalquote steigt das Risiko der Überschuldung.
- ✔ **Kreditwürdigkeit.** Banken bevorzugen bei der Kreditvergabe Unternehmen mit einer hohen Eigenkapitalquote. Bei einer hohen Fremdkapitalquote sinkt die Kreditwürdigkeit.
- ✔ **Zinszahlungen.** Die Zinsen fallen unabhängig vom Geschäftserfolg an.

Maß für finanzielles Risiko: Der Verschuldungsgrad

Das Verhältnis des Fremdkapitals zum Eigenkapital eines Unternehmens können Sie mit dem *statischen Verschuldungsgrad* berechnen:

$$\text{Verschuldungsgrad} = \frac{\text{Fremdkapital}}{\text{Eigenkapital}} * 100$$

Er ist ein Maß für das finanzwirtschaftliche Risiko und die *finanzielle Solidität* eines Unternehmens. Mit der Formel können Sie die Fähigkeit und das Risiko erkennen, auch bei entstehenden Verlusten aufgenommene Darlehen bedienen zu können. Ein hoher Verschuldungsgrad signalisiert Ihnen eine hohe Abhängigkeit eines Unternehmens von externen Gläubigern. Banken werden dann höhere Sicherheiten verlangen.

Zum optimalen Verschuldungsgrad gibt es keine allgemeinen Regeln. Ein Verhältnis von 2 : 1 (also ein Verschuldungsgrad von 200 %) gilt im Allgemeinen als zufriedenstellend.

Um die besonderen Risiken bei kurzfristigem Fremdkapital besser analysieren zu können, können Sie zusätzlich die

$$\text{Kurzfistige Verschuldungsquote} = \frac{\text{Kurzfristiges Fremdkapital}}{\text{Gesamtkapital}} * 100$$

ermitteln. Sie sollte möglichst niedrig sein.

Mithilfe des *dynamischen Verschuldungsgrades* können Sie das Verhältnis zwischen dem Fremdkapital und Cashflow berechnen:

$$\text{Dynamischer Verschuldungsgrad} = \frac{\text{Fremdkapital}}{\text{Cashflow}}$$

Er zeigt Ihnen, in wie vielen Perioden das Unternehmen seine Schulden vollständig tilgen könnte (*Schuldentilgungsdauer*), wann also die Verschuldung des Unternehmens abgebaut sein wird. Dabei wird ein gleichbleibender Cashflow in den folgenden Jahren angenommen.

Ein hoher Wert der Kennzahl kann auf Finanzierungsprobleme hindeuten. Unternehmen mit einem niedrigen dynamischen Verschuldungsgrad sind in Krisensituationen flexibler.

Es kann sinnvoll sein, dass Sie zur Berechnung des dynamischen Verschuldungsgrades zunächst die aktuell verfügbaren liquiden Mittel (zum Beispiel Kasse, Bankguthaben, kurzfristige Wertpapiere) vom Fremdkapital abzuziehen. Die Formel lautet dann:

$$\text{Dynamischer Verschuldungsgrad} = \frac{\text{Fremdkapital} - \text{liquide Mittel}}{\text{Cashflow}}$$

Bei der Analyse der Bilanz der Borge AG ermitteln Sie Fremdkapital in Höhe von 7,8 Mio. €. Der Cashflow betrug im selben Jahr 2,73 Mio. €.

$$\text{Dynamischer Verschuldungsgrad} = \frac{\text{Fremdkapital}}{\text{Cashflow}}$$

$$\text{Dynamischer Verschuldungsgrad} = \frac{7{,}8\ \text{Mio.}\,€}{2{,}73\ \text{Mio.}\,€} = 2{,}86$$

Wenn sie den gleichbleibenden Cashflow ausschließlich zur Rückzahlung des Fremdkapitals nutzt, hat die Borge AG ihre Schulden nach 2,86 Jahren (ca. 2 Jahre und 10 Monate) gedeckt.

Struktur des Fremdkapitals

Sie können Ihre Analyse zur Ausstattung eines Unternehmens mit Fremdkapital deutlich verbessern, wenn Sie die Fristigkeiten des Fremdkapitals in Ihre Untersuchung einbeziehen.

Je länger die Restlaufzeiten des Fremdkapitals sind, desto sicherer erscheint die Finanzierung. Die Gefahr eines kurzfristigen *Liquiditätsabflusses* nimmt damit ab.

Je geringer der Anteil kurzfristiger Verbindlichkeiten ist, desto positiver können Sie die Kennzahl einschätzen.

Für langfristige Fremdfinanzierungen müssen Sie – abhängig von der aktuellen Situation auf dem Kapitalmarkt – oft höhere Zinsen zahlen als für kurzfristige. Sie sind zudem weniger flexibel an den tatsächlichen Kapitalbedarf anzupassen.

Eine mögliche Einteilung sieht so aus:

	Pensionsrückstellungen
+	Rückstellungen mit einem Erfüllungszeitpunkt > 5 Jahre
+	Unterlassene Pensionsrückstellungen
+	Verbindlichkeiten mit einer Laufzeit > 5 Jahre
=	Langfristiges Fremdkapital

	Verbindlichkeiten mit einer Laufzeit > 1 Jahr und < 5 Jahre
+	Rückstellungen mit einem Erfüllungszeitpunkt > 1 Jahr und < 5 Jahre
=	Mittelfristiges Fremdkapital

	Verbindlichkeiten mit einer Laufzeit < 1 Jahr
+	Steuerrückstellungen
+	Rückstellungen mit einem Erfüllungszeitpunkt < 1 Jahr
+	Passiver Rechnungsabgrenzungsposten
+	Zur Ausschüttung vorgesehener Betrag
=	Kurzfristiges Fremdkapital

Wenn Sie eine komfortable Übersicht zu Fristen und zur Art der Verbindlichkeiten anstreben, können Sie dazu einen *Verbindlichkeitenspiegel* anlegen.

Ein Verbindlichkeitenspiegel könnte so aussehen:

		Jahr			Restlaufzeit		
Art der Verbindlichkeiten	**Quote**	**01**	**02**	**03**	**≤ 1 Jahr**	**1–5 Jahre**	**> 5 Jahre**
Verbindlichkeiten gegenüber Kreditinstituten							
Anzahlungen auf Bestellungen							
Verbindlichkeiten aus LuL							
Wechselverbindlichkeiten							
Sonstige Verbindlichkeiten							
Gesamte Verbindlichkeiten							

Die Zusammensetzung der Verbindlichkeiten erlaubt Ihnen Aussagen zu den *Finanzierungs- und Liquiditätsrisiken.*

- ✔ Bei Verbindlichkeiten gegenüber Kreditinstituten können notwendige Anschlussfinanzierungen und Anpassungen der Konditionen an den Kapitalmarkt notwendig werden.
- ✔ Verbindlichkeiten aus Lieferungen und Leistungen erlauben Rückschlüsse auf die Liquiditätsverhältnisse am Bilanzstichtag. Hohe Anteile können aber auch ein Hinweis auf Probleme bei der Finanzierung und bei der Kapitalbeschaffung sein.
- ✔ Die Inanspruchnahme von Wechselverbindlichkeiten kann ebenfalls ein Indiz sein für Finanzierungsprobleme, zumindest zum Bilanzstichtag.

Die entsprechenden Quoten können Sie mit den Kennzahlen

$$\text{Quote der langfr. Verbindlichkeiten} = \frac{\text{Langfristige Verbindlichkeiten}}{\text{Gesamte Verbindlichkeiten}} * 100$$

beziehungsweise

$$\text{Quote der mittelfr. Verbindlichkeiten} = \frac{\text{Mittelfristige Verbindlichkeiten}}{\text{Gesamte Verbindlichkeiten}} * 100$$

und

$$\text{Quote der kurzfr. Verbindlichkeiten} = \frac{\text{Kurzfristige Verbindlichkeiten}}{\text{Gesamte Verbindlichkeiten}} * 100$$

ermitteln.

Um die bilanzpolitischen Gestaltungsmöglichkeiten durch Beeinflussung der Zusammensetzung der Verbindlichkeiten wenigstens etwas abzumildern, können Sie die Zähler in den Quoten als arithmetisches Mittel der jeweiligen Verbindlichkeiten am Anfang und am Ende der Periode ermitteln.

Einen Hinweis zur Beurteilung der Zahlungsgewohnheiten liefert die Kennziffer zum *Lieferantenziel* (auch *Verbindlichkeitenreichweite, Days Payable Outstanding* (DPO), Kreditorenziel).

$$\text{Lieferantenziel (in Tagen)} = \frac{\text{Verbindlichkeiten aus LuL}}{\text{Wareneingang}} * 360$$

Die Kennzahl zeigt Ihnen, nach wie vielen Tagen Lieferantenrechnungen beglichen werden:

- Bei einem kurzen Lieferantenziel können Sie vermuten, dass Skonti durch frühzeitige Begleichung von Verbindlichkeiten ausgenutzt werden.
- Ein langes Lieferantenziel deutet auf Liquiditätsschwierigkeiten hin, weil offenbar nicht genug flüssige Mittel zur Verfügung stehen, um die Rechnungen zu bezahlen.

Eine optimale Zusammensetzung der Verbindlichkeiten lässt sich nicht angeben. Sie sollten aber langfristiges Fremdkapital kurzfristigem vorziehen.

Schulden im Blick: Die Verschuldungsstruktur

Die Untersuchung der *Verschuldungsstruktur* ermöglicht Ihnen eine weitergehende Analyse des Verschuldungsgrades. Dazu ordnen Sie die Verbindlichkeiten– abhängig von Ihrem jeweiligen Erkenntnisinteresse – nach unterschiedlichen Gesichtspunkten aussagefähigen Kategorien zu. Sie können zum Beispiel differenzieren nach

- Gläubigern,
- Ländern und Gebieten,
- fest oder variabel verzinslichen Verbindlichkeiten,
- Restlaufzeiten.

Um die Abhängigkeit von einem einzelnen Gläubiger festzustellen, ermitteln Sie die anteiligen Verbindlichkeiten gegenüber dem größten Gläubiger:

$$\text{Verschuldungsstruktur} = \frac{\text{Verbindlichkeiten gegenüber dem größten Gläubiger}}{\text{Gesamtkapital}} * 100$$

oder

$$\text{Verschuldungsstruktur} = \frac{\text{Verbindlichkeiten gegenüber dem gräßten Gläubiger}}{\text{Gesamte Verbindlichkeiten}} * 100$$

Bei einem hohen Wert der Kennzahlen erkennen Sie ein hohes Risiko, denn finanzielle Engpässe sind zu befürchten, wenn der größte Gläubiger den Kredit kündigt. Das kann dann bis zur Gefährdung der Zahlungsfähigkeit gehen. Zudem könnte ein bedeutender Fremdkapitalgeber Einfluss auf die Unternehmenspolitik nehmen wollen.

Zur weiteren Beurteilung der Verschuldungssituation können Sie auch die Analyse des *Lieferantenziels* nutzen. Das ist die durchschnittliche Inanspruchnahme von Zahlungsfristen. Sie können es mit der Formel

$$\text{Kreditorenlaufzeit} = \frac{\text{Verbindlichkeiten aus LuL}}{\text{Materialaufwand}} * 360$$

ermitteln. Durch lange *Kreditorenlaufzeiten* werden Finanzmittel freigesetzt, Sie sollten sie daher grundsätzlich anstreben.

Umschlagshäufigkeit der Verbindlichkeiten

Über das Zahlungsverhalten des eigenen Unternehmens erhalten Sie Auskunft durch die Berechnung der *Umschlagshäufigkeit der Verbindlichkeiten* aus Lieferungen und Leistungen (LuL) (*Kreditorenumschlag*):

$$\text{Kreditorenumschlag} = \frac{\text{Materialaufwand} + \text{USt}}{\varnothing\ \text{Verbindlichkeiten aus LuL}}$$

Aus dem *Lieferantenziel*

$$\text{Lieferantenziel} = \frac{360}{\text{Kreditorenumschlag}}$$

können Sie erkennen, nach wie vielen Tagen Lieferantenrechnungen durchschnittlich beglichen werden.

Streben Sie grundsätzlich ein langes Lieferantenziel an, denn bis zur Bezahlung gewähren Ihnen die Lieferanten ein Darlehen.

Lange Zahlungsfristen können auch dazu führen, dass die Lieferanten einen Risiko- und Finanzierungsaufschlag in ihre Kalkulation einbeziehen. Dann können die niedrigeren Finanzierungskosten durch höhere Materialkosten kompensiert werden.

Umschlagshäufigkeit des Kapitals

Aus der Kennzahl *Umschlagshäufigkeit des Kapitals* können Sie entnehmen, wie oft sich das Gesamtkapital im Jahr umschlägt. Je höher die Umschlagshäufigkeit ist, desto schneller fließen die Finanzmittel über den Umsatzprozess wieder in das Unternehmen zurück und desto weniger Kapital ist deshalb im Unternehmen erforderlich.

$$\text{Umschlagshäufigkeit des Kapitals} = \frac{\text{Umsatzerlöse}}{\text{Durchschnittliches Gesamtkapital}}$$

IN DIESEM KAPITEL

Deckungsgrade

Liquidität

Cashflow

Kapitel 6
Kennzahlen zur Beurteilung der Finanzlage

In diesem Kapitel lernen Sie die Kennzahlen kennen, die Ihnen über die fristenkongruente Finanzierung und die Zahlungsfähigkeit des Unternehmens Auskunft geben. Sie können daraus die finanzielle Stabilität und Flexibilität eines Unternehmens erkennen und seine Fähigkeit zur finanzwirtschaftlichen Aufgabenerfüllung beurteilen.

A, B oder C: Die Anlagendeckung

Die Kennzahlen zur *Anlagendeckung* zeigen Ihnen, inwieweit in einem Unternehmen das benötigte (langfristig zur Verfügung stehende) Anlagevermögen durch langfristig zur Verfügung stehendes Kapital gedeckt ist. Je höher die langfristige Finanzierung des Anlagevermögens ist, desto größer ist die finanzielle Stabilität des Unternehmens.

Die *Deckungsgrade* (auch *Anlagedeckungsgrade, Anlagendeckung*) werden durch die Gegenüberstellung von langfristigen Passiva und Aktiva ermittelt. Sie zeigen Ihnen den Zusammenhang zwischen der Kapitalbeschaffung (Finanzierung) und der Mittelverwendung (Investitionen).

Bei *Fristenkongruenz* stimmen die Fristen der Kapitalbindung und der Kapitalüberlassung überein: Langfristiges Vermögen soll durch langfristiges Kapital finanziert sein, kurzfristiges Vermögen soll durch kurzfristiges Kapital finanziert sein.

Wenn Sie die Finanzierungsvorgänge fristenkongruent gestalten, befindet sich das Unternehmen in einem finanziellen Gleichgewicht. Mit den Deckungsgraden können Sie folglich die finanzielle Stabilität eines Unternehmens beurteilen.

Daraus lässt sich die *Goldenen Bilanzregel* formulieren: Vermögensgegenstände, die langfristig im Unternehmen verbleiben, sollen auch langfristig finanziert sein. Die übrigen Vermögensgegenstände, zum Beispiel die meisten Gegenstände des Umlaufvermögens, können auch mit kurzfristig verfügbaren Mitteln finanziert sein.

Zur Berechnung nutzen Sie folgende Formeln:

$$\frac{\text{Langristiges Vermögen}}{\text{Langfristiges Kapital}} \leq 1$$

beziehungsweise

$$\text{Langfristiges Vermögen} - \text{Langfristiges Kapital} \leq 0$$

beziehungsweise

$$\text{Langfristiges Kapital} - \text{Langfristiges Vermögen} \geq 0$$

Das langfristige Kapital setzt sich aus dem Eigenkapital und dem langfristigen Fremdkapital (zum Beispiel einem langfristigen Bankdarlehen) zusammen. Je mehr Vermögen durch Eigenkapital finanziert ist, desto sicherer ist es dem Zugriff von Gläubigern – zum Beispiel wegen Schwierigkeiten bei der Bedienung von Zins- und Tilgungsraten – entzogen.

Wenn Vorräte kurzfristig finanziert werden, entsteht daraus in der Regel kein Problem: Die Vorräte werden kurzfristig verkauft und aus den Umsatzerlösen können Sie die offenen Lieferantenrechnungen begleichen.

Ein Vermögensgegenstand im Anlagevermögen (zum Beispiel eine Maschine) wird dagegen langfristig genutzt und Umsatzerlöse werden über einen längeren Zeitraum erzielt. Eine kurzfristige Finanzierung scheidet aus. Eine langfristige Finanzierung kann ausschließlich durch Eigenkapital oder durch langfristiges Fremdkapital erfolgen.

Die *Deckungsgrade* konkretisieren und differenzieren die Forderungen zur Anlagendeckung. Sie beschreiben Ihnen die aktuelle Situation mit unterschiedlicher Aussagekraft und Genauigkeit. Ihre Erkenntnisse werden

- ✔ intern, zum Beispiel von der Unternehmensleitung und dem Controlling, und
- ✔ extern, zum Beispiel von Banken und Anlegern,

analysiert und bewertet. Vor allem die Deckungsgrade A und B fließen in die Bonitätsbewertung von Unternehmen ein.

Deckungsgrad A

Der *Deckungsgrad A* (auch *Deckungsgrad 1, Deckungsgrad 1. Grades*) beschreibt Ihnen den einfachsten Zusammenhang, der sich aus der Forderung nach Fristenkongruenz ergibt. Abbildung 6.1 zeigt Ihnen, dass das Anlagevermögen durch das Eigenkapital gedeckt sein soll.

Aktiva	Passiva
← Deckung →	
AV	EK
	FK

Abbildung 6.1: Deckungsgrad A

$$\text{Deckungsgrad A} = \frac{\text{Eigenkapital}}{\text{Anlagevermögen}}$$

beziehungsweise in Prozent ausgedrückt

$$\text{Deckungsgrad A} = \frac{\text{Eigenkapital}}{\text{Anlagevermögen}} * 100$$

Wenn das Anlagevermögen genau durch das Eigenkapital gedeckt ist, beträgt der Deckungsgrad A 100 %. Liegt der Deckungsgrad A unter 100 %, ist das Anlagevermögen zum Teil fremdfinanziert. Bei einem Deckungsgrad von zum Beispiel 60 % müssten 40 % des Anlagevermögens mit Fremdkapital finanziert werden.

Der Deckungsgrad A entspricht der Goldenen Bilanzregel, nach der das langfristige Vermögen in der Regel durch Eigenkapital gedeckt sein soll. Bei Nichteinhaltung ist die Kreditwürdigkeit gefährdet.

Aus der aufbereiteten Bilanz der Kurz & Gut KG ermitteln Sie den Deckungsgrad A.

Aktiva			Passiva
	€		€
Anlagevermögen	36.424	Eigenkapital	28.260
Umlaufvermögen		Fremdkapital	
Vorräte	7.536	Pensionsrückstellungen	9.420
Forderungen aus LuL	8.164	Verbindlichkeiten aus LuL	7.850
Kasse, Bank	5.966	Darlehen < 1 Jahr	12.560
	58.090		58.090

$$\text{Deckungsgrad A} = \frac{\text{Eigenkapital}}{\text{Anlagevermögen}} * 100$$

$$\text{Deckungsgrad A} = \frac{28.260}{36.424} * 100 = 77{,}6\ \%$$

Die Bedingung der Fristenkongruenz ist nicht erfüllt, der Deckungsgrad A liegt unter 100 %.

Im Einzelfall könnten Sie trotzdem betriebswirtschaftlich sinnvoll entscheiden, Anlagevermögen kurzfristig durch Fremdkapital zu finanzieren, wenn dadurch perspektivisch die Rentabilität des Unternehmens erhöht wird. Allerdings sollten Sie dabei berücksichtigen, dass Prognosen immer unsicher sind.

Deckungsgrad B

Bei der Ermittlung des *Deckungsgrades B* (auch Deckungsgrad 2, Deckungsgrad 2. Grades, Vermögensdeckungsgrad) beziehen Sie das langfristige Fremdkapital in Ihre Berechnung ein. Nach den grundsätzlichen Überlegungen zur Fristenkongruenz kann es ebenfalls zur Finanzierung des Anlagevermögens genutzt werden (siehe Abbildung 6.2).

Aktiva	Passiva
← Deckung →	
AV	EK + langfr. FK
	FK

Abbildung 6.2: Deckungsgrad B

Der Deckungsgrad B entspricht der *Goldenen Bankregel*, wonach die Fristen der Kapitalbindung mindestens so lang sein sollen wie das damit finanzierte Vermögen.

$$\text{Deckungsgrad B} = \frac{\text{Eigenkapital} + \text{langfr. Fremdkapital}}{\text{Anlagevermögen}}$$

beziehungsweise in Prozent ausgedrückt

$$\text{Deckungsgrad B} = \frac{\text{Eigenkapital} + \text{langfr. Fremdkapital}}{\text{Anlagevermögen}} * 100$$

Sie ermitteln den Deckungsgrad B aus der aufbereiteten Bilanz der Kurz & Gut KG.

Aktiva			Passiva
	€		€
Anlagevermögen	36.424	Eigenkapital	28.260
Umlaufvermögen		Fremdkapital	
Vorräte	7.536	Pensionsrückstellungen	9.420
Forderungen aus LuL	8.164	Verbindlichkeiten aus LuL	7.850
Kasse, Bank	5.966	Darlehen < 1 Jahr	12.560
	58.090		58.090

$$\text{Deckungsgrad B} = \frac{\text{Eigenkapital} + \text{langfr. Fremdkapital}}{\text{Anlagevermögen}} * 100$$

$$\text{Deckungsgrad B} = \frac{28.260 + 9.420}{36.424} * 100 = 103{,}4\ \%$$

Die Bedingung ist erfüllt, der Deckungsgrad B liegt über 100 %.

Deckungsgrad C

Als weiteren Schritt zur Ermittlung der Anlagendeckung können Sie noch berücksichtigen, dass es auch im Umlaufvermögen (entgegen der Definition, das Umlaufvermögens stünde nur kurzzeitig zur Verfügung) Vermögensgegenstände geben kann, die tatsächlich langfristig gebunden sind, weil sie sehr wohl für die Betriebsbereitschaft zwingend erforderlich sind.

Dieser *Eiserne Bestand* ist ein Sicherheitsbestand an Waren beziehungsweise Roh-, Hilfs- und Betriebsstoffen, der bei unvorhergesehenen Störungen die Lieferfähigkeit beziehungsweise die Betriebsbereitschaft und eine reibungslose Abwicklung der Produktion gewährleisten soll. Im laufenden Betrieb sollten Sie ihn nicht angreifen. Ein Austausch ist dagegen vielfach sinnvoll.

In Ihrer Gaststätte »Zum grünen Baum« sollen ständig 5 kg Kartoffeln im Vorrat sein. Damit sie nicht verderben, verarbeiten Sie zunächst immer die vorhandenen und ersetzen sie erst dann durch neue.

Die Höhe des Eisernen Bestandes ist sehr unterschiedlich und abhängig vom Bedarf, von der Lagerfähigkeit, vom Bestellrhythmus, von der Bestellmenge, von den Lieferfristen und anderem mehr.

Sie berechnen den Eisernen Bestand für die Bäckerei Mehlwurm.

Benötigt werden pro Tag 100 kg Mehl. Die Lieferzeit für das Mehl beträgt 2 Tage. Die Produktion soll für drei Tage auch dann gesichert sein, wenn eine Mehllieferung ausfällt oder verspätet eintrifft.

Mindestbestand = Anzahl der Tage * Tagesverbrauch

Der Eiserne Bestand der Bäckerei müsste 3 Tage*100 kg = 300 kg betragen.

Wieder mit dem Grundgedanken der Fristenkongruenz beziehen Sie den Eisernen Bestand in die Ermittlung des Deckungsgrades C ein (siehe Abbildung 6.3).

Aktiva	Passiva
← Deckung -	
AV + Eiserner Bestand	EK + langfr. FK
	FK

Abbildung 6.3: Deckungsgrad C

$$\text{Deckungsgrad C} = \frac{\text{Eigenkapital} + \text{langfr. Fremdkapital}}{\text{Anlagevermögen} + \text{Eiserner Bestand}}$$

beziehungsweise in Prozent ausgedrückt

$$\text{Deckungsgrad C} = \frac{\text{Eigenkapital} + \text{langfr. Fremdkapital}}{\text{Anlagevermögen} + \text{Eiserner Bestand}} * 100$$

Sie ermitteln den Deckungsgrad C aus der aufbereiteten Bilanz der Kurz & Gut KG.

Aktiva			Passiva
	€		€
Anlagevermögen	36.424	Eigenkapital	28.260
Umlaufvermögen		Fremdkapital	
Vorräte	7.536	Pensionsrückstellungen	9.420
davon Eiserner Bestand	600		
Forderungen aus LuL	8.164	Verbindlichkeiten aus LuL	7.850
Kasse, Bank	5.966	Darlehen < 1 Jahr	12.560
	58.090		58.090

$$\text{Deckungsgrad C} = \frac{\text{Eigenkapital} + \text{langfr. Fremdkapital}}{\text{Anlagevermögen} + \text{Eiserner Bestand}} * 100$$

$$\text{Deckungsgrad C} = \frac{28.260 + 9.420}{36.424 + 600} * 100 = 101{,}8\ \%$$

Die Bedingung ist knapp erfüllt, der Deckungsgrad C liegt über 100 %.

Die Deckungsgrade müssen Sie vorsichtig interpretieren. Ihre Schwächen resultieren vor allem daraus, dass sie an Bilanzpositionen gebunden sind:

- ✔ **Leasing.** Bei Unternehmen, die ihr Anlagevermögen geleast haben, verbessert sich rechnerisch der Anlagendeckungsgrad.
- ✔ **Laufzeiten.** Die Laufzeiten der Verbindlichkeiten sind aus dem Jahresabschluss nur begrenzt zu erkennen. Im Anhang muss lediglich der Gesamtbetrag der Verbindlichkeiten mit einer Restlaufzeit von mehr als fünf Jahren angegeben werden (§ 285 Nr. 1a HGB).
- ✔ **Zeitpunktbetrachtung.** Die festgestellten Höhen der Deckungsgrade sind stichtagsbezogen. Sie beschreiben die Situation zu einem Zeitpunkt in der Vergangenheit. Nur in besonderen Fällen gibt es Hinweise auf die Entwicklung nach Aufstellung der Bilanz.
- ✔ **Bewertung.** Bei der Bewertung der Vermögensgegenstände gibt es Spielräume und Gestaltungsmöglichkeiten.
- ✔ **Unvorhersehbare Ereignisse** können trotz Einhaltung der Finanzierungsregeln zu Liquiditätsproblemen führen.
- ✔ **Begrenzte Fragestellung.** Kostengesichtspunkte, Gewinnaussichten und Autonomieaspekte spielen bei der Berechnung der Deckungsgrade keine Rolle.
- ✔ **Vergleiche.** Vergleiche zwischen verschiedenen Unternehmen oder Teilen eines Unternehmens sind nicht sinnvoll.

Trotz dieser offenkundigen Probleme sollten Sie die Deckungsgrade aber als ein wesentliches Element jeder Jahresabschlussanalyse berücksichtigen. Die Vorteile erkennen Sie sofort:

- ✔ **Hilfe bei Finanzierungsentscheidungen.** Sie bieten Ihnen einfache und transparente Entscheidungshilfen, die gegebenenfalls im Einzelfall modifiziert werden können.
- ✔ **Vergleichbarkeit.** Im Vergleich über mehrere Perioden sind Veränderungen erkennbar. Wenn Sie dieselbe Ermittlungsmethode anwenden, erhalten Sie wertvolle Hinweise über die finanzielle Entwicklung.
- ✔ **Allgemeine Anwendung.** Da die Regeln allgemein gebräuchlich sind, spielt ihre Einhaltung bei der Einschätzung und Bewertung durch Externe eine wichtige Rolle.

Die Deckungsgrade dürfen Sie nicht verwechseln mit den Deckungsbeiträgen aus der Kosten- und Leistungsrechnung.

Die Kasse muss stimmen: Liquidität

In jedem Unternehmen müssen Sie ständig Zahlungen leisten für den Einkauf, für Personal, Mieten, Versicherungen und vieles mehr. Eingehenden Rechnungen müssen Sie jederzeit bezahlen können. Damit das möglich bleibt, müssen Sie darauf achten, dass die Zahlungsfähigkeit jederzeit gegeben ist.

Liquidität bezeichnet die Möglichkeit, den Zahlungsverpflichtungen jederzeit und uneingeschränkt nachkommen zu können. Die dazu notwendigen »liquiden Mittel« sind Kassenbestände und Guthaben bei Kreditinstituten.

Die Zahlungsfähigkeit ist also gegeben, wenn die liquiden Mittel höher sind als die Zahlungsverpflichtungen. Wenn Sie Zahlungen durch eine zu niedrige Liquidität nicht oder nur verspätet leisten können, wirkt sich das negativ auf Ihre Reputation aus. Dauerhaft fehlende Liquidität führt zu Zahlungsunfähigkeit. Eine zu hohe Liquiditätsreserve ist dagegen unproduktiv angelegtes Vermögen.

Der Bestand an liquiden Mitteln soll so hoch wie nötig, aber so niedrig wie möglich sein.

Einen Überblick über die Liquiditätslage können Sie sich mithilfe der statischen Liquiditätskennzahlen verschaffen. Sie setzen dazu die vorhandenen liquiden Mittel ins Verhältnis zu Ihren Zahlungsverpflichtungen:

- **Liquidität 1. Grades** (auch *Barliquidität*): Die Liquidität 1. Grades gibt an, wie hoch Ihre kurzfristigen liquiden Mittel (Kasse, Bank und Ähnliches) im Verhältnis zu Ihrem kurzfristigen Fremdkapital (zum Beispiel Verbindlichkeiten, fällig in den nächsten drei Monaten) sind:

$$\text{Liquidität I} = \frac{\text{kurzfristige liquide Mittel}}{\text{kurzfristiges Fremdkapital}} * 100$$

Die Quote müsste theoretisch 100 % betragen, damit Sie die kurzfristigen Verbindlichkeiten jederzeit begleichen können. Allerdings sind die nicht alle sofort fällig. Werte zwischen 20 % und 30 % sind deshalb ausreichend, Werte unter 20 % sind allerdings aus analytischer Sicht problematisch.

- **Liquidität 2. Grades** (auch *einzugsbedingte Liquidität*): Zur Ermittlung der Liquidität 2. Grades rechnen Sie zu den liquiden Mitteln die Forderungen hinzu. Schließlich werden sich daraus innerhalb der nächsten 3 Monate auch Zuflüsse ergeben, die Sie wiederum zur Tilgung der kurzfristigen Verbindlichkeiten einsetzen können.

$$\text{Liquidität II} = \frac{\text{kurzfristige liquide Mittel} + \text{kurzfristige Forderungen}}{\text{kurzfrisiges Fremdkapital}} * 100$$

Sie sollten anstreben, dass der Wert dieser Kennzahl zwischen 100 % und 120 % liegt, auf jeden Fall aber über 100%. Wenn sie niedriger ist als 100 %, wird ein Teil der kurzfristigen Verbindlichkeiten durch kurzfristig zur Verfügung stehendes Kapital nicht gedeckt. Weil Forderungen jederzeit ausfallen können, drohen Ihnen deshalb bei niedrigeren Werten Liquiditätsprobleme.

- **Liquidität 3. Grades** (auch Liquidität auf mittlere Sicht): Wenn Sie das Verhältnis zwischen dem gesamten Umlaufvermögen und dem kurzfristigen Fremdkapital ermitteln wollen, berücksichtigen Sie zusätzlich die Vorräte.

$$\text{Liquidität III} = \frac{\text{Umlaufvermögen}}{\text{kurzfristiges Fremdkapital}} * 100$$

Je nach Erkenntnisinteresse können Sie als Bezugsgröße auch die Summe aus dem kurz- und mittelfristigen Fremdkapital wählen.

$$\text{Liquidität III} = \frac{\text{Umlaufvermögen}}{\text{kurzfristiges} + \text{mittelfristiges Fremdkapital}} * 100$$

Für den Wert dieser Kennzahl sollten Sie mindestens 150 % anstreben. Niedrigere Werte weisen auf ein Liquiditätsproblem hin. Bei einem Wert unter 100 % bestehen ernsthafte Zahlungsschwierigkeiten.

Nach der sogenannten *Banker´s Rule* soll das Verhältnis zwischen Umlaufvermögen und kurzfristigem Fremdkapital sogar 2:1 betragen, die Kennzahl hätte dann den Wert 200 %. Diese hohe Anforderung wird damit begründet, dass Sie zumindest Teile des Umlaufvermögens jedenfalls nicht kurzfristig liquidieren können.

Bei dieser Kennzahl besteht zusätzlich das Problem, dass Sie das Umlaufvermögen nach dem strengen Niederstwertprinzip bewerten müssen, wodurch stille Reserven enthalten sein können. Die Vergleichbarkeit wird dadurch erheblich erschwert.

Ihnen liegt die folgende Strukturbilanz der Strabau AG vor:

Aktiva			Passiva
	€		€
Anlagevermögen	123.760	Eigenkapital	119.000
Vorräte	71.400		
Forderungen	11.900	langfristiges Fremdkapital	57.600
Liquide Mittel	7.140	kurzfristiges Fremdkapital	37.600
	214.200		214.200

$$\text{Liquidität I} = \frac{7.140\,€}{37.600\,€} * 100 = 18{,}99\ \%$$

$$\text{Liquidität II} = \frac{7.140\,€ + 11.900\,€}{37.600\,€} * 100 = 50{,}64\ \%$$

$$\text{Liquidität III} = \frac{7.140\,€ + 11.900\,€ + 71.400\,€}{37.600\,€} * 100 = 240{,}53\ \%$$

Die Banker´s Rule ist erfüllt, der Wert liegt über 200 %.

Drohende Liquiditätsengpässe können Sie zum Beispiel an folgenden Indizien erkennen:

- **Bankguthaben** nehmen ab und sind sehr niedrig.
- **Finanzanlagen** werden aufgelöst oder sind gar nicht vorhanden.
- **Bankschulden** sind ungewöhnlich hoch und nehmen zu.
- **Verbindlichkeiten** aus Lieferungen und Leistungen sind außerordentlich hoch.

Beachten Sie bei der Beurteilung der statischen Liquiditätskennzahlen, dass ihre Aussagkraft begrenzt ist, hauptsächlich wegen ihrer Stichtagsbezogenheit:

- Ihre Zuverlässigkeit hängt davon ab, ob die Buchhaltung auf aktuellem Stand ist, ob zum Beispiel Eingangsrechnungen sofort erfasst worden sind.

Durch beschleunigte Erfassung und Buchung von Warenausgängen entstehen Forderungen, gleichzeitig könnten Wareneingänge mit einigen Tagen Verzögerung erfasst und verbucht werden.

- Solange Kreditlinien noch nicht ausgenutzt sind, droht keine Zahlungsunfähigkeit.
- Weil die Liquiditätskennzahlen stichtagsbezogen sind, können laufende Zahlungen nicht abgebildet werden.
- Die angenommenen Fristigkeiten sind ungenau.
- Einmaleffekte können das Ergebnis verfälschen.
- Durch Aufnahme eines Darlehens kurz vor dem Bilanzstichtag und Rückzahlung kurz danach kann die Kennzahl leicht manipuliert werden.
- Der Bedarf an liquiden Mitteln muss während des Geschäftsjahres nicht konstant sein. Mal benötigen Sie mehr liquide Mittel, mal weniger.
- Eine geplante Aufnahme von Darlehen oder andere erwartete Zuflüsse an Zahlungsmitteln werden nicht berücksichtigt.
- Bevorstehende Investitionen können die Liquidität erheblich belasten.
- Bei Kapitalerhöhungen oder -herabsetzungen werden die Kennzahlen grundlegend verändert.
- Die Strukturbilanz, aus der die Kennzahlen berechnet werden, liegt erst deutlich nach dem Bilanzstichtag vor. Die Zahlen sind dann veraltet.
- Unsicherheiten über den Zeitpunkt von Zahlungseingängen werden nicht berücksichtigt.

Eine Bewegungsbilanz gibt Ihnen zusätzliche Informationen zur finanziellen Lage eines Unternehmens.

Zur Beurteilung der Zahlungsfähigkeit: Das Working Capital

Mit dem *Working Capital* steht Ihnen eine weitere Möglichkeit zur Beurteilung der Zahlungsfähigkeit eines Unternehmens zur Verfügung. Aus der Differenz zwischen dem Umlaufvermögen und dem kurzfristigen Fremdkapital ist ersichtlich, ob die kurzfristigen Verbindlichkeiten aus eigenen Mitteln beglichen werden können. Sie können also erkennen, welche Mittel ein Unternehmen für Investitionen und andere Ausgaben zur Verfügung hat, nachdem die kurzfristigen Verbindlichkeiten bezahlt sind (siehe Abbildung 6.4).

Working Capital = Umlaufvermögen – kurzfristige Verbindlichkeiten

Die Kennziffer Working Capital ist ein Gradmesser für die Zahlungsfähigkeit und die finanzielle Flexibilität eines Unternehmens.

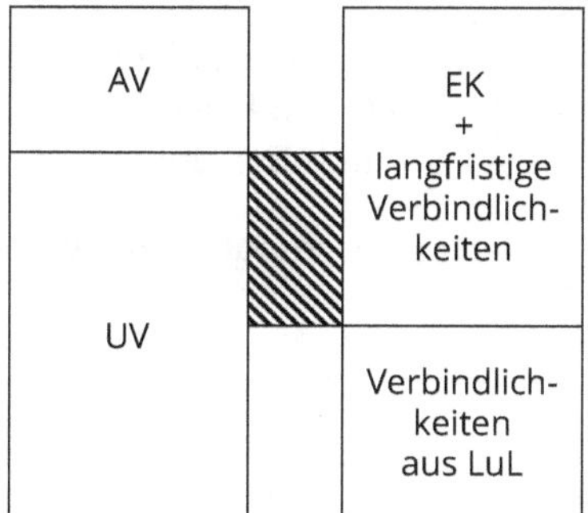

Working Capital positiv

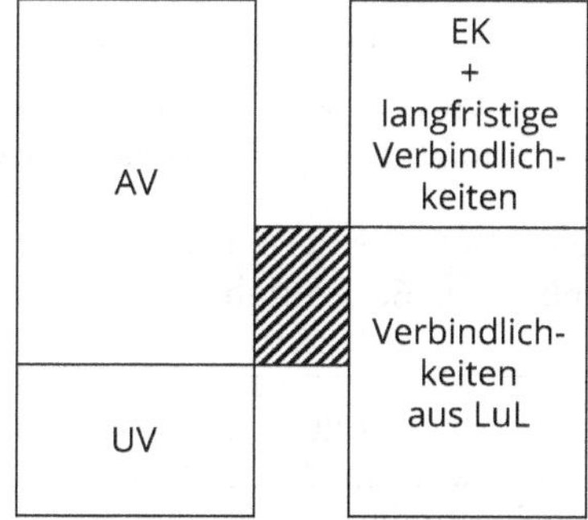

Working Capital negativ

Abbildung 6.4: Working Capital

Die Kennzahl ist ein wichtiger Indikator für eine nahende Krisensituation, besonders wenn sie sich im Vergleich zum Umsatzwachstum verschlechtert.

- **Ein positiver Wert** zeigt Ihnen, dass die kurzfristigen Verbindlichkeiten durch das Umlaufvermögen vollständig gedeckt sind und dass ein Teil des Umlaufvermögens mit langfristig zur Verfügung stehendem Kapital finanziert wird.
- **Ein negativer Wert** bedeutet dagegen, dass das Umlaufvermögen nicht ausreicht, um die gesamten kurzfristigen Verbindlichkeiten zu decken und folglich ein Teil des Anlagevermögens kurzfristig finanziert ist. Die Goldene Bilanzregel ist damit nicht eingehalten.

Sie bestimmen das Working Capital aus der folgenden Strukturbilanz der Pause AG:

Aktiva			Passiva
	€		€
Anlagevermögen	182.160	Eigenkapital	154.000
Vorräte	92.400		
Forderungen	15.400	langfristiges Fremdkapital	61.600
Liquide Mittel	9.240	kurzfristiges Fremdkapital	83.600
	299.200		299.200

Das Working Capital beträgt (92.400 € + 15.400 € + 9.240 €) – 83.600 = 33.440 €.

Was Sie dazu beachten sollten:

- ✔ Die Höhe des Working Capital verändert sich nur bei Geschäftsfällen, die sowohl langfristige als auch kurzfristige Bilanzpositionen betreffen, zum Beispiel beim Barverkauf eines Grundstücks.
- ✔ Bei Geschäftsfällen, die entweder nur kurzfristige Bilanzpositionen oder nur langfristige Bilanzpositionen betreffen, ändert sich dagegen das Working Capital nicht, zum Beispiel bei der Begleichung einer kurzfristigen Verbindlichkeit durch Barzahlung

Um das Working Capital zu verbessern, stehen Ihnen verschiedene Stellschrauben zur Verfügung, die Sie der Abbildung 6.5 entnehmen können.

Abbildung 6.5: Beeinflussung des Working Capital

Das Working Capital verbessert sich, wenn sich Forderungen, Bestände und kurzfristige Verbindlichkeiten verringern, da sie für die kurzfristige Kapitalbindung verantwortlich sind.

Wenn Sie den Anteil des Working Capital am Umlaufvermögen ermitteln wollen, können Sie die *Working Capital Ratio* errechnen:

$$\text{Working Capital Ratio} = \frac{\text{Working Capital}}{\text{Umlaufvermögen}} * 100$$

Diese Kennzahl soll einen Wert von 30 % bis 50 % haben.

Sie wollen aus der folgenden Strukturbilanz die Working Capital Ratio berechnen:

Aktiva			Passiva
	€		€
Anlagevermögen	124.200	Eigenkapital	105.000
Vorräte	63.000		
Forderungen	10.500	langfristiges Fremdkapital	42.000
Liquide Mittel	6.300	kurzfristiges Fremdkapital	57.000
	204.000		204.000

Die Working Capital Ratio liegt im gewünschten Bereich:

$$\text{Working Capital} = 63.000\,€ + 10.500\,€ + 6.300\,€ - 57.000 = 22.800\,€$$

$$\text{Umlaufvermögen} = 63.000\,€ + 10.500\,€ + 6.300\,€ = 79.800\,€$$

$$\text{Working Capital Ratio} = \frac{\text{Working Capital}}{\text{Umlaufvermögen}} * 100 \rightarrow \frac{22.800\,€}{79.800\,€} * 100 = 28{,}57\,\%$$

Zuflüsse erwünscht: Cashflow-Rechnungen

Wenn Sie wissen wollen, ob in einer Periode die tatsächlichen Einzahlungen höher oder niedriger waren als die tatsächlichen Abflüsse, können Sie mit der *Cashflow*-Rechnung den Nettozufluss in einer Periode (Monat, Jahr) ermitteln. Diese Differenz zwischen Einzahlungen und Auszahlungen zeigt Ihnen, in welchem Maße ein Unternehmen Finanzmittel aus eigener Kraft erwirtschaftet hat, wie hoch also die Innenfinanzierung in dieser Periode war.

Sie können erkennen, welche Mittel dem Unternehmen frei zur Verfügung stehen und

- ✔ für Investitionen ohne zusätzliches (Eigen- oder Fremd-)Kapital eingesetzt werden können,
- ✔ für Zinszahlungen und Tilgung von Schulden zur Verfügung stehen,
- ✔ für Ausschüttungen an die Anteilseigner verwendet werden können,
- ✔ zur Erhöhung der liquiden Mittel genutzt werden können.

Verwechselns Sie den Cashflow nicht mit der Rendite!

Direkte Ermittlung des Cashflows

Bei der *direkten Ermittlung* ziehen Sie alle auszahlungswirksamen Aufwendungen von den einzahlungswirksamen Erträgen ab. Den Cashflow ermitteln Sie dann als Differenz zwischen Einzahlungen und Auszahlungen:

	einzahlungswirksame Erträge	
		Umsatzerlöse
		Beteiligungserträge
		Zinserträge
		Subventionen
		Desinvestitionen
		Eigenkapitaleinlagen
		Kreditaufnahmen
		Sonstige Einzahlungen
–	auszahlungswirksame Aufwendungen	
		Personalaufwand
		Materialaufwand
		Zinsaufwand
		Steuern
		Investitionen
		Eigenkapitalentnahmen
		Tilgung von Krediten
		Sonstige Auszahlungen
=	Cashflow	

		in Tsd. €
	Umsatzerlöse	2.224
+	Darlehensaufnahmen	518
+	Zinserträge	96
–	Materialaufwand	620
–	Personalaufwand	542
–	Investitionen	412
–	Tilgung von Darlehen	536
=	Cashflow	728

Wenn Sie die Berechnung auf der Basis von tatsächlichen Ein- und Auszahlungen durchführen, erhalten Sie zwar ein genaues Ergebnis, Sie müssen aber die entsprechenden Zahlen zur Verfügung haben.

Das ist aber bei einer externen Analyse nicht der Fall. Die Analysemöglichkeiten sind dann eingeschränkt, weil in den Gewinn- und Verlustrechnungen von Kapitalgesellschaften wichtige ausgabe- und einnahmeunwirksame Beträge nicht gesondert ausgewiesen werden müssen.

Indirekte Methode

Bei einer externen Analyse können Sie deshalb in der Regel nur die *indirekte Methode* anwenden: Dabei ermitteln Sie die zahlungswirksamen Erträge und die zahlungswirksamen Aufwendungen auf einem »Umweg«: Ausgehend vom Jahresüberschuss rechnen Sie alle zahlungsunwirksamen Aufwendungen (zum Beispiel Abschreibungen) hinzu und ziehen alle zahlungsunwirksamen Erträge (zum Beispiel Zuschreibungen) ab. Der »Rest« müssen dann die zahlungswirksamen Erträge und Aufwendungen sein:

	Jahresüberschuss	
–	nicht zahlungswirksame Erträge	
		Aktivierte Eigenleistungen
		Minderung des Gewinnvortrages
		Zuschreibungen
		Entnahme aus Rücklagen
		Auflösung von Wertberichtigungen
		Auflösung von Rückstellungen
		Bestandserhöhungen an fertigen und unfertigen Erzeugnissen
+	nicht zahlungswirksame Aufwendungen	
		Einstellungen in die Rücklagen
		Erhöhung des Gewinnvortrages
		Abschreibungen
		Erhöhung der Rückstellungen
		Bestandminderung an fertigen und unfertigen Erzeugnissen
=	Cashflow	

Dieses Vorgehen erscheint recht aufwendig. Für eine vereinfachte Ermittlung des Cashflows nach der indirekten Methode steht Ihnen aber die sogenannte *Praktikerformel* zur Verfügung:

	Jahresüberschuss/-fehlbetrag
+/–	Abschreibungen/Zuschreibungen
+/–	Veränderung langfristiger Rückstellungen
=	Brutto-Cashflow

Von der Plüsch GmbH sind Ihnen diese Daten bekannt:

	01 in €	02 in €
Jahresüberschuss	290.000	255.200
Abschreibungen	197.200	174.000
Zuschreibungen	162.400	150.800
Zuführung zu langfristigen Rückstellungen	58.000	69.600
Verringerung der langfristigen Rückstellungen	46.400	58.000
Cashflow	336.400	290.000

Abbildung 6.6 zeigt Ihnen den prinzipiellen Unterschied der beiden Ermittlungsmethoden.

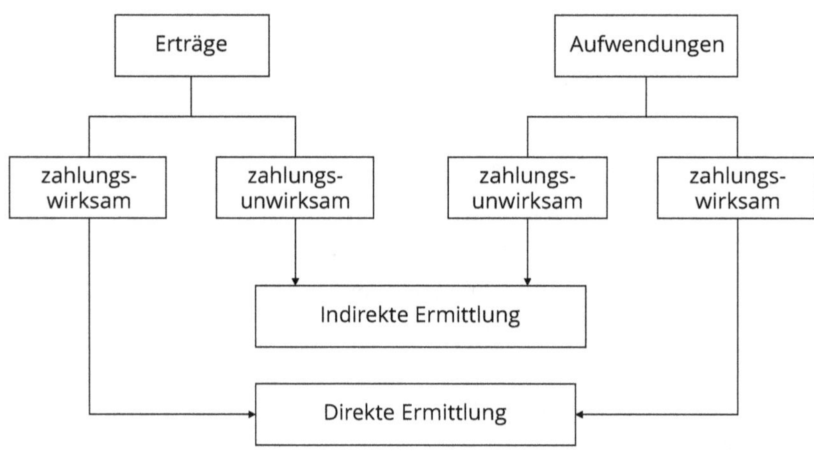

Abbildung 6.6: Ermittlung des Cashflow

Bei identischen Informationen führen beide Methoden zum selben Ergebnis.

Zum Bilanzstichtag 01 der Prumme AG liegen Ihnen diese Daten vor (alle Angaben in €).

Umsatzerlöse	462.240	
Veränderungen des Bestandes an fertigen und unfertigen Erzeugnissen	42.800	
Sonstige betriebliche Erträge	8.560	
		513.600
Materialaufwand		
a) Aufwendungen für Roh-, Hilfs- und Betriebsstoffe	128.400	
b) Aufwendungen für bezogene Leistungen	25.680	

Personalaufwand	102.720	
a) Löhne und Gehälter	25.680	
b) Soziale Abgaben und Aufwendungen für Altersversorgung und für Unterstützung		
Abschreibungen		
a) Sachanlagen	128.400	
b) Umlaufvermögen	8.560	
Sonstige betriebliche Aufwendungen	68.480	
Abschreibungen auf Finanzanlagen und Wertpapiere des UV	8.560	
Zinsen und ähnliche Aufwendungen	42.800	
		539.280
Steuern	0	
Jahresfehlbetrag		–25.680

Weitere Angaben stehen nicht zur Verfügung. Alle Erträge und Aufwendungen sind zahlungswirksam. Berechnen Sie den Cashflow.

Direkte Methode

Zahlungsgleiche Erträge		
Umsatzerlöse	462.240	
Sonstige betriebliche Erträge	8.560	470.800
Zahlungsgleiche Aufwendungen		
Materialaufwand	154.080	
Personalaufwand	128.400	
Sonstige betriebliche Aufwendungen	68.480	
Zinsen und ähnliche Aufwendungen	42.800	393.760
Außerordentlicher Aufwand		
Cashflow		77.040

Indirekte Methode

Jahresüberschuss			–25.680
+	Zahlungsungleicher Aufwand		
	Abschreibungen SAV	128.400	
	Abschreibungen UV	8.560	
	Abschreibungen auf Finanzanlagen	8.560	145.520
–	Zahlungsungleiche Erträge		
	Bestandserhöhungen		–42.800
Cashflow			77.040

Trotz eines Jahresfehlbetrages ist ein positiver Cashflow ausgewiesen.

Wenn Sie feststellen wollen, welche mit dem Cashflow ermittelten Mittel für das folgende Jahr tatsächlich zur Verfügung stehen, um Investitionen zu tätigen, Schulden zu tilgen oder die Liquidität zu verbessern, müssen Sie noch die ausgabenrelevanten Aufwendungen nach der Bilanzaufstellung (zum Beispiel Privatentnahmen und Investitionen) vom Cashflow abziehen. Zahlungswirksame Erträge, die nach der Bilanzierung entstehen (zum Beispiel Desinvestitionen) müssen hingegen addiert werden.

Aus dem Brutto-Cashflow können Sie dann der *Netto-Cashflow* entwickeln:

	Brutto-Cashflow
–	Steuern
–	Privatentnahmen
+	Zuführung zu Rücklagen
–	Auflösung von Rücklagen
=	Netto-Cashflow

Welche Steuern Sie hierbei abziehen, hängt von Ihrem Erkenntnisinteresse ab. Nach IDW-Standard werden sowohl die betrieblichen Steuern als auch die persönliche Einkommenssteuer der Anteilseigner berücksichtigt.

Wenn Ihnen der Cashflow zeigen soll, wie viel Geld für die Auszahlung an die Anteilseigner verbleibt oder für eine Absenkung des Verschuldungsgrades tatsächlich zur Verfügung steht, muss zusätzlich die Investitionstätigkeit erfasst werden. Sie erhalten dann den Free Cashflow:

	Netto-Cashflow
–	Ersatz- und Erweiterungsinvestitionen
+	Desinvestitionen
=	Free Cashflow

Der *Free Cashflow* kann nicht durch Bilanzpolitik manipuliert werden. Daher können Sie Schlüsse, die auf der Interpretation dieser Kennzahl beruhen, als relativ zuverlässig ansehen.

- ✔ **Wenn der Free Cashflow ausgeglichen ist**, kann das Unternehmen seine Investitionen aus dem laufenden Mittelzufluss bestreiten.
- ✔ **Wenn der Free Cashflow positiv ist**, können darüber hinaus Schulden getilgt oder Zahlungen an die Anteilseigner geleistet werden.
- ✔ **Bei einem negativen Free Cashflow** müssen für Investitionen entweder flüssige Mittel eingesetzt oder zusätzliche Kredite aufgenommen werden.

Die nachhaltige Höhe des Free Cashflows ist für Banken eine Kennzahl, die auch als Berechnungsgrundlage für die Finanzierungskapazität verwendet wird. Sie zeigt die Fähigkeit, eingeräumte Darlehen zu bedienen.

Wie bei anderen Analysen müssen Sie hier beachten, dass die Daten, die der Cashflow-Ermittlung zugrunde liegen, vergangenheitsbezogen sind. Deshalb können Sie auch nur eine Aussage darüber treffen, welchen Innenfinanzierungsspielraum ein Unternehmen in der Vergangenheit hatte. Eine Prognose des Cashflows ist sinnvoll, aber wegen der unvermeidlichen Unsicherheiten vorsichtig zu interpretieren. Zudem ergeben sich weitere Schwierigkeiten:

- **Zuverlässigkeit.** Eine genaue Ermittlung ist für Externe schon deshalb nahezu unmöglich, weil die sonstigen betrieblichen Aufwendungen und Erträge sowohl zahlungswirksame wie zahlungsunwirksame Vorgänge abbilden können.
- **Stille Reserven.** Im Umlaufvermögen können Stille Reserven gebildet worden sein.
- **Aussagekraft.** Ein hoher Cashflow kann auch auf Schwierigkeiten hindeuten, wenn beispielsweise nur in geringem Umfang Investitionen vorgenommen worden sind.

Die Bedeutung des Cashflows können Sie mit folgenden Argumenten begründen:

- Den Cashflow können Sie – wenn auch nicht immer detailliert – einfach aus vorhandenen Daten des Jahresabschlusses ermitteln.
- Er kann als nachhaltige Messgröße für die periodendurchschnittliche Innenfinanzierungsmöglichkeit interpretiert werden.
- Er kann als Indikator für die Ertragskraft des Unternehmens angesehen werden.
- Der Cashflow unterliegt keinen Manipulationsmöglichkeiten, entweder gibt es einen Zu-/Abfluss oder nicht.
- Der Cashflow ist nicht stichtagsbezogen. Deshalb können Sie erkennen, ob das Unternehmen sich aus eigener Kraft finanzieren kann.
- Der Cashflow ist nicht aufwands- und ertragsbezogen. Er ermöglicht Ihnen eine zusätzliche Beurteilung der Finanzlage.

Als Kennzahl für die Ertragskraft eines Unternehmens müssen Sie den Cashflow aber vorsichtig interpretieren. Weil Sie die Höhe des Jahresüberschusses weitgehend durch

- Ausübung von Wahlrechten,
- unterschiedliche Abschreibungsmethoden,
- Sonderabschreibungen,
- Zuführung und Auflösung von Rückstellungen und
- Wertberichtigungen

beeinflussen können, ist er kein sinnvoller Beurteilungsmaßstab für die Ertragskraft eines Unternehmens.

Außerdem kann es zu Fehleinschätzungen kommen, wenn Einzahlungen und Auszahlungen in unterschiedliche Perioden fallen.

Sie erhalten aber zusätzliche Erkenntnisse und damit eine bessere Einschätzung.

Wenn Unternehmen eine größere Investition durchgeführt haben, geht im Anschluss daran der Gewinn oft zurück, weil die Abschreibungen zugenommen haben und weil die Investition erst nach einiger Zeit zu höheren Erträgen führt. Dann ist der niedrigere Gewinn eben kein Zeichen für eine gesunkene Ertragskraft. Durch Analyse des Cashflows kann eine solche Fehleinschätzung vermieden werden.

IN DIESEM KAPITEL

Eigenkapitalrentabilität

Gesamtkapitalrentabilität

Umsatzrentabilität

Kapitel 7
Was bleibt: Kennzahlen zur Ertragslage

Die Kennzahlen zur Ertragslage geben Ihnen Aufschluss über den finanziellen Erfolg des Unternehmens. Sie beeinflussen die Entscheidungen der Unternehmensleitung, der Anteilseigner und der Kreditgeber. In diesem Kapitel erfahren Sie, welche Rentabilitätskennziffern Sie nutzen können, um den Erfolg des eingesetzten Kapitals zu ermitteln.

Rentabilität ist ein Maßstab für den wirtschaftlichen Erfolg eines Unternehmens. Mit den Kennzahlen zur Rentabilität berechnen Sie, wie sich das eingesetzte Kapital prozentual verzinst.

Rentabel und hoffentlich nicht blamabel: Die Eigenkapitalrentabilität

Die *Eigenkapitalrentabilität* (auch *Eigenkapitalrendite, Unternehmerrentabilität* oder *Unternehmerrendite*) misst die Rentabilität (R) des von den Anteilseignern bereitgestellten Kapitals. Sie zeigt Ihnen die Verzinsung des Eigenkapitals und wird in Prozent angegeben.

$$R_{EK} = \frac{\text{Jahresergebnis}}{\varnothing\,\text{Eigenkapital}} * 100$$

Eine Verbesserung der Eigenkapitalrentabilität können Sie grundsätzlich durch eine Erhöhung des Jahresergebnisses oder die Verringerung des Eigenkapitals erreichen, wie Tabelle 7.1 zeigt.

	Ausgangs-situation	Erhöhung des Jahresüberschusses	Senkung des Eigenkapitals
Jahresergebnis	120.000 €	150.000 €	120.000 €
Eigenkapital	600.000 €	600.000 €	400.000 €
Eigenkapitalrentabilität	20 %	25 %	30 %

Tabelle 7.1: Wie Sie die Eigenkapitalrentabilität verbessern können

Das bilanzierte Eigenkapital können Sie dabei nur hilfsweise als Berechnungsbasis nutzen. Um betriebswirtschaftlich brauchbare Ergebnisse zu erzielen, wird zur Berechnung das durchschnittliche analytische Eigenkapital aus der Strukturbilanz genutzt.

Einflüsse auf die Rentabilität durch unterschiedliche Steuerbelastungen sollen vermieden werden. Damit Ertragsteuern keinen Einfluss auf die ermittelte Rentabilität haben, nutzen Sie das Jahresergebnis vor Abzug der Ertragsteuern.

Zudem wäre ein Vergleich zwischen Kapital- und Personengesellschaften nicht möglich, weil in den Jahresüberschüssen der Personengesellschaften die Ertragsteuern nicht berücksichtigt sind.

Die Einkommensteuer von Einzelkaufleuten und Inhabern von Personengesellschaften erfassen Sie nicht als Aufwand in der GuV. Für Kapitalgesellschaften stellen dagegen die Ertragsteuern Aufwand dar und mindern das Jahresergebnis.

$$R_{EK} = \frac{\text{Jahresergebnis vor Ertragsteuern}}{\text{durchschnittliches Eigenkapital}} * 100$$

beziehungsweise

$$R_{EK} = \frac{\text{Jahresergebnis} + \text{Steuern vom Einkommen und Ertrag}}{\text{durchschnittliches Eigenkapital}} * 100$$

Berechnen Sie die Eigenkapitalrentabilität der Luftikus GmbH aus folgenden Angaben:

Jahresergebnis nach Steuern	280.800 €
Ertragsteuern	93.600 €
Jahresergebnis vor Steuern	374.400 €
Eigenkapital	4.680.000 €

$$R_{EK} = \frac{280.800\,€ + 93.600\,€}{4.680.000\,€} * 100 = 8\,\%$$

Die Eigenkapitalrentabilität beträgt 8 %:

Bei Kapitalgesellschaften wird das Entgelt für die Leitung eines Unternehmens (Vorstand, Geschäftsführer) als Personalaufwand in der GuV erfasst und vermindert damit das

Jahresergebnis. Im Abschluss von Personengesellschaften und Einzelunternehmen wird ein Entgelt für die Unternehmensleitung aber nicht berücksichtigt, weil die leitenden Eigentümer kein Gehalt bekommen, sondern die Arbeitsleistung durch den Gewinn abgegolten wird.

Wenn Sie bei Einzelunternehmen und Personengesellschaften einen *Unternehmerlohn* ansetzen, stellen Sie die Vergleichbarkeit wieder her.

Der Unternehmerlohn ist keine Zahlung. Es handelt sich um einen fiktiven Betrag, der nach Art der Tätigkeit, Qualifikation, Branche, Standort und Unternehmensgröße einem üblichen Entgelt für die Leitung des Unternehmens entsprechen soll. Sie dürfen den Unternehmerlohn keinesfalls mit *Privatentnahmen* verwechseln. Dabei entnimmt der Eigentümer Geld oder Gegenstände für private Zwecke aus seinem Unternehmen. Privatentnahmen reduzieren das Eigenkapital (siehe § 4 Abs.1 S.1 EStG), sie werden über das Privatkonto gebucht.

Beispiele für Privatentnahmen sind

- ✔ Entnahme von Bargeld aus der Unternehmenskasse für den privaten Lebensunterhalt,
- ✔ Entnahme von Leuchtmitteln für den privaten Bedarf,
- ✔ Entnahme von selbst hergestellten Erzeugnissen für den Eigenverbrauch, zum Beispiel von Brot in einer Bäckerei.

$$R_{EK} = \frac{\text{Jahresergebnis vor Ertragsteuern} - \text{Unternehmerlohn}}{\text{durchschnittliches Eigenkapital}} * 100$$

Die Höhe des Unternehmerlohns können Sie auf verschiedene Weise ermitteln.

- ✔ **Veröffentlichungen.** Veröffentlichte Tabellen und Übersichten ermöglichen eine realitätsnahe Einschätzung.
- ✔ **Personenvergleich.** Überlegung, welches Gehalt einem Angestellten im eigenen Unternehmen mit gleicher Qualifikation und gleichen Aufgaben gezahlt werden müsste.
- ✔ **Unternehmensvergleich.** Feststellung, welches Gehalt der Unternehmer in einem anderen Unternehmen in gleicher Funktion erhalten würde.

In der Kostenrechnung wird der Unternehmerlohn als Zusatzkosten erfasst.

Die Eigenkapitalrendite ist eine wichtige Entscheidungsgrundlage für die Eigentümer beziehungsweise für die potenziellen Eigentümer. Die Beurteilung des eigenen Engagements wird umso besser sein, je höher die Eigenkapitalrendite ist.

Allerdings sollten Sie bei Ihrer Beurteilung beachten:

- ✔ Die Kennzahl beruht auf Daten aus dem Jahresabschluss. Sie kann deshalb nur so aussagefähig sein wie die Buchführung selbst.

- Die Eigenkapitalrentabilität ist in hohem Maße branchenabhängig. Zu ihrer Beurteilung müssen Sie immer einen Vergleich durchführen.
- Weil die Eigenkapitalrentabilität nicht allein durch den betrieblichen Erfolg, sondern auch durch die Finanzierungsstruktur, das Finanzergebnis und das außerordentliche Ergebnis beeinflusst wird, werden sowohl operative wie Finanzierungseinflüsse erfasst. Dadurch kann eine hohe Eigenkapitalrentabilität auch durch eine hohe und risikobehaftete Fremdfinanzierung entstehen.
- Die Rentabilität kann in Teilen des Unternehmens unterschiedlich sein. Besonders rentable oder unrentable Teile können mit einer externen Analyse nicht erkannt werden.
- Die angestrebte absolute Höhe der Eigenkapitalrentabilität wird je nach aktueller Situation auf dem Kapitalmarkt und individueller Risikoeinschätzung für das Unternehmen oder die Branche unterschiedlich sein.
- Das eingesetzte Eigenkapital ist das Kapital mit dem größten Risiko. Entsprechend erwarten die Kapitalgeber eine angemessene Verzinsung. Sie darf keinesfalls geringer sein als der durchschnittliche Zinssatz für langfristige Anlagen auf dem Kapitalmarkt (zum Beispiel für Bundesanleihen). Andernfalls wäre es jedenfalls unter Renditeaspekten sinnvoller, das Geld auf dem Kapitalmarkt anzulegen.
- Anleger erwarten aber für die Übernahme des unternehmerischen Risikos zusätzlich eine *Risikoprämie*, mit der die Haftungsrisiken des Eigenkapitals berücksichtigt werden.

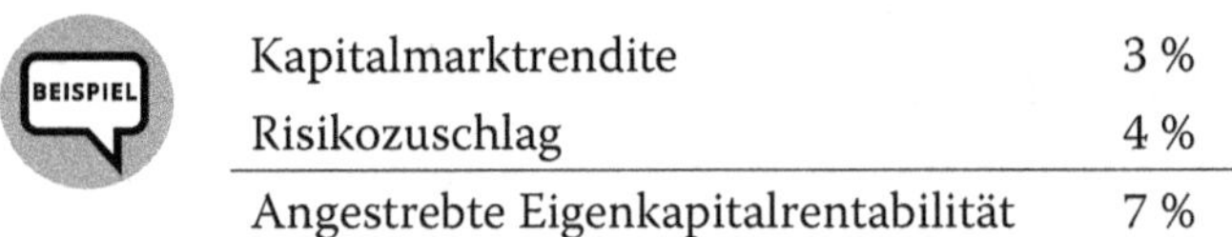

Kapitalmarktrendite	3 %
Risikozuschlag	4 %
Angestrebte Eigenkapitalrentabilität	7 %

Grundsätzlich wird die Beurteilung eines Unternehmens durch einen Investor umso positiver ausfallen, je höher die Eigenkapitalrentabilität ist. Unter finanzwirtschaftlichen Aspekten wird er die alternative Anlage mit der höchsten Eigenkapitalrentabilität wählen.

Allerdings muss die Maximierung der Eigenkapitalrentabilität nicht die einzige Zielgröße sein. Insbesondere mittelständische Unternehmen entscheiden aus unternehmerischer Verantwortung in der Praxis auch unter weiteren Gesichtspunkten, zum Beispiel:

- Sicherung der Arbeitsplätze
- Stärkung des Standortes
- Familientradition
- Verkehrsanbindung
- Steuerbelastung
- Nachhaltigkeit

Das Unternehmen aus Sicht der Kapitalgeber: Die Gesamtkapitalrentabilität

Aus der Kennzahl *Gesamtkapitalrentabilität* (auch *Unternehmensrentabilität, Investitionsrendite, Return on Assets*, ROA), können Sie ersehen, wie das gesamte eingesetzte Kapital durch den Unternehmensprozess verzinst wird. Die unterschiedliche Zusammensetzung des Kapitals durch verschiedene Finanzierungskonzepte hat dann bei einem Betriebs- oder Branchenvergleich keinen Einfluss auf die Ergebnisse.

Im Gegensatz zur Eigenkapitalrentabilität betrachten Sie mit der Gesamtkapitalrentabilität (R_{GK}) das Unternehmen aus Sicht aller Kapitalgeber. Deshalb haben an der Gesamtkapitalrendite nicht nur die Anteilseigner Interesse, sondern alle Stakeholder.

Für die Bilanzanalyse ist die Rentabilität des gesamten eingesetzten Kapitals von größerem Interesse als die Eigenkapitalrentabilität, weil für die Beurteilung der Leistungsfähigkeit des Unternehmens die Herkunft des Kapitals nicht entscheidend ist.

Die Berechnung erfolgt grundsätzlich wie bei der Eigenkapitalrentabilität:

$$R_{GK} = \frac{\text{Jahresergebnis vor Ertragsteuern}}{\text{durchschnittliches Gesamtkapital}} * 100$$

Bei Einzelunternehmen und Personengesellschaften nehmen Sie auch hier eine Korrektur um den Unternehmerlohn vor:

$$R_{GK} = \frac{\text{Jahresergebnis vor Ertragsteuern} - \text{Unternehmerlohn}}{\text{durchschnittliches Gesamtkapital}} * 100$$

Bei der Berechnung der Gesamtkapitalrentabilität müssen Sie aber zusätzlich berücksichtigen, dass Sie für das Fremdkapital Zinsen zahlen müssen, die wegen der unterschiedlichen Konditionen und dem unterschiedlichen Umfang bei jedem Unternehmen anders sind. Bei der Ermittlung des Jahresüberschusses sind sie als *Zinsaufwand* berücksichtigt worden und haben zu einem niedrigeren Ausweis geführt.

Um trotzdem eine Vergleichbarkeit der Gesamtkapitalrentabilitäten von verschiedenen Unternehmen zu erreichen, rechnen Sie deshalb die Fremdkapitalzinsen heraus:

$$R_{GK} = \frac{\text{Jahresergebnis vor Ertragsteuern} - \text{Unternehmerlohn} + \text{FK} - \text{Zinsen}}{\text{durchschnittliches Gesamtkapital}} * 100$$

Die Kennzahl zeigt Ihnen also die Rentabilität unter der Fiktion an, das Unternehmen habe kein Fremdkapital aufgenommen beziehungsweise keine Fremdkapitalzinsen gezahlt. Diese Ungenauigkeit wird wegen der Vergleichbarkeit in Kauf genommen.

Je größer die Kennzahl ist, desto effizienter wird das Kapital in dem Unternehmen eingesetzt.

Die Süß & Sauer GmbH legt Ihnen folgende Daten vor:

Jahresergebnis nach Steuern	187.200 €
Ertragsteuern	62.400 €
Jahresergebnis vor Steuern	249.600 €
Eigenkapital	780.000 €
Fremdkapital	2.340.000 €
Durchschnittlicher FK-Zins	6 %

Berechnen Sie die Gesamtkapitalrentabilität.

$$R_{GK} = \frac{187.200\,€ + 62.400\,€ + (2.340.000\,€ * 6\,\%)}{780.000\,€ + 2.340.000} * 100 = 12{,}5\,\%$$

Die Gesamtkapitalrentabilität beträgt 12,5 %.

Als Maßstab für die Beurteilung der Gesamtkapitalrentabilität können Sie den Marktzins für Fremdkapital heranziehen. Bei ertragsstarken Unternehmen liegt die Gesamtkapitalrentabilität deutlich über dem Kapitalmarktzins. Umgekehrt ist es ein schlechtes Zeichen, wenn sie unter dem Zinssatz für Fremdkapital liegt.

Weil sie durch die Finanzierungsstruktur nicht beeinflusst wird, ist die Gesamtkapitalrentabilität ein guter Maßstab bei Unternehmensvergleichen.

Den Hebel ansetzen: Leverage-Effekt

Obwohl aus bilanzanalytischer Perspektive prinzipiell eine hohe Eigenkapitalquote und ein niedriger Fremdkapitalanteil wünschenswert sind, kann es unter betriebswirtschaftlichen Gesichtspunkten und vor allem aus Renditeüberlegungen sinnvoll sein, eine niedrige Eigenkapitalquote anzustreben. Es besteht nämlich ein enger Zusammenhang zwischen der Eigenkapitalrentabilität und der Zusammensetzung des Gesamtkapitals.

Der *Leverage-Effekt* besagt, dass die Eigenkapitalrendite steigt, wenn zusätzliches Fremdkapital aufgenommen wird. Voraussetzung ist, dass die Gesamtkapitalrentabilität höher ist als der Fremdkapitalzins.

Der Leverage-Effekt wird also nur wirksam, wenn zwischen der Gesamtkapitalrentabilität und dem Fremdkapitalzins eine positive Differenz besteht. Je höher diese Differenz und je höher das Ausmaß des Verschuldungsgrades (siehe Abbildung 7.1) ist, desto stärker ist die Hebelwirkung.

Die EK-Rentabilität sinkt aber (negativer Leverage-Effekt), wenn (GK-Rentabilität – FK-Zins) < 0 und wenn Fremdkapital (FK)/Eigenkapital (EK) sinkt, wenn also der Anteil des Fremdkapitals kleiner wird.

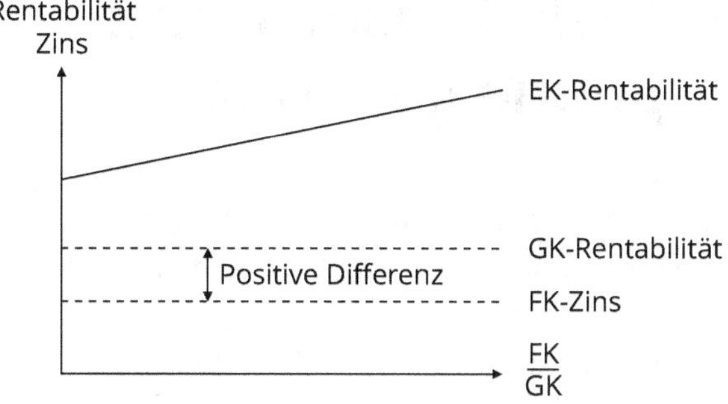

Abbildung 7.1: Leverage-Effekt

Zur rechnerischen Ermittlung nutzen Sie die Formel

$$\text{EK-Rentabilität} = \text{GK-Rentabilität} + \frac{\text{FK}}{\text{EK}} * (\text{GK-Rentabilität} - \text{FK-Zins})$$

Sowohl der Rückgang der Gesamtkapitalrentabilität als auch der Anstieg der Fremdkapitalzinsen vergrößern das Risiko, dass die Differenz zwischen Gesamtkapitalrentabilität und Fremdkapitalzinssatz negativ wird. Bei einer zurückgehenden Gesamtrendite kommt es bei einem hohen Verschuldungsgrad schnell zu einer negativen Eigenkapitalrentabilität, die zu einer Überschuldung führen kann.

Stellen Sie sich vor, Sie könnten die Zusammensetzung des Gesamtkapitals der L & L GmbH in Höhe von 1.000.000 € beliebig variieren. Die Gesamtkapitalrentabilität beträgt 12 %, für das Fremdkapital sind 4 % Zinsen zu zahlen.

EK in €	FK in €	EK-Quote	JÜ in €	FK-Zinsen 4 %	JÜ – FK-Zinsen	EK-Rentabilität
600.000	400.000	60 %	120.000	16.000	104.000	17,3 %
500.000	500.000	50 %	120.000	20.000	100.000	20,0 %
400.000	600.000	40 %	120.000	24.000	96.000	24,0 %
300.000	700.000	30 %	120.000	28.000	92.000	30,7 %
200.000	800.000	20 %	120.000	32.000	88.000	44,0 %
100.000	900.000	10 %	120.000	36.000	84.000	84,0 %

Aus der Tabelle erkennen Sie: Je geringer die Eigenkapitalquote wird, desto höher ist (unter den gegebenen Bedingungen) die Eigenkapitalrentabilität.

Der Leverage-Effekt verleitet zu der Annahme, dass aus Sicht der Eigenkapitalgeber unter Rentabilitätsgesichtspunkten eine niedrige Eigenkapitalquote angestrebt werden sollte.

Dann könnte das Eigenkapital aber seine Funktionen nicht mehr wahrnehmen. Außerdem besteht grundsätzlich Unsicherheit über die Höhe der Fremdkapitalzinsen, wenn sie variabel sind und deshalb auch steigen können.

Ganz schön spannend: Die Umsatzrentabilität, auch Gewinnspanne genannt

Wenn Sie zur Beurteilung eines Unternehmens an der Entstehung des Erfolges ansetzen wollen, hilft Ihnen die Kennzahl *Umsatzrentabilität* (umgangssprachlich auch *Gewinnspanne*). Sie zeigt Ihnen, wie viel von jedem umgesetzten Euro im Unternehmen verbleibt.

Die Umsatzrentabilität gibt an, wie hoch das Jahresergebnis in Prozent der Umsatzerlöse ist.

Die Kennzahl ist besonders aussagefähig, denn Umsatzsteigerungen sind nur dann positiv zu bewerten, wenn dabei auch ein höheres Ergebnis erzielt wird. Mindestens müssen die zusätzlichen Kosten kompensiert werden.

Weil der Jahresüberschuss auch von Erträgen und Aufwendungen beeinflusst wird, die nicht im Zusammenhang mit dem Umsatz stehen, können Sie ihn für die Ermittlung der Umsatzrentabilität (R_U) nur bedingt nutzen. Je nach Erkenntnisinteresse nutzen Sie unterschiedliche Ergebnisgrößen.

$$R_U = \frac{\text{Jahresergebnis oder EBT}}{\text{Umsatzerlöse}} * 100$$

Die Umsatzrentabilität ist für eine Analyse besonders geeignet, wenn Sie Aussagen über eine positive oder negative Entwicklung im Vergleich mit anderen Unternehmen machen wollen. Aus analytischer Sicht hat sie eindeutige Vorteile gegenüber anderen Kennzahlen:

- ✔ Sie unterliegt kaum bilanzpolitischen und steuerlich bedingten Einflüssen.
- ✔ Sie wird sowohl von der Marktseite (Absatzmengen, Preise) her als auch von betriebsinternen Größen (Erträge, Aufwendungen) beeinflusst.
- ✔ Sie reagiert deutlich, Entwicklungen können daher frühzeitig erkannt werden.

Die Umsatzrentabilität zeigt Ihnen die Effizienz eines Unternehmens. Sie müssen sie aber vorsichtig interpretieren, denn die Gründe für eine hohe oder niedrige Kennzahl können sehr unterschiedlich sein, zum Beispiel

- ✔ andere Fertigungsverfahren,
- ✔ ein anderes Produktionsprogramm,
- ✔ eine Veränderung der Kundenstruktur,
- ✔ eine neue Konkurrenzsituation,
- ✔ die allgemeine Wirtschaftsentwicklung,
- ✔ die Geschäftspolitik.

Die Umsatzrentabilität soll grundsätzlich möglichst hoch sein, sie ist aber stark branchenabhängig. Bei Dienstleistungsunternehmen kann sie im hohen zweistelligen Bereich liegen, bei Handelsunternehmen beträgt sie in der Regel nur wenige Prozent.

Auch mit niedrigen Umsatzrenditen können hohe Eigen- beziehungsweise Gesamtkapitalrentabilitäten erzielt werden.

IN DIESEM KAPITEL

Betriebserfolg

Finanzergebnis

Außerordentliches Ergebnis

Pro-forma-Kennzahlen

Kapitel 8
Auf das Ergebnis kommt es an: Erfolgsquellen

Mit der *Gewinn- und Verlustrechnung* ermitteln Sie durch Erfassung aller Erträge und Aufwendungen, wie hoch der Jahresüberschuss beziehungsweise der Jahresfehlbetrag in einer Periode war.

Die Gewinn- und Verlustrechnung ist eine Zeitraumrechnung.

Sie wollen genauer ermitteln, wie sich dieses Ergebnis zusammensetzt und aus welchen Quellen es stammt? In diesem Kapitel erfahren Sie, wie Sie die Gewinn- und Verlustrechnung für die Jahresabschlussanalyse nutzen.

Die Herkunft finden: Erfolgsquellenanalyse

Die *Erfolgsquellenanalyse* (auch *Ergebnisquellenanalyse*) ist der wichtigste Teil der erfolgswirtschaftlichen Bilanzanalyse. Sie können daraus

- ersehen, in welchen Bereichen der unternehmerische Erfolg entstanden ist,
- die entscheidenden Erfolgsquellen identifizieren und
- prognostizieren, in welchen Segmenten ein nachhaltiges Ergebnis erzielt werden kann.

Weil sich der Jahreserfolg aus dem Saldo sämtlicher regel- und unregelmäßigen Aufwendungen und Erträge zusammensetzt, kann er Ihnen isoliert keine Auskunft geben über den auf Dauer erzielbaren Erfolg.

Abbildung 8.1 zeigt Ihnen, dass Sie zur betriebswirtschaftlichen Analyse den Jahresüberschuss/Jahresfehlbetrag in das ordentliche Betriebsergebnis, das Finanzergebnis und das außerordentliche Ergebnis aufspalten. Dazu müssen Sie die GuV-Positionen neu ordnen.

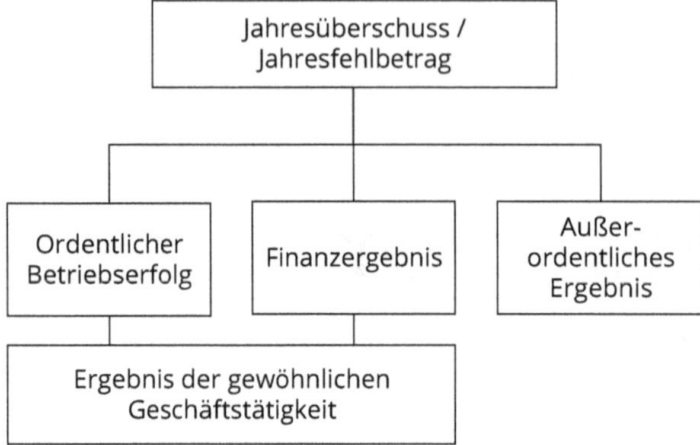

Abbildung 8.1: Erfolgsspaltung

Den Aufbau der GuV können Sie nicht ungeprüft übernehmen.

Die Gliederung der GuV bietet Ihnen allerdings wichtige Anhaltspunkte. Die folgende Liste orientiert sich am Gesamtkostenverfahren (§ 275 Abs. 2 HGB):

1. Umsatzerlöse
2. Bestandsveränderungen
3. Andere aktivierte Eigenleistungen
4. Sonstige betriebliche Ergebnisse
5. Betriebsleistung
6. Materialaufwendungen
7. Personalaufwendungen
8. Abschreibungsaufwand
9. Sonstige betriebliche Aufwendungen und Erträge
10. Ordentliches Betriebsergebnis
11. Beteiligungen und Wertpapiere

12. Erträge aus anderen Wertpapieren
13. Zinsen und ähnliche Erträge
14. Abschreibungen auf Finanzanlagen
15. Zinsen und ähnliche Aufwendungen
16. Finanzergebnis
17. Außerordentliche Erträge
18. Außerordentliche Aufwendungen
19. Außerordentliches Ergebnis

Die Bedeutung der einzelnen Ergebnisquellen für das Gesamtergebnis können Sie mit den Verhältniszahlen

$$\frac{\text{ordentliches Betriebsergebnis}}{\text{Gesamtergebnis vor Steuern vom Einkommen und Ertrag}}$$

$$\frac{\text{Finanzergebnis}}{\text{Gesamtergebnis vor Steuern vom Einkommen und Ertrag}}$$

$$\frac{\text{ordentliches Betriebsergebnis} + \text{Finanzergebnis}}{\text{Gesamtergebnis vor Steuern vom Einkommen und Ertrag}}$$

beschreiben.

Andere Einteilungen, Abgrenzungen und Bezeichnungen sind je nach Erkenntnisinteresse (und Lehrmeinungen) möglich.

Kerngeschäft: Ordentlicher Betriebserfolg

Von besonderer Bedeutung für Ihre Analyse ist der *ordentliche Betriebserfolg*. Er ist Bestandteil der gewöhnlichen Geschäftstätigkeit und setzt sich zusammen aus den Ertrags- und Aufwandskomponenten, die

- ✔ aus Unternehmensaktivitäten resultieren,
- ✔ zu den Kernaktivitäten gerechnet werden können und zudem
- ✔ nicht außerordentlich sind. Sie müssen in unmittelbarem Zusammenhang mit dem eigentlichen Betriebszweck stehen.

Der Anteil des ordentlichen Betriebserfolges wird den größten Anteil am Gesamtergebnis vor Steuern ausmachen. Je gleichmäßiger er sich entwickelt und je höher er relativ zu den anderen Erfolgsquellen ist, desto günstiger können Sie die zukünftige Ertragskraft des

Unternehmens beurteilen. Aus Analystensicht ist deshalb ein gleichbleibender oder - besser – steigender Anteil zu fordern, weil der eigentliche Betriebszweck auch zukünftig die Basis für den Unternehmenserfolg bleiben wird.

Das Betriebsergebnis wird häufig auch als *operatives Ergebnis* bezeichnet.

Zinsen und Beteiligungen: Finanzergebnis

Das *Finanzergebnis* enthält alle Erträge, die aus der Anlage von Geldmitteln entstehen, und alle Aufwendungen, die durch die Aufnahme von Fremdkapital entstehen. Das sind zwar auch Tätigkeiten des Unternehmens, sie ergeben sich aber nicht aus dem eigentlichen Betriebszweck.

	Erträge aus Beteiligungen
+	Erträge aus anderen Wertpapieren und Ausleihungen des Finanzanlagevermögens
+	sonstige Zinsen und ähnliche Erträge
–	Abschreibungen auf Finanzanlagen und Wertpapiere des Umlaufvermögens
–	Zinsen und ähnliche Aufwendungen
=	Finanzergebnis

Kauf von Aktien an der Börse, Begebung einer Anleihe

Nicht jeden Tag: Außerordentliches Ergebnis

Außerordentliche Posten können Sie der gewöhnlichen Geschäftstätigkeit nicht zuordnen. Es geht dabei um den Saldo der außerordentlichen Erträge und der außerordentlichen Aufwendungen.

Ein außerordentlicher Ertrag oder Aufwand ist

- ✔ selten, also nicht auf Wiederholung angelegt.
- ✔ ungewöhnlich, entspricht also nicht dem typischen Geschäftsverlauf.
- ✔ für das Unternehmen nicht unbedeutend.

Außerordentliche Erträge sind zum Beispiel:

- ✔ Kursgewinne und -verluste
- ✔ Sanierungsgewinne

- Gewinne aus dem Verkauf von Zweigstellen oder Niederlassungen
- Entschädigungsleistungen von Versicherungen
- Zahlungseingänge aus bereits in früheren Perioden abgeschriebenen Forderungen

Außerordentliche Aufwendungen sind zum Beispiel:

- Aufwendungen für Stilllegungen oder Umstrukturierungen
- Aufwendungen infolge von hohen Schadensfällen
- Aufwendungen durch Betrug oder Unterschlagung
- Aufwendungen durch Abfindungszahlungen

Die Aussagekraft der Ergebnisquellenanalyse hängt entscheidend davon ab, wie genau, transparent und nachvollziehbar Sie die Ergebnisquellen isolieren können.

Rechenkünstler: Pro-forma-Kennzahlen

Bei den *Pro-forma-Kennzahlen* ist die Berechnung nicht ausdrücklich geregelt, sie knüpfen aber an die Ergebniskennzahlen aus dem Rechnungswesen an. Dabei korrigieren Sie den Jahresüberschuss jeweils um Aufwandspositionen, die Sie nicht der eigentlichen betrieblichen Tätigkeit zurechnen können.

Die Pro-forma-Kennzahlen liefern Ihnen keine neuen Informationen. Sie werden aber international genutzt und erleichtern dadurch den Vergleich zwischen Unternehmen.

Vor Steuern: EBT

Das *EBT* (Earnings before Taxes) zeigt Ihnen das Ergebnis vor gewinnabhängigen Steuern.

	Jahresüberschuss/Jahresfehlbetrag	(earnings)
+	Gewinn- und Ertragsteuern	(taxes)
=	EBT	

Das EBT entspricht also dem erwirtschafteten Ergebnis vor Abzug des Ertragsteueraufwands. Bei einem Vergleich von Personen- und Kapitalgesellschaften und wegen der regional unterschiedlichen Gewerbesteuer ist es sinnvoll, die Vorsteuerergebnisse als Beurteilungskriterium zu wählen.

Als Variante ist auch der Abzug des gesamten Steueraufwands möglich.

Außerordentliche Einflüsse wie die Bildung oder Auflösung latenter Steuern und Steuernachforderungen beziehungsweise -minderungen bleiben unberücksichtigt.

Vor Zinsen und Steuern: EBIT

Das *EBIT* (Earnings before Interest and Taxes, Gewinn vor Zinsen und Steuern) entspricht dem ordentlichen Betriebserfolg beziehungsweise dem ordentlichen Betriebsergebnis. Die Kennzahl können Sie einfach berechnen und leicht analysieren.

Bei der Ermittlung des EBIT bereinigen Sie den Jahresüberschuss regelmäßig um die Steuern vom Einkommen und Ertrag und um das Finanzergebnis, weil sie nicht durch die eigentliche betriebliche Tätigkeit entstanden sind:

	Jahresüberschuss/Jahresfehlbetrag	(earnings)
+	Zinsaufwendungen	(interest)
+	Gewinn- und Ertragsteuern	(taxes)
=	EBIT	

Weil Finanzierungskosten regelmäßig steuerlich abzugsfähig sind, werden manchmal vereinfachend auch nur die gesamten Steuern vom Jahresüberschuss abgezogen.

Mit dem EBIT können Sie im Rahmen einer Jahresabschlussanalyse das Betriebsergebnis verschiedener Geschäftsjahre, Quartale, Monate oder Unternehmensbereiche direkt vergleichen, ohne dass unterschiedliche Steuersätze und (von der Verschuldung beeinflusste) Zinsaufwendungen das Ergebnis beeinträchtigen. Das EBIT ist deshalb besonders für Renditevergleiche geeignet.

- ✔ Durch Berücksichtigung des Finanzergebnisses wird vermieden, dass Unternehmen mit einer höheren Eigenkapitalquote besser beurteilt werden als andere mit höheren Fremdkapitalkosten. Eine zusätzliche Analyse und Bewertung der Kapitalquoten ist in diesem Falle notwendig.
- ✔ Besonders bei internationalen Vergleichen werden Verzerrungen durch Steuereinflüsse vermieden.

Allerdings sind zahlreiche unterschiedliche *Varianten* üblich. In der Praxis wird das EBIT in manchen Unternehmen auch als »Gewinn vor Finanzergebnis, außerordentlichem Ergebnis und Steuern« verstanden. Dann werden teilweise auch außerordentliche Erträge und Aufwendungen und sonstige Finanzierungsaufwendungen oder -erträge ignoriert, die nicht durch den eigentlichen Geschäftszweck entstanden sind:

	Jahresüberschuss/Jahresfehlbetrag
+	Gewinn- und Ertragsteuern
–	Steuererträge

+	außerordentlicher Aufwand
–	außerordentliche Erträge
+	Finanzaufwand
–	Finanzerträge
=	EBIT

EBIT plus Abschreibungen: EBITDA

Mit *EBITDA* (Earnings before Interest, Taxes, Depreciation and Amortization mit der Bedeutung »Ertrag vor Finanzergebnis, außerordentlichem Ergebnis, Steuern und Abschreibungen«) steht Ihnen eine international weitverbreitete und aussagekräftige Erfolgskennzahl für die Beurteilung der operativen Geschäftstätigkeit zur Verfügung. Das EBIT wird dazu um

- Abschreibungen auf das Sachanlagevermögen (Depriciation) und
- Abschreibungen auf das immaterielle Vermögen einschließlich Firmenwert (Amortization)

bereinigt.

	EBIT
+	Abschreibungen auf das Sachanlagevermögen
+	Abschreibungen auf das immaterielle Vermögen
+	Abschreibungen auf den Geschäfts- oder Firmenwert
=	EBITDA

Diese Kennzahl dient Ihnen als nützliche Messgröße vor allem zur Einschätzung der Ertragskraft von Unternehmen. Sie ist – unabhängig von nationalen steuerlichen Regelungen und Rechnungslegungssystemen – international und branchenweit vergleichbar. Sie wird weder durch (bilanzpolitisch beeinflusste) Abschreibungen noch durch Sondereinflüsse belastet. Sie erreichen damit, dass Vergleiche nicht durch unterschiedliche Abschreibungsmethoden verzerrt werden.

EBITDA wird besonders dann bevorzugt, wenn hohe Abschreibungen zu einem niedrigen Jahresüberschuss geführt haben.

Bei Abschreibungen eines hohen derivativen Firmenwertes wird das EBITDA dadurch nicht belastet.

Je nach Zielsetzung der Analyse können Sie zur Ermittlung des EBITDA auch nur Teile der Abschreibungen berücksichtigen.

Die Kennzahl sollten Sie nur mit größter Vorsicht interpretieren. Durch die Bereinigung des Ergebnisses um zahlreiche wesentliche Aufwandspositionen besteht die Gefahr, dass ungerechtfertigt positive Werte ausgewiesen werden. Ein positives EBITDA zeigt Ihnen also nicht, ob ein Unternehmen tatsächlich rentabel ist.

Abbildung 8.2 fasst die Unterschiede der Pro-forma-Kennzahlen zusammen.

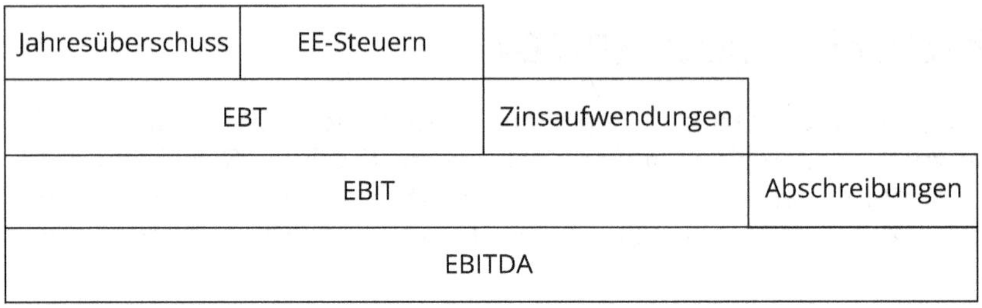

<table>
<tr><td>Jahresüberschuss</td><td>EE-Steuern</td><td></td><td></td></tr>
<tr><td colspan="2">EBT</td><td>Zinsaufwendungen</td><td></td></tr>
<tr><td colspan="3">EBIT</td><td>Abschreibungen</td></tr>
<tr><td colspan="4">EBITDA</td></tr>
</table>

Abbildung 8.2: Pro-forma-Kennzahlen

IN DIESEM KAPITEL

Materialaufwand

Personalaufwand

Abschreibungsaufwand

Zinsaufwand

Kapitel 9

Einsatz erforderlich: Aufwandsquoten

Aus der Gewinn- und Verlustrechnung können Sie differenziert die Arten der Aufwendungen ersehen und ihren jeweiligen Anteil ermitteln. In diesem Kapitel lernen Sie, wie Sie Aufwandsquoten bilden können, welche Einflussgrößen von Bedeutung sind und welche Interpretationen möglich sind. Abbildung 9.1 zeigt Ihnen typische Aufwandsquoten.

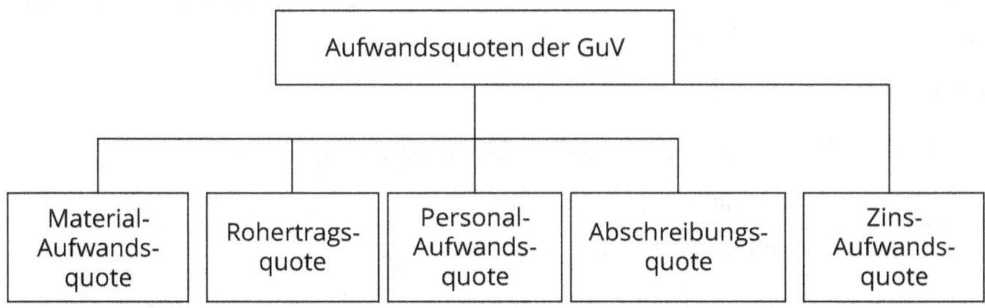

Abbildung 9.1: Aufwandsquoten

Materialaufwandsquote

Materialaufwand entsteht, um die Produkte herzustellen beziehungsweise die Handelsumsätze zu erzielen.

Zur Ermittlung der *Materialaufwandsquote* (auch Materialkostenquote, Materialintensität, Wareneinsatzquote) setzen Sie den in der GuV ausgewiesenen Materialaufwand ins Verhältnis zum Gesamtaufwand.

Der Gesamtaufwand ist aussagefähiger als die Umsatzerlöse, weil Material auch für noch nicht verkaufte Erzeugnisse verbraucht worden ist.

$$\text{Materialaufwandsquote} = \frac{\text{Materialaufwand}}{\text{Gesamtaufwand}} * 100$$

Die Kennzahl zeigt Ihnen die Effizienz des Waren- und Materialeinsatzes, ihre Interpretation macht aber nur im chronologischen Vergleich oder im Branchenvergleich Sinn.

Als Gründe für eine im Vergleich hohe Materialaufwandsquote können Sie zum Beispiel ausmachen:

- unwirtschaftlichen Materialverbrauch durch Verschnitt oder Ausschuss,
- Mehrverbrauch durch materialintensive Produktion,
- Schwund durch Diebstahl und Verderb,
- Preiserhöhungen im Einkauf,
- mehr Fremdleistungen,
- Preissenkungen im Absatzbereich,
- eine Veränderung der Gesamtleistung.

Rohertragsquote

Der *Rohertrag* (auch Rohgewinn, Rohmarge) ist die Differenz zwischen Gesamtleistung und Materialaufwand:

$$\text{Rohertrag} = \text{Gesamtleistung} - \text{Materialaufwand}$$

Die Rohertragsquote zeigt Ihnen das Verhältnis zur Gesamtleistung:

$$\text{Rohertragsquote} = \frac{\text{Rohertrag}}{\text{Gesamtleistung}} * 100$$

Die Umsatzerlöse der Fix & Fertig GmbH betrugen im Jahr 01 936.000 €. Im selben Jahr wurden die Läger aus eigener Produktion im Wert von 390.000 € erhöht. In der GuV sind Materialaufwendungen in Höhe von 741.000 € ausgewiesen.

$$\text{Rohertrag} = (936.000\ € + 390.000\ €) - 741.000\ € = 585.000\ €.$$

$$\text{Rohertragsquote} = \frac{585.000\ €}{936.000 + 390.000\ €} * 100 = 44{,}12\ \%$$

Personalaufwandsquote

Der Personalaufwand ist die Summe der Löhne, Gehälter, Sonderzahlungen, Sozialaufwendungen und Aus- und Fortbildungskosten. Mit der *Personalaufwandsquote* (auch Personalintensität, Personalkostenquote) messen Sie den Anteil der Personalaufwendungen am Gesamtaufwand:

$$\text{Personalaufwandsquote} = \frac{\text{Personalaufwand}}{\text{Gesamtaufwand}} * 100$$

Die Personalaufwandsquote ermöglicht Ihnen einen Vergleich mit anderen Unternehmen. Allerdings ist er nur innerhalb der Branche sinnvoll, weil die Quote je nach Branche sehr unterschiedlich ist.

Für eine Veränderung der Personalaufwandsquote im Zeitablauf können Sie ganz unterschiedliche Ursachen feststellen, zum Beispiel:

- ✔ Personalabbau oder -zunahme,
- ✔ eine veränderte Personalstruktur,
- ✔ höhere Tarifabschlüsse,
- ✔ Rationalisierungsmaßnahmen,
- ✔ nicht vollständig ausgelastete Mitarbeiter,
- ✔ Veränderung des Gesamtaufwands.

Weil Personalkosten Fixkosten darstellen, die bei Beschäftigungsschwankungen nicht (kurzfristig) abgebaut werden können, ermöglicht Ihnen die Personalaufwandsquote auch Rückschlüsse auf die finanzielle Flexibilität des Unternehmens.

Die Aussagekraft der Personalaufwandsquote können Sie durch ergänzende Personalkennzahlen verbessern:

- ✔ **Durchschnittlicher Personalaufwand:** Ihn ermitteln Sie, indem Sie den gesamten Personalaufwand durch die Zahl der Mitarbeiter teilen:

  $$\text{Durchschnittlicher Personalaufwand} = \frac{\text{gesamter Personalaufwand}}{\text{Zahl der durchschnittlich Beschäftigten}}$$

- ✔ **Fluktuationsquote** (auch *Fluktuationsrate*): Sie zeigt Ihnen den prozentualen Anteil der Mitarbeiter, die das Unternehmen jährlich verlassen, an der Gesamtheit der durchschnittlich Beschäftigten.

$$\text{Fluktuationsquote} = \frac{\text{Zahl der Personalabgänge}}{\text{Durchschnittliche Zahl der Mitarbeiter}} * 100$$

Abschreibungsquote

Mit der Abschreibungsquote ermitteln Sie das Verhältnis der Abschreibungen zum Gesamtaufwand:

$$\text{Abschreibungsquote} = \frac{\text{Abschreibungen}}{\text{Gesamtaufwand}} * 100$$

Bei einem hohen Anteil der Abschreibungen können Sie auf einen hohen Wert der Anlagen und entsprechend auf einen hohen Rationalisierungsgrad schließen. Die Kennzahl ergänzt die Abschreibungsintensität, die Sie im Rahmen der Vermögensstrukturanalyse entwickeln.

Zinsaufwandsquote

Mit der Zinsaufwandsquote setzen Sie die Zinsaufwendungen zum Gesamtaufwand in Beziehung:

$$\text{Zinsaufwandsquote} = \frac{\text{Zinsaufwand}}{\text{Gesamtaufwand}} * 100$$

Bei einem Unternehmen mit einem hohen Fremdkapital werden Sie eine vergleichsweise hohe Zinsaufwandsquote feststellen. Bei einer niedrigen Zinsaufwandsquote ist wenig Fremdkapital aufgenommen worden, die Abhängigkeit von Fremdkapitalgebern ist geringer. Konsequent können Sie die Zinsaufwandsquote durch die relative Erhöhung des Eigenkapitals reduzieren.

Aus der Gewinn- und Verlustrechnung der Dick & Dünn KG liegen Ihnen folgende Auszüge vor:

Jahresüberschuss	280.000 €
Erhöhung des Bestands an fertigen und unfertigen Erzeugnissen	1.400 €
Materialaufwand	86.000 €
Personalaufwand	66.000 €
Abschreibungen	32.000 €
Zinsen und ähnliche Aufwendungen	22.400 €

Gesamtaufwand = 86.000 € + 66.000 € + 32.000 € + 22.400 € = 206.400 €

$$\text{Materialaufwandsquote} = \frac{\text{Materialaufwand}}{\text{Gesamtaufwand}} * 100 = \frac{86.000\ €}{206.400\ €} * 100 = 41{,}67\ \%$$

$$\text{Personalaufwandsquote} = \frac{\text{Personalaufwand}}{\text{Gesamtaufwand}} * 100 = \frac{66.000\ €}{206.400\ €} * 100 = 31{,}98\ \%$$

$$\text{Abschreibungsquote} = \frac{\text{Abschreibungen}}{\text{Gesamtaufwand}} * 100 = \frac{32.000\ €}{206.400\ €} * 100 = 15.50\ \%$$

$$\text{Zinsaufwandsquote} = \frac{\text{Zinsaufwand}}{\text{Gesamtaufwand}} * 100 = \frac{22.400\ €}{206.400\ €} * 100 = 10{,}85\ \%$$

IN DIESEM KAPITEL

Du-Pont-Kennzahlensystem

Balanced Scorecard

Kapitel 10
Nur gemeinsam stark: Kennzahlensysteme

In Unternehmen liegen Ihnen meistens zahlreiche Kennzahlen vor, die in Unternehmensbereichen wie Entwicklung, Einkauf, Lager, Produktion, Marketing, Vertrieb, Service und Personalwesen für unterschiedliche Zwecke gebildet werden. Sie sollen zum Beispiel Auskunft geben über die Personal-, Finanz-, Vermögens- und Ertragslage. Für operative und strategische Entscheidungen sind sie aber nur bedingt geeignet, weil sie keine übergreifenden Zusammenhänge erkennen lassen. In diesem Kapitel erfahren Sie, wie Sie *Kennzahlensysteme* nutzen können, um eine Kennzahleninflation zu vermeiden.

Den Zusammenhang erkennen

Während einzelne Kennzahlen immer nur über bestimmte Aspekte Auskunft geben können, sollen *Kennzahlensysteme* das Unternehmen in seiner Gesamtheit darstellen und betriebswirtschaftlich sinnvolle Aussagen über ein Unternehmen und seine Teile (zum Beispiel Abteilungen, Produkte, Kunden, Standorte, Märkte) ermöglichen, um Abhängigkeiten und Querverbindungen zu verdeutlichen.

Dazu verknüpfen Sie systematisch mehrere Einzelkennzahlen logisch geordnet in einen Ursache-Wirkungs-Zusammenhang. Kennzahlensysteme

- ✔ lassen eine tiefer gehende Ursachenanalyse zu, weil Sie erkennen können, wie sich Veränderungen einer Größe auf die anderen Kennzahlen im System auswirken.
- ✔ machen die Bedeutung von Einzelkennzahlen erkennbar.
- ✔ bilden durch Informationsverdichtung und Zusammenfassung mit größerer Genauigkeit und höherer Aktualität eine bessere Entscheidungsgrundlage auf allen Ebenen.
- ✔ machen rechnerische oder logische Zusammenhänge für Management und Mitarbeiter überschaubar und nachvollziehbar.

Kennzahlensysteme müssen Sie logisch aus den Unternehmenszielen entwickeln, denn sie sollen insbesondere die kritischen Erfolgsfaktoren erfassen. Wichtig ist deshalb, dass Sie besonders solche Kennzahlen integrieren, die für Misserfolge in der Vergangenheit entscheidend waren und die für die Zukunft von besonderer Bedeutung sein werden.

Stellen Sie sicher, dass Kennzahlensysteme flexibel und verbesserungsfähig bleiben, damit sie an veränderte Bedingungen angepasst werden können.

Auch bei Kennzahlensystemen müssen Sie darauf achten, dass der Aufwand in einem vertretbaren Verhältnis zu dem Zugewinn an Erkenntnissen steht.

Den Weg erkennen: Du-Pont-Kennzahlensystem

Das *Du-Pont-Kennzahlensystem* liefert Ihnen ein Grundgerüst für ein umfassendes Planungs- und Kontrollinstrument. Es kann für das gesamte Unternehmen oder einzelne Produktgruppen eingesetzt werden. Angestrebt wird nicht die Gewinnmaximierung, sondern eine möglichst hohe Gesamtkapitalrentabilität. Dieses Kennzahlensystem soll also eine wertorientierte Unternehmensführung ermöglichen. Dazu gehen Sie wie folgt vor:

1. Zerlegen Sie zunächst die Spitzenkennzahl Return on Investment (RoI) rechnerisch in die Umsatzrentabilität und die Umschlaghäufigkeit des eingesetzten Kapitals.
2. Gliedern Sie anschließend in den folgenden Stufen Zähler und Nenner dieser Verhältniskennzahlen in ihre Aufwands- und Ertragskomponenten sowie in die Vermögensbestandteile.
3. Diesen Schritt wiederholen Sie, bis eine Kennzahlenpyramide entstanden ist, mit der Sie eine systematische Analyse der Haupteinflussfaktoren auf den RoI vornehmen und rentabilitätsbezogene Schwachstellen ermitteln können.

Abbildung 10.1 verdeutlicht Ihnen das Prinzip.

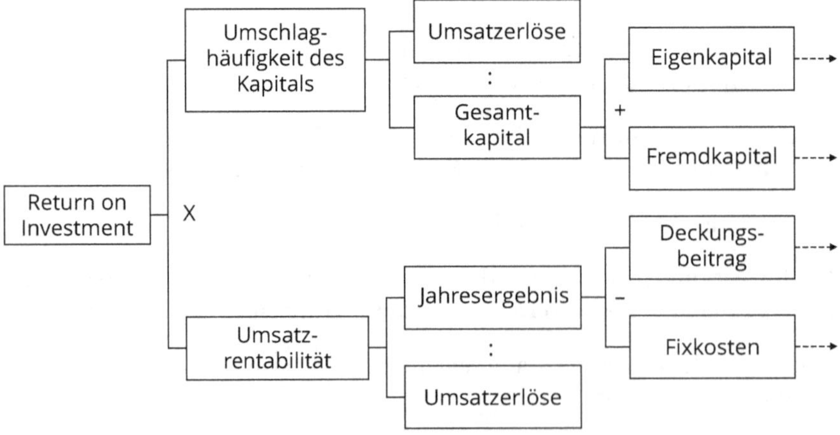

Abbildung 10.1: Prinzip des Du-Pont-Kennzahlensystems

Die Vorteile dieses Systems sind:

- Sie können es sowohl auf das gesamte Unternehmen als auch auf einzelne Unternehmensteile anwenden.
- Es ermöglicht Ihnen die Steuerung und Kontrolle der Gesamtkapitalrentabilität.

Dem stehen als Nachteile gegenüber:

- Alle notwendigen Größen müssen Ihnen bekannt sein.
- Empirisch festgestellte oder vermutete Einflüsse auf Umsätze, Aufwand, Vermögen und Kapital können Sie nicht darstellen.
- Langfristige Potenziale können Sie nicht erkennen.
- Die Liquidität spielt nur eine untergeordnete Rolle.

Kennzahlensysteme in Baumstruktur wie das Du-Pont-System können Sie

- **analytisch (»von links nach rechts«)** untersuchen. Die Frage lautet dann: »Der RoI hat sich verändert. An welcher Einflussgröße liegt das?« oder
- **synthetisch (»von rechts nach links«)** untersuchen. Die Frage lautet dann: »Eine Einflussgröße hat sich verändert. Wie wirkt sich das auf den RoI aus?«

Alles zusammen: Balanced Scorecard

Die *Balanced Scorecard* (BSC) soll der Unternehmensleitung und den Mitarbeitern einen permanenten ganzheitlichen Überblick über die Entwicklung des Unternehmens und der jeweiligen Verantwortungsbereiche ermöglichen. Die Unternehmensstrategie soll in einem Kennzahlensystem möglichst vollständig abgebildet werden.

Die BSC unterstützt Sie bei der strategischen Unternehmensentwicklung und der Strategieumsetzung. Sie soll nachvollziehbar darstellen, wie der Erfolg einer Unternehmensstrategie, gemessen in finanziellen Ergebnissen, von unternehmensinternen Voraussetzungen abhängt. Sie zeigt Ihnen, wie einzelne Maßnahmen die Gesamtstrategie beeinflussen.

Eine Veränderung in der Vertriebsorganisation wird auch Auswirkungen auf die Kundenzufriedenheit haben. Die positive oder negative Reaktion der Kunden wird sich aber erst an ihrem zukünftigen Bestellverhalten zeigen.

Für strategische Entscheidungen ist erforderlich, dass Ihnen die Daten sehr frühzeitig vorliegen. Deshalb werden in der BSC – neben den finanziellen Aspekten – auch strukturelle *Frühindikatoren* in die Entscheidungsprozesse einbezogen, um so den Geschäftserfolg zu steuern. Sie berücksichtigen nicht allein die Ertrags- und Finanzlage, sondern Sie betrachten auch andere erfolgskritische Bereiche, die für den langfristigen Unternehmenserfolg von Bedeutung sind.

In der Balanced Scorecard werden traditionelle Kennzahlen in die vier Perspektiven

- ✔ Finanzen,
- ✔ Kunde,
- ✔ Mitarbeiter/Wissen und
- ✔ Prozesse

integriert und ganzheitlich betrachtet. Alle vier Perspektiven sind gleichzeitig für den Erfolg eines Unternehmens von Bedeutung.

Die Perspektiven fassen Sie nicht zu einem Gesamtscore zusammen, sondern analysieren sie einzeln. Die nicht finanziellen Kennzahlen sollen aber einen Zusammenhang mit den finanziellen Zielen haben. Damit ermöglicht die BSC eine mehrdimensionale Umsetzung der Unternehmensstrategie über Organisationsfelder und -hierarchien hinweg (siehe Abbildung 10.2).

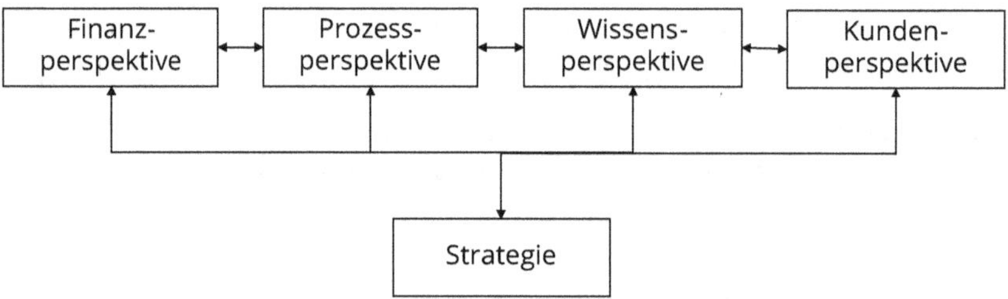

Abbildung 10.2: Balanced Scorecard

Das Konzept konkretisieren Sie in einer Geschäftsvision (»BSC Story«). Mit Kennziffern für die einzelnen Perspektiven können Sie dann die Entwicklung ganzheitlich beobachten, beurteilen und gegebenenfalls notwendige Änderungen vornehmen.

- ✔ **Finanzperspektive.** Die Kennzahlen der *Finanzperspektive* zeigen Ihnen die finanzielle Leistung des Unternehmens, sie spiegeln Ergebnisse aus der Vergangenheit:

  - Rentabilitäten
  - Cashflow
  - Debitorenlaufzeit
  - Kreditorenlaufzeit
  - Betriebsergebnis je Mitarbeiter
  - Umsatzerlöse

  Die Finanzperspektive ist das wichtigste Element der BSC, die anderen Perspektiven sollen über eine Ursache-Wirkungs-Beziehung mit den finanziellen Zielen verbunden sein.

✔ **Kundenperspektive.** In der Kundenperspektive erfassen Sie die strategischen Ziele des Unternehmens in Bezug auf die Kunden und auf die Marktsegmente, in denen Konkurrenzfähigkeit angestrebt wird. Aus den Kennzahlen können Sie Zielvorgaben und Maßnahmen entwickeln:

- Kundenakquisition
- Reklamationsrate
- Zahl der Kundenbeschwerden
- Erreichbarkeit der Servicemitarbeiter
- Wiederverkaufsrate
- Lieferpünktlichkeit
- Marktanteile

Sie erfassen also kundenorientierte Leistungsindikatoren wie Qualität und Service. Ziele sind Kundenzufriedenheit, Termintreue, Marktdurchdringung und Qualitätsverbesserung.

✔ **Prozessperspektive.** Die *Geschäftsprozesse* analysieren Sie im Hinblick auf ihre Stärken und Schwächen. Besonders wichtig sind die Prozesse, die wesentlich sind, um die Ziele der Finanzperspektive und der Kundenperspektive zu erreichen. Die Beschreibung der Geschäftsprozesse können Sie wiederum durch Kennzahlen vornehmen, zum Beispiel:

- Durchlaufzeiten
- Nacharbeitsquote
- Auslastung der Maschinen
- Logistikkosten
- Lagerumschlag
- Lieferzeiten

Sie analysieren die Flexibilität in der Produktion, Effizienzsteigerung, Lageroptimierung und Termintreue.

✔ **Wissensperspektive.** Mit der *Wissensperspektive* entwickeln Sie Kennzahlen zum Erreichen der langfristigen Überlebensziele des Unternehmens. Vorrangig analysieren Sie die Qualifikation von Mitarbeitern, die Leistungsfähigkeit des Informationssystems und die Motivation der Mitarbeiter:

- Mitarbeiterqualifizierung
- Mitarbeiterzufriedenheit

- Fluktuationsrate
- Prozessinnovationen
- Umsatzanteil neuer Produkte

Als Ziele verfolgen Sie die Erhöhung der Kompetenz der Mitarbeiter, ausreichende Produktinnovationen und die Bindung der Mitarbeiter an das Unternehmen.

Die BSC hat in jedem Unternehmen andere Inhalte. Bei der Auswahl der Kennzahlen zu den vier Perspektiven müssen Sie immer die jeweilige Situation und die Kernprobleme berücksichtigen.

IN DIESEM KAPITEL

Mittelverwendung

Mittelherkunft

Kapitel 11
Finanzierungsrechnungen

Sie haben bereits festgestellt, dass es bei der Jahresabschlussanalyse vielfache Beziehungen zum Finanzmanagement (siehe Teil II) gibt. Da wundert es nicht, dass auch Analyseinstrumente genutzt werden, um Auskunft über Finanzströme zu erhalten. In diesem Kapitel lernen Sie die Finanzierungsrechnungen kennen.

Wohin und woher: Bewegungsbilanz

In einer *Bewegungsbilanz* stellen Sie die Veränderungen der Bilanzpositionen zwischen zwei aufeinanderfolgenden Bilanzstichtagen dar.

Durch die Gegenüberstellung der Aktiv- und Passivpositionen können Sie erkennen, aus welchen Quellen Finanzierungsmittel zur Verfügung standen (Mittelherkunft) und wofür sie verwendet wurden (Mittelverwendung).

Wenn Sie die Bestandsdifferenzen von Bilanzpositionen als finanzwirtschaftliche Vorgänge interpretieren, können Sie die Entwicklung des Unternehmens während eines Geschäftsjahres analysieren. Durch den Vergleich der Vermögens- und Kapitalpositionen werden die Veränderungen auf der Aktiv- und Passivseite erkennbar. Eine normale Abschlussbilanz gibt dagegen nur den Stand zu einem Stichtag wieder. Abbildung 11.1 zeigt Ihnen das Prinzip.

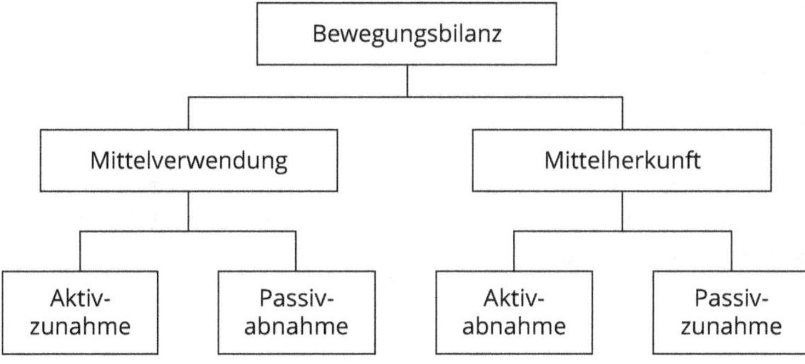

Abbildung 11.1: Bewegungsbilanz

Für eine Bewegungsbilanz müssen Ihnen immer zwei aufeinanderfolgende Jahresabschlüsse vorliegen. Sonst könnten Sie ja nicht vergleichen!

Mittelverwendung

Die *Mittelverwendung* zeigt Ihnen, wofür Kapital eingesetzt worden ist. Das kann zum Beispiel begründet sein durch:

- ✔ Kauf von Sachanlagen
- ✔ Erhöhung der Kassenbestände
- ✔ Kauf von Beteiligungen
- ✔ Höhere Lagerhaltung bei Roh-, Hilfs- und Betriebsstoffen
- ✔ Höhere Lagerhaltung bei Fertigerzeugnissen
- ✔ Zunahme der Forderungen
- ✔ Schuldentilgung
- ✔ Gewinnausschüttung

Mittelherkunft

Die *Mittelherkunft* verdeutlicht Ihnen, aus welchen Quellen das Kapital stammt, das zu einem Vermögenszuwachs geführt hat. Das können zum Beispiel sein:

- ✔ Verkäufe von Vermögensgegenständen
- ✔ Kapitalzunahmen (zum Beispiel Einlagen und Darlehen)
- ✔ Verringerung der Forderungen
- ✔ Verminderung der Bestände an RHB, Halb und Fertigerzeugnissen
- ✔ Geringere Kassenhaltung
- ✔ Erhöhung der Rücklagen
- ✔ Erhöhung der Rückstellungen

Die ermittelten Differenzen zwischen den aufeinanderfolgenden Bilanzen stellen Sie für die Bildung der Bewegungsbilanz unter dem Aspekt neu zusammen, ob Sie eine Mittelverwendung oder eine Mittelherkunft dokumentieren.

Sie vergleichen zwei aufeinanderfolgende Bilanzen der Mond AG.

Aktiva							Passiva
	Jahr 02	Jahr 01	Differenz		Jahr 02	Jahr 01	Differenz
Sachanlagen	1.350	1.125	+ 225	Eigenkapital	1.200	1.050	+ 150
Finanzanlagen	225	186	+ 39	langfr. Rückstellungen	240	320	– 80
Anlagevermögen	1.575	1.311	+ 264	langfr. Verbindlichkeiten	424	385	+ 39
Vorräte	750	1.050	– 300	kurzfr. Fremdkapital	632	457	+ 175
Forderungen	525	240	+ 285	kurzfr. Verbindlichkeiten	579	514	+ 65
Flüssige Mittel	225	125	+ 100				
Umlaufvermögen	1.500	1.415	+ 85				
Gesamt-vermögen	3.075	2.726	+ 349	Gesamtkapital	3.075	2.726	+349

Aus den Differenzen entwickeln Sie die Bewegungsbilanz:

Bewegungsbilanz			
Mittelverwendung			**Mittelherkunft**
Aktivmehrung		Passivmehrung	
Anlagevermögen	264	Eigenkapital	150
Umlaufvermögen	385	Fremdkapital	279
Passivminderung		Aktivminderung	
langfristige Rückstellungen	80	Vorräte	300
	729		729

Die Bewegungsbilanz

- ✔ dient in erster Linie der Darstellung und Analyse des Finanzierungs- und Investitionsverhaltens der Unternehmung während einer vorangegangenen Periode.
- ✔ zeigt die Quellen, aus denen die Mittel zugeflossen sind und informiert über die Mittelverwendungen.
- ✔ zeigt, wie hoch der finanzwirtschaftliche Überschuss ist, ob die Investitionen der abgelaufenen Periode aus diesem Finanzüberschuss finanziert werden konnten oder ob eine zusätzliche Außenfinanzierung notwendig war.

Aus einer Bewegungsbilanz können Sie zum Beispiel folgende Interpretationen ableiten:

- ✔ Die Zunahme an Sachanlagen kann auf neue Maschinen mit günstigeren Produktionsmöglichkeiten hindeuten. Investitionen beinhalten aber auch ein Risiko und könnten ein Grund für die Zunahme der langfristigen Verbindlichkeiten sein.
- ✔ Die Erhöhung der Finanzanlagen könnte auf eine Beteiligung hinweisen.

- Die Zunahme an Forderungen ist negativ zu sehen, weil damit auch eine Zunahme des Ausfallrisikos verbunden ist.
- Die bessere Ausstattung mit Eigenkapital ist positiv.
- Die Zunahme der Rückstellungen deutet auf ein erhöhtes Risikopotenzial hin.
- Der Rückgang der kurzfristigen Verbindlichkeiten ist uneingeschränkt positiv, auch wenn damit eine Umschichtung in langfristige Verbindlichkeiten verbunden ist.

Die von Ihnen ermittelten Bestandsdifferenzen sind saldierte Größen (Nettoveränderungen). Zu- und Abnahmen innerhalb der einzelnen Bilanzpositionen können Sie nicht erkennen.

Alles fließt: Kapitalflussrechnung

Die *Kapitalflussrechnung* (KFR) ist Bestandteil des Jahresabschlusses von Konzernen (§ 297 Abs. 1 HGB) und von kapitalmarktorientierten Kapitalgesellschaften (§ 264 Abs. 1 Satz 2 HGB).

Die *Kapitalflussrechnung* stellt den Bestand und die Veränderung der Zahlungsmittel im Zeitablauf dar.

Die KFR ermöglicht Ihnen zu beurteilen, ob das Unternehmen in der Lage ist, Zahlungsmittel und Zahlungsmitteläquivalente zu erwirtschaften.

Zahlungsmitteläquivalente sind kurzfristige, äußerst liquide Finanzmittel, die jederzeit in Zahlungsmittel umgewandelt werden können und nur unwesentlichen Wertschwankungen unterliegen.

Beispiele:

- Anteile an Geldmarktfonds
- Tagesgeld
- Festgelder mit einer Fälligkeit von maximal drei Monaten
- kurzfristige Schuldtitel von Unternehmen mit hoher Bonität

Die KFR ergänzt die Informationen zur Ertragslage (GuV) und zur Vermögenslage (Bilanz) um Informationen zur Entwicklung der Finanzlage und stellt Ihnen so Informationen über die Art, Zusammensetzung und Veränderungen der Zahlungsmittelströme des Unternehmens zur Verfügung.

Sie können die Kapitalflussrechnung als rechnerische Zusammenfassung der Bewegungsbilanz (Zeitpunktrechnung) und der Gewinn- und Verlustrechnung (Zeitraumrechnung) interpretieren.

Insbesondere soll Ihre Einschätzung darüber verbessert werden, ob

- in der Zukunft Zahlungsüberschüsse zu erwarten sind.
- fällige Zahlungsverpflichtungen erfüllt werden können.
- Ausschüttungen an die Anteilseigner erfolgen können.
- ungewöhnlicher Finanzbedarf entstehen wird.
- sich Investitions- und Finanzierungsvorgänge positiv auf die Finanzlage auswirken.

Die Mittelzuflüsse und -abflüsse ermitteln Sie getrennt aus der laufenden Geschäftstätigkeit, der Investitionstätigkeit und der Finanzierungstätigkeit.

Die Addition der drei Cashflows ergibt den Finanzmittelbestand am Ende des Geschäftsjahres (siehe Abbildung 11.2).

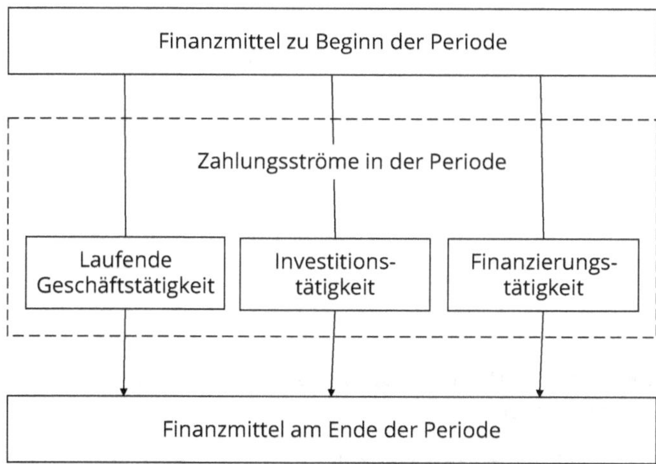

Abbildung 11.2: Schema der Kapitalflussrechnung

Die Kapitalflussrechnung ermöglicht Ihnen eine genauere Beurteilung der Zahlungsströme, denn aus der GuV ist nicht ersichtlich, welche Aufwendungen und Erträge auch zugleich Auszahlungen und Einzahlungen sind.

Die Prägeteufel AG verkauft am 1.12.01 eine Stanzmaschine zum Preis von 30.000 €, zahlbar »innerhalb von 60 Tagen rein netto«. Das wird in der GuV zum 31.12.01 als Ertrag ausgewiesen, in der Kapitalflussrechnung für 01 aber nicht als Mittelzufluss erfasst.

In welcher Form Sie eine Kapitalflussrechnung erstellen, richtet sich nach Ihrem Erkenntnisinteresse und nach den verfügbaren Daten. Gesetzliche Vorschriften zur Ausgestaltung einer KFR gibt es nicht. Nach DRS 21 und auch nach IAS 7 müssen Sie eine zahlungsorientierte Unterteilung in Staffelform in drei Kategorien vornehmen. Die Abbildung 11.3 zeigt die Zusammenhänge.

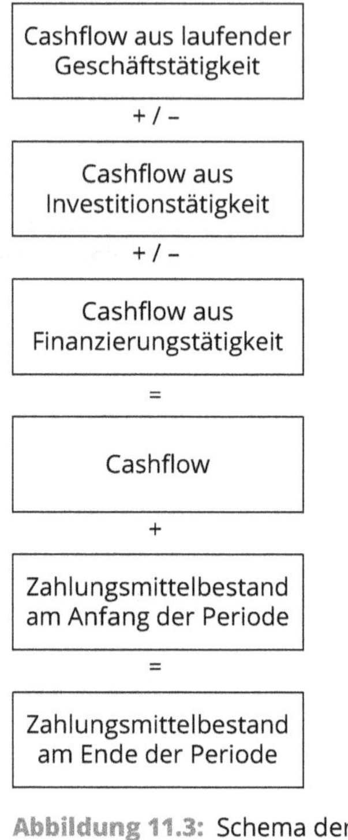

Abbildung 11.3: Schema der Kapitalflussrechnung

- ✔ **Der Cashflow aus laufender Geschäftstätigkeit** stammt aus der auf Erlöserzielung ausgerichteten Tätigkeit des Unternehmens.
- ✔ **Der Cashflow aus Investitionstätigkeit** stammt aus Zahlungsströmen im Zusammenhang mit den Ressourcen, mit denen langfristig gewirtschaftet werden soll.
- ✔ **Dem Cashflow aus Finanzierungstätigkeit** sind die Zahlungsströme zuzuordnen, die aus Transaktionen mit den Gesellschaftern, der Aufnahme oder Tilgung von Finanzschulden, gezahlten Zinsen und gezahlten Dividenden resultieren.

Den Cashflow aus laufender Geschäftstätigkeit können Sie direkt oder indirekt berechnen. Für die Cashflows aus Investitionstätigkeit und Finanzierungstätigkeit ist ausschließlich eine direkte Ermittlung möglich.

Mit der Tabelle 11.1 können Sie die Mindestgliederung nach DSR 21 (Indirekte Methode) nochmals genauer nachvollziehen:

Kapitalflussrechnung »Indirekte Methode«		
1.		Periodenergebnis
2.	+/–	Abschreibungen/Zuschreibungen auf Gegenstände des Anlagevermögens
3.	+/–	Zunahme/Abnahme von Rückstellungen
4.	+/–	Sonstige zahlungsunwirksame Aufwendungen/Erträge
5	–/+	Zunahme/Abnahme der Vorräte, der Forderungen aus Lieferungen und Leistungen sowie anderer Aktiva, die nicht der Investitions- und Finanzierungstätigkeit zuzuordnen sind
6.	+/–	Zunahme/Abnahme der Verbindlichkeiten aus Lieferungen und Leistungen sowie anderer Passiva, die nicht der Investitions- und Finanzierungstätigkeit zuzuordnen sind
7.	–/+	Gewinn/Verlust aus dem Abgang von Gegenständen des Anlagevermögens
8.	+/–	Zinsaufwendungen/Zinserträge
9.	–	Sonstige Beteiligungserträge
10.	+/–	Aufwendungen/Erträge aus außerordentlichen Posten
11.	+/–	Ertragsteueraufwand/-ertrag
12.	+	Einzahlungen aus außerordentlichen Posten
13.	–	Auszahlungen aus außerordentlichen Posten
14.	–/+	Ertragsteuerzahlungen
15.	=	Cashflow aus laufender Geschäftstätigkeit (Summe aus 1 bis 14)
16.	+	Einzahlungen aus Abgängen von Gegenständen des immateriellen Anlagevermögens
17.	–	Auszahlung für Investitionen in das immaterielle Anlagevermögen
18.	+	Einzahlungen aus Abgängen von Gegenständen des Sachanlagevermögens
19.	–	Auszahlungen für Investitionen in das Sachanlagevermögen
20.	+	Einzahlungen aus Abgängen von Gegenständen des Finanzanlagevermögens
21.	–	Auszahlungen für Investitionen in das Finanzanlagevermögen
22.	+	Einzahlungen aus Abgängen aus dem Konsolidierungskreis
23.	–	Auszahlungen für Zugänge zum Konsolidierungskreis
24.	+	Einzahlungen aufgrund von Finanzmittelanlagen im Rahmen der kurzfristigen Finanzdisposition
25.	–	Auszahlungen aufgrund von Finanzmittelanlagen im Rahmen der kurzfristigen Finanzdisposition
26.	+	Einzahlungen aus außerordentlichen Posten
27.	–	Auszahlungen aus außerordentlichen Posten
28.	+	Erhaltene Zinsen
29.	+	Erhaltene Dividenden
30.	=	Cashflow aus Investitionstätigkeit (Summe aus 16 bis 29)

Kapitalflussrechnung »Indirekte Methode«		
31.	+	Einzahlungen aus Eigenkapitalzuführungen von Gesellschaftern des Mutterunternehmens
32.	+	Einzahlungen aus Eigenkapitalzuführungen von anderen Gesellschaftern
33.	–	Einzahlungen aus Eigenkapitalherabsetzungen an Gesellschafter des Mutterunternehmens
34.	–	Einzahlungen aus Eigenkapitalherabsetzungen an andere Gesellschafter
35.	+	Einzahlungen aus der Begebung von Anleihen und der Aufnahme von (Finanz-) Krediten
36.	–	Auszahlungen aus der Tilgung von Anleihen und der Aufnahme von (Finanz-) Krediten
37.	+	Einzahlungen aus erhaltenen Zuschüssen/Zuwendungen
38.	+	Einzahlungen aus außerordentlichen Posten
39.	–	Auszahlungen aus außerordentlichen Posten
40.	–	Gezahlte Zinsen
41.	–	Gezahlte Dividenden an Gesellschafter des Mutterunternehmens
42.	–	Gezahlte Dividenden an andere Gesellschafter
43.	=	Cashflow aus der Finanzierungstätigkeit (Summe aus 31 bis 42)
44.		Zahlungswirksame Veränderungen des Finanzmittelfonds Summe aus 15, 30, 43)
45.	+/–	Wechselkurs- und bewertungsbedingte wertbedingte Änderungen des Finanzmittelfonds
46.	+/–	Konsolidierungsbedingte Änderungen des Finanzmittelfonds
47.	+	Finanzmittelfonds am Anfang der Periode
48.	=	Finanzmittelfonds am Ende der Periode (Summe aus 44 bis 47)

Tabelle 11.1: Die nach DSR 21 übliche Berechnung nach der indirekten Methode

Der wesentliche Kritikpunkt am Informationsgehalt der Kapitalflussrechnung ist die Stichtagsbetrachtung. Die Liquiditätssituation kann sich schnell ändern und zum Zeitpunkt der Veröffentlichung schon überholt sein. Trotzdem bietet Ihnen die erweiterte Offenlegung zusätzliche Informationen, die besonders Externen helfen, die Unternehmenssituation einzuschätzen.

IN DIESEM KAPITEL

Betriebsvergleiche

Chronologische Vergleiche

Zwischen- und innerbetriebliche Vergleiche

Kapitel 12
Wie es andere machen: Zeitliche und betriebliche Vergleiche

Die Ergebnisse der Berechnung von Kennzahlen allein sagen Ihnen genau nichts. Wenn Sie ein Unternehmen beurteilen wollen, benötigen Sie einen Vergleichsmaßstab. Erst durch den Vergleich mit einem Referenzwert können Sie erkennen, ob Sie Ihr Ergebnis als positiv einstufen können oder negativ bewerten müssen. In diesem Kapitel lernen Sie, welche Vergleiche möglich und sinnvoll sind.

Gleich und doch anders: Betriebsvergleich

Bei einem *Betriebsvergleich* stellen Sie betriebliche Größen zur Beurteilung wirtschaftlicher Tatbestände systematisch gegenüber. Sie können dabei

- unterschiedliche lokale Bereiche,
- einzelne betriebliche Funktionen,
- bestimmte Investitionen

vergleichen. Der Betriebsvergleich ist ein Instrument zur

- Planung,
- Kontrolle und
- Steuerung.

der betrieblichen Aktivitäten. Durch den Einsatz von Kennziffern können Sie neue Erkenntnisse und Einsichten gewinnen.

Der Betriebsvergleich erfüllt mehrere Funktionen:

- **Lernfunktion:** Durch den Vergleich der Kennziffern können Sie Schwachstellen erkennen. Der Vergleich dient zur Leistungsmessung und -optimierung.
- **Motivationsfunktion:** Wenn Sie für die Kennzahlen Zielwerte vorgeben, können Sie auch abstrakte Zielsetzungen (zum Beispiel Kundenzufriedenheit) konkretisieren.
- **Bewertungs- und Kontrollfunktion:** Durch den Vergleich wird auch für Externe (zum Beispiel Banken und Investoren) die Situation des Unternehmens transparenter.
- **Prognosefunktion:** Anhand der Kennzahlen und ihrer Entwicklung können Sie die Erfolgsaussichten von Einzelmaßnahmen prognostizieren.

Früher und heute: Chronologischer Vergleich

Durch einen *Zeitvergleich* können Sie die Entwicklung eines Unternehmens oder einzelner Bereiche über einen festgelegten Zeitraum erkennen. Dazu ermitteln Sie zunächst interessenorientiert Kennzahlen und vergleichen sie dann mit den Werten früherer Perioden.

Dadurch können Sie Fehler, die durch bewusste bilanzpolitische Entscheidungen oder prozessbedingt Ihr Ergebnis beeinflusst haben, zumindest verringern. Voraussetzung ist selbstverständlich, dass die untersuchten Abschlüsse tatsächlich vergleichbar sind:

- **Aufbereitung:** Die Daten müssen nach denselben Grundsätzen aufbereitet sein.

Änderungen der Bilanzierungsvorschriften können die Vergleichbarkeit erschweren.

- **Vergleichbarkeit:** Die Daten müssen inhaltlich vergleichbar sein.

Positionen der Bilanz und der GuV können in verschiedenen Jahren unterschiedlich untergliedert sein.

Wir und die anderen: Zwischenbetriebliche Vergleiche

Bei einem *zwischenbetrieblichen Vergleich* (auch *Objektvergleich*) nutzen Sie Kennziffern eines Unternehmens und vergleichen sie mit denen eines anderen Unternehmens (siehe Abbildung 12.2). Dazu müssen Sie sicherstellen, dass die Unternehmen tatsächlich vergleichbar sind und die Kennzahlen auf dieselbe Art und Weise ermittelt wurden.

Für eine solche externe Gegenüberstellung stehen Ihnen lediglich veröffentlichte und allgemein zugängliche Unternehmensdaten zur Verfügung. Die Vergleichbarkeit wird auch dadurch erschwert, dass die untersuchten Unternehmen nicht genau gleich sind. Sie unterscheiden sich zum Beispiel durch unterschiedliche

- Rechtsformen,
- Organisation,
- Produktionsprogramme,
- Produktionstechnik,
- Einkaufs- und Verkaufspreise,
- Spezialisierungsgrade,
- Standorte,
- Kostenstruktur,
- Finanzierungsformen.

Deshalb werden in der Regel Vergleichsobjekte derselben Branche ausgewählt.

Das Hauptproblem bei einem zwischenbetrieblichen Vergleich liegt darin, ein möglichst ähnliches und damit überhaupt vergleichbares Unternehmen zu finden.

Je nach Interesse wählen Sie unterschiedliche Vergleichswerte, zum Beispiel:

- Kapitalstruktur
- Verschuldungsgrad
- Materialaufwandsquote
- Personalaufwandsquote
- Vermögensstruktur
- und andere mehr

Ein Beispiel zeigt Tabelle 12.1.

	Eigenes Unternehmen	Vergleichsobjekt A	Vergleichsobjekt B
Eigenkapitalquote	36 %	42 %	29 %
Marktanteil	14 %	8 %	18 %
Personalaufwandsquote	43 %	37 %	34 %
Materialaufwandsquote	22 %	28 %	27 %
…			

Tabelle 12.1: Vergleichen Sie Ihr eigenes Unternehmen mit unterschiedlichen Vergleichsobjekten

Durch den Vergleich können Sie eine Beurteilung der eigenen Situation vornehmen, Stärken und Schwächen erkennen und Verbesserungspotenziale identifizieren. Auffällige Entwicklungen können Sie analysieren und eine gezielte Ursachenforschung einleiten.

Auch bei uns: Innerbetriebliche Vergleiche

Wenn Sie einen innerbetrieblichen Vergleich (auch *Selbstvergleich, einbetrieblicher Vergleich*) durchführen, stammen die Daten aus unterschiedlichen Organisationseinheiten (zum Beispiel Betrieb, Werk), aber aus demselben Unternehmen (siehe Abbildung 12.1). Sie können dabei auf die Unternehmensdaten aus dem Rechnungswesen zurückgreifen.

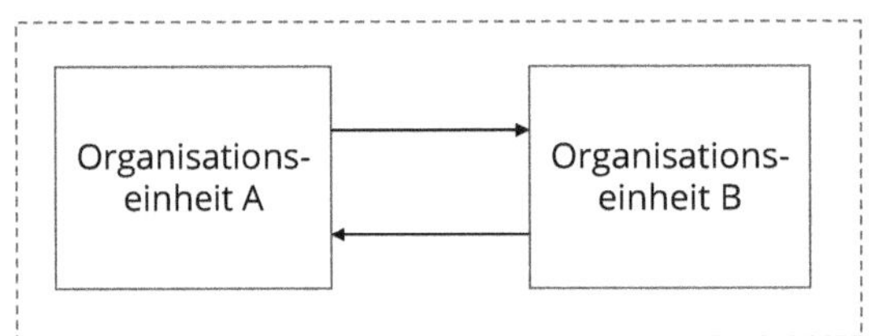

Abbildung 12.1: Innerbetrieblicher Vergleich

Für eine zuverlässige Aussage ist entscheidend, dass Sie Kennziffern nutzen, die über die unterschiedlichen Unternehmensbereiche hinweg gleiche Erkenntnisse ermöglichen, also nicht wesentlich durch Besonderheiten der jeweiligen Organisationseinheit beeinflusst sind.

Es ist wenig sinnvoll, die Kennzahl »Personalfluktuation« im Produktionsbereich mit der Fluktuationszahl im Verwaltungsbereich zu vergleichen. Die jeweilige Arbeitssituation ist zu unterschiedlich. Allerdings erreichen Sie einen Erkenntnisgewinn, wenn Sie die ermittelten Kennzahlen von zwei ähnlichen Produktionsstraßen untersuchen.

Selbst wenn Sie wirklich sehr ähnliche Organisationseinheiten verglichen haben, bleibt die Schlussfolgerung schwierig und Sie müssen sie kritisch interpretieren:

- ✔ Es besteht die Gefahr, dass Sie eine schlechte Situation mit einer anderen schlechten vergleichen.
- ✔ Es fehlt Ihnen ein Vergleichsobjekt, aus dem Sie angemessene Soll-Werte entwickeln können.

IN DIESEM KAPITEL

Baseler Akkord

Ratingverfahren

Kapitel 13
Die Lage bewerten: Bedeutung von Ratings

Eigen- und Fremdkapitalgeber haben ein massives Interesse daran, eine Beurteilung des Unternehmens zu erreichen, die über die Interpretation von Kennzahlen hinausgeht. In diesem Kapitel erfahren Sie, wie insbesondere Banken vorgehen, um die Risken bei der Gewährung von Darlehen zu erfassen, damit sie sich selbst nicht in Schwierigkeiten bringen.

Sicherheit geht vor: Der Baseler Akkord

Der *Baseler Akkord* ist ein Regelwerk, das die Solidität und Stabilität des internationalen Bankensystems stärken soll. Durch strenge Regeln insbesondere zur Eigenkapitalausstattung und zur Liquidität soll die Widerstandsfähigkeit des Bankensektors erhöht und die Gefahr verringert werden, dass bei einer Bankkrise die Realwirtschaft in Mitleidenschaft gezogen wird. Abbildung 13.1 zeigt die drei Säulen.

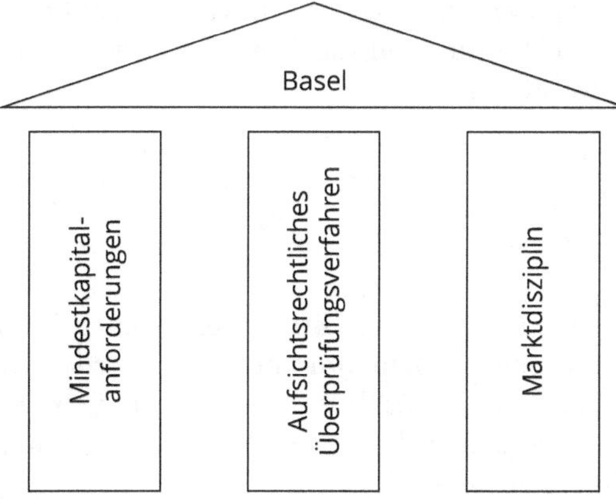

Abbildung 13.1: Die drei Säulen des Baseler Regelwerks

- **Mindestkapitalanforderungen.** Diese Säule umfasst die Kapitalanforderungen anhand der Bankrisiken (Kredit-, Markt- und operationelle Risiken). Die Höhe des notwendigen Eigenkapitals bei der Vergabe von Krediten soll sich am Kreditausfallrisiko orientieren. Kredite an Kunden mit höherem Ausfallrisiko müssen mit mehr Eigenkapital hinterlegt werden als Kredite an Kunden mit schlechter Bonität. Damit soll verhindert werden, dass Banken bei ausbleibenden Rückzahlungen in eine finanzielle Schieflage geraten.

  Von besonderem Interesse ist die *Kernkapitalquote.* Das ist der Teil des Eigenkapitals, der als besonders sicher gilt und deshalb in Notfällen mit hoher Wahrscheinlichkeit zur Verfügung steht.

- **Aufsichtsrechtliches Überprüfungsverfahren.** Umfangreiche Überprüfungsverfahren durch die nationalen Behörden zur Bankenaufsicht sollen die Sicherheit des Bankensystems gewährleisten. Dabei werden die quantitativen Mindestanforderungen (Säule 1) ergänzt durch qualitative Elemente. Die Risikoprüfung bezieht sich zum Beispiel auf

  - ein angemessenes Risikomanagement,
  - die Zuordnung der Verantwortlichkeiten,
  - das Management bei externen Einflüssen, zum Beispiel Naturkatastrophen und Konjunktureinbrüchen.

- **Marktdisziplin.** Kreditinstitute müssen durch mehr Informationen im Rahmen ihrer externen Rechnungslegung die Einhaltung der Richtlinien dokumentieren. Das Risikoprofil der Banken soll von den Marktteilnehmern ausreichend beurteilt werden können.

Risiken einschätzen: Ratingverfahren

Bei einem *Rating* nehmen Sie einen Darlehensnehmer besonders unter die Lupe, um ein möglichst objektives und ganzheitliches Bild zu erhalten, mit dem Sie das spezifische Kreditausfallrisiko einschätzen können.

Ein *Rating* ist eine Benotung der Unternehmen im Hinblick auf die Kreditwürdigkeit. Das hat erheblichen Einfluss auf die Kreditkonditionen: Je besser die Bonität, desto besser die Konditionen.

Exkurs Bonität

Bonität ist die Fähigkeit und Bereitschaft eines Kreditnehmers, seinen Zahlungsverpflichtungen vollständig und fristgerecht nachzukommen. Dazu werden die Kreditnehmer anhand einer definierten Skala in *Bonitätsklassen* eingestuft, die sich nach den Ausfallwahrscheinlichkeiten richten. Je besser die Ratingklasse, desto geringer ist das Ausfallrisiko. Tabelle 13.1 zeigt Ihnen ein Beispiel.

Ratingklasse	Beschreibung	Aussage zur Bonität	
AAA	Schuldner höchster Bonität Geringstes Ausfallrisiko	ausgezeichnet	Investment Grade
AA+ AA AA-	Sichere Anlage Geringes Ausfallrisiko		
A+ A A-	Geringes Ausfallrisiko Bei unvorhergesehenen negativen Ereignissen ergeben sich aber Auswirkungen auf die Bonität	sehr gut	
BBB+ BBB BBB-	Mittleres Ausfallrisiko Anfällig bei negativer Wirtschaftsentwicklung	gut überdurchschnittlich	
BB+ BB BB-	Hohes Ausfallrisiko Befriedigende Sicherheit, dass Zins und Tilgung geleistet werden können	durchschnittlich	Speculative Grade
B+ B-	Sehr hohes Ausfallrisiko Geringe Sicherheit, dass Zins und Tilgung geleistet werden können	unterdurchschnittlich Bestand des Unternehmens gefährdet Insolvenzgefahr	
CCC+ CCC CCC-	Nur bei günstiger Entwicklung droht kein Zahlungsausfall		
CC C D	Hohe Wahrscheinlichkeit eines Zahlungsausfalls Zahlungsausfall		

Tabelle 13.1: Bonitätsstufen der Agentur Standard & Poor´s

Für ein typisches Rating analysieren und bewerten Sie sowohl quantitative wie qualitative Faktoren. Die Auswahl und die Gewichtung erfolgten grundsätzlich durch den jeweiligen Kreditgeber. Üblicherweise fließen quantitative Faktoren zu circa 60–70 % und die qualitativen Faktoren zu circa 30–40 % in die Gesamtbewertung ein.

Harte und weiche Faktoren

Bei den Ratingfaktoren können Sie unterscheiden:

✔ **Harte Faktoren** beziehen sich auf quantitative, objektiv messbare Aspekte. Sie sind steuerbar und haben einen direkten Einfluss auf den Unternehmenserfolg:

- Ertragslage, zum Beispiel Rentabilitäten

  - Finanzlage, zum Beispiel Verschuldungsgrad
  - Sicherheiten, zum Beispiel Vermögenswerte

- ✔ **Weiche Faktoren** beziehen sich auf qualitative, schwer erfassbare Aspekte, in die subjektive Kriterien einfließen, zum Beispiel:
  - Image
  - Unternehmenskultur
  - Innovationskraft

Quantitatives Rating

Quantitative, also sogenannte harte Faktoren, erhalten Sie in erster Linie durch Auswertung der Kennzahlen im Rahmen einer Jahresabschlussanalyse. Ihr Bild ergänzen Sie aber systematisch um weitere Fakten, zum Beispiel:

- ✔ **Allgemeine Kundendaten**
  - Persönliche Daten
  - Rechtsform und Gründungsjahr des Unternehmens
  - Dauer der Geschäftsbeziehung
- ✔ **Kreditauskunft**
  - Historie der Kreditbeziehungen
  - Positive und negative Besonderheiten
- ✔ **Finanzwirtschaftliche Daten**
  - Jahresabschluss mit seinen Bestandteilen
  - Selbstauskunft
  - Steuerliche Informationen
- ✔ **Kontoführung**
  - Inanspruchnahme von Kreditlinien
  - Überziehungen
  - Rücklastschriften
- ✔ **Branche**
  - Entwicklung
  - Besonderheiten im Umfeld

Qualitatives Rating

Weil Sie mit dem Rating die zukünftige Entwicklung eines Unternehmens einschätzen wollen, können Sie sich nicht allein auf die (vergangenheitsbezogenen) Kennzahlen aus dem Jahresabschluss verlassen. Vielmehr müssen Sie zur Beurteilung der zukünftigen Entwicklung des Unternehmens weitere Erfolgskriterien heranziehen.

Qualitative (»weiche«) Faktoren können Sie zwar nicht unmittelbar messen, sie sind aber aus betriebswirtschaftlicher Sicht für die Zukunftsfähigkeit ebenso von Bedeutung. Wichtige qualitative Kriterien sind zum Beispiel:

- **Qualität des Managements**
  - Kompetenzen und Kenntnisse
  - Persönliche und fachliche Qualifizierung
  - Weiterbildung
- **Unternehmensorganisation**
  - Aufbauorganisation
  - Abgrenzung von Leitungsaufgaben
- **Strategie**
  - Einheitliche und klar definierte Vorgehensweise
  - Zeitlicher Horizont
  - Verhalten bei Zielabweichungen
  - Risikomanagement
- **Nachfolgeregelung**
  - Altersbedingte Nachfolge und Notfallregelung
  - Vertretungsregelungen
  - Vollmachten
- **Investitionsverhalten**
  - Planung
  - Rentabilitätsrechnung
- **Produktion und Dienstleistungen**
  - Zukunftsfähigkeit
  - Anpassung an Veränderungen im Markt

- **Marktstellung**
  - Wettbewerber
  - Marktanteil
  - Konkurrenzfähigkeit
- **Informationsverhalten**

Folgenreich: Auswirkung der Ratingergebnisse

Die Ergebnisse des Ratings und die Bonitätseinstufung haben hauptsächlich Einfluss auf die Finanzierung (siehe Abbildung 13.2) des Unternehmens. Deshalb liegt es in Ihrem Interesse, die Anforderungen der Banken zu erfüllen.

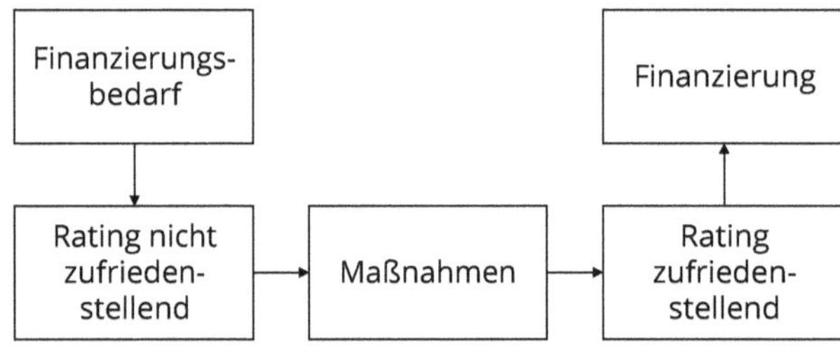

Abbildung 13.2: Notwendiges Rating

Wenn Ihnen die Ratinganforderungen der Banken bekannt sind, können Sie durch gezielte Maßnahmen Ihr Rating verbessern.

Präventiv: Beeinflussung der Ratingergebnisse

Damit Sie ein positives Rating erreichen, leiten Sie die notwendigen Maßnahmen zur Verbesserung schon im Vorfeld der Kreditverhandlungen ein. Ihre Auseinandersetzung mit den *Ratinganforderungen* kann zu einer allgemeinen Verbesserung der Wettbewerbsfähigkeit beitragen. Dazu greifen Sie auf Erfahrungen aus früheren Ratings und möglichst auch auf die veröffentlichten Ratingsysteme zurück. Typische Ansatzpunkte zeigt Ihnen die Abbildung 13.3.

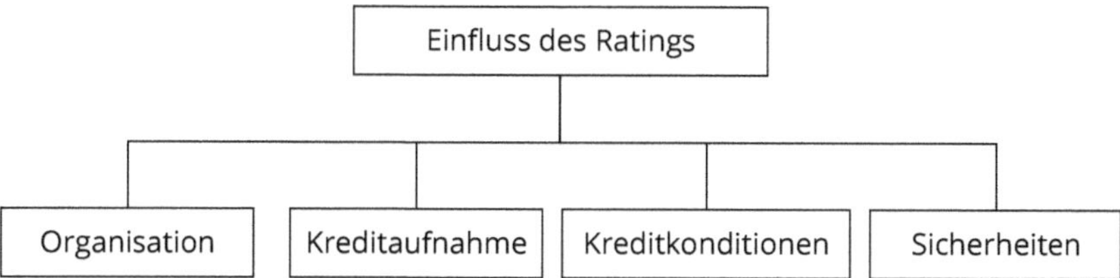

Abbildung 13.3: Einfluss des Ratings

- **Organisation.** Um die gewünschten Finanzierungsmöglichkeiten zu erhalten, müssen Sie die Aufbau- und Ablauforganisation so gestalten, dass die Ratingkriterien erfüllt werden. Dazu gehören besonders das Informationssystem und das Controlling.
- **Kreditaufnahme.** Eine geringe Darlehensaufnahme hat Auswirkungen auf die Verschuldung und die Kennzahlen zur Kapitalstruktur.
- **Kreditkonditionen.** Je besser das Rating ausfällt, desto besser werden die Kreditkonditionen sein. Wegen der Risikoorientierung der Banken müssen Sie bei schlechter Bonität mit einer Verteuerung der Kredite, einer Reduzierung des Kreditvolumens oder im schlechtesten Falle mit einer Ablehnung rechnen.

Bei der Festlegung der Kreditkonditionen spielen Kennzahlen eine entscheidende Rolle.

- **Sicherheiten.** Ein Darlehen erhalten Sie in der Regel nur gegen Stellung von Sicherheiten. Der Kreditgeber will (auch bei guter Bonität) sein Risiko abdecken für den Fall, dass Sie Ihre Verpflichtungen nicht mehr erfüllen oder nicht mehr erfüllen können.

IN DIESEM KAPITEL

Gestaltungsmöglichkeiten

Interessenbezug

Kapitel 14
Vorsicht: Grenzen der Jahresabschlussanalyse

Selbst nach einer sorgfältigen erkenntniszielbezogenen und umfangreichen Jahresabschlussanalyse müssen Sie Ihre Ergebnisse kritisch hinterfragen und relativieren. In der Realität stoßen die Analysen vielfach an ihre Grenzen.

Eine Jahresabschlussanalyse kann niemals besser sein als die Qualität der zur Verfügung stehenden und genutzten Daten. Je besser das Datenmaterial ist, desto höher sind ihre Genauigkeit und ihre Aussagekraft.

In diesem Kapitel erfahren Sie die Gründe (siehe Abbildung 14.1) für eine zurückhaltende Interpretation und vorsichtige Schlussfolgerungen.

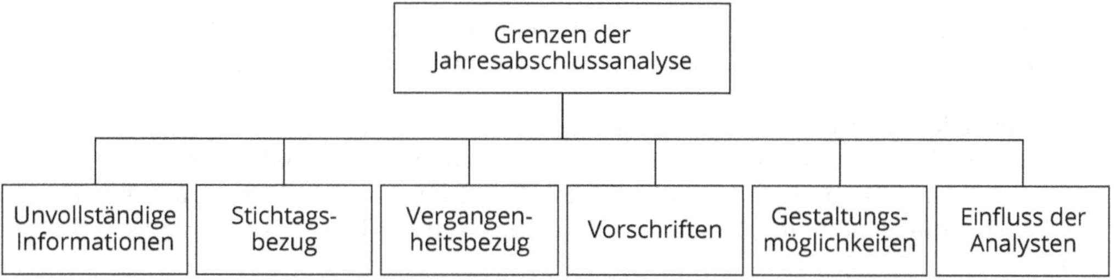

Abbildung 14.1: Grenzen der Jahresabschlussanalyse

Da fehlt was: Unvollständige Informationen

Machen Sie sich nochmals klar, dass die Informationen, die Ihnen für eine Jahresabschlussanalyse zur Verfügung stehen, nur Ausschnitte der unternehmerischen Tätigkeit abbilden. Der Jahresabschluss bietet Ihnen keineswegs einen vollständigen Einblick in die wirtschaftliche Situation eines Unternehmens.

- Aus dem Jahresabschluss können Sie nicht alle notwendigen Daten entnehmen, die für eine Beurteilung wichtig sind. Die Bilanz und die GuV enthalten nur quantitative Informationen.
- Bei einzelnen Positionen der Bilanz und der Gewinn- und Verlustrechnung können Sie die konkreten Inhalte nicht feststellen.

Sie können nicht erkennen, was sich hinter den GuV-Positionen »Sonstige Zinsen und ähnliche Erträge« und »Sonstige betriebliche Aufwendungen« genau verbirgt.

- Für kleine und mittelgroße Kapitalgesellschaften gelten Vereinfachungen. Ihr Jahresabschluss und auch der Lagebericht können wesentlich weniger detailliert sein.

Nicht alle Faktoren, die das Ergebnis der Jahresabschlussanalyse bestimmen, können Sie quantitativ erfassen. Kennzahlen werden davon folglich nicht beeinflusst.

- **Managementqualitäten** können Sie – wenn überhaupt – nur indirekt durch die Entwicklung von Kennzahlen oder Ähnlichem beurteilen.
- »**Keys to success**« (zum Beispiel Technisches Spezialwissen, Produktqualität, besondere Engagements in Forschung und Entwicklung) können Sie aus dem Jahresabschluss nicht erkennen.
- **Image:** Erst durch individuelle Erfahrungen, Meinungen, Gefühle und Einstellungen sowie durch Informationen von Mitarbeitern, Kunden und Veröffentlichungen erhalten Sie einen Eindruck vom Gesamtbild des Unternehmens.
- **Corporate Identity:** Die Merkmale und Eigenschaften, die ein Unternehmen unverwechselbar machen, sind nicht Teil des Rechnungswesens.
- **Zuverlässigkeit:** Die Stellung des Unternehmens am Markt mit den Kunden- und Lieferantenbeziehungen können Sie mit Kennzahlen nur unzureichend erfassen.
- **Unternehmerpersönlichkeit:** Sie spielt besonders bei kleinen und mittleren Unternehmen eine bedeutende Rolle für den Fortbestand des Unternehmens, die Sicherung der Arbeitsplätze und oft auch für die gesellschaftliche Rolle in der Region. In jedem Falle hat die Qualität des Managements Einfluss auf das Ergebnis der Analyse.
- **Einmalige Ereignisse** wie zum Beispiel große Schadensfälle, Übernahme durch einen Wettbewerber oder Skandale durch fehlerhafte Produktion können Sie naturgemäß bei einer Analyse weder erfassen noch prognostizieren.
- **Marktposition und Stärke der Wettbewerber** beeinflussen die Entwicklungsmöglichkeiten.
- **Freie Kreditlinien** sind Ihnen unbekannt. Für die weitere Entwicklung können sie aber von erheblichem Einfluss sein.
- **Auftragsbestände** und Auslastung der Kapazitäten können Sie aus dem Jahresabschluss nicht erkennen. Sie könnten Ihnen zeigen, ob das Unternehmen effizient arbeitet.

Punktlandung: Stichtagsbezug

Beachten Sie bei jeder Analyse, dass sich alle Zahlen nur auf den Bilanzstichtag beziehen.

- Der Jahresabschluss ist nur eine Momentaufnahme der wirtschaftlichen Situation eines Unternehmens. Über zukünftige Entwicklungen erhalten Sie keine Informationen.
- Vermögen und Schulden müssen Sie zum Abschlussstichtag bewerten und bilanzieren. Was sich danach ereignet, dürfen Sie (wegen der periodengerechten Erfolgsermittlung) nicht berücksichtigen.

Wenige Tage nach dem Bilanzstichtag brennt eine Produktionshalle ab. Die Folgen sind aus der Bilanz und der GuV nicht erkennbar.

So war es: Vergangenheitsbezug

Die Daten, die Ihnen zur Verfügung stehen und die Sie in Ihrer Analyse verwenden können, sind gleich in zweifacher Hinsicht veraltet:

- Sie stammen aus der Vergangenheit und beziehen sich auf eine abgeschlossene Periode.
- Der Jahresabschluss liegt Ihnen erst im folgenden Geschäftsjahr vor. Bei Kapitalgesellschaften muss die Veröffentlichung nach einem Jahr (§ 325 Abs. 1), bei bestimmten Gesellschaften nach vier Monaten (§ 325 Abs. 4 Satz 1 HGB) erfolgen.

Faktisch müssen Sie also eine »doppelte Veralterung« berücksichtigen, eine zeitnahe Analyse ist nicht möglich. Tatsächlich interessieren Sie aber zukunftsbezogene Entscheidungen, zum Beispiel zur Investitionstätigkeit oder zu den beabsichtigten Ausschüttungen.

Viele Regeln: Vorschriften

Die Vorschriften zur Rechnungslegung erschweren Ihnen eine fundierte Analyse.

- Durch Bilanzierungs- und Bewertungsvorschriften und -wahlrechte und die am Gläubigerschutz orientierten Grundsätze ordnungsmäßiger Buchführung müssen Sie mit teilweise unrealistischen Werten arbeiten.
- Durch das beherrschende Vorsichtsprinzip und vor allem durch das Imparitätsprinzip erhalten Sie ein verzerrtes Bild.
- Unternehmen, die ihre Abschlüsse nach unterschiedlichen Rechnungslegungssystemen (zum Beispiel IFRS) erstellen, können Sie nur sehr schwer vergleichen.

Das Ziel im Blick: Gestaltungsmöglichkeiten

Sie können die Lage Ihres Unternehmens durch verschiedene legale bilanzpolitische Maßnahmen günstiger darstellen oder verschleiern. Durch die gezielte Beeinflussung von Bilanz und Gewinn- und Verlustrechnung können Sie Kennzahlen zielgerichtet manipulieren. Das mindert den Informationsgehalt. Ob Ermessensspielräume genutzt wurden, können Sie von außen kaum nachvollziehen.

Beispiele: Ansatzwahlrecht bei der Aktivierung eines Disagios oder von latenten Steuern, Bewertungswahlrecht bei den Vorräten und bei der Wahl der Abschreibungsmethode.

Sachverhaltsgestaltende Maßnahmen

Durch Sachverhaltsgestaltung können Sie Kennzahlen beeinflussen, zum Beispiel:

- ✔ **Sale-and-lease-back:** Dabei werden Vermögensgegenstände verkauft und sofort wieder zurückgemietet. In der Regel müssen sie dann nicht aktiviert werden, das Anlagevermögen wird geringer.
- ✔ **Factoring:** Durch den Verkauf von Forderungen können Sie die Position »Kassenbestand, …« verbessern.
- ✔ **Investitionen** können Sie in das nächste Geschäftsjahr verschieben. Die Liquidität wird im Berichtsjahr nicht belastet, Aufwand für Abschreibungen fällt erst ab dem Folgejahr an.
- ✔ **Vorräte:** Wenn Sie die Lagerbestände erhöhen, steigt das Umlaufvermögen und die Anlagenintensität sinkt.

Ansatzpolitische Maßnahmen

Sogar nach dem Bilanzstichtag können Sie die Bilanz und die Gewinn- und Verlustrechnung noch beeinflussen, indem Sie Ansatzwahlrechte nutzen. Wenn Sie einen niedrigen Jahresüberschuss anstreben, verzichten Sie so weit wie möglich auf den Ansatz von Vermögensgegenständen. Soll ein besseres Ergebnis dargestellt werden, entscheiden Sie entgegengesetzt. Abbildung 14.2 zeigt die Auswirkung auf die Strukturbilanz.

Ansatzwahlrechte können Sie nutzen bei der Aktivierung

- ✔ von (mit einigen Ausnahmen) selbst geschaffenen immateriellen Vermögensgegenständen (§ 248 Abs. 2 HGB),
- ✔ eines Disagios im aktiven Rechnungsabgrenzungsposten (§ 250 Abs. 3 HGB),
- ✔ von aktiven latenten Steuern (§ 274 Abs. 1 Satz 2 HGB).

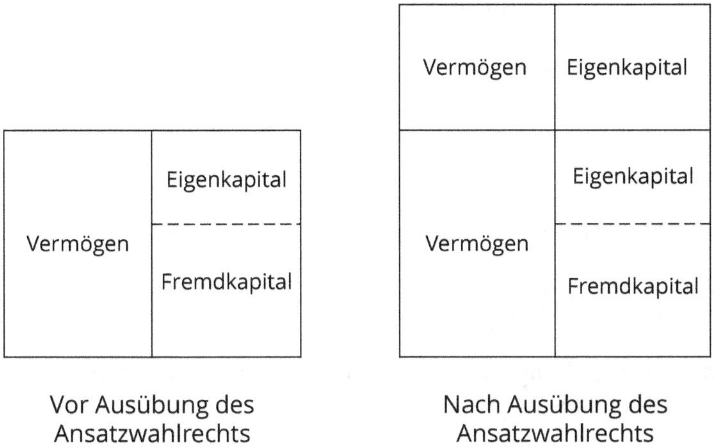

Vermögen | Eigenkapital / Fremdkapital

Vor Ausübung des Ansatzwahlrechts

Vermögen | Eigenkapital

Vermögen | Eigenkapital / Fremdkapital

Nach Ausübung des Ansatzwahlrechts

Abbildung 14.2: Ansatzwahlrecht

Ausweispolitische Maßnahmen

Bei der Zuordnung von Vermögensgegenständen zum Anlage- oder Umlaufvermögen können Sie Ermessensspielräume zur Beeinflussung der Bilanz nutzen.

Ob Sie Wertpapiere im Anlage- oder im Umlaufvermögen ausweisen, ist abhängig von Ihrer Entscheidung, ob die Papiere langfristig im Unternehmen verbleiben sollen oder nicht.

Bewertungspolitische Maßnahmen

Zum Wertansatz der Bilanzpositionen müssen Sie grundsätzlich gesetzliche Gebote und Verbote einhalten. Allerdings haben Sie in einigen Fällen auch Wahlrechte, die Sie für bilanzpolitische Zwecke nutzen können.

Wenn Sie einen möglichst niedrigen Gewinn abbilden wollen, werden Sie die Vermögensgegenstände mit einem möglichst niedrigen und die Verbindlichkeiten mit einem möglichst hohen Ansatz ausweisen. Wenn Sie einen möglichst hohen Gewinn anstreben, gehen Sie entsprechend umgekehrt vor.

Beim Anlagevermögen haben Sie bei mehreren Positionen die Möglichkeit, die Höhe des Bilanzansatzes zu beeinflussen. Wichtige Beispiele sind:

- ✔ **Finanzanlagen** müssen Sie nur abschreiben, wenn eine dauerhafte Wertminderung vorliegt Dazu gibt es aber keine gesetzliche Definition. Sie haben ein Wahlrecht bei einer voraussichtlich nur vorübergehenden Wertminderung.

- **Herstellungskosten:** Sie haben ein Wahlrecht,
  - angemessene anteilige Verwaltungskosten,
  - angemessene Aufwendungen für soziale Einrichtungen des Betriebs,
  - freiwillige soziale Leistungen,
  - Leistungen für die betriebliche Altersversorgung

  in die Herstellungskosten einzubeziehen. Fremdkapitalzinsen dürfen Sie ansetzen, wenn sie auf den Zeitraum der Herstellung entfallen.
- **Abschreibungen:** Bei der Abschreibung von Vermögensgegenständen können Sie zwischen verschiedenen Methoden wählen.
- **Forderungen** unterliegen einem Ausfallrisiko. Bei der Festlegung der Wertberichtigungen haben Sie einen Ermessensspielraum, weil Sie die Höhe des Risikos in der Regel nicht genau feststellen können.
- **Roh-, Hilfs- und Betriebsstoffe:** Sie können Bewertungsvereinfachungsverfahren nutzen.
- **Rückstellungen** bilden Sie für Verpflichtungen, deren Höhe oder Zeitpunkt Ihnen nicht bekannt ist. Bei der Schätzung können Sie Ermessensspielräume nutzen.

Auch eigene Interessen: Einfluss der Analysten

Wenn Sie eine Jahresabschlussanalyse durchführen, ist diese immer subjektiv. Sie legen nämlich fest

- welche internen und externen Quellen Sie nutzen,
- welche Kennzahlen Ihnen wichtig sind,
- wie Sie die Ergebnisse bewerten.

Außerdem fließen Informationen in Ihre Beurteilung ein, die Sie mit der rein betriebswirtschaftlichen Jahresabschlussanalyse gar nicht erfassen können:

- Persönliche Erfahrungen,
- Bevorzugung bestimmter Verfahren,
- eigene Zielvorstellungen,
- individuelle Interessen,

- erkenntnisleitende Vorgaben,
- kognitive Dissonanzen und
- vieles Andere

beeinflussen Ihre Beurteilung. Deshalb sollten Sie Ihr Bild mit zusätzlichen Analysen ergänzen und abrunden. Eine Fehleinschätzung, zu der manche der entwickelten und propagierten Kennzahlen geradezu einladen, können Sie nur so verhindern oder zumindest unwahrscheinlicher machen.

IN DIESEM KAPITEL

Typische Aufgabenstellungen

Lösungswege

Kapitel 15
Prüfungsvorbereitung

In diesem Kapitel haben Sie die Möglichkeit, Ihr erlerntes Wissen anzuwenden und zu überprüfen. Der Schwierigkeitsgrad der Aufgabenstellungen entspricht dem Niveau, das Sie in einer IHK-Bilanzbuchhalterprüfung erwarten können.

Lösen Sie zunächst die Aufgaben ausschließlich mit erlaubten Hilfsmitteln (zum Beispiel Taschenrechner, Gesetzestexte, DIHK-Formelsammlung). Erst danach sehen Sie sich die Lösungen zu den Aufgaben an. Falls notwendig, lesen Sie noch mal in den entsprechenden Kapiteln nach.

Gehen Sie auf keinen Fall umgekehrt vor! Wenn Sie sich zuerst die Lösungen ansehen, betrügen Sie sich selbst. Der Lerneffekt wird dann deutlich geringer ausfallen.

Aufgabenteil

Aufgabe 1

In der Verbandszeitschrift »Sportstudio-Report« liest Anna Bolika, dass sie die Kennzahlen ihres Sportstudios »Muskelkater« mit den Durchschnittszahlen der Branche vergleichen soll. Erklären Sie ihr, welche Probleme sich bei einem solchen Vergleich ergeben.

Aufgabe 2

Wegen fehlender Datensicherung sind dem Unternehmen Tünnes e. K. die meisten Daten aus seiner Strukturbilanz verloren gegangen:

Strukturbilanz in €

Aktiva		Passiva
Anlagevermögen	Eigenkapital	180.000
Umlaufvermögen	Fremdkapital	
Vorräte	kurzfristiges FK	
Forderungen	mittelfristiges FK	90.000
Liquide Mittel	langfristiges FK	
Gesamtvermögen	Gesamtkapital	

Glücklicherweise wurden bereits einige Kennzahlen ermittelt:

Eigenkapitalquote	30 %
Eigenkapitalrentabilität	7,5 %
Anlagenintensität	60 %
Liquidität 3. Grades	125 %
Vorratsintensität	25 %
Forderungsintensität	40 %

Rekonstruieren Sie die Strukturbilanz von Tünnes e. K.

Aufgabe 3

Im Rechnungswesen der Falke AG ist die folgende Strukturbilanz entwickelt worden.

Aufbereitete Bilanz

Aktiva	2023 in €	2024 in €		2023 in €	2024 in € Passiva
Sachanlagevermögen			Eigenkapital	7.392.000	10.080.000
nicht abnutzbar	764.400	764.400			
abnutzbar	8.475.600	8.307.600			
Umlaufvermögen			Fremdkapital		
Mittel 1. Grades	8.467.200	7.996.800	kurzfristig	8.064.000	9.408.000
Mittel 2. Grades	1.209.600	1.176.000	mittelfristig	13.188.000	10.399.200
Mittel 3. Grades	10.651.200	11.995.200	langfristig	924.000	352.800
	29.568.000	30.240.000		29.568.000	30.240.000

Der Vorstand beauftragt Sie, folgende Kennzahlen zu ermitteln:

1. Anlagenintensität
2. Liquidität 1. Grades
3. Liquidität 2. Grades
4. Eigenkapitalquote

Aufgabe 4

Erläutern Sie kurz mit drei Argumenten, warum die statischen Liquiditätskennzahlen kritisch interpretiert werden müssen.

Aufgabe 5

Die Strukturbilanz der Kurz & Lang GmbH weist Eigenkapital i. H. v. 4 Mio. € bei einem Gesamtkapital von 20 Mio. € aus. Die Hausbank verlangt eine Eigenkapitalquote von 30 %.

a) Um welchen Betrag müsste das Eigenkapital erhöht werden, um eine Eigenkapitalquote von 30 % zu erreichen?

b) Um welchen Betrag müsste das Fremdkapital verringert werden, um eine Eigenkapitalquote von 30 % zu erreichen?

Aufgabe 6

Herr Wassermann ist Geschäftsführer des Installationsunternehmens »Rohrkings GmbH«. Er bittet Sie, ihm anhand der Strukturbilanzen die Deckungsgrade I und II für die Jahre 01 und 02 zu erläutern.

Strukturbilanz (in €)

		01	02			01	02
I.	Anlagevermögen	59.796	77.022	I.	Eigenkapital	19.965	23.133
II.	Umlaufvermögen			II.	Fremdkapital		
	Vorräte	40.260	36.960		langfristiges Fremdkapital	41.019	42.801
	Forderungen	10.560	7.920		mittelfristiges Fremdkapital	0	0
	Liquide Mittel	8.580	6.600		kurzfristiges Fremdkapital	58.212	62.568
		119.196	128.502			119.169	128.502

Aufgabe 7

Von der Lang & Kurz GmbH liegt Ihnen die aufbereitete Gewinn- und Verlustrechnung vor:

	31.12.01	31.12.02
	in Tsd. €	in Tsd. €
Umsatzerlöse	29.900	32.500
Veränderung des Bestandes an fertigen und unfertigen Erzeugnissen	+ 1.300	– 1.300
Materialaufwand	15.600	16.224
Personalaufwand	2.340	2.496
Abschreibungen	3.757	3.640
Zinsaufwand	780	936
Sonstige betriebliche Aufwendungen	6.331	5.434
Zinserträge	0	130
Jahresüberschuss vor Steuern	2.392	2.600
Steuern vom Einkommen und Ertrag	988	1.170
Jahresüberschuss nach Steuern	1.404	1.430

Sie erhalten den Auftrag, die Entwicklung folgender Kennzahlen zu erläutern:

1. Ordentliches Betriebsergebnis
2. Gesamtleistung
3. Personalintensität
4. Materialintensität
5. Rohertrag

Aufgabe 8

Aus der Bilanz der Schrott AG sind zum 31.12.01 folgende Daten bekannt:

Gezeichnetes Kapital	150.000 €
Gewinnrücklagen	50.000 €
Fremdkapital	250.000 €
Jahresüberschuss	52.000 €

Im Jahr 01 betrugen die Zinsaufwendungen 20.000 €.

Eigen- und Fremdkapital haben sich im Laufe des Jahres 01 nicht verändert.

Der Jahresüberschuss 01 wird im Jahr 02 vollständig ausgeschüttet.

Im Jahr 02 soll eine Investition i. H. v. 250.000 € durchgeführt werden, die Finanzierung soll ausschließlich mit Fremdkapital erfolgen. Der Zinssatz für das Fremdkapital, die Gesamtkapitalrentabilität und das Eigenkapital ändern sich nicht.

1. Berechnen Sie die Gesamtkapitalrentabilität für das Jahr 01.
2. Berechnen Sie die Eigenkapitalrentabilität für das Jahr 01.
3. Prüfen Sie rechnerisch, ob sich die geplante Investition aus Sicht der Eigenkapitalgeber lohnt.

Aufgabe 9

Ihnen liegen die aufbereiteten Bilanzen der Gross AG für die Jahre 01 und 02 vor:

Aufbereitete Bilanz Angaben in Tsd. €					
	01	02		01	02
Aktiva					Passiva
Anlagevermögen	1.200	1.326	Eigenkapital	1.125	1.144
Mittel 1. Grades	300	260	Kurzfristiges FK	650	715
Mittel 2. Grades	450	390	Mittelfristiges FK	400	481
Mittel 3. Grades	550	624	Langfristiges FK	325	260
	2.500	2.600		2.500	2.600

Entwickeln Sie die Bewegungsbilanz.

Aufgabe 10

Aus der Bilanz der Tukan AG liegen Ihnen folgende Werte vor:

	2023	2024	2025
Abschreibungen auf das Sachanlagevermögen	24.860 €	26.103 €	28.589 €
Zuführung zu den Pensionsrückstellungen	8.701 €	9.944 €	6.215 €
Jahresüberschuss	9.944 €	22.374 €	27.346 €
Umsatzerlöse	559.350 €	621.500 €	745.800 €

Ermitteln Sie den Cashflow für die Jahre 2023 bis 2025.

Aufgabe 11

Aus den Jahresabschlüssen der Jahre 01 und 02 der Eiche AG liegen Ihnen folgende Informationen vor:

Handelsbilanz

Aktiva in Mio. €	01		02	
Sachanlagen	13,00		22,50	
Finanzanlagen	77,00		72,40	
		90,00		94,90
Rohstoffe	0,42		14,70	
Vorräte	83,93		17,25	
Forderungen aus LuL	55,75		107,40	
Sonstiges UV	3,00		1,50	
Liquide Mittel	0,10		11,56	
		143,20		152,41
		233,20		247,31

Passiva in Mio. €	01		02	
Eigenkapital		28,09		53,26
Langfristiges FK	102,76		150,55	
Mittelfristiges FK	53,00		37,00	
Kurzfristiges FK	49,35		6,50	
		205,11		194,05
		233,20		247,31

Gewinn- und Verlustrechnung

in Mio. €		01	02
Umsatzerlöse		278,76	428,71
+/–	Bestandsveränderungen	35,67	– 66,68
–	Materialaufwand	46,38	46,29
–	Personalaufwand		
	Löhne und Gehälter	134,59	129,78
	Einstellungs-/Entlassungsaufwand	1,90	5,65
	Pensionsrückstellungen	6,73	5,79
	Sonstiger Personalaufwand	53,84	40,04
–	Abschreibungen auf das SAV	8,25	8,60
–	Sonstiger betrieblicher Aufwand	83,36	80,90
=	Betriebsergebnis	– 20,62	44,98
+/–	Zinsergebnis	– 4,10	– 1,54
–	Abschreibungen auf FA	7,30	1,50
=	Ergebnis der gewöhnlichen Geschäftstätigkeit	–32,02	41,94
–	Steuern vom Einkommen und Ertrag	0,00	16,77
=	Jahresüberschuss/-fehlbetrag	– 9,92	25,17

Entwickeln Sie die Kapitalflussrechnung für das Jahr 02.

Aufgabe 12

Zum Jahresabschluss der Pico AG 07 liegen folgende Informationen vor:

Bilanz (HGB)

Aktiva in Mio. €						**Passiva in Mio. €**		
	31.12.06		31.12.07			31.12.06		31.12.07
Sachanlagen	39,00		67,50		Bilanzanal. EK		84,27	159,78
Finanzanlagen	231,00		217,20					
Bilanzanal. AV		270,00		284,70				
Rohstoffe	1,26		44,10		Langfristiges FK	308,28	451,65	
Vorräte Fertigerzeugnisse	251,79		51,75		Mittelfristiges FK	159,00	111,00	
Forderungen aus LL	167,25		322,20		Kurzfristiges FK	148,05	19,50	
Sonstiges UV	9,00		4,50					
Flüssige Mittel	0,30		34,68					
Bilanzanal. UV		429,60		457,23	Bilanzanal. FK		615,33	582,15
Bilanzsumme		**699,60**		**741,91**			**699,60**	**741,91**

Gewinn- und Verlustrechnung nach § 275,2 HGB (GKV)

in Mio. €	**31.12.06**	**31.12.07**
Umsatzerlöse	836,28	1.286,13
+/– Bestandsveränderungen	107,01	– 200,07
– Materialaufwand	139,14	138,87
– Personalaufwand		
Löhne und Gehälter	403,77	389,34
Einstellungs-/Entlassungsaufwand	5,70	16,80
Pensionsrückstellungen	20,19	17,37
Sonstiger Personalaufwand	161,52	120,12
– Abschreibungen auf SAV	24,75	25,80
– Sonstiger betriebl. Aufwand	250,08	242,70
= **Betriebsergebnis**	**– 61,86**	**134,97**
Erträge aus Beteiligungen	0,00	0,00
Zinsergebnis	– 12,30	– 4,62
Abschreibungen auf FA	44,40	4,50
= **Ergebnis der gewöhnlichen Geschäftstätigkeit**	**118,56**	**125,85**
– Steuern vom Einkommen und Ertrag	0,00	50,34
= **Jahresüberschuss/-fehlbetrag**	**118,56**	**75,51**

1. Stellen Sie die Bewegungsbilanz auf für das Jahr 07.
2. Entwickeln Sie die Kapitalflussrechnung für das Jahr 07.

Lösungsteil

Lösung 1

Der Vergleich von durchschnittlichen Kennzahlen mit denen des eigenen Sportstudios ermöglicht Anna nur tendenzielle Aussagen:

- ✔ Alle Studios arbeiten unter unterschiedlichen Rahmenbedingungen wie Standort, Rechtsform, Größe, Angebote, Kundenstruktur und so weiter.
- ✔ Welche Bilanzpolitik bei den Wettbewerbern verfolgt wird, ist nicht bekannt.
- ✔ In die Durchschnittszahlen sind auch immer die Werte der schlecht aufgestellten Unternehmen eingeflossen.

Lösung 2

	Formeln	**vorhandene Daten eingesetzt**	**Wert für die Strukturbilanz**
Eigenkapitalquote	$\frac{EK}{GK} * 100$	$\frac{180.000}{GK} * 100 = 30\ \%$	
Gesamtkapital		$\frac{180.000}{30} * 100$	600.000
Gesamtvermögen			600.000
Anlagenintensität	$\frac{AV}{GV} * 100$	$\frac{AV}{600.000} * 100 = 60\ \%$	
Anlagevermögen			360.000
Liquidität 3. Grades	$\frac{UV}{kurzfr.FK} * 100$	$\frac{240.000}{kurzfr.FK} * 100 = 125\ \%$	
Umlaufvermögen	GV – AV	600.000 – 360.000	240.000
Kurzfristiges FK			192.000
Langfristiges FK	GK – kurzfristiges FK – mittelfristiges FK		
	600.000 – 180.000 – 192.000 – 90.000		138.000
Vorratsintensität	$\frac{Vorräte}{GV} * 100$		
	$\frac{Vorräte}{600.000} * 100 = 5\ \%$		

	Formeln	vorhandene Daten eingesetzt	Wert für die Strukturbilanz
Vorräte			30.000
Forderungsintensität	$\frac{\text{Forderungen}}{\text{GV}} * 100 = 25\ \%$		
	$\frac{\text{Forderungen}}{600.000} * 100 = 25\ \%$		
Forderungen			150.000
Liquide Mittel	GK – Vorräte – Forderungen – AV		
	600.000 – 30.000 – 150.000 – 360.000		60.000

Ergebnis: Strukturbilanz in Euro

Aktiva			Passiva
Anlagevermögen	360.000	Eigenkapital	180.000
Umlaufvermögen		Fremdkapital	
Vorräte	30.000	kurzfristiges FK	192.000
Forderungen	150.000	mittelfristiges FK	90.000
Liquide Mittel	60.000	langfristiges FK	138.000
Gesamtvermögen	600.000	Gesamtkapital	600.000

Lösung 3

	2023	2024
1.	$\frac{764.400 + 8.475.600}{29.568.000} * 100 = 31{,}25\ \%$	$\frac{764.400 + 8.307.600}{30.240.000} * 100 = 30{,}00\ \%$
2.	$\frac{8.467.200}{8.064.000} * 100 = 105\ \%$	$\frac{7.996.800}{9.408.000} * 100 = 85\ \%$
3.	$\frac{8.467.200 + 1.209.600}{8.064.000} * 100 = 120\ \%$	$\frac{7.996.800 + 1.176.000}{9.408.000} * 100 = 97{,}5\ \%$
4.	$\frac{7.392.000}{29.568.000} * 100 = 25{,}00\ \%$	$\frac{10.080.000}{30.240.000} * 100 = 33.33\ \%$

Lösung 4

Zum Beispiel

1. Die Zahlen sind veraltet. Sie beziehen sich auf das abgelaufene Geschäftsjahr und werden erst während des laufenden Geschäftsjahres veröffentlicht.
2. Es handelt sich um eine Stichtagsbetrachtung. Kurz vor und kurz nach dem Bilanzstichtag kann die Situation anders sein.
3. Die Zahlen sind leicht zu manipulieren, zum Beispiel durch gezielte Aufnahme eines Darlehens.
4. Der Wert im Zähler bezieht sich auf einen Stichtag, der Wert im Nenner dagegen auf einen Zeitraum.

Lösung 5

a) Weil sich durch die Erhöhung des Eigenkapitals (unter sonst gleichen Bedingungen) auch das Gesamtkapital um denselben Betrag erhöht, gilt

$$\frac{4\text{ Mio. €} + x}{20\text{ Mio. €} + x} = 30\ \%$$

$$\begin{aligned} 4\text{ Mio. €} + x &= 0{,}3 * (20\text{ Mio. €} + x) \\ 4\text{ Mio. €} + x &= 6\text{ Mio. €} + 0{,}3\,x \\ x - 0{,}3\,x &= 6\text{ Mio. €} - 4\text{ Mio. €} \\ 0{,}7\,x &= 2\text{ Mio. €} \\ x &= 2{,}857\text{ Mio. €} \end{aligned}$$

Die Kapitalerhöhung müsste 2,857 Mio. € betragen: $\frac{6{,}857\text{ Mio. €}}{2\text{ Mio. €} + 2{,}857\text{ Mio. €}} * 100 = 30\ \%$

b)

$$\frac{4\text{ Mio. €}}{20\text{ Mio. €} - x\text{€}} = 30\ \%$$

$$\begin{aligned} 4\text{ Mio. €} &= 0{,}3 * (20\text{ Mio. €} - x) \\ 0{,}3\,x &= 4\text{ Mio. €} - 6\text{ Mio. €} \\ 0{,}3\,x &= 2\text{ Mio. €} \\ x &= 6{,}667\text{ Mio. €} \end{aligned}$$

Das Fremdkapital müsste um 6,667 Mio. € verringert werden:

Lösung 6

$$\text{Deckungsgrad I} = \frac{\text{Eigenkapital}}{\text{Anlagevermögen}} * 100$$

$$01 = \frac{19.965}{59.796} * 100 = 33{,}4\ \%$$

$$02 = \frac{23.133}{77.022} * 100 = 30{,}0\ \%$$

$$\text{Deckungsgrad II} = \frac{\text{Eigenkapital} + \text{langfristiges FK}}{\text{Anlagevermögen}} * 100$$

$$01 = \frac{19.965 + 41.019}{59.796} * 100 = 102\ \%$$

$$02 = \frac{23.133 + 42.801}{77.022} * 100 = 85{,}6\ \%$$

Der Anlagendeckungsgrad I ist in 02 gegenüber 01 gesunken. Nur noch 30 % des Anlagevermögens sind durch Eigenkapital finanziert. Die Goldene Bilanzregel ist also nicht erfüllt.

Der Deckungsgrad II sollte mindesten 100 % betragen. Im Berichtsjahr ist der Wert unter diesen Wert gesunken. Maßnahmen zur Verbesserung der Finanzstruktur sind erforderlich.

Lösung 7

Um die Kennzahlen zu erläutern, müssen Sie zunächst die Berechnung durchführen.

1. Ordentliches Betriebsergebnis

		01	02
	Umsatz	29.900	32.500
+/–	Bestandsveränderungen	1.300	–1.300
–	Materialaufwand	15.600	16.224
–	Personalaufwand	2.340	2.496
–	Abschreibungen	3.757	3.640
–	Sonstige betriebliche Aufwendungen	6.331	5.434
=	Ordentliches Betriebsergebnis	3.172	3.406

oder

		01	02
	Jahresüberschuss	1.404	1.430
+	Steuern vom Einkommen und Ertrag	988	1.170
+	Zinsaufwendungen	780	936
–	Zinserträge	0	130
=	Ordentliches Betriebsergebnis	3.172	3.406

Das ordentliche Betriebsergebnis hat sich verbessert. Das ist grundsätzlich positiv zu beurteilen.

2. Gesamtleistung

		01	02
	Umsatzerlöse	29.900	32.500
+/–	Bestandsveränderungen	1.300	– 1.300
=	Gesamtleistung	31.200	31.200

Die Gesamtleistung hat sich nicht verändert. Das ist auf die unterschiedlichen Bestandsveränderungen zurückzuführen.

3. Personalintensität

$$01 = \frac{2.340}{31.200} * 100 = 7{,}5\,\% \qquad 02 = \frac{2.496}{31.200} * 100 = 8{,}0\,\%$$

Die Personalintensität ist um einen halben Prozentpunkt gestiegen. Das könnte an höheren Löhnen und Gehältern oder Neueinstellungen liegen.

4. Materialintensität

$$01 = \frac{15.600}{31.200} * 100 = 50{,}0\,\% \qquad 02 = \frac{16.224}{31.200} * 100 = 52{,}0\,\%$$

Die Materialintensität ist gestiegen. Das ist negativ zu beurteilen. Gründe dafür könnten höhere Einkaufspreise, höherer Materialeinsatz oder mehr Ausschuss sein.

5. Rohertrag

		01	02
	Gesamtleistung	31.200	31.200
–	Materialaufwand	15.600	16.224
=	Rohertrag	15.600	14.976

Lösung 8

1. Gesamtkapitalrentabilität $= \frac{52.000\ € + 20.000\ €}{150.000\ € + 50.000\ € + 250.000\ €} * 100 = 16\ \%$

2. Eigenkapitalrentabilität $= \frac{52.000\ €}{200.000\ €} * 100 = 26\ \%$

3. Aus Sicht der Eigenkapitalgeber ist die Investition lohnend, wenn sich die Eigenkapitalrentabilität erhöht.

Gesamtkapital	150.000 € +50.000 € + 250.000 € + 250.000 €	700.000 €
FK-Zinsen	8 % von 500.000 €	40.000 €
Gesamtrentabilität	16 % von 700.000 €	112.000 €
Jahresüberschuss	112.000 € –40.000 €	72.000 €
EK-Rentabilität	$\frac{72.000}{200.000} * 100$	36 %

Die Investition sollte durchgeführt werden.

Lösung 9

Bewegungsbilanz

Mittelverwendung		Mittelherkunft	
Anlagevermögen	126	Eigenkapital	19
Mittel 3. Grades	74	Kurzfristiges FK	65
Langfristiges FK	65	Mittelfristiges FK	81
		Mittel 1. Grades	40
		Mittel 2. Grades	60
	265		265

Lösung 10

	2023	2024	2025
Jahresüberschuss	9.944 €	22.374 €	27.346 €
+ Abschreibungen auf das Sachanlagevermögen	24.860 €	26.103 €	28.589 €
+ Zuführung zu den Pensionsrückstellungen	8.701 €	9.944 €	6.215 €
= Cashflow	43.505 €	58.421 €	62.150 €

Lösung 11

	Jahresüberschuss		25,17	
+/−	Abschreibungen		10,10	8,60 + 1,50
+/−	Veränderung der langfristigen Rückstellungen		5,79	Pensionsrückstellungen
	Gewinn/Verlust aus Anlageabgängen			
−	Kurzfristige Aktivmehrung	Rohstoffe	− 14,28	
		Forderungen aus LuL	− 51,65	
+	Kurzfristige Aktivminderung	Vorräte	66,68	
		Sonstiges UV	1,50	
	Cashflow aus laufender Geschäftstätigkeit		**43,31**	
+/−	Investitionen/ Desinvestitionen		− 18,10	Veränderung SAV 9,50 +Abschreibungen 8,60
	Cashflow aus Investitionstätigkeit		**− 18,10**	
+/−	Kreditaufnahme	Langfristiges FK	+ 42,00	Langfr. FK 47,79 −Pensionsrückstellungen 5,79
		Mittelfristiges FK	− 16,00	
		Kurzfristiges FK	− 42,85	
	Desinvestitionen bei FA		3,10	Veränderung FA 4,60 − Abschreibungen 1,50
	Cashflow aus Finanzierungstätigkeit		**− 13,75**	
	Finanzmittelbestand 01		0,10	
	Finanzmittelbestand 02		11,56	
	Cashflow		**11,46**	

Lösung 12

1. Bewegungsbilanz 07

	Mittelverwendung		**Mittelherkunft**		
A +	Sachanlagen	28,5	Sachanlagen	0	A –
	Finanzanlagen	0	Finanzanlagen	13,8	
	Rohstoffe	42,84	Rohstoffe	0	
	Vorräte Fertigerzeugnisse	0	Vorräte Fertigerzeugnisse	200,04	
	Forderungen aus LL	154,95	Forderungen aus LL	0	
	Sonstiges UV	0	Sonstiges UV	4,50	
	Flüssige Mittel	34,38	Flüssige Mittel	0	
P -	Bilanzanal. FK	0	Bilanzanal. FK	75,51	P +
	Langfristiges FK	0	Langfristiges FK	143,37	
	Mittelfristiges FK	48,00	Mittelfristiges FK	0	
	Kurzfristiges FK	128,55	Kurzfristiges FK	0	
	Summe	**437,22**	**Summe**	**437,22**	

2. Kapitalflussrechnung

	Jahresüberschuss		75,51
+/–	Abschreibungen		+ 25,80
+/–	Veränderung der langfristigen Rückstellungen		+ 17,37
	Gewinn/Verlust aus Anlageabgängen		0,00
–	Kurzfristige Aktivmehrung	Rohstoffe	– 42,84
		Vorräte Fertigerzeugnisse	0,00
		Forderungen aus LL	– 154,95
+	Kurzfristige Aktivminderung	Rohstoffe	0,00
		Vorräte Fertigerzeugnisse	+ 200,04
		Forderungen aus LL	0,00

	Mittelzufluss aus laufender Geschäftstätigkeit		**120,93**	
+/–	Investitionen/ Desinvestitionen		– 54,30	Investitionen 28,50 + Abschreibungen 25,80
	Mittelzufluss aus Investitionstätigkeit		**– 54,30**	
	Einzahlungen aus Kapitalzuführungen		0,00	
	Ausschüttung der Dividende		0,00	
+/–	Kreditaufnahme	Langfr. FK	+ 126,00	langfr. FK + Pensionsrückst.
		Mittelfr. FK	– 48,00	
		Kurzfr. FK	– 128,55	
	Desinvestitionen bei FA		– 18,30	13,80 aus Bilanz + Abschreibungen 4,50
	Mittelzufluss aus Finanzierungstätigkeit		**– 32,25**	
	Finanzmittelbestand 31.12.06		0,30	
	Finanzmittelbestand 31.12.07		34,68	
	Veränderung des Finanzmittelbestandes		**34,38**	

Teil II
Finanzmanagement des Unternehmens

IN DIESEM TEIL …

In diesem Teil lernen Sie einen zentralen Teil der unternehmerischen Tätigkeit kennen: Ohne finanzielle Mittel kann kein Unternehmen dauerhaft existieren. Sie erfahren, welche Möglichkeiten Ihnen zu Beschaffung von Finanzmitteln zur Verfügung stehen, wie Sie den damit verbundenen Risiken entgegenwirken können und welche Sicherungsinstrumente Ihnen zur Verfügung stehen. In einem zentralen Abschnitt werden die Investitionen und insbesondere die Verfahren der Investitionsrechnung vorgestellt. Schließlich erfahren Sie, welche Besonderheiten Sie im internationalen Handel beachten müssen.

IN DIESEM KAPITEL

Aufgaben und Ziele des Finanzmanagements

Ausgewählte Kennzahlen

Finanzmärkte

Strategische und operative Planung

Kapitel 16

Analysieren und gestalten: Grundlagen des Finanzmanagements

Die Frage, wie man am besten zu Geld kommt, hat Sie sicher auch schon beschäftigt. Und für Unternehmen stellt sie sich natürlich auch. Damit befasst sich das Finanzmanagement.

»Finanzieren ist wie ein Fitnessprogramm: Man muss regelmäßig dranbleiben, um die besten Ergebnisse zu erreichen.«

In diesem Kapitel lernen Sie dazu zunächst die Grundlagen, Ziele und Aufgaben des Finanzmanagements in einem Unternehmens kennen. Sie erhalten eine Übersicht über die Finanzierungsregeln und über deren Kontrolle.

Sie können sich einen Überblick über unterschiedliche Formen von Finanzmärkten verschaffen, die für ein Unternehmen zur Erfüllung der Aufgaben in Anspruch genommen werden können.

Schließlich geht es noch um die Planung. Sie müssen ja wissen, in welchem Umfang Sie finanzielle Mittel benötigen. Damit dabei nichts schiefgeht, ist ein systematisches Vorgehen erforderlich.

Einige Begriffe werden Ihnen zunächst ziemlich fremd erscheinen, schließlich wird auch in diesem Bereich eine eigene Fachsprache genutzt. Die notwendigen Begriffe werden Ihnen aber erläutert und danach können Sie schon fachkundig an die nächsten Kapitel herangehen.

Die Richtung bestimmen: Aufgaben und Ziele

Doch worum geht es im Finanzmanagement überhaupt? Warum ist es erforderlich?

Aufgaben des Finanzmanagements

Beim Begriff *Finanzmanagement* denken Sie wahrscheinlich zuerst an Geld, mit dem ein Unternehmen am Laufen gehalten werden muss. Das ist auch richtig so, aber woher kommen diese Zahlungsmittel und nach welchen Gesichtspunkten werden sie eingesetzt? Natürlich sind das zentrale Fragen des Finanzmanagements, auf die Antworten gefunden werden müssen.

Das *Finanzmanagement* umfasst die zielgerichtete Planung, Steuerung und Kontrolle aller finanziellen Mittel eines Unternehmens.

Daraus können Sie drei Aufgabenbereiche erkennen:

- ✔ Kapitalbeschaffung
- ✔ Kapitalverwendung
- ✔ Kapitalverwaltung

Verschaffen Sie sich zunächst einen Überblick über die Ziele, die Sie verantwortlich im Finanzmanagement anstreben sollten.

»Warum sind Finanzmanager gute Köche? Weil sie wissen, wie man mit wenigen Zutaten ein perfekt abgestimmtes Ergebnis hinbekommt.«

Ziele des Finanzmanagements

Beim Finanzmanagement sind Sie mit einer dominierenden Schwierigkeit konfrontiert: Sie müssen an vier Steuerungshebeln gleichzeitig spielen, wenn Sie ein Unternehmen mit einer gewissen Nachhaltigkeit lenken wollen. Abbildung 16.1 zeigt Ihnen die vier Zielgrößen.

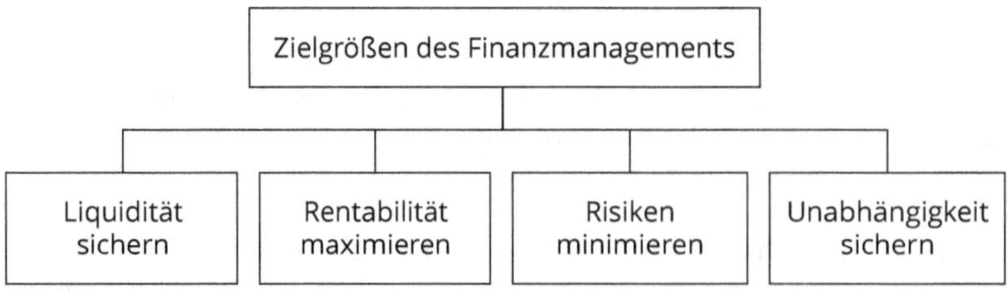

Abbildung 16.1: Zielgrößen des Finanzmanagements

Sie erkennen, dass die gleichzeitige Verfolgung dieser Ziele kaum möglich ist: Sie haben einen Zielkonflikt:

- Als **Liquidität** wird die Fähigkeit und Bereitschaft bezeichnet, bestehenden Zahlungsverpflichtungen jederzeit der Höhe nach und fristgerecht nachkommen zu können.

  Aber mit liquiden Mitteln erwirtschaften Sie grundsätzlich eine geringe Rendite. Das kennen Sie aus Ihrem Privatleben: Sie hatten immer ein Guthaben auf Ihrem Girokonto, waren aber oft enttäuscht über die geringen Zinsen, die Ihnen die Bank dafür gutgeschrieben hat. Bei Guthaben im Firmenkundengeschäft ist dies nicht anders.

- Die **Rentabilität** zeigt, welcher Erfolg beziehungsweise Misserfolg durch den Einsatz finanzieller Ressourcen erzielt worden ist.

  Eine hohe Rentabilität können Sie nicht durch einen hohen Bestand an liquiden Mitteln erzielen. Bei nicht ausreichender Rentabilität sind die erwarteten Zahlungen nicht möglich, die Existenz des Unternehmens ist langfristig gefährdet.

- Die **Geschäftsrisiken** sollen durch das Finanzmanagement vermieden oder verringert werden.

  Eine hohe Liquidität schützt Sie vor möglicher Zahlungsunfähigkeit und Überschuldung und verringert das Insolvenzrisiko. Sicherheit konkurriert mit der Rentabilität. Wenn Risiken ausgeschlossen werden sollen, sinken damit auch die Chancen.

- Die **Entscheidungsfreiheit** der Eigentümer beziehungsweise der Unternehmensleitung soll durch das Finanzmanagement gesichert werden.

  Wenn Sie über hohes Eigenkapital verfügen, ist sie hoch. Bei einem hohen Anteil von Fremdkapital sinkt in der Regel die Unabhängigkeit, weil Fremdkapitalgeber Mitsprache und Kontrolle fordern.

Sie müssen offensichtlich über Kompromisse nachdenken, um die Steuerungsgrößen möglichst in Einklang zu bringen. Abbildung 16.2 erinnert an das Ziel: Gelingt das, spricht man von einem *finanzwirtschaftlichen Gleichgewicht.*

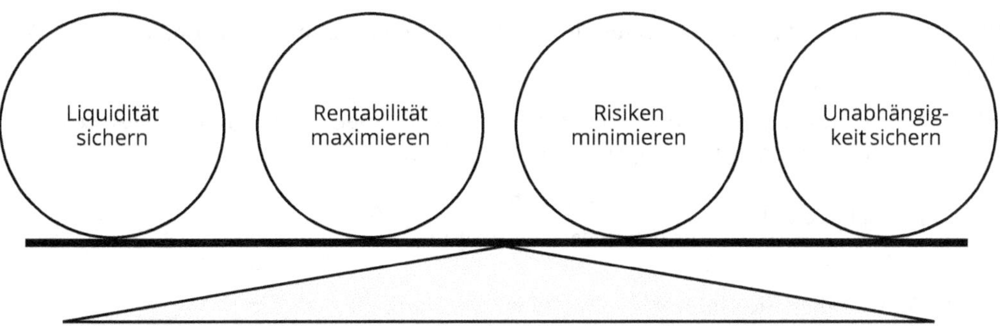

Abbildung 16.2: Finanzwirtschaftliches Gleichgewicht

Ein *finanzwirtschaftliches Gleichgewicht* ist erreicht, wenn Sie eine Rendite erwirtschaften, die über dem marktüblichen Zinssatz liegt, ohne die Zahlungsfähigkeit durch die Vorhaltung von liquiden Mitteln zu gefährden.

Die Bedingungen müssen stimmen

Wenn Sie einem Unternehmen finanzielle Mittel zur Verfügung stellen, werden Sie damit bestimmte Erwartungen verknüpfen. Um einschätzen zu können, ob sich Ihre Anlage verzinst und ob Sie gegebenenfalls Ihr Geld zurückbekommen, sehen Sie sich an, wie das Unternehmen bisher aufgestellt ist.

Messen und vergleichen: Kennzahlen

Ob das Finanzmanagement erfolgreich agiert, müssen Sie irgendwie messen können. Ausgewählte Messgrößen sollen Ihnen Auskunft geben, ob das Gleichgewicht zwischen den Zielgrößen erreicht werden konnte oder wo noch Bedarf für Nachbesserungen besteht. Sie können dazu Kennzahlen nutzen, die in konzentrierter Form Auskunft über quantitativ erfassbare betriebliche Sachverhalte geben. Damit sind Sie in der Lage, sich trotz der komplexen Zusammenhänge auf relativ einfache Weise einen schnellen und doch umfassenden Überblick zu verschaffen.

Kennzahlen

- ✔ machen Ihnen Sachverhalte sichtbar, die Sie sonst nicht erkennen können,
- ✔ beschreiben Ihnen Sachverhalte in komprimierter Form,
- ✔ erhöhen die Transparenz zur Beurteilung der Lage eines Unternehmens.

Kennzahlen sind isoliert betrachtet nur begrenzt aussagekräftig. Vergleichen Sie die Kennzahlen deshalb am besten chronologisch oder branchenbezogen.

Immer schön flüssig bleiben: Liquiditätskennzahlen

Zur Beurteilung der Liquidität stehen Ihnen die statischen Liquiditätskennziffern zur Verfügung:

- ✔ Mit der **Liquidität 1. Grades (Barliquidität)** berechnen Sie, wie hoch der Anteil der flüssigen Mittel am kurzfristigen Fremdkapital ist:

  $$\text{Liquidität 1. Grades} = \frac{\text{liquide Mittel}}{\text{kurzfristiges Fremdkapital}} * 100$$

  Als Ziel können Sie einen Wert von 20 % anstreben.

- Die **Liquidität 2. Grades** (Einzugsliquidität) zeigt Ihnen, wie hoch der Anteil der flüssigen Mittel zuzüglich der Forderungen am kurzfristigen Fremdkapital ist:

  $$\text{Liquidität 2. Grades} = \frac{\text{liquide Mittel} + \text{Forderungen}}{\text{kurzfristiges Fremdkapital}} * 100$$

  Hier sollten Sie einen Wert von 100 % anstreben.

- Bei der **Liquidität 3. Grades (umlaufbedingte Liquidität)** beziehen Sie das gesamte Umlaufvermögen in Ihre Berechnungen ein:

  $$\text{Liquidität 3. Grades} = \frac{\text{Umlaufvermögen}}{\text{kurzfristiges Fremdkapital}} * 100$$

  Die Liquidität 3. Grades sollte mindestens 120 % betragen.

- Aus dem **Cashflow**, den Sie mithilfe der Gewinn- und Verlustrechnung ermitteln, können Sie ersehen, welchen Mittelzufluss Ihr Unternehmen in einer Periode aus dem Umsatzprozess erwirtschaftet hat und wie viele Mittel für Investitionen, Tilgungszahlungen und zur Gewinnausschüttung zur Verfügung stehen.

- Mit dem **Working Capital** steht Ihnen eine weitere Möglichkeit zur Verfügung, die Liquidität zu erfassen:

	Umlaufvermögen
–	kurzfristige Verbindlichkeiten
=	Working Capital

  Das Working Capital ermöglicht Ihnen eine Aussage über Liquiditätsveränderungen und interne Finanzierungspotenziale.

Lohnt sich das überhaupt? Rentabilitätskennzahlen

Die Rentabilitäten ermitteln Sie aus dem Verhältnis einer Ertragsgröße zum eingesetzten Kapital oder zum Umsatz. Die Kennzahlen geben Ihnen Aufschluss über den Erfolg des Unternehmens:

$$\text{Eigenkapitalrenrabilität} = \frac{\text{Jahresergebnis}}{\text{Ø Eigenkapital}} * 100$$

$$\text{Gesamtkapitalrenrabilität} = \frac{\text{Jahresergebnis}}{\text{Ø Gesamtkapital}} * 100$$

$$\text{Umsatzrenrabilität} = \frac{\text{Jahresergebnis}}{\text{Umsatzerlöse}} * 100$$

Im Gleichgewicht: Finanzierungsregeln

Finanzierungsregeln sollen Sie dabei unterstützen, das Unternehmen in einem finanziellen Gleichgewicht zu halten. Hinsichtlich der Finanzlage müssen Sie die Vermögens- und die Kapitalseite der Bilanz gemeinsam betrachten.

Die *goldene Finanzregel* besagt, dass die Vermögensgegenstände fristenkongruent finanziert sein sollen: Langfristiges Vermögen sollen Sie durch langfristiges Kapital finanzieren.

Mithilfe der Deckungsgrade können Sie feststellen, ob diese Bedingung erfüllt ist:

$$\text{Deckungsgrad I: } \frac{\text{Eigenkapital}}{\text{Anlagevermögen}} * 100$$

$$\text{Deckungsgrad II: } \frac{\text{langfristiges Kapital}}{\text{Anlagevermögen}} * 100$$

$$\text{Deckungsgrad III: } \frac{\text{langfristiges Kapital}}{\text{Anlagevermögen} + \text{langfristiges Umlaufvermögen}} * 100$$

Die Kennzahlen lernen Sie ausführlich im ersten Teil dieses Bandes kennen.

Geben und nehmen: Märkte

Banken, Unternehmen, private Haushalte und andere treffen sich auf Märkten: Die einen wollen verkaufen, die anderen kaufen. So stellen Sie sich das auch auf den Finanzmärkten vor.

Schnelle Kasse: Geldmarkt

Auf dem Geldmarkt werden kurzfristige Finanzgeschäfte mit Wertpapieren und Krediten abgewickelt. Sie können kurzfristig Zahlungsmittelüberschüsse anlegen oder bei Liquiditätsengpässen Mittel aufnehmen.

Dazu zählen

- ✔ Kredite mit Laufzeiten zwischen einem Tag und einem Jahr (zum Beispiel Tagesgeld, Termingeld)
- ✔ Geldmarktkredite mit standardisierten Laufzeiten
- ✔ Sämtliche Geldmarktpapiere unabhängig von der Laufzeit
- ✔ Geldmarktfonds. Das sind Investmentfonds, die in Geldmarktpapiere investieren

Charakteristisch für den Handel auf den Geldmärkten sind die hohen Summen. Deshalb sind Sie auch nicht auf diesem Geldmarkt aktiv, wenn Sie Ihre Ersparnisse anlegen.

Dauerhaft angelegt: Kapitalmarkt

Auf dem Kapitalmarkt können Sie mittel- oder längerfristig Kapital anlegen oder aufnehmen. Teilnehmer am Kapitalmarkt

- ✔ handeln mit Wertpapieren und
- ✔ legen langfristig Gelder an oder
- ✔ nehmen langfristig Gelder auf.

Beachten Sie den Zeithorizont, der grundsätzlich länger als ein Geschäftsjahr ist, und unterscheiden Sie zwischen Primär- und Sekundärmärkten.

- ✔ Auf **Primärmärkten** können Anleger Erstausgaben von Wertpapieren zeichnen oder erwerben. Unternehmen bieten dort erstmals ihre Aktien, Anleihen oder andere Wertpapiere an, um zusätzliches Kapital zu beschaffen.
- ✔ **Sekundärmärkte** betreffen den Handel von bereits herausgegebenen Wertpapieren, die dann zwischen Anlegern gehandelt werden. Der größte Teil dieses Wertpapierhandels findet an amtlichen und organisierten Börsen statt.

Sofort oder später: Kassa- und Terminmärkte

An den Finanzmärkten können Sie Finanzinstrumente als Kassa- oder als Termingeschäfte handeln.

- ✔ Am **Kassamarkt**, beispielsweise einer Aktienbörse, werden alle Geschäfte unmittelbar nach Abschluss erfüllt. In Deutschland gilt dafür eine Frist von höchstens zwei Handelstagen.
- ✔ Am **Terminmarkt** fallen der Abschluss des Geschäftes und dessen Erfüllung zeitlich um mehr als zwei Handelstage auseinander. Die Geschäfte sind in ihrer Laufzeit grundsätzlich standardisiert, beispielsweise über drei Monate.

Andere Länder, andere Währung: Devisenmarkt

Auf dem Devisenmarkt können Sie Währungen handeln. Devisen sind Guthaben, Schecks und Wechsel in Fremdwährung, die sich im Besitz von Inländern befinden. Es handelt sich bei diesem Markt nicht um einen bestimmten Ort, sondern um einen dezentralisierten globalen Markt, auf dem Sie frei konvertible Währungen kaufen und verkaufen können. Dabei bildet sich der Devisenkurs als Preis einer ausländischen Währung im Verhältnis zur inländischen Währung, zum Beispiel:

$$\frac{USD}{€} = 1{,}06$$

Die Devisenkurse für den Euro werden börsentäglich durch die Europäische Zentralbank bekannt gegeben.

Als Gründe für den Handel mit Devisen kommen infrage:

- **Devisenumtausch.** Sie erwerben Devisen, um in fremder Währung zahlen zu können, oder Sie verkaufen, um inländische Währung zu erhalten.
- **Arbitragegeschäfte.** Sie nutzen unterschiedliche Kurse an verschiedenen Orten aus, um Gewinne zu erzielen. Dazu kaufen Sie (nahezu) gleichzeitig an einem Platz mit niedrigem Kurs und verkaufen an einem anderen Platz mit höherem Kurs.
- **Spekulationsgeschäfte.** In Erwartung steigender Kurse kaufen Sie Devisen.
- **Kursinterventionen.** Zentralbanken greifen durch Käufe oder Verkäufe in das Marktgeschehen ein, um ein gewünschtes Kursniveau zu erreichen.

Am Devisenmarkt werden sowohl

- **Kassageschäfte** (Devisenkassamarkt) wie
- **Termingeschäfte** (Devisenterminmarkt)

abgewickelt. Dabei unterscheiden Sie zwei wesentliche Varianten:

- **Unbedingte Termingeschäfte:** Die Kontrakte wurden geschlossen und sind dann für beide Seiten verpflichtend. Oder: »Aus dieser Nummer kommst Du nicht mehr raus«.
- **Bedingte Termingeschäfte:** Optionen wurden vereinbart und ein Vertragspartner muss sie nicht wahrnehmen. Oder: »Wenn es nicht gut läuft, nutze die andere Möglichkeit«.

Über die Grenze: Inlands- und Auslandsmärkte

Wenn Sie Finanzgeschäfte an ausländischen Finanzplätzen oder in ausländischer Währung abwickeln, bewegen Sie sich auf einem internationalen Finanzmarkt. Dort können Sie zum Beispiel Aktien, Anleihen, Kredite, Hypotheken oder Devisen kaufen oder verkaufen.

Auf dem Euromarkt können Sie nicht etwa Euros kaufen oder verkaufen. Vielmehr sind dies internationale Finanzmärkte mit dem Merkmal, das die Transaktion aus Sicht des Gläubigers in fremder Währung vereinbart wird.

Planung ist alles

Die Finanzplanung zur Sicherung der Zahlungsbereitschaft spielt für Unternehmen eine wichtige Rolle. Ihre Aufgabe besteht darin, Finanzpläne mit unterschiedlichem Zeithorizont zu erstellen und dadurch Liquiditätsengpässe aufzudecken. Ihr Unternehmen muss jederzeit einen ausreichenden Liquiditätsstatus erreichen. Dabei beobachten Sie die Auswirkungen auf Ihre finanzwirtschaftlichen Entscheidungen.

»Ich habe festgestellt, dass ich mehr Zeit mit dem Planen als mit dem Ausgeben verbringe.«

Strategische und operative Planung

Bei einer Planung richten Sie Ihren Blick immer in die Zukunft. Und entsprechend vergleichen Sie bei der Finanzplanung zukünftig erwartete Ein- und Auszahlungen. So können Sie eventuelle Liquiditätslücken entdecken und Gegenmaßnahmen ergreifen.

- ✔ Ihre **strategische Planung** ist langfristig orientiert. Sie erstreckt sich in der Regel über fünf bis zehn Jahre. Sie ist wenig detailliert und darauf ausgerichtet, die Erfolgspotenziale Ihres Unternehmens zu sichern und auszubauen.

Produktionsprogramm, Erschließung neuer Märkte

- ✔ Mit der **taktischen Planung** setzen Sie die strategisch vorgegebenen Leitziele in konkrete Maßnahmen um. Ihre Planung bezieht sich auf einen kürzeren Zeitraum von ein bis fünf Jahren.

Rahmenpläne für die Geschäftsbereiche, Make-or-Buy-Entscheidungen

- ✔ Ihre **operative Planung** umfasst nur noch Vorhaben bis zu einem Jahr. Sie sollen in nächster Zeit umgesetzt werden.

Budgetierung, Kostenplanung, Werbekampagne

Tabelle 16.1 zeigt Ihnen die wesentlichen Unterschiede zwischen den drei Planungsarten.

	Strategische Planung	**Taktische Planung**	**Operative Planung**
Zeitbezug	langfristig	mittelfristig	kurzfristig
Wirkungsbereich	gesamtes Unternehmen	Abteilungen Produktgruppen	Produkte einzelne Mitarbeiter
Verantwortlich	Topmanagement	Middle-Management	Sachgebietsleitung
Orientierung an	Unternehmensvision	strategischen Vorgaben	taktischen Vorgaben
Planungsbereich	Grundsatzplanung	Ausrichtungsplanung	Durchführungsplanung
Hauptziele	Langfristige finanzielle Sicherheit	Planung von Investitionen	Sicherung der Liquidität

Tabelle 16.1: Planungshorizonte

Immer genug da: Liquiditätsplanung

Bei der Finanzplanung verwalten Sie systematisch die zukünftigen Finanzressourcen, um die unternehmerischen finanzielle Ziele in Ihrem Unternehmen erreichen zu können. Damit können Sie die finanzielle Stabilität und Sicherheit gewährleisten.

Die zeitraumbezogene dynamische Liquidität ermitteln Sie mit der Prognose zukünftiger Zahlungsströme. Für einen bestimmten Zeitraum (Woche, Monat, Quartal, Jahr) werden dazu die Ein- und Auszahlungen jeder Periode gegenübergestellt und in einem Finanzplan zusammengefasst. Üblicherweise nutzen Sie dazu die Staffelform. Dies soll

- ✔ die ständige Liquidität in Ihrem Unternehmen sichern,
- ✔ die Kapitalbewegungen überwachen,
- ✔ der Bereitstellung von Kapital für Investitionen dienen,
- ✔ die Ermittlung des Finanzbedarfs der Periode ermöglichen,
- ✔ die Ermittlung einer optimalen Finanzierung sicherstellen.

Ein *Liquiditäts- oder Finanzplan* zeigt Ihnen alle Geldzuflüsse und Geldabflüsse im Zeitverlauf. Damit können Sie sicher sein, dass die Zahlungsfähigkeit Ihres Unternehmens jederzeit gegeben ist.

Ausgehend von den Beständen an Zahlungsmitteln zu Beginn des betrachteten Zeitraums, erfassen Sie die geplanten Zahlungsbewegungen in einer Tabelle und berechnen daraus sehr einfach den Endbestand:

	Anfangsbestand an Zahlungsmitteln
+	Einzahlungen
–	Auszahlungen
=	**Endbestand an Zahlungsmitteln**

Auf diese Weise können Sie für jede Periode feststellen,

- ✔ ob die Auszahlungen die Einzahlungen überschreiten und Sie deshalb Maßnahmen treffen müssen, um Unterdeckungen auszugleichen, oder
- ✔ ob hohe Zahlungsmittelbestände prognostiziert werden, für die Sie Anlagemöglichkeiten finden sollten.

In den Klausuren steht Ihnen in der Regel ein Formular zur Verfügung. Die angegebenen Ein- und Auszahlungen können Sie dort in die entsprechenden Felder eintragen. Dabei sollten Sie besonders Folgendes beachten:

- ✔ Berücksichtigen Sie nur die angegebenen Beträge.
- ✔ Überlegungen zu früheren Perioden spielen keine Rolle.

- ✔ Steuern führen auch zu Ein- und Auszahlungen. Achten Sie besonders bei der Umsatzsteuer darauf.
- ✔ Geforderte Nebenrechnungen müssen Sie in der Klausur (nicht auf Konzeptpapier) durchführen.

Ermitteln: Kapitalbindungsdauer und Kapitalbedarf

In Ihrem Unternehmen steht ein Teil des Kapitals nicht sofort zur Verfügung, weil es in Vermögensgegenständen wie Immobilien, Maschinen oder Lagerbeständen gebunden ist. Durch Investitionen verursachte Ausgaben sind dann noch nicht durch erwartete Einnahmen gedeckt: Das Kapital liegt Ihnen nicht in liquider Form vor.

Die Ermittlung dieses Kapitalbedarfs ist Ihr betriebswirtschaftliches Instrument zur Abschätzung von Finanzierungsnotwendigkeiten.

Standardisierte Planungsrechnungen zur Ermittlung des Kapitalbedarfs haben sich dabei bewährt. Weil Anlagevermögen (zur Sicherung der Betriebsbereitschaft) und Umlaufvermögen (zur Durchführung des Produktionsprozesses) eine unterschiedliche Kapitalbindungsdauer haben, müssen Sie die Bindungsdauer des Kapitals jeweils getrennt ermitteln.

Gehen Sie dabei in drei Schritten vor:

1. Berechnen Sie den Kapitalbedarf für das eventuell zusätzliche Anlagevermögen.
2. Berechnen Sie den durchschnittlichen Kapitalbedarf für das zusätzlich notwendige Umlaufvermögen.
3. Addieren Sie nun die beiden getrennt voneinander ermittelten Werte. Sie haben ein Endergebnis: den gesamten Kapitalbedarf über die Kapitalbindungsdauer.

Kapitalermittlung für das Anlagevermögen

Achten Sie, wenn Sie den Kapitalbedarf ermitteln, auf Folgendes:

- ✔ Gehen Sie von den Anschaffungskostenaus, wie Sie dies nach § 255 Abs. 1 HGB gewohnt sind.
- ✔ Berücksichtigen Sie außerdem den Kapitalbedarf für Mindestbestände an Vorräten (»Eiserner Bestand«), die von der Materialwirtschaft gefordert werden.

Kapitalermittlung für das Umlaufvermögen

Bei der Berechnung des Kapitalbedarfs für das Umlaufvermögen legen Sie die tatsächlichen Bindungsfristen für die jeweilige Kostenart zugrunde.

Sie müssen taggenau rechnen.

Tabelle 16.2 gibt Ihnen eine Übersicht.

	Kostenart	Kapitalbindungsdauer
+	Materialeinzelkosten (Fertigungsmaterial)	Beginn: Anlieferung des Materials. Die Vorräte werden auf das Materiallager gelegt. Besonderheit: Wenn Sie das Lieferantenziel ausnutzen, verkürzt sich die Kapitalbindungsdauer entsprechend; in dieser Zeit benötigen Sie ja kein Kapital. Ende: Bezahlung durch den Kunden.
+	Materialgemeinkosten	Beginn: Anlieferung des Materials. Zur Berechnung der Materialgemeinkosten nutzen Sie den prozentualen Aufschlag, der in Ihrem Unternehmen entwickelt worden ist. Ende: Bezahlung durch den Kunden.
+	Fertigungseinzelkosten (Fertigungslöhne)	Beginn: Beginn der Fertigung. Ende: Bezahlung durch den Kunden.
+	Fertigungsgemeinkosten	Beginn: Beginn der Fertigung. Ende: Bezahlung durch den Kunden.
=	Herstellkosten	Dieses Zwischenergebnis benötigen Sie als Basis für die Anwendung der Zuschlagssätze für die Verwaltungs- und Vertriebsgemeinkosten.
+	Verwaltungs- und Vertriebsgemeinkosten	Beginn: Anlieferung des Materials. Ende: Bezahlung durch den Kunden.
=	Höhe der Kapitalbindung im Umlaufvermögen	

Tabelle 16.2: Kapitalbindungsdauer

Aus der rechten Spalte erkennen Sie, dass Sie für jede Kostenart die Bindungsdauer in Tagen berechnen müssen. Erst durch die Multiplikation mit den durchschnittlichen ausgabewirksamen Kosten pro Tag erhalten Sie dann den Kapitalbedarf des Umlaufvermögens.

Abbildung 16.3 veranschaulicht Ihnen nochmals die Fristen:

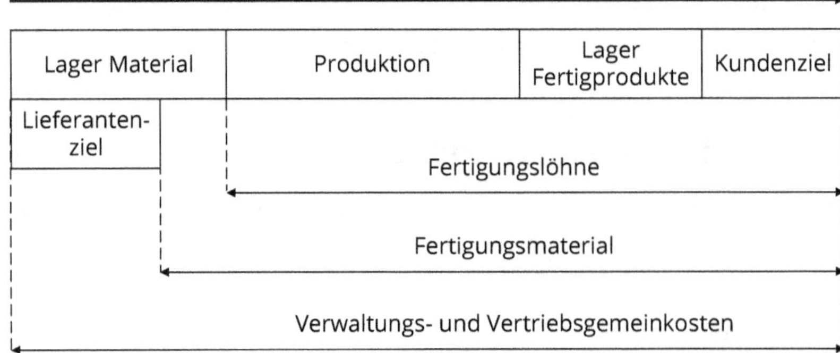

Abbildung 16.3: Kapitalbindung im Umlaufvermögen

Schwächen der Kapitalbedarfsberechnung

Kapitalbedarfsrechnungen sind ein wesentliches Element der Finanzkontrolle. Aber seien Sie vorsichtig, Skepsis ist angesagt! Manche Aspekte berücksichtigen Sie bei dieser Methode nicht, obwohl sie in der betrieblichen Praxis häufig sind:

- ✔ Auszahlungen für Vorprodukte und Material können zu unterschiedlichen Zeitpunkten und in verschiedenen zeitlichen Abständen erfolgen.
- ✔ Wenn Sie mehrere Produkte gleichzeitig herstellen, erfordert das im Regelfall unterschiedliche Lager- beziehungsweise Produktionszeiten.
- ✔ Die Zusammenfassung der relevanten Zahlungsströme zu Durchschnittswerten trägt der Komplexität von betrieblichen Produktionsprozessen nur unzureichend Rechnung.

Fehleinschätzungen: Mit Konsequenzen

Kapitalbedarfsermittlungen basieren auf Prognosen über zukünftige wirtschaftliche Entwicklungen. Natürlich treffen diese Prognosen nicht immer zu, deshalb ist absehbar, dass Sie zu Einschätzungen kommen können, die sich später in der Praxis nicht einstellen. Das hat Folgen:

- ✔ **Lieferengpässe:** Bei einer zu niedrigen Kapitalbedarfsermittlung drohen Liquiditätsengpässe, die nur zu ungünstigeren Bedingungen ausgeglichen werden können, beispielsweise mit höheren Zinskosten oder durch vermehrte Einflussnahme durch die Kapitalgeber. Im schlimmsten Fall droht Insolvenz.
- ✔ **Opportunitätskosten:** Eine zu hohe Kapitalbedarfsermittlung verursacht Opportunitätskosten. Das kann zu Einschränkungen in anderen Unternehmensbereichen führen, weil dann dort Mittel fehlen.

Gelder, die Sie nicht benötigen, könnten Sie alternativ zur Schuldentilgung einsetzen und damit Zinsen einsparen

IN DIESEM KAPITEL

Eigen- und Fremdfinanzierung

Innen- und Außenfinanzierung

Sonderformen der Finanzierung

Außenhandelsfinanzierung

Kapitel 17

Kann man so oder so machen: Finanzierungsarten

In diesem Kapitel beschäftigen Sie sich mit dem Kernbereich des Finanzmanagements: Wie und woher kommt Geld in das Unternehmen? Sie gehen wohl mit Recht davon aus, dass es viele sehr unterschiedlicher Möglichkeiten der Kapitalbeschaffung gibt.

Umso wichtiger ist, dass Sie einen Überblick behalten. Dabei helfen Ihnen die verschiedenen Aspekte der Systematisierung, die Sie zunächst kennenlernen. Erst dann sollten Sie sich mit den einzelnen Instrumenten beschäftigen. So werden Sie trotzdem den Durchblick behalten.

Finanzierung ist die Beschaffung und Bereitstellung finanzieller Mittel, die Sie für Investitionen benötigen.

»Finanzieren ist wie ein Puzzle. Manchmal fehlen Teile und dann sind noch die falschen dabei.«

Erst mal ordnen: Ein Überblick

Gewinnen Sie zunächst mal einen Überblick über mögliche Finanzierungsarten.

Herkunft des Kapitals

Machen Sie sich zunächst zwei verschiedene Aspekte klar: Das benötigte Kapital kann von außen

1. als Eigenkapital oder

2. als Fremdkapital

stammen. Sie sprechen dann von *Eigen-* oder *Fremdfinanzierung*. Entscheidend ist, ob die Kapitalgeber Eigentümer werden oder nicht. Außerdem kann (dasselbe!) Kapital

- ✔ aus dem betrieblichen Leistungsprozess oder
- ✔ auf dem Kapitalmarkt

beschafft werden.

Nach der Herkunft der Finanzmittel unterscheiden Sie außerdem:

- ✔ **Außenfinanzierung** liegt vor, wenn von außen zusätzliche Finanzmittel zugeführt werden. Sie können von den bisherigen Gesellschaftern, neuen Anteilseignern oder von Fremdkapitalgebern kommen.
- ✔ **Innenfinanzierung** liegt dann vor, wenn die Finanzmittel intern aufgebracht worden sind.

Abbildung 17.1 macht Ihnen an Beispielen deutlich, dass hier verschiedene Aspekte angesprochen werden, aber keine Gegensätze.

		Rechtliche Stellung der Kapitalgeber	
		Eigenfinanzierung	Fremdfinanzierung
Herkunft des Kapitals	Innenfinanzierung	Gewinnthesaurierung Vermögensumschichtung	Rückstellungen
	Außenfinanzierung	Beteiligungsfinanzierung	Darlehen Anleihen

Abbildung 17.1: Herkunft der Finanzmittel

Doch nicht so einfach: Finanzierungsarten im Überblick

Tatsächlich helfen Ihnen die Einteilungskriterien nicht so richtig weiter: Aus Abbildung 17.2 können Sie aber die unterschiedlichen Kombinationen nochmals in ihren Zusammenhängen erkennen.

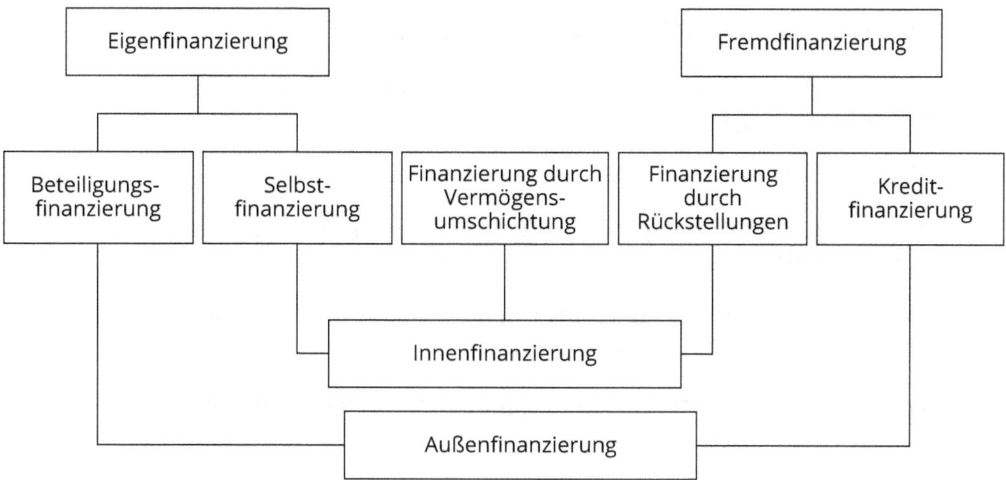

Abbildung 17.2: Systematik der Finanzierungsmöglichkeiten

Alle Mittel, die ein Unternehmen von Dritten (also von außen) bekommt, sind Teil der *Außenfinanzierung*. Sie umfasst alle Maßnahmen der Kapitalbeschaffung.

Alle Mittel, die Sie selbst erwirtschaftet haben, die also nicht von außen kommen, gehören zur *Innenfinanzierung*. Sie entsteht aus der laufenden Geschäftstätigkeit.

Eigenfinanzierung und zugleich Außenfinanzierung:

- ✔ Erhöhung der Bareinlage des Einzelkaufmanns in sein Unternehmen
- ✔ Erhöhung von Bareinlagen der Gesellschafter bei Personengesellschaften
- ✔ Aufnahme eines neuen Gesellschafters mit Bareinlage, beispielsweise bei einer Gesellschaft mit beschränkter Haftung
- ✔ Ordentliche Kapitalerhöhung bei einer Aktiengesellschaft

Eigenfinanzierung und zugleich Innenfinanzierung:

- ✔ Begrenzte Ausschüttung des verwendbaren Ergebnisses
- ✔ Nutzung von Bilanzierungswahlrechten zur Bildung von stillen Reserven, die später die Finanzierungskraft stärken können
- ✔ Abschreibungsgegenwerte sind Aufwendungen, aber nicht ausgabewirksam, Sie stabilisieren dadurch die Liquiditätsbasis

Über kurz oder lang: Dauer der Kapitalüberlassung

Für Ihre Finanzierungsentscheidungen ist extrem wichtig, wie lange das Kapital Ihrem Unternehmen zur Verfügung steht.

- ✔ Bei der Dauer der Kapitalüberlassung unterscheiden Sie:
  - **langfristige Finanzierungsmöglichkeiten** bei einem Zeitraum von mehr als vier Jahren, beispielsweise die Ausgabe von Anleihen
  - **mittelfristige Finanzierungen** bei einem Zeitraum von einem bis unter vier Jahren, beispielsweise bestimmte Darlehen
  - **kurzfristige Finanzierungen** in einem Zeitraum von unter einem Jahr, beispielsweise durch Lieferantenkredite
- ✔ Die Häufigkeit von Finanzierungsvorgängen charakterisieren Sie als
  - **einmalig** in besonderen Fällen wie Gründung oder Sanierungen,
  - **wiederkehrend** oder
  - **regelmäßig** bei täglichen oder periodischen Wiederholungen.

Anspruch oder nicht: Rechtsstellung der Kapitalgeber

Unterscheiden Sie danach, wem das Kapital gehört, das Sie in Ihrem Unternehmen zur Verfügung haben.

- ✔ Bei der **Eigenfinanzierung** wird Ihrem Unternehmen zusätzliches Kapital von bisherigen oder neuen Eigentümern zugeführt. Die alten Anteilseigner können ihren Kapitaleinsatz erhöhen oder neue Anteilseigner neue Mittel einbringen. Auch die Einbehaltung von Gewinnen ist eine Möglichkeit der Eigenfinanzierung.

Eigenfinanzierung stärkt das Eigenkapital des Unternehmens.

- ✔ Bei der **Fremdfinanzierung** erfolgt eine Finanzierung über Fremdkapital. Die Kapitalgeber stellen Ihnen Finanzmittel für einen begrenzten Zeitraum zur Verfügung. Sie werden dadurch keine Eigentümer.

Die **Fremdfinanzierung** führt zu einer Erhöhung von Fremdkapital.

Das gehört uns: Eigenfinanzierung

Es gibt verschiedene Möglichkeiten, Eigenkapital aufzubringen. Dabei müssen Sie ganz unterschiedliche Aspekte beachten, denn tatsächlich macht es einen Unterschied,

- ✔ in welcher Rechtsform ein Unternehmen geführt wird und
- ✔ ob es über einen Zugang zur Börse verfügt.

Eigenkapital können Sie grundsätzlich als

- ✔ Geldeinlagen,
- ✔ Sacheinlagen,
- ✔ Rechte

zur Verfügung stellen. Für alle Formen gilt:

- ✔ Eigenkapital steht langfristig beziehungsweise unbefristet zur Verfügung.
- ✔ Es bestehen keine Rückzahlungsverpflichtungen.
- ✔ Die Eigentümer sind am Gewinn und Verlust beteiligt.
- ✔ Die Eigentümer haften.
- ✔ Die Eigenkapitalgeber haben Einfluss auf die Unternehmensleitung.

Im Rahmen der Eigenfinanzierung beschaffen Sie für ein Unternehmen neues Kapital, das anschließend als Eigenkapital zur Verfügung steht.

Unternehmen ohne Börsenzugang

Lassen Sie uns zunächst die Eigenfinanzierung von Unternehmen betrachten, die nicht an der Börse notiert sind.

Einzelunternehmen

Wenn Sie für ein Einzelunternehmen zusätzliches Kapital benötigen, ist die Beteiligungsfinanzierung – jedenfalls formal – besonders einfach und problemlos, weil es keinerlei Beschränkungen oder Vorschriften dazu gibt. Sie können das Eigenkapital jederzeit durch Übertragung von Privatvermögen in das Betriebsvermögen erhöhen oder durch Privatentnahmen verringern.

Allerdings können Sie praktisch die Höhe des Eigenkapitals nicht beliebig verändern: Die betrieblichen Erfordernisse verlangen eine Mindestausstattung und eine Begrenzung ergibt sich, weil Sie als Einzelunternehmer unbegrenzt mit Ihrem betrieblichen und privaten Vermögen haften.

Eine Kapitalerhöhung können Sie in der Regel durch Gewinnthesaurierung erreichen. Wenn Sie einen stillen Teilhaber in Ihr Unternehmen aufnehmen, geht dessen Einlage vollständig in Ihr Vermögen über.

Personengesellschaften

Für alle Arten von Personengesellschaften können Sie eine Beteiligungsfinanzierung durch Aufnahme neuer Gesellschafter erreichen.

- ✔ Bei der **offenen Handelsgesellschaft** (OHG) können Sie Eigenkapital durch Einlagen eines oder mehrerer (bereits vorhandener oder neuer) Gesellschafter beschaffen. Tatsächlich sind aber die Möglichkeiten der Beteiligungsfinanzierung auf das Privatvermögen der – wenigen – Gesellschafter beschränkt.
- ✔ Bei einer **Kommanditgesellschaft** (KG) unterscheiden Sie zwischen vollhaftenden Komplementären und teilhaftenden Kommanditisten. Durch die Haftungsbeschränkung haben Sie es meistens einfacher, weiteres Eigenkapital durch die Aufnahme neuer Gesellschafter zu besorgen.

Gesellschaft mit beschränkter Haftung

Bei einer Gesellschaft mit beschränkter Haftung (GmbH) bringen die Gesellschafter ihren Anteil am Stammkapital ein, der im Gesellschaftervertrag bestimmt ist. Eine Kapitalerhöhung kann

- ✔ durch **vorhandene Gesellschafter** vorgenommen werden. Eine Nachschusspflicht ist allerdings an enge Zustimmungsregelungen gebunden.
- ✔ durch Aufnahme **neuer Gesellschafter** erreicht werden. Dazu müssten Sie einen Beschluss der Gesellschafterversammlung mit Dreiviertelmehrheit erreichen.

Weil GmbH-Anteile an der Börse nicht gehandelt werden, ist eine Veräußerung schwierig. Ihre Möglichkeiten, das Eigenkapital zu stärken, sind eher gering.

Aktiengesellschaft mit Börsenzugang

Bei einer Aktiengesellschaft können Anteile (Aktien) an der Börse gekauft und verkauft werden. Bei einer kleinen Stückelung können von privaten und juristischen Personen hohe Eigenkapitalbeträge aufgebracht werden.

Grundlage für den Handel mit Aktien sind die umfangreichen Schutzbestimmungen im Aktiengesetz.

Die Beteiligungsfinanzierung erfolgt bei einer AG durch Ausgabe neuer Aktien oder durch eine Kapitalerhöhung.

Bevor Sie die Möglichkeiten von Kapitalerhöhungen bei Aktiengesellschaften näher kennenlernen, steht die grundlegende Frage im Raum »Was sind eigentlich Aktien?« Und hier die Antwort:

Aktien sind die verbriefte Zerlegung von Anteilen am Grundkapital in Form von unkündbaren Teilhaberpapieren. Als Eigentümer von Aktien sind Sie Teilhaber und damit Miteigentümer der Aktiengesellschaft.

Arten von Aktien

Doch Aktien sind nicht gleich Aktien. Sie können nach unterschiedlichen Kriterien klassifiziert werden. Die Unterschiede ergeben sich aus den Interessenlagen der Beteiligten. Abbildung 17.3 zeigt Ihnen die Einteilungskriterien:

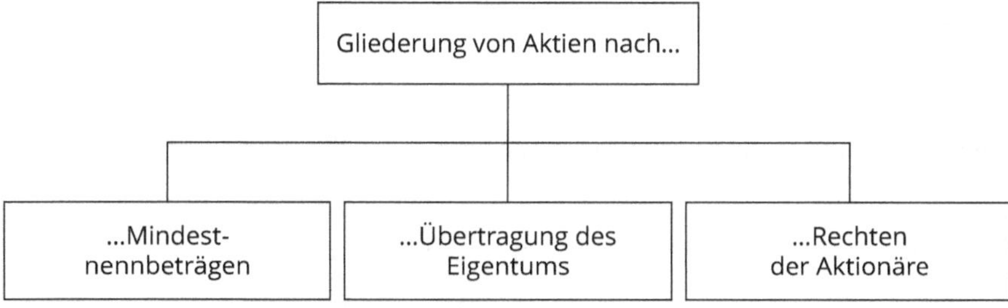

Abbildung 17.3: Aktienarten

Nennwert, Stück oder Quote

- **Nennwertaktien** lauten auf einen bestimmten Betrag, mindestens auf 1 €. Die Summe aller Nennbeträge der ausgegebenen Nennbetragsaktien ergibt das Grundkapital.
- Nennwertlose **Stückaktien** verbriefen ebenfalls einen festgelegten Anteil am Grundkapital, der aber nicht als Geldbetrag ausgedrückt wird. Stückaktien weisen daher nur einen rechnerischen Nennwert auf, den Sie leicht ermitteln können:

  $$\text{Rechnerischer Nennwert} = \frac{\text{Grundkapital}}{\text{Anzahl der Aktien}}$$

- **Anteils- oder Quotenaktien** verbriefen einen Bruchteil des Grundkapitals. Sie sind in Deutschland nicht zugelassen.

Namen und Inhaber

Nach der Art ihrer Übertragbarkeit können Sie zwischen Inhaberaktien und Namensaktien unterscheiden.

- Die häufigste Form sind **Inhaberaktien**. Dabei gibt es keinen expliziten Anspruchsberechtigen, die Aktiengesellschaft kennt die Namen der Besitzer nicht. Das Eigentum können Sie allein durch Einigung und Übergabe übertragen. Dieser Aktientyp wird an der Börse gehandelt.
- **Namensaktien** werden auf eine bestimmte Person ausgestellt. Die Anspruchsberechtigten sind in einem Aktienbuch verzeichnet. Nur der genannte Inhaber darf alle Rechte ausüben, die mit dem Besitz der Urkunde verbunden sind. Namensaktien sind Orderpapiere, zu ihrer Übertragung ist neben Einigung und Übergabe ein Indossament erforderlich.
- **Vinkulierte Namensaktien** sind eine Sonderform der Namensaktien. Ihre Übertragung ist an die Zustimmung der Gesellschaft gebunden.

Stämme und Vorzüge

Außerdem unterscheidet man:

- **Stammaktien** sind der Normaltyp der Aktie. Sie verbriefen Ihnen alle Rechte nach dem Aktiengesetz:
  - Stimmrecht und Auskunftsrecht auf der Hauptversammlung
  - Ausschüttung aufgrund der festgestellten Höhe des Bilanzgewinns
  - Bezugsrecht (= Vorkaufsrecht) bei Kapitalerhöhungen,
  - Auszahlungsanspruch auf einen Anteil am Liquidationserlös
- Mit **Vorzugsaktien** haben Sie in der Regel kein Stimmrecht auf der Hauptversammlung. Das ist eigentlich ein Nachteil, aber dieser Mangel wird durch Vorzüge ausgeglichen. Meistens erhalten Sie auf die Vorzugsaktien eine höhere Dividende, aber auch andere Konstruktionen sind möglich.

Kapitalerhöhung

Mit einer Kapitalerhöhung stärken Sie das Eigenkapital durch Einlagen alter oder neuer Gesellschafter. Dafür kann es unterschiedliche Gründe geben:

- Durch mehr Eigenkapital wollen Sie eine bessere Kreditwürdigkeit erreichen.
- Sie wollen mit den zusätzlichen Mitteln Schulden tilgen.
- Sie wollen eine größere Investition tätigen.
- Sie wollen neue Anleger für Ihr Unternehmen gewinnen.

Abbildung 17.4 zeigt Ihnen mögliche Kapitalerhöhungen bei einer AG.

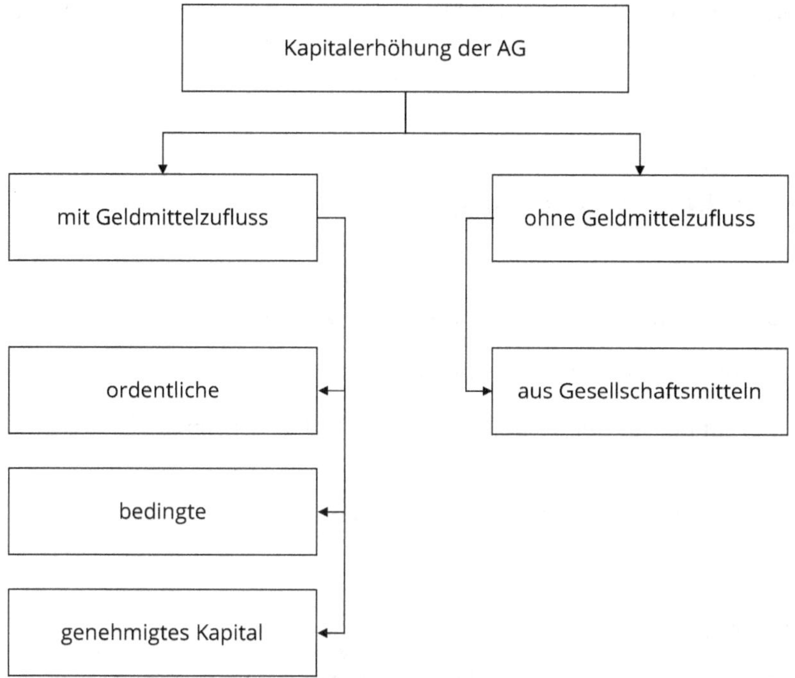

Abbildung 17.4: Mögliche Kapitalerhöhungen bei einer AG

Normal: Ordentliche Kapitalerhöhung

Bei einer ordentlichen Kapitalerhöhung geben Sie neue »junge« Aktien aus. Dazu ist in der Hauptversammlung eine Dreiviertelmehrheit erforderlich.

Dabei taucht allerdings ein Problem auf: Wenn Sie die Gesamtzahl der Aktien erhöhen, stehen die Altaktionäre schlechter da. Ihr Anteil am Eigenkapital verringert sich und damit ihr Anteil an der Gewinnausschüttung und an den Stimmrechten. Eine Dreiviertelmehrheit auf der Hauptversammlung wäre nicht zu erreichen. Einen Ausgleich erreichen Sie durch die Bezugsrechte.

Das Grundkapital der Mau AG von 900 Mio. € soll um 300 Mio. € erhöht werden. Der Kurswert der alten Aktie beträgt 240 €, der Ausgabekurs der jungen Aktien beträgt 150 €. Beide haben einen Nennwert von 50 €. Nach der Kapitalerhöhung erhalten Sie einen neuen Mischkurs:

$$\frac{(\text{Kurs alte Aktien} * \text{Anzahl alte Akien}) + (\text{Kurs neue Aktien} * \text{Kurs neue Aktien})}{\text{Anzahl alte Aktien} + \text{Anzahl neue Aktien}}$$

$$\text{Anzahl alte Aktie} = \frac{900 \text{ Mio. €}}{50 \text{ €}} = 18 \text{ Mio. Stück}$$

$$\text{Anzahl neue Aktien} = \frac{300 \text{ Mio. €}}{50 \text{ €}} = 6 \text{ Mio. Stück}$$

$$\frac{(240 \text{ €} * 18 \text{ Mio.}) + (150 \text{ €} * 6 \text{ Mio.})}{18 \text{ Mio.} + 6 \text{ Mio.}} = 217{,}50 \text{ €}$$

Nach der Kapitalerhöhung ist der Wert der alten Aktien um 240,00 € – 217,50 € = 22,50 € gesunken. Für jede alte Aktie erhalten die Altaktionäre deshalb ein Bezugsrecht im Wert von 22,50 €. Damit bleibt ihr Gesamtvermögen aus Wert der Aktien und Wert der Bezugsrechte genau gleich.

Eventuell: Bedingte Kapitalerhöhung

Eine bedingte Kapitalerhöhung wird erforderlich, wenn Sie

- ✔ den Gläubigern von Wandelanleihen ein Umtauschrecht zusichern,
- ✔ eine Fusion von mehreren Unternehmen vorbereiten oder
- ✔ Belegschaftsmitgliedern Bezugsrechte auf junge Aktien im Rahmen einer Gewinnbeteiligung gewähren.

In diesen Fällen wissen Sie noch nicht, wie viele Aktien Sie tatsächlich benötigen. Nicht alle Berechtigten werden nämlich zugreifen.

Auf Vorrat: Genehmigtes Kapital

Sie wissen, dass bei einer Kapitalerhöhung hohe Hürden genommen werden müssen. Manchmal muss es aber auch schnell gehen. Deshalb kann (in engen Grenzen) durch Beschluss der Hauptversammlung ein Betrag festgelegt werden, bis zu dem der Vorstand einer AG das Grundkapital durch Ausgabe neuer Aktien gegen Einlagen erhöhen kann.

Nur Tausch: Kapitalerhöhung aus Gesellschaftsmitteln

Wenn Sie eine Kapitalerhöhung aus Gesellschaftsmitteln vornehmen, fließt dem Unternehmen kein neues Kapital zu. Es erfolgt lediglich eine Umschichtung innerhalb des Eigenkapitals. Sie wandeln dazu Teile der offenen Rücklagen in dividendenberechtigtes Grundkapital um. Weil allerdings das Grundkapital entsprechend den Nennwerten der Aktien teilbar sein muss, muss auch die Anzahl der Aktien erhöht werden. Dazu geben Sie Zusatzaktien aus, die Sie den Aktionären gratis zur Verfügung stellen.

Eine Kapitalerhöhung aus Gesellschaftsmitteln ist keine Beteiligungsfinanzierung, weil Sie nur die Rücklagen vermindern und das Grundkapital um denselben Betrag erhöhen.

Selbsthilfe: Formen der Innenfinanzierung

Bei der Innenfinanzierung setzen Sie ausschließlich finanzielle Mittel ein, die bereits im Unternehmen vorhanden ist. Externe Kapitalgeber sind nicht beteiligt. Dabei nutzen Sie sowohl Formen der Eigen- wie der Fremdfinanzierung.

Bei der Innenfinanzierung stammt das Kapital aus dem Unternehmen selbst. Kreditinstitute und Aktionäre sind zum Beispiel nicht beteiligt.

Die Vorteile der Innenfinanzierung können Sie unmittelbar nutzen:

- ✔ **Unabhängigkeit:** Da Sie die Innenfinanzierung in Ihrem Unternehmen selbst durchführen, sind Sie dabei in keiner Weise von externen Kapitalgebern abhängig.
- ✔ **Kosten:** Sie vermeiden Kosten wie beispielsweise Provisionen, Zinsen oder Gebühren.
- ✔ **Aufwand:** Bei der Durchführung entsteht Ihnen ein vergleichsweise geringer Aufwand.
- ✔ **Flexibilität:** Sie können die Mittel nach eigenen Vorstellungen einsetzen.
- ✔ **Schnelligkeit:** Sie können die Mittel in kurzer Zeit bereitstellen. Verhandlungen mit externen Kapitalgebern gibt es nicht.

Bei einer Innenfinanzierung müssen Sie aber auch Nachteile in Kauf nehmen:

- ✔ **Planbarkeit:** Sie können den Umfang der Innenfinanzierung nur bedingt planen.
- ✔ **Erfolgsabhängigkeit:** Wenn Ihr Unternehmen gerade Verluste einfährt, ist Ihre Innenfinanzierungskraft so gering, dass sie keine realistische Option bietet.
- ✔ **Begrenzte Mittel:** Die Möglichkeiten zur Innenfinanzierung sind begrenzt. Dadurch kann das Wachstum Ihres Unternehmens gefährdet sein.
- ✔ **Regelungen:** Durch rechtliche Bestimmungen ist Ihr Handlungsspielraum begrenzt.
- ✔ **Gründungsphase:** Solange die Geschäftsprozesse noch nicht richtig angelaufen sind, haben Sie kaum Möglichkeiten zur Innenfinanzierung.

Offen oder still: Selbstfinanzierung

Bei der Selbstfinanzierung halten Sie erwirtschaftete Mittel in Ihrem Unternehmen, statt sie auszuschütten. Sie können zwei Varianten nutzen:

- ✔ **Offene Selbstfinanzierung:** Gewinne werden nicht ausgeschüttet, sondern verbleiben im Unternehmen. Sie werden thesauriert. Ein sichtbarer Anstieg des bilanziellen Eigenkapitals wird durch Zuführung in Gewinnrücklagen erreicht. Das ist ein wenig so, als ob ein Unternehmen ein Sparguthaben auflöst. Eine wichtige Folge der offenen Selbstfinanzierung und der Zuführung der Gewinne zu den Gewinnrücklagen ist, dass sich das Eigenkapital erhöht. Es gibt aber noch einen anderen bemerkenswerten Aspekt: Thesaurierung kann das Unternehmen vor Insolvenz schützen.

Die offene Selbstfinanzierung erkennen Sie daran, dass das Unternehmen die Gewinnrücklage erhöht.

- **Stille Selbstfinanzierung:** Bei der Bildung von stillen Reserven kommen Unterbewertungen von Aktiva oder Überbewertungen einzelner Teile von Passiva (beispielsweise bei Prozesskostenrückstellungen) zum Ansatz. Das sind in der Regel Positionen, die in der Bilanz nicht transparent ausgewiesen wurden. Wenn Sie die auflösen, erreichen Sie einen Finanzierungseffekt. Vergessen auch nicht die gezielte Ausübung von Ansatzwahlrechten, beispielsweise bei der Aktivierung eines *Disagios*. Hier schlummert Finanzierungspotenzial.

Die stille Selbstfinanzierung erkennen Sie daran, dass stille Reserven aufgedeckt werden.

Gesetzliche oder vertragliche Vorgaben zwingen Unternehmen sogar, durch Selbstfinanzierung finanzielle Vorsorge zu treffen.

- Im Aktiengesetz ist festgelegt, dass es eine gesetzliche Rücklage geben muss (§ 150 AktG).
- In Gesellschaftsverträgen ist bestimmt, dass es eine Mindestzuführung zu den Gewinnrücklagen geben soll.

Einnahmen ohne Ausgaben: Abschreibungen

Vermögensgegenstände (außer Grundstücken) mindern in aller Regel ihren Wert durch Nutzung. Um die Wertminderung zu erfassen, verteilen Sie die Anschaffungskosten auf die Nutzungsdauer. Die Abschreibungen buchen Sie als Aufwand und kalkulieren sie in die Verkaufspreise ein, obwohl sie nicht unmittelbar wieder zu Ausgaben führen.

Die Abschreibungsgegenwerte gelangen über die Umsatzerlöse zeitnah wieder in Ihr Unternehmen. Die Vermögensgegenstände ersetzen Sie aber zu einem späteren Zeitpunkt. Die Einnahmen durch Abschreibungen stehen Ihnen als liquide Mittel für verschiedene Zwecke zur Verfügung.

Abbildung 17.5 verdeutlicht Ihnen den Zusammenhang.

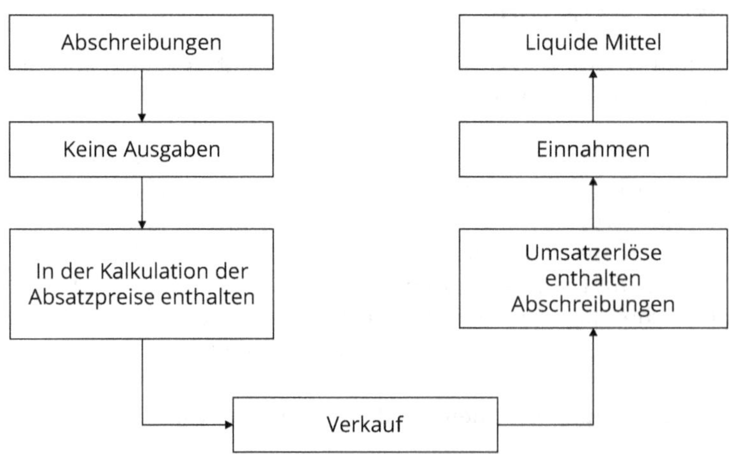

Abbildung 17.5: Finanzierung durch Abschreibungen

Der sogenannte *Lohmann-Ruchti-Effekt* formuliert in zwei Varianten, wie sich die Finanzierung durch Abschreibungen in Ihrem Unternehmen auswirken kann.

- Ein **Kapitalfreisetzungseffekt** ergibt sich, wenn Sie regelmäßig investieren und die abgeschriebenen Maschinen ersetzen. Die Formel zur Berechnung lautet:

$$\text{Freigesetzter Abschreibungsbetrag} = \frac{\text{Anschaffungskosten}}{2} * (\text{Nutzungsperioden} - 1)$$

Sie beschaffen in 5 aufeinanderfolgenden Jahren je eine neue Maschine im Wert von 150.000 €. Die Maschinen werden mit 30.000 € pro Jahr linear abgeschrieben.

	1	2	3	4	5	6	usw.
Abschreibung Maschine 1 (in T€)	30	30	30	30	30	30	30
Abschreibung Maschine 2 (in T€)		30	30	30	30	30	30
Abschreibung Maschine 3 (in T€)			30	30	30	30	30
Abschreibung Maschine 4 (in T€)				30	30	30	30
Abschreibung Maschine 5 (in T€)					30	30	30
jährliche Summe der Abschreibungen (in T€)	30	60	90	120	150	150	150
Anschaffungsauszahlung (in T€)	150	150	150	150	150	150	150
Restwerte (in T€)	120	210	270	300	300	300	300
liquide Mittel insgesamt (in T€)	30	90	180	300	450	450	450
Ersatzinvestitionen (in T€)	0	0	0	0	150	150	150
freigesetzte Mittel (in T€)	30	90	180	300	300	300	300

Unter diesen Annahmen stehen Ihnen ab dem 4. Jahr jeweils 300.000 € an liquiden Mitteln zur Verfügung.

Sie berechnen das freigesetzte Kapital mit dieser Formel:

$$\text{Freigesetzte Mittel} = \frac{150.000\ €}{2} * (5 - 1) = 300.000\ €$$

- Ein **Kapazitätserweiterungseffekt** ergibt sich, wenn Sie mit den freigesetzten Abschreibungsgegenwerten nicht nur Ersatz, sondern auch Erweiterungsinvestitionen finanzieren.

Sie planen, Ihren Maschinenpark kontinuierlich zu erweitern mit Mitteln, die durch Abschreibungen erwirtschaftet werden. Die Anschaffungskosten jeder Maschine betragen 3.000 €, die Nutzungsdauer 5 Jahre. Sie verfügen über einen Anfangsbestand von 6 Maschinen.

Jahr	Anzahl Maschinen	Anschaffungswert in €	Abschreibungen in €	Mögliche Zugänge	Abgänge	Rest in €
1	6	18.000	3.600	1		600
2	7	21.000	4.200	1		1.800
3	8	24.000	4.800	2		600
4	10	30.000	6.000	2		600
5	12	36.000	7.200	2	6	1.800
6	8	24.000	4.800	2	1	600
7	9	27.000	5.400	2	1	0
8	10	30.000	6.000	2	2	0
9	10	30.000	6.000	2	2	0
10	10	30.000	6.000	2	2	0

Unter diesen Annahmen können Sie mittelfristig die Kapazität auf 10 Maschinen erweitern.

Das theoretische Modell des Kapazitätserweiterungseffektes beruht auf sehr engen und vereinfachenden Annahmen:

- ✔ Den Anfangsbestand finanzieren Sie aus anderen Mitteln.
- ✔ Die Abschreibungen können Sie über die Verkaufserlöse erwirtschaften.
- ✔ Die Abschreibungen stehen Ihnen am Jahresende als liquide Mittel zur Verfügung.
- ✔ Die Abschreibungsgegenwerte verwenden Sie ausschließlich für die Kapazitätserweiterung und die Ersatzbeschaffung.
- ✔ Alle Investitionen nehmen Sie jeweils zum Jahresbeginn vor.
- ✔ Die Anschaffungskosten sind konstant, Sie müssen keine Preiserhöhungen berücksichtigen.
- ✔ Es gibt keinen technischen Fortschritt, alle Maschinen sind gleich.
- ✔ Es kommt nicht zu unerwartetem Ausfall von Maschinen.
- ✔ Alle Maschinen nutzen Sie genau wie geplant. Die Abschreibungsdauer entspricht der Nutzungsdauer.
- ✔ Nach Ablauf der Nutzungsdauer scheiden die Anlagen aus. Sie erzielen keinen Restwert.
- ✔ Die Änderung der Produktionsmengen hat keinen Einfluss auf den erzielbaren Absatzpreis.

Sie können diesen Ansatz in der Praxis also nur sehr eingeschränkt verwenden.

Für den Fall der Fälle: Rückstellungen

Rückstellungen sind Verbindlichkeiten, die Ihnen dem Grunde nach bekannt sind, deren Höhe und/oder Fälligkeitstermin Sie aber nicht kennen.

»Rückstellungen sind wie ein Regenschirm. Man hofft, dass man ihn nicht braucht. Es ist aber gut zu wissen, dass man ihn hat.«

Einen Finanzierungseffekt durch Rückstellungswerte erreichen Sie, weil Sie den Aufwand sofort buchen, die Auszahlung aber erst später anfällt. Während dieses Zeitraums steht Ihnen das Kapital in Höhe des Rückstellungsbetrages zur Verfügung. Unter Finanzierungsaspekten sind Rückstellungen folglich umso wertvoller, je länger sie zur Verfügung stehen.

- ✔ **Kurzfristige und mittelfristige Rückstellungen** (zum Beispiel für Steuern, Provisionen, Rabatte, Urlaubsgelder, Prozessrisiken, Garantieverpflichtungen) sind als Finanzierungsinstrument kaum geeignet, weil sie sehr schnell wieder aufgelöst werden. Sie bieten Ihnen aber eine Kapitalstärkung auf kurze Frist, beispielsweise für den Nachholbedarf bei Instandhaltung oder Abraumbeseitigung.
- ✔ **Langfristige Rückstellungen** bieten eine Kapitalstärkung auf lange Frist, sie haben deshalb eine größere Bedeutung für die Finanzierung. Für Pensionsverpflichtungen steht Ihnen zum Beispiel vom Jahr der Zusage an für viele Jahre Fremdkapital zur Verfügung.

Die Bildung von Rückstellungen ist handels- und steuerrechtlich festgelegt. Diese Finanzierungsmöglichkeit können Sie also nicht nur nutzen, Sie müssen es sogar.

Mit der Bildung und damit der Dotierung von Rückstellungen stärken Sie immer Ihr *Fremdkapital*. Das externe Ergebnis wird zwar negativ beeinflusst, aber die Dotierungen sind nicht ausgabewirksam und stabilisieren dadurch Ihre Liquiditätsbasis.

Geld für Sachen: Vermögensumschichtung

Sie können Investitionen auch finanzieren, ohne dass zusätzliches Kapital benötigt wird. Bei einer Finanzierung durch Vermögensumschichtung veräußern Sie Anlage- oder Umlaufvermögen und verwandeln auf diese Weise Sachvermögen in Geldvermögen. So erhalten Sie schnell finanzielle Mittel, die Ihnen zur freien Disposition zur Verfügung stehen.

Finanzierungen durch Vermögensumschichtung erhöhen zwar nicht das Kapitalvolumen, stärken aber die Liquidität.

Unter finanziellen Gesichtspunkten sollten Sie insbesondere den Verkauf von solchen Vermögensgegenständen in Betracht ziehen,

- die nicht mehr betriebsnotwendig sind,
- deren Veräußerung die Leistungsfähigkeit und die Marktposition Ihres Unternehmens nicht gefährdet,
- die Sie zu einem hohen Preis verkaufen können,
- die Ihr Kreditpotenzial nicht negativ beeinflussen.

Auch Factoring können Sie als Vermögensumschichtung verstehen. Durch die Liquidierung der Aktiva erreichen Sie einen Mittelzufluss.

Verkauf von nicht betrieblich genutzten Grundstücken, Beteiligungen, selbst geschaffenen Patenten, zu hohen Beständen an Vorräten

Finanzierungsmöglichkeiten können Sie auch durch Umschichtung im Umlaufvermögen erreichen:

- **Herabsetzung von Vorratsbeständen,** beispielsweise durch Materialmanagement mit Just-in-time-Lieferungen,
- **Verkürzung der Zahlungsziele,** beispielsweise durch Gewährung von Skonti,
- **Verkauf von Wertpapieren** des Umlaufvermögens.

Das gehört anderen: Fremdfinanzierung

Es gibt eine ganze Reihe von Möglichkeiten für Unternehmen, Kapital für einen begrenzten Zeitraum von anderen zu bekommen. Die verlangen Zinsen dafür und irgendwann auch ihr Geld zurück. Trotz der unterschiedlichen Formen der Finanzierung mit Fremdkapital können Sie schon mal festhalten:

- Das Kapital steht Ihnen nur befristet zur Verfügung.
- Ihre Gläubiger haben Anspruch auf Zinszahlung und Tilgung.
- Sie müssen das Kapital in Höhe des Nominalbetrags zurückzahlen.
- Die Darlehensgeber übernehmen für Sie keine unternehmerischen Risiken.
- Die Kapitalgeber übernehmen keine Haftung.
- Die Darlehensgeber haben keine Mitwirkungsrechte.
- In der Regel müssen Sie Kreditsicherheiten stellen.

Kreditanbieter

Sie haben je nach Position und Größe Ihres Unternehmens und der gewünschten Finanzierungsform unterschiedliche Möglichkeiten, unter verschiedenen Kreditanbietern zu wählen. Abbildung 17.6 gibt Ihnen einen Überblick:

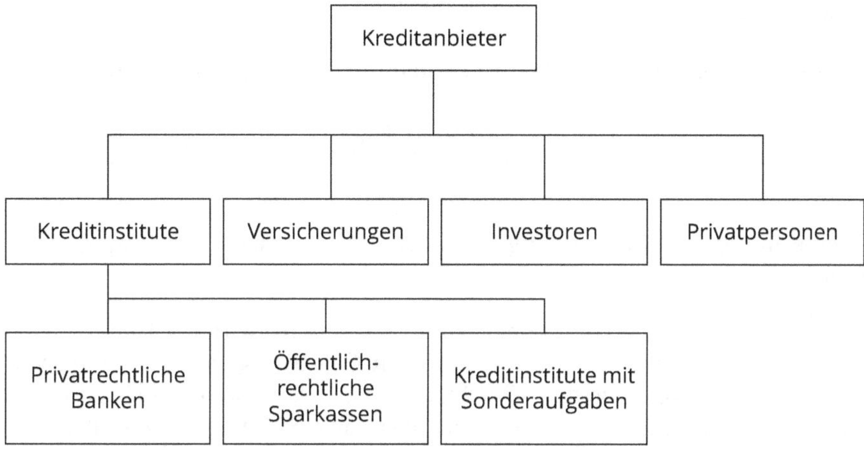

Abbildung 17.6: Mögliche Kreditanbieter

Ihre Auswahl treffen Sie in der Regel nicht allein anhand der gebotenen Konditionen, meistens spielen weitere Gesichtspunkte eine Rolle, zum Beispiel

- ✔ langjährige Geschäftsverbindungen,
- ✔ Seriosität des Kreditanbieters,
- ✔ Betreuung und Dienstleistungen,
- ✔ persönliche Präferenzen,
- ✔ regionale Präferenzen.

Dauerhaft: Langfristige Fremdfinanzierung

Mit einer langfristigen Kreditfinanzierung möchte ein Unternehmen vor allem Investitionen in Sach- und Produktionsanlagen finanzieren. Umfinanzierungen sind aber ebenfalls ein häufiger Grund.

Langfristige Finanzierungsmöglichkeiten werden Sie wählen, wenn Sie die Mittel voraussichtlich über mehrere Geschäftsjahre benötigen. Unternehmen nehmen zur Stärkung ihrer Kapitalausstattung meist Darlehen von Kreditinstituten mit längerfristiger Laufzeit in Anspruch.

Bei dieser Variante ist die Form nicht verbrieft: Es existiert zwar ein Schuldschein, aber ohne Wertpapiercharakter. Das Dokument dient zur Beweiserleichterung.

Nicht verbrieft: Bankdarlehen

Bei einem langfristigen Darlehen

- vereinbaren Sie im Allgemeinen eine Laufzeit von mindestens vier und bis zu 30 Jahren,
- müssen Sie in der Regel dingliche Sicherheiten stellen, insbesondere Grundpfandrechte,
- können Sie eine anfängliche Zinsbindung vereinbaren, eine variable Verzinsung ist aber möglich.

Durch einen Darlehensvertrag (Siehe § 488 Abs. 1 BGB) wird der Darlehensgeber verpflichtet, dem Darlehensnehmer einen Geldbetrag in der vereinbarten Höhe zur Verfügung zu stellen. Der Darlehensnehmer ist verpflichtet, einen geschuldeten Zins zu zahlen und bei Fälligkeit das zur Verfügung gestellte Darlehen zurückzuzahlen.

Langfristige Darlehen können Sie insbesondere nach der Art der vereinbarten Tilgung unterscheiden. Wenn Ihr Unternehmen ein Darlehen aufnehmen möchte, sollten Sie die unterschiedliche Darlehensformen kennen:

- **Endfälliges Darlehen.** Die Rückzahlung erfolgt einmalig am Ende der Laufzeit in einem Betrag. Während der Laufzeit zahlen Sie nur die Zinsen für den Kreditbetrag. Die Abbildung 17.7 zeigt Ihnen, dass sich während der Laufzeit die Darlehenssumme nicht verringert, deshalb sind bei dieser Form über die gesamte Laufzeit die meisten Zinsen zu zahlen.

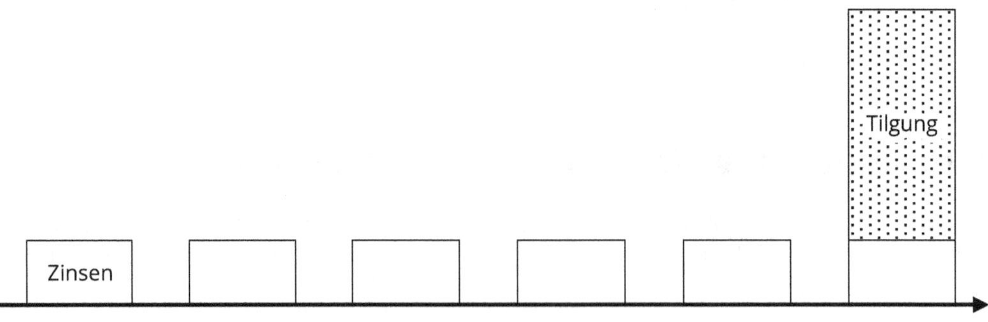

Abbildung 17.7: Endfälliges Darlehen

Sie nehmen ein Fälligkeitsdarlehen über 100.000 € auf. Die Laufzeit beträgt 5 Jahre, die Verzinsung ist mit 10 % vereinbart. Ihr Tilgungsplan sieht dann so aus:

Jahr	Restschuld am Jahresanfang	Zinsen	Tilgung	Restschuld am Jahresende
1	100.000 €	10.000 €	0 €	100.000 €
2	100.000 €	10.000 €	0 €	100.000 €
3	100.000 €	10.000 €	0 €	100.000 €
4	100.000 €	10.000 €	0 €	100.000 €
5	100.000 €	10.000 €	100.000 €	0 €
Summe		50.000 €	100.000 €	

Von dieser Form haben beide Seiten einen Vorteil:

- Der **Darlehensgeber** erhält die maximal möglichen Zinszahlungen, weil die Berechnungsgrundlage während der gesamten Laufzeit des Darlehens nicht sinkt.
- Als **Darlehensnehmer** können Sie während dieses Zeitraumes das gesamte Kapitalvolumen nutzen.

✔ **Annuitätendarlehen**. Während der gesamten Laufzeit zahlen Sie je Periode dieselbe Summe, die sich aus einem Tilgungs- und einem Zinsanteil zusammensetzt (die sogenannte *Annuität*). Die Abbildung 17.8 zeigt Ihnen, dass der Tilgungsanteil während der Laufzeit steigt, der Zinsanteil sinkt entsprechend.

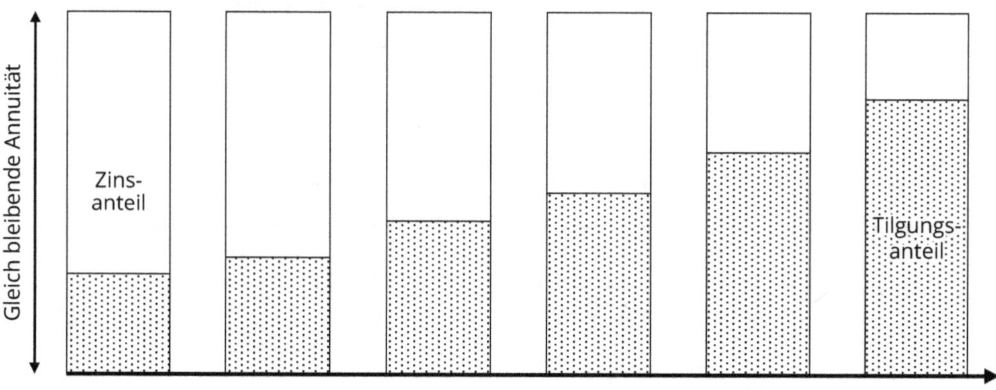

Abbildung 17.8: Annuitätenberechnung

Sie nehmen ein Annuitätendarlehen auf über 100.000 €. Die Laufzeit beträgt 5 Jahre, die Verzinsung ist mit 10 % vereinbart. Sie berechnen die Annuität: 100.000 € * 0,263797 (Kapitalwiedergewinnungsfaktor aus der Formelsammlung).

Ihr Tilgungsplan sieht dann so aus:

Jahr	Restschuld am Jahresanfang	Zinsen	Tilgung	Annuität	Restschuld am Jahresende
1	100.000 €	10.000,00 €	16.379,70 €	26.379,70 €	83.620,30 €
2	83.620,30 €	8.362,03 €	18.017,67 €	26.379,70 €	65.602,63 €
3	65.602,63 €	6.560,26 €	19.819,44 €	26.379,70 €	45.783,19 €
4	45.783,19 €	4.578,32 €	21,801,38 €	26.379,70 €	23.981,81 €
5	23.981,81 €	2.398,79 €	23.981,52 €	26.379,70 €	0 €
Summe		31.898,79 €	100.000,00 €	131.898,79	

Für ein Annuitätendarlehen zahlen Sie geringere Zinsen, es ist also insgesamt günstiger als ein Tilgungsdarlehen.

- ✔ **Tilgungsdarlehen** (auch Ratendarlehen). Die Tilgung bleibt während der gesamten Laufzeit konstant. Die Abbildung 17.9 zeigt Ihnen, dass die Raten während der Laufzeit sinken, weil die Zinsen aus der Restschuld berechnet werden und kontinuierlich abnehmen.

Sie nehmen ein Tilgungsdarlehen auf über 100.000 €. Die Laufzeit beträgt 5 Jahre, die Verzinsung ist mit 10 % vereinbart. Ihr Tilgungsplan sieht dann so aus:

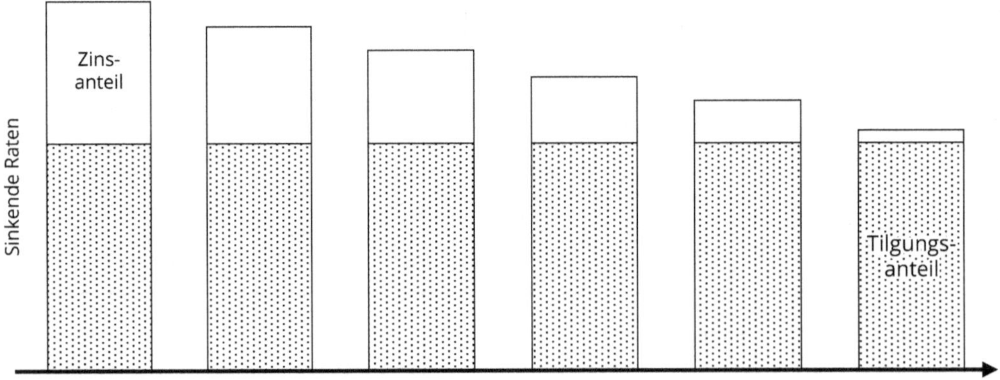

Abbildung 17.9: Tilgungsdarlehen

Jahr	Restschuld am Jahresanfang	Zinsen	Tilgung	Restschuld am Jahresende
1	100.000 €	10.000 €	20.000 €	80.000 €
2	80.000 €	8.000 €	20.000 €	60.000 €
3	60.000 €	6.000 €	20.000 €	40.000 €
4	40.000 €	4.000 €	20.000 €	20.000 €
5	20.000 €	2.000 €	20.000 €	0 €
Summe		30.000 €	100.000 €	

- **Partiarisches Darlehen.** An Stelle von oder zusätzlich zu den Zinsen erhält der Darlehensgeber eine Gewinnbeteiligung.
- **Darlehen mit tilgungsfreier Zeit.** Die Tilgung beginnt erst nach einer vorher festgelegten Zeit.

Bei einem Vergleich verschiedener Kreditgeber ist neben dem Zins gegebenenfalls auch ein Disagio zu berücksichtigen, Eine übliche Formel zur Berechnung des Effektivzinses lautet

$$\text{Effektivzins} = \frac{\text{Nominalzins} + \frac{\text{Disagio}}{\text{Laufzeit}}}{\text{Auszahlungskurs}} * 100$$

Sie nehmen ein Darlehen auf mit einer Laufzeit von 5 Jahren. Der Zinssatz beträgt 6 %, das Disagio 3 %.

$$\text{Effektivzins} = \frac{6 + \frac{3}{5}}{97} * 100 = 6{,}8\ \%$$

Verbrieft: Anleihen

Als Käufer einer Anleihe erwerben Sie ein festverzinsliches Wertpapier mit einer festen Laufzeit. Es dient zur direkten langfristigen Kreditfinanzierung: Sie leihen dem Emittenten für eine vereinbarte Zeit eine Geldsumme. Am Ende des vereinbarten Zeitraums haben Sie das Recht auf die Rückzahlung des gezahlten Geldes (Tilgung) sowie auf regelmäßige Zinsen. Abbildung 17.10 zeigt Ihnen die Zahlungsströme.

Anleihen werden auch als Schuldverschreibung, Rentenpapier oder Obligationen bezeichnet.

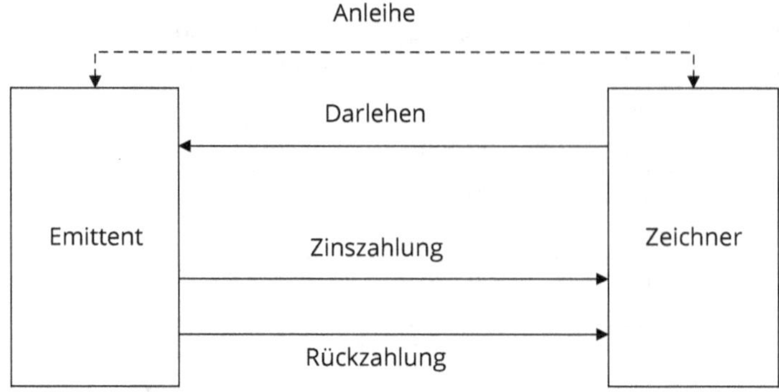

Abbildung 17.10: Anleihe

Die Anleihe wird oft in mehrere Teile aufgeteilt (Teilschuldverschreibung), damit sie von verschiedenen Interessenten auch in kleinem Umfang gezeichnet werden kann.

Anleihen sind sehr unterschiedlich ausgestattet, achten Sie auf

- ✔ die **Laufzeit**. Anleihen werden meistens nach drei bis zehn Jahren zurückgezahlt. Anleihen der öffentlichen Hand laufen in der Regel 20 bis 30 Jahre, in Einzelfällen noch länger. Am Ende der Laufzeit muss der Emittent das eingesetzte Kapital zurückbezahlen.

- ✔ den **Nennwert** (Nominalwert). Das ist der Geldbetrag, der mit der Anleihe verbrieft ist. Er bildet die Grundlage für die Zinszahlungen.

- ✔ die **Währung**, in der die Anleihe herausgegeben ist. Anleihen, die auf dem internationalen Kapitalmarkt herausgegeben werden, können auf unterschiedliche Währungen lauten. Verbreitet sind Anleihen, die auf Euro, britische Pfund oder US-Dollar lauten. Gegebenenfalls gehen Sie ein Wechselkursrisiko ein.

- ✔ die **Bonitätsnote**. Je besser das Rating zu einer Anleihe ausfällt, desto geringer ist Ihr Risiko, desto niedriger sind aber auch die Zinsen.

- ✔ den **Kupon**. Er zeigt Ihnen die Höhe der Verzinsung. In der Regel verfügen die Papiere über einen festen Zinssatz, die Zinszahlungen erhalten Sie vierteljährlich, halbjährlich oder jährlich.

  Eine Ausnahme sind **Nullkupon-Anleihen** (Zero Bonds). Dabei wird kein Zins vereinbart. Stattdessen erfolgt die Ausgabe unter dem Nominalwert.

- ✔ die **Emittenten**

  - *Öffentliche Anleihen (Staatsanleihen)* werden zum Beispiel vom Bund, den Ländern und Kommunen ausgegeben. Sie gelten als besonders sicher.

  - *Schuldverschreibungen* werden von Instituten wie zum Beispiel der KfW-Bankengruppe herausgegeben.

  - *Pfandbriefe* geben zum Beispiel die Hypothekenbanken und die Landesbanken aus.

   - *Industrieobligationen* werden von deutschen oder internationalen Unternehmen ausgegeben.

- **Kündigungsrechte.** Sie können für den Emittenten oder für den Anleger vereinbart werden.

Wenn Sie eine Anleihe zeichnen, dann bestimmt, weil Sie die Vorteile überzeugen:

- Durch Standardisierung lässt sich eine höhere Fungibilität erreichen.
- Sie haben das Recht auf die Rückzahlung des gezahlten Geldes und auf Zinszahlungen.
- Die Rendite ist in der Regel höher als bei klassischen Sparkonten oder Tagesgeld.
- Sie haben die Chance, die Rendite durch Kursgewinne zu verbessern.
- Gegenüber Aktionären werden Sie im Insolvenzfall vorrangig behandelt.
- Anleihen unterliegen weniger starken Kursschwankungen als Aktien.

Wenn Sie die Vorteile nutzen, müssen Sie auch Nachteile von Anleihen in Kauf nehmen:

- Da Anleihen an der Börse gehandelt werden, unterliegen sie Wertschwankungen. Wenn das Zinsniveau variiert, ändert sich auch der Wert der Anleihe.
- Die Rendite fällt meistens geringer aus als bei der Anlage in Aktien.
- Es besteht das Risiko der Insolvenz des Emittenten. Dann erhalten Sie Ihr Geld in der Regel lediglich in Höhe der Insolvenzquote zurück.

Überschaubar: Kurzfristige Fremdfinanzierung

Kurzfristige Möglichkeiten der Fremdfinanzierung sollten Sie in Betracht ziehen, wenn es um die Sicherung der Liquidität innerhalb eines Geschäftsjahres geht. Einen Überblich über geeignete Möglichkeiten, mit denen Sie Zahlungsfähigkeit sichern können, gibt Ihnen Abbildung 17.11.

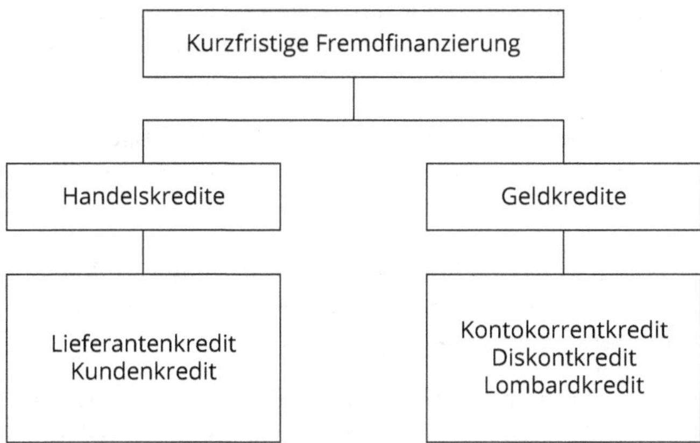

Abbildung 17.11: Kurzfristige Fremdfinanzierung

- **Lieferantenkredit:** Ein Lieferant räumt Ihnen ein Zahlungsziel ein. Sie zahlen also nicht sofort, sondern erst nach einer vereinbarten Frist. Dadurch erhöhen sich Ihre Verbindlichkeiten aus Lieferungen und Leistungen. Ihre temporäre Liquidität wird aber geschont und Sie erhöhen Ihr Fremdkapital, wenn auch nur für einen absehbaren Zeitraum. Sicherheiten müssen Sie in der Regel nicht stellen.

  Der Lieferantenkredit ist oft mit der Gewährung von Skonto verbunden. Bei sofortiger Zahlung (oder innerhalb eines vereinbarten Zeitraums) kann Ihr Kunde mit einem prozentualen Preisabzug zahlen. Mit einem meistens attraktiven Abschlag wollen Sie eine möglichst zeitnahe Begleichung der Rechnung erreichen.

Sie kaufen bei der Fuchs GmbH einen Bohrautomaten zum Preis von 20.000 €. Sie haben die Zahlungsbedingen »Zahlbar innerhalb von 10 Tagen mit 3 % Skonto oder ohne Abzug innerhalb von 30 Tagen« vereinbart. Wie hoch der Zinssatz bei »10 Tagen mit 3 % Skonto« ist, können Sie mit der Formel

$$\text{Effektiver Jahreszins} = \frac{\text{Skontosatz} * 360}{(100 - \text{Skontosatz}) * (\text{Zahlungsziel} - \text{Skontierungsfrist})} * 100$$

ermitteln. In diesem Fall berechnen Sie:

$$\frac{3 * 360}{(100 - 3) * (30 - 10)} * 100 = 55{,}67\ \%$$

Der effektive Jahreszins ist so hoch, weil Ihnen ein Nachlass von 600 € (20.000 € * 3 %) für nur 20 Tage eingeräumt worden ist. Wenn Sie das für ein Jahr und den Barpreis (19.400 €) berechnen, ergeben sich 55,67 %.

- **Kundenkredit:** Sie bekommen eine Zahlung, bevor Sie Ihre Leistung erbracht haben. Entweder erhalten Sie eine Vorauszahlung in voller Höhe des Kaufpreises oder einen Abschlag in Höhe eines Teilbetrags. Durch die Vorleistung wird Ihre Liquidität verbessert.

- **Kontokorrentkredit:** Sie vereinbaren mit Ihrem Kreditinstitut, dass Sie Ihr Konto im Soll führen dürfen, allerdings nur bis zu einer bestimmten Grenze. Wann und in welcher Höhe Sie den Kredit in Anspruch nehmen, bleibt Ihnen überlassen. Der Kontokorrentkredit ist im Vergleich zu anderen Arten der kurzfristigen Finanzierung teuer: Ihr Guthaben wird nur gering verzinst, der Darlehenszins ist variabel und hängt vom Zinsniveau auf dem Kapitalmarkt ab.

Mit einem Kontokorrentkredit nehmen Sie rechtlich einen kurzfristigen Kredit in Anspruch, weil er jederzeit gekündigt werden kann. Praktisch steht er Ihnen aber langfristig zur Verfügung.

- **Diskontkredit:** Sie reichen bei einem Kreditinstitut einen noch nicht fälligen Wechsel ein und erhalten sofort den Barwert. Ein Finanzierungseffekt entsteht, weil Sie bereits vor dem Verfalltag des Wechsels über den Betrag verfügen können.

- **Lombardkredit:** Bei einem Lombardkredit erhalten Sie ein Darlehen gegen Verpfändung beweglicher und marktfähiger Vermögensobjekte. Das können Bankguthaben,

Wertpapiere oder andere Gegenstände von einem gewissen Wert sein. Wenn Sie die Raten nicht wie vereinbart zurückzahlen, hat der Darlehensgeber die Möglichkeit die Pfandgegenstände zu verwerten.

- **Avalkredit:** Ihre Bank gibt Ihnen gegen Gebühr die Zusicherung, eine Bürgschaft oder Garantie für eine spezielle Verbindlichkeit zu übernehmen. Es handelt sich um ein bedingtes Zahlungsversprechen. Abbildung 17.12 zeigt Ihnen das Prinzip.

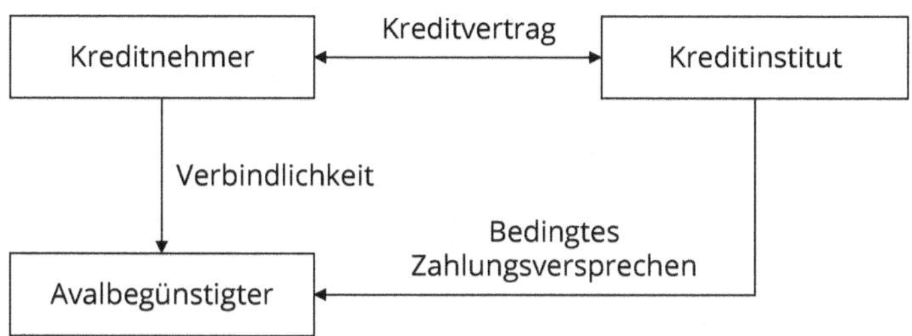

Abbildung 17.12: Avalkredit

Ein Aval ist keine Geldzahlung. Die Zusage der Bank wird nur in Anspruch genommen, wenn der Kreditnehmer seinen Verpflichtungen nicht nachkommen kann. Sie stellt nur ihre eigene Kreditwürdigkeit, ihren »guten Namen« zur Verfügung.

Bei einem *Avalkredit* fließt kein Geld, aber Ihre Bonität wird durch das Zahlungsversprechen einer Bank verbessert.

Durch ein Aval schonen Sie Ihre Liquidität und stärken zugleich das Vertrauen Ihrer Geschäftspartner.

IN DIESEM KAPITEL

Leasing

Factoring

Sale-and-lease-back

Mezzanine-Finanzierungen

Außenhandelsfinanzierung

Kapitel 18
Schon besonders: Weitere Formen der Fremdfinanzierung

Neben den klassischen Finanzierungsarten stehen Ihnen weitere zur Verfügung, die Sie nicht den üblichen Kategorien zuordnen können. In diesem Kapitel werden Ihnen einige Sonderformen vorgestellt. Sie sind zwar besonders, aber keinesfalls selten.

Sonderformen der Fremdfinanzierung

Es gibt ein paar besondere Arten der Fremdfinanzierung, die Sie nun kennen lernen.

Nicht kaufen, aber nutzen: Leasing

Leasing ist eine besondere Form des Mietvertrages. Sie mieten dabei Betriebsmittel von einem Leasinggeber, der selbst Eigentümer bleibt. Während der Laufzeit des Leasingvertrages müssen Sie eine Leasinggebühr zahlen, am Ende der Grundmietzeit

- ✔ geben Sie das Leasingobjekt an den Leasinggeber zurück oder
- ✔ kaufen Sie das Leasingobjekt oder
- ✔ verlängern Sie den Leasingvertrag.

Unter *Leasing* versteht man die Gebrauchsüberlassung von Gütern auf der Grundlage eines Leasingvertrages. Der Leasinggeber bleibt rechtlich der Eigentümer, der Leasingnehmer nutzt das Objekt und zahlt dafür ein Entgelt, die Leasingrate.

Als Leasingnehmer

- ✔ erhalten Sie das Nutzungsrecht an dem geleasten Gegenstand,
- ✔ sind Sie Besitzer, aber Eigentümer bleibt der Leasinggeber,
- ✔ zahlen Sie die Leasingraten.

Der Leasinggeber

- ✔ erwirbt den Leasinggegenstand und wird Eigentümer,
- ✔ überlässt dem Leasingnehmer das Nutzungsrecht daran,
- ✔ erhält die Leasingraten.

Unterscheiden Sie zwischen direktem und indirektem Leasing.

Beim *indirekten Leasing* ist Ihr Partner eine Leasinggesellschaft, die Ihnen mit Leasinggütern von verschiedenen Herstellern ein breites Angebot machen kann.

Abbildung 18.1 zeigt Ihnen die vertraglichen Verbindungen.

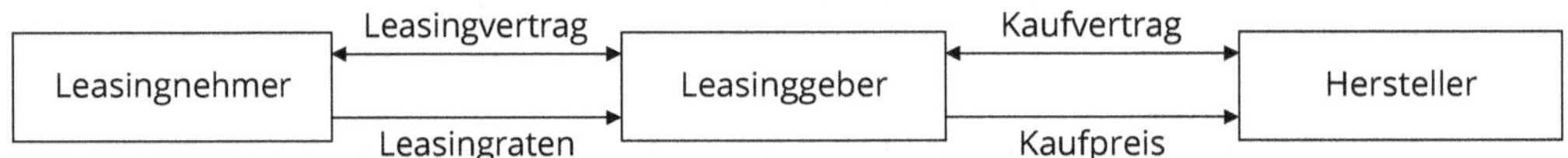

Abbildung 18.1: Indirektes Leasing

Beim *direkten Leasing* ist keine Leasinggesellschaft zwischengeschaltet, Sie leasen direkt beim Hersteller.

Abbildung 18.2 zeigt Ihnen diese Vertragsgestaltung.

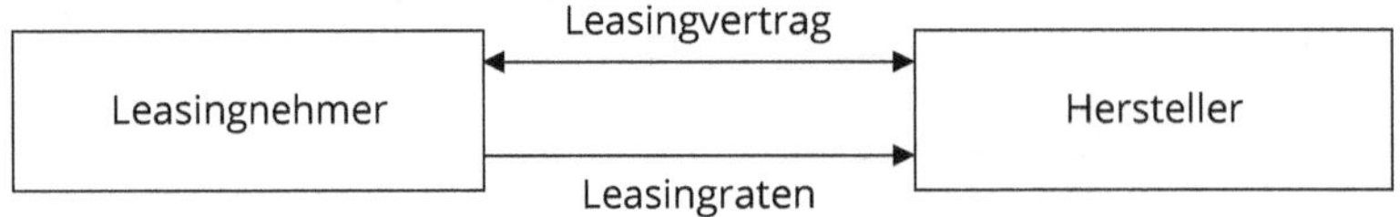

Abbildung 18.2: Direktes Leasing

Eine andere Unterscheidung können Sie zwischen Operate Leasing und Finanzierungsleasing treffen. Beim Operate Leasing

- ist die Leasingzeit kurz, Sie können kurzfristig kündigen,
- ist die Nutzungsdauer kürzer als die Lebensdauer des Objektes,
- trägt der Leasinggeber das Investitionsrisiko, insbesondere die Gefahr des Untergangs,
- wird Ihnen der Leasingeber nur Güter anbieten, die an verschiedene Nutzer verleast werden können.

Pkw, Geschäftsausstattung

Beim Finanzierungsleasing

- vereinbaren Sie eine lange Grundmietzeit, die mindestens 40 % aber maximal 90 % der betriebsgewöhnlichen Nutzungsdauer betragen muss. In dieser Zeit können Sie den Vertrag nicht kündigen,
- tragen Sie das leistungswirtschaftliche Risiko.

Instandhaltung, Reparaturen

Die bedeutsame Frage, ob Sie die Leasinggüter dem Leasinggeber oder dem Leasingnehmer zuordnen müssen, spielt bei der Finanzierung keine zentrale Rolle.

Auch beim Leasing müssen Sie die Vor- und Nachteile im Einzelfall gegeneinander abwägen. Als Vorteile können Sie festhalten:

- Sie können die Leasingverträge flexibel an Ihre Bedürfnisse anpassen.
- Bei der Anschaffung von Vermögensgegenständen müssen Sie kein Eigenkapital aufbringen.
- Unter bestimmten Bedingungen können Sie die Leasingraten steuerlich als Betriebsausgaben behandeln.
- In der Regel müssen Sie keine Sicherheiten stellen.
- Die Anschaffung ist bilanzneutral, Kennzahlen werden nicht beeinflusst.

Als Nachteile müssen Sie allerdings berücksichtigen:

- **Leasing ist teuer.** Sie müssen damit rechnen, insgesamt 120 % bis 140 % des Kaufpreises zu zahlen. Die Konditionen hängen aber vom Einzelfall ab.
- **Die Leasingraten sind Fixkosten.** Sie können während der Vertragslaufzeit die Kosten nicht anpassen.

Sie betreiben ein Taxiunternehmen in Hamburg. Zur Kapazitätserweiterung möchten Sie ein neues Fahrzeug anschaffen. Sie entscheiden sich, ein Leasingangebot anzunehmen.

1. Sie schließen einen Leasingvertrag mit einer Leasinggesellschaft.
2. Die Leasinggesellschaft kauft von einem Autohersteller ein Fahrzeug und begleicht aufgrund eines Kaufvertrages den Kaufpreis.
3. Die Leasinggesellschaft finanziert den Kauf über ihre Hausbank. Zur Sicherung des Darlehens wird eine Sicherungsübereignung vereinbart. Die Bank wird bedingter Eigentümer des Taxis (Fahrzeugbrief), die Leasinggesellschaft ist nun unmittelbarer Besitzer (Fahrzeugschein).
4. Nach Lieferung des Fahrzeugs übergibt die Leasinggesellschaft Ihnen zusammen mit dem Auto den Fahrzeugschein. Sie sind nun wirtschaftlicher Nutzer. Eigentümerin ist die Bank der Leasinggesellschaft.
5. Sie zahlen die Leasingraten an die Leasinggesellschaft.

Factoring

Beim Factoring verkaufen Sie kurzfristige Forderungen aus Waren- oder Dienstleistungen an ein anderes Unternehmen (Factor). Sie erhalten – nach Abzug einer Factoringgebühr – den Forderungsbetrag. Dadurch haben Sie Ihre Forderungen noch vor Fälligkeit in Liquidität umgewandelt. Abbildung 18.3 verdeutlicht Ihnen das Prinzip.

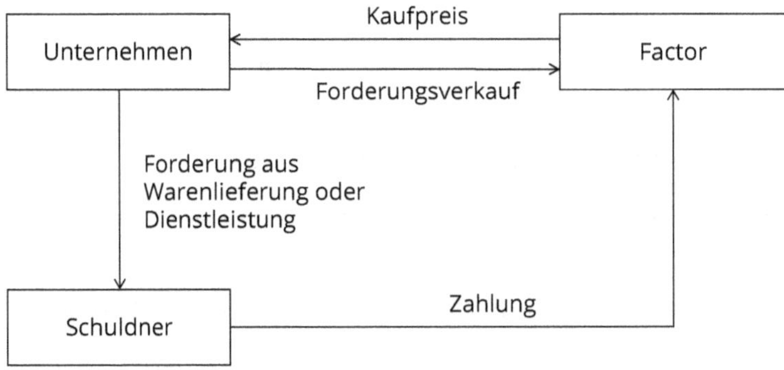

Abbildung 18.3: Factoring

Beim *Factoring* verkaufen Sie Geldforderungen aus Waren- und Dienstleistungsgeschäften an einen Factor.

Der Factor verpflichtet sich, verschiedene Funktionen für Sie zu übernehmen. Siehe dazu Abbildung 18.4.

- Die **Dienstleistungsfunktion** beinhaltet die Debitorenbuchhaltung, das Mahnwesen und das Inkassowesen.
- Die **Finanzierungsfunktion** ergibt sich aus der Bevorschussung der Forderungen.
- Mit der **Delkrederefunktion** wird das Risiko möglicher Zahlungsausfälle übernommen. Wenn Sie diese Funktion nicht in Anspruch nehmen, handelt es sich um ein unechtes Factoring.

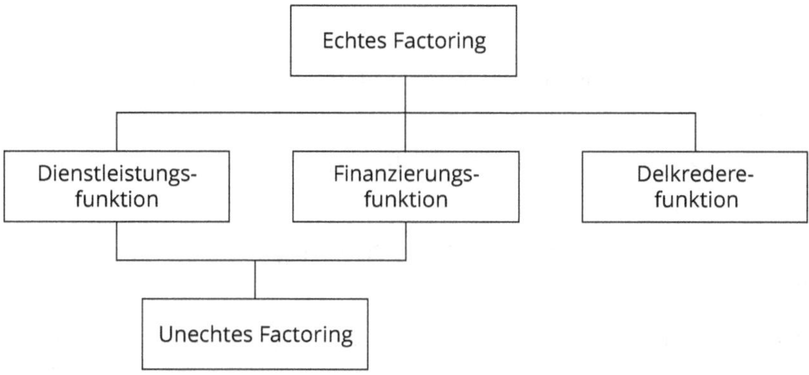

Abbildung 18.4: Echtes und unechtes Factoring

- Wenn Sie **echtes Factoring** vereinbaren,
  - übernimmt der Faktor die Delkrederefunktion,
  - verkaufen Sie regresslos Ihre Forderungen. Eine Teilliquidation von Vermögen findet statt,
  - betreiben Sie damit eine interne Finanzierung aus Vermögensumschichtung: Den Aktivtausch können Sie nicht rückgängig machen.

Ihr Unternehmen hat einem Kunden auf der arabischen Halbinsel ein handelsübliches Zahlungsziel von sechs Monaten eingeräumt, das der Kunde auch ausnutzt.

Sie schließen mit einem Finanzinstitut einen Rahmenvertrag. Der Factor muss alle zukünftigen Forderungen, die gegenüber Ihrem Kunden entstehen, zeitnah aufkaufen.

- **Wenn Sie unechtes Factoring vereinbaren,**
  - übernimmt der Factor keine Delkrederefunktion,
  - tritt der Factor als externer Finanzanbieter auf. Er steht dann in Konkurrenz zu Ihrer Hausbank und den Krediten, die Sie dort erhalten könnten,
  - betreiben Sie eine kurzfristige Kreditfinanzierung.

Nach der Art des Forderungsverkaufs unterscheiden Sie zwischen stillem und offenem Factoring:

- Beim **offenen Factoring** informieren Sie die Schuldner. Die müssen dann die offenen Forderungen direkt an den Factor zahlen.
- Beim **stillen Factoring** informieren Sie die Schuldner nicht über den Verkauf. Die können dann weiterhin schuldenbefreiend an Sie zahlen.

Wenn Sie Forderungen im Rahmen eines Factorings verkaufen, ergeben sich für Sie wertvolle Vorteile:

- Durch den schnellen und sicheren Erhalt der Forderungsgegenwerte verbessert sich Ihre Liquidität.
- Ihr Ausfallrisiko übertragen Sie – bei entsprechender Vertragsgestaltung – auf den Factor.
- Sie sparen bei Personal- und Sachkosten durch die Verlagerung des Inkassos und des Mahnwesens an den Factor.
- Sie haben die Möglichkeit, längere Zahlungsziele zu gewähren, ohne dass Ihre Liquidität belastet wird.
- Bei der Kreditaufnahme ergeben sich für Sie Vorteile durch mögliche Verbesserungen von Bilanzrelationen, insbesondere bei den Liquiditätskennzahlen.

Dagegen müssen Sie die Nachteile abwägen:

- Wenn Sie Forderungen verkaufen, kann Ihr Image beschädigt werden. Factoring kann als Hinweis auf finanzielle Probleme verstanden werden.
- Sie müssen eine Factoringgebühr bezahlen. Sie beträgt meistens zwischen 0,5 % und 2,5 % der Forderungssumme.
- Wenn Sie die Dienstleistungen irgendwann wieder eingliedern wollen, müssen Sie mit erheblichen Anpassungsschwierigkeiten rechnen.

Hin und her: Sale-and-lease-back

Beim Sale-and-lease-back haben Sie es mit einer Sonderform des Leasings zu tun. Bei dieser Finanzierungsstrategie verkaufen Sie einen Vermögensgegenstand und schließen gleichzeitig einen Leasingvertrag über seine Nutzung ab.

Gebäude, Produktionsanlage

Sie können den Vermögensgegenstand weiterhin nutzen, haben aber trotzdem Ihre Liquidität verbessert.

1. Der Leasinggegenstand befindet sich in Ihrem Eigentum.
2. Sie verkaufen ihn an eine Leasinggesellschaft.
3. Sie erhalten den Verkaufspreis.
4. Anschließend mieten Sie den Leasinggegenstand wieder zurück.
5. Sie können den Gegenstand wie bisher nutzen.

Für Sie bestehen die Vorteile dieser Konstruktion darin, dass Sie

- ✔ durch den Verkauf sofort über Liquidität verfügen können, die Sie für Investitionen, Schuldenabbau oder beliebige andere Zwecke nutzen können,
- ✔ keine hohen Anschaffungskosten haben,
- ✔ keine zusätzlichen Sicherheiten stellen müssen,
- ✔ die Leasinggebühren aus laufenden Einnahmen bezahlen können,
- ✔ die Bilanz optimieren können. Ihre Verbindlichkeiten können reduziert und das Eigenkapital gestärkt werden,
- ✔ Steuervorteile nutzen können, wenn Sie die Leasingraten als Betriebsausgaben absetzen können.

Dafür müssen Sie

- ✔ relativ hohe Leasingkosten akzeptieren,
- ✔ eine langfristige Bindung an den Leasinggeber eingehen. Ihre langfristigen Verpflichtungen können die Flexibilität des Unternehmens einschränken,
- ✔ eine Abhängigkeit von den Bedingungen und Konditionen des Leasinggebers anerkennen,
- ✔ in Kauf nehmen, dass Sie an einer möglichen Wertsteigerung des Leasinggutes nicht partizipieren können.

Sale-and-lease-back können Sie als effektive Strategie zur Verbesserung der Liquidität nutzen. Sie müssen aber sicherstellen, dass diese Strategie den spezifischen Bedürfnissen und Zielen Ihres Unternehmens entspricht.

Irgendwie dazwischen: Mezzanine-Finanzierungen

Nicht alle Finanzierungsformen können Sie eindeutig der Eigen- oder Fremdfinanzierung zuordnen. Es gibt auch Zwischenformen der Finanzierung, die Sie nutzen können. Diese hybriden Finanzierungsinstrumente bezeichnet man als *Mezzanine*.

Das ist ein Sammelbegriff für Finanzierungsmöglichkeiten, die Merkmale von Eigenkapital mit den Eigenschaften von Fremdkapital vereinen. Eine einheitliche Abgrenzung gibt es nicht, aber diese wesentlichen Eigenschaften sind typisch:

- **Nachrangigkeit.** Mezzanine-Kapital ist gegenüber Fremdkapital nachrangig gestellt. Im Insolvenzfall werden Sie diese Kapitalgeber erst nach allen anderen Gläubigern bedienen.
- **Langfristigkeit.** Die Laufzeiten von Mezzanine-Finanzierungen liegen meist zwischen fünf und 15 Jahren.
- **Verzinsung: Für Mezzanine-Kapital entstehen Ihnen hohe Kapitalkosten.** Sie liegen aufgrund der Nachrangigkeit in der Regel über denen herkömmlichen Fremdkapitals. Oft haben sie eine erfolgsabhängige Komponente.

Nach der erfolgsabhängigen Komponente entscheiden Sie, ob Sie Mezzanine-Kapital als Eigen- oder Fremdkapital einstufen.

- **Rückzahlung.** Mezzanine-Finanzierungen müssen Sie am Ende der Laufzeit zurückzahlen. Sie haben aber große Gestaltungsspielräume bei den Kündigungs- und Rückzahlungsmodalitäten.
- **Bilanzstruktur.** Wenn Sie Mezzanine-Kapital bilanziell wie Eigenkapital behandeln können, werden die Bilanzstruktur und damit die Bonität verbessert.

Abbildung 18.5 zeigt Ihnen die wichtigen Zwischenformen der Finanzierung.

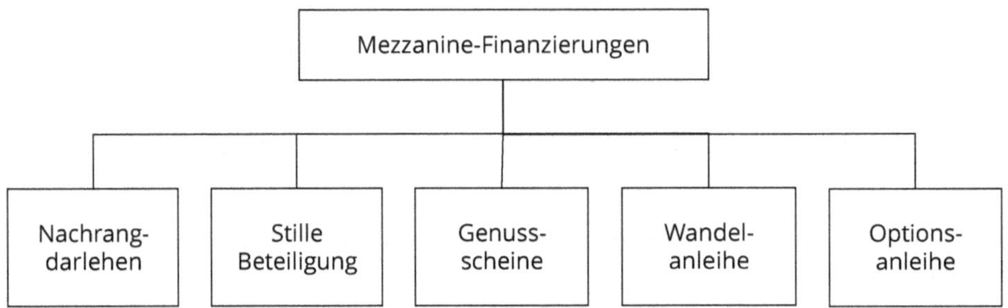

Abbildung 18.5: Zwischenformen der Finanzierung

Nachrangdarlehen

Wenn Sie ein Nachrangdarlehen gewähren, erklären Sie mit einer Rangrücktrittserklärung, dass Sie im Falle der Insolvenz oder der Liquidation des Darlehensnehmers erst nach der Befriedigung der Forderungen aller anderen Gläubiger Ihre Rückzahlung erhalten.

Nachrangdarlehen stehen bei einer Verwertung des Unternehmensvermögens im Range nach allen Bank- und Lieferantenverbindlichkeiten. Sie bekommen Ihr Geld erst zurück, wenn alle vorrangigen Gläubiger, zum Beispiel Kunden, Lieferanten oder Banken, vollständig bedient wurden. Nur die Eigentümer sind noch schlechter gestellt und erhalten ihr Geld nach Ihnen zurück.

Aus Sicht Ihres Unternehmens hat ein Nachrangdarlehen einige Vorteile:

- ✔ Im Rahmen der Jahresabschlussanalyse können Sie das Nachrangdarlehen dem Eigenkapital zuordnen. Dadurch wird die Eigenkapitalquote erhöht, das Rating verbessert und der Zugang zu weiteren, nicht nachrangigen Darlehen zu attraktiven Konditionen bleibt erhalten.
- ✔ In der Regel müssen Sie keine Sicherheiten hinterlegen.

Dem steht als wesentlicher Nachteil gegenüber, dass Sie höhere Zinsen zahlen müssen. Die Darlehensgeber gehen ein höheres Risiko ein und lassen sich das bezahlen.

Stille Beteiligung

Bei einer atypischen stillen Beteiligung leisten Sie eine Einlage und sind dann am Gewinn und (bis zur Höhe der Einlage) auch am Verlust beteiligt. Auch an den stillen Reserven sind Sie beteiligt. Aufgrund Ihrer vermögensrechtlichen Stellung werden Ihnen umfangreiche Vermögens- und Kontrollrechte eingeräumt.

Daraus ergibt sich die Mezzanine-Finanzierung: Einerseits sind Sie wie ein Unternehmer am Gewinn des Unternehmens beteiligt und werden, wenn das Unternehmen insolvent geht, erst nachrangig befriedigt. Andererseits sind Sie auch Gläubiger und haben (anders als bei reinen Eigenkapitalgebern) in einem Insolvenzverfahren einen Rückzahlungsanspruch.

Als atypischer stiller Gesellschafter gelten Sie sogar steuerrechtlich als Mitunternehmer (§ 15 Abs. 1 Nr. 2 EStG).

Genussscheine

Genussscheine sind handelbare Wertpapiere. Die Gestaltung ihrer Konditionen ist gesetzlich nicht geregelt, deshalb können sie mit großem Gestaltungsspielraum individuell angepasst werden. Mit dem Kauf eines Genussscheins erhalten Sie eine Kombination aus Aktie und Anleihe.

- ✔ Ähnlich wie bei einer Aktie erhalten Sie eine gewinnabhängige Vergütung. Sie haben aber keine Eigentümerrechte und deshalb auch kein Stimmrecht.
- ✔ Ähnlich wie bei einer Anleihe erhalten Sie eine feste Verzinsung von den emittierenden Unternehmen. In der Regel ist dabei die Ausschüttung an das Ergebnis des Unternehmens gebunden. Häufig ist auch eine Verzinsung zu einem festen Prozentsatz, die um gewinnabhängige Komponenten ergänzt wird.

Wandelanleihen

Eine Wandelanleihe ist zunächst eine normale verzinsliche Anleihe, bei der Ihnen aber zusätzlich das Recht eingeräumt wird, nach einer Sperrfrist das festverzinsliche Wertpapier in Aktien des Unternehmens umzutauschen. Durch den Umtausch werden Sie von einem Gläubiger (Die Anleihe stellt Fremdkapital dar.) zu einem Miteigentümer (Aktien sind Eigenkapital.). Die Anleihe existiert dann nach der Wandelung nicht mehr.

Die konkreten Bedingungen für den Tausch werden jeweils gesondert festgelegt. Einfluss haben dabei

- die Verzinsung der Anleihe und die Zinstermine,
- die Laufzeit
- das Verhältnis, zu dem getauscht werden kann,
- die Sperrfrist und die Umtauschfrist,
- eine eventuelle Zuzahlung bei der Wandlung.

Eine Sonderform der Wandelanleihe ist die Optionsanleihe. Dabei haben Sie ebenfalls das Recht, Aktien zu erwerben. Die Anleihe selbst wird aber nicht umgewandelt, sie besteht in diesem Falle trotzdem weiter. Die Abbildung 18.6 verdeutlicht Ihnen den Unterschied.

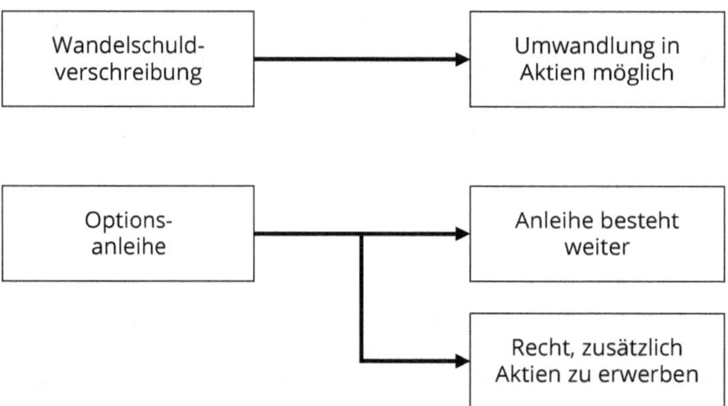

Abbildung 18.6: Wandelschuldverschreibung und Optionsanleihe

Bei der Ausgestaltung von Optionsanleihen existieren zahlreiche Varianten.

Weil Sie keine Verpflichtung haben, die Umwandlung der Anleihe in Aktien vorzunehmen, ist für Ihr Unternehmen auch unklar, wie viele Aktien für einen Umtausch oder bei Ausübung der Option benötigt werden. Deshalb müssen Sie eine bedingte Kapitalerhöhung durchführen, damit genügend junge Aktien zur Verfügung stehen. Das Ausmaß der Kapitalerhöhung ist aber ungewiss, da nicht feststeht, wie viele Aktien benötigt werden.

Unter die Lupe genommen: Vorteile von Mezzanine-Finanzierungen

Wenn Sie sich für eine Mezzanine-Finanzierung entscheiden, dann sicher wegen der Vorteile, die sich daraus für Ihr Unternehmen ergeben:

- ✔ **Geringer Aufwand:** Mezzanine-Kapital können Sie mit einem geringeren Aufwand aufnehmen. Dies gilt vor allem dann, wenn es sich um standardisierte Finanzprodukte handelt.
- ✔ **Flexibilität:** Sie können die Bedingungen für die Aufnahme von Mezzanine-Kapital flexibel gestalten und an Ihre aktuellen Erfordernisse anpassen.
- ✔ **Keine Veränderung der Mehrheitsverhältnisse:** Kapitalgeber von Mezzanine-Kapital erhalten keine Mitwirkungsrechte an der Unternehmensführung. Sie können Mittel erhalten, die zwar Eigenkapitalcharakter haben, aber den Gesellschafterkreis nicht verändern.
- ✔ **Ergebnisabhängige Vergütung:** In der Regel machen Sie die Vergütung mindestens teilweise vom wirtschaftlichen Erfolg abhängig. Sie können sogar vorsehen, dass die gesamte Vergütung erfolgsabhängig ist. Auch eine Beteiligung an laufenden Verlusten ist möglich.
- ✔ **Laufzeiten:** Sie können in vielen Fällen lange Laufzeiten vereinbaren.
- ✔ **Erhöhung des Haftungskapitals:** Einige Kreditinstitute sehen aufgrund der Nachrangigkeit von Mezzanine-Finanzierungsinstrumenten Spielraum zur Verbesserung der Bonitätsbeurteilung. Das hat positive Auswirkungen auf das Rating und erleichtert zukünftige Darlehensaufnahmen.

Seien Sie aber vorsichtig beim Einsatz hybrider Finanzierungsinstrumente. Je nach Ausgestaltung haben sie aus Sicht des Unternehmens auch gravierende Nachteile:

- ✔ **Die Laufzeit ist meistens befristet.** Dadurch können temporäre Finanzierungslücken entstehen.
- ✔ **Risikozuschlag:** Bei einem höheren Risiko erwarten die Kapitalgeber von Mezzanine-Mitteln einen Risikozuschlag. Der führt zu ungünstigeren Konditionen und macht die Finanzierung teurer als eine Fremdfinanzierung.
- ✔ **Hohe Gewinnbeteiligung:** Wenn Sie eine Gewinnbeteiligung vereinbart haben, kann die bei einem erfolgreichen Investment unter Umständen sehr hoch ausfallen.
- ✔ **Hoher Aufwand:** Der Aufwand für die Vertragsgestaltung ist deutlich höher als für ein herkömmliches Darlehen.
- ✔ **Nicht universal einsetzbar:** Für Investitionen können Sie nicht jede Art von Mezzanine-Kapital einsetzen.

Über die Grenzen: Außenhandelsfinanzierung

Der Außenhandel umfasst die Handelsbeziehungen, bei denen staatliche Grenzen überschritten werden. Beim Austausch von Gütern mit allen übrigen Ländern der Welt können Sie zusätzliche Finanzierungsinstrumente nutzen, die Ihnen im Binnenhandel jedenfalls in dieser Form nicht zur Verfügung stehen.

»Im Außenhandel ist es wie bei einem Puzzle: Ein Teil fehlt immer.«

Diese besonderen Finanzierungsformen stellen sicher, dass Importeure und Exporteure ihre Transaktionen vertrauensvoll abschließen können.

Kurzfristige Außenhandelsfinanzierung

Kurzfristige Außenhandelsfinanzierungen haben in der Regel eine Laufzeit bis zu einem Jahr.

Akkreditiv

Mit einem Akkreditiv erhalten Sie die Garantie, dass Ihr Kunde pünktlich und in der richtigen Höhe bezahlen wird. Sollte er dazu nicht in der Lage sein, ist die ausstellende Bank in der Pflicht. Aufgrund ihres selbstschuldnerisches Zahlungsversprechens muss sie Ihnen den gesamten oder verbleibenden Betrag zahlen.

Mit einem *Akkreditiv* verpflichtet sich eine Bank im Auftrag ihres Kunden, bei der Übergabe bestimmter Dokumente, eine Zahlung an den Begünstigten zu leisten

Mit einem Akkreditiv können Sie sich darauf verlassen, dass Ihr Kunde seinen finanziellen Verpflichtungen nachkommen wird. Sie können also das Akkreditiv als Teil Ihres Kreditmanagements verstehen.

Weil das Akkreditiv oft mit einer Kreditaufnahme verbunden ist, hat es auch Finanzierungscharakter. Seine Bedeutung liegt aber vor allem im internationalen Handel. Dort gibt Ihnen als Exporteur ein Akkreditiv die Sicherheit, dass Sie auch an Ihr Geld kommen, wenn der Importeur nicht zahlen kann oder will. Deshalb finden Sie in Kapitel 22 eine ausführliche Darstellung im Zusammenhang mit dem ausländischen Zahlungsverkehr.

Forfaitierung

Die Forfaitierung nutzen Sie insbesondere im internationalen Handel.

Bei der *Forfaitierung* verkaufen Sie Ihre einzeln verbrieften Exportforderungen aus Lieferungen und Leistungen an ein spezialisiertes Institut (Forfaitierer) zu einem vorher festgelegten Preis. Der Forfaitierer sorgt für die Einziehung der Forderungen, übernimmt das Ausfallrisiko und kann auch das Währungsrisiko übernehmen.

Bei einem Zahlungsausfall des Schuldners verzichtet der Forfaitierer auf einen Rückgriff gegen Ihr Unternehmen. Sie haften aber weiterhin für den Rechtsbestand der Forderung.

Die Forfaitierung unterscheidet sich vom Factoring dadurch, dass die Veräußerung einzelner Forderungen möglich ist und keine Übernahme besonderer Serviceleistungen erfolgt. Sie deckt Einzelgeschäfte mit kurz- bis mittelfristigen Zahlungszielen ab.

Daraus ergeben sich für Sie betriebswirtschaftlich erhebliche Vorteile:

- **Sie erreichen eine Stärkung Ihrer Liquidität,** weil Sie sofort finanzielle Mittel erhalten, die Sie beliebig einsetzen können.
- **Ihre Planungssicherheit wird erhöht:** Das Risiko von Zahlungsausfällen besteht nicht mehr.
- **Ihre Bilanzkennzahlen werden verbessert,** weil die Forderungen nicht mehr in Ihrer Bilanz stehen Das kann zu einer Verbesserung Ihrer Kreditwürdigkeit führen.
- **Die Abwicklung ist für Sie in der Regel unkompliziert und schnell.**

Sie müssen aber die Nachteile der Forfaitierung sehen:

- **Übernommen wird nur das Ausfallrisiko.** Ihre Buchhaltung, die Rechnungserstellung und das Mahnwesen werden nicht abgegeben.
- **Sie können nicht alle Forderungen verkaufen.** Um diese Finanzierungsform nutzen zu können, müssen Sie sicherstellen, dass die Forderungen bestimmte Kriterien erfüllen.
- **Die Forfaitierung kann mit hohen Kosten verbunden sein.** Dadurch wird Ihre Gewinnmarge geschmälert.

Langfristige Außenhandelsfinanzierung

Zur langfristigen Außenhandelsfinanzierung zählen:

- Außenhandelskredite
- Bestellerkredite
- Lieferantenkredite

Außenhandelskredite

Insbesondere kleine und mittlere Unternehmen verfügen häufig nicht über ausreichend langfristiges Kapital, um im Außenhandel erfolgreich sein zu können. Spezielle Institute unterstützen Sie aber bei der Kreditgewährung, indem sie ihnen

- ✔ ihre Kompetenz bei der Gewährung von staatlichen Unterstützungen zur Verfügung stellen,
- ✔ langfristige Kredite gewähren,
- ✔ bei Bankkonsortien mitwirken, wenn ihr eigenes Potenzial überschritten ist.

Die Außenhandelskredite haben in der Regel eine Laufzeit von mehr als einem Jahr. Ihre wichtigsten Ansprechpartner sind die Ausfuhrkredit-Gesellschaft mbH (AKA) und die KfW-Bankengruppe.

Bestellerkredit

Einen Bestellerkredit kann Ihre Bank Ihrem ausländischen Kunden zur Finanzierung des Kaufpreises aus dem Exportgeschäft gewähren. Er ist immer an Lieferungen und Leistungen eines inländischen Exporteurs gebunden. Abbildung 18.7 zeigt, dass die Zahlung direkt an den Exporteur erfolgt.

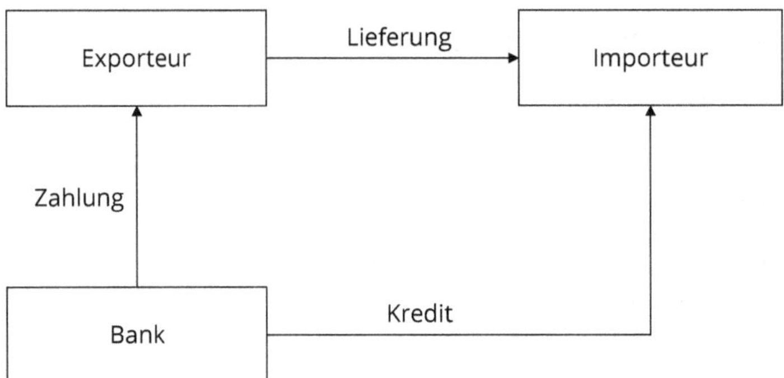

Abbildung 18.7: Bestellerkredit

Für Sie besteht der Vorteil eines Bestellerkredits darin, dass Ihre Forderungen sofort beglichen werden. In der Regel wird der Bestellerkredit von einer staatlichen Kreditversicherung gedeckt.

Lieferantenkredit

Bei einem Lieferantenkredit räumen Sie dem Importeur im Rahmen des Liefervertrages einen Kredit ein, indem Sie ein Zahlungsziel vereinbaren. Zur Refinanzierung nehmen Sie dann bei einer inländischen Bank einen Kredit auf, um Ihre Aufwendungen während der Produktionszeit zu decken. Siehe dazu Abbildung 18.8.

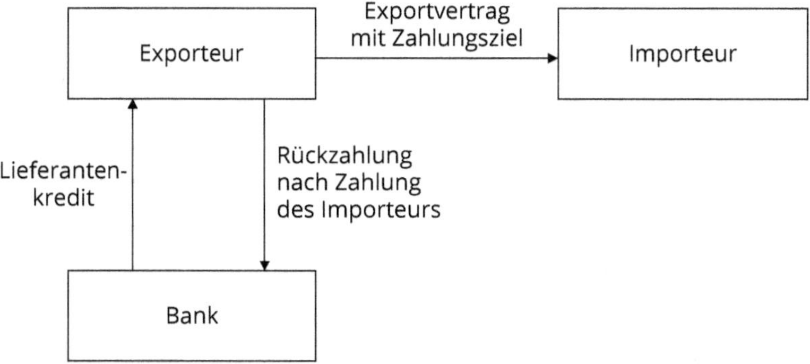

Abbildung 18.8: Lieferantenkredit im Außenhandel

Die Rückzahlung leisten Sie dann, wenn der Importeur Ihre Rechnung begleicht. Ihre Liquidität ist dadurch auch bei einem langen Zahlungsziel garantiert.

IN DIESEM KAPITEL

Statische Investitionsrechnungen

Dynamische Investitionsrechnungen

Investitionskontrolle

Kapitel 19
Für die Zukunft: Investitionen

In diesem Kapitel geht es nicht um die Beschaffung von finanziellen Mitteln, sondern um ihre Verwendung.

Bei einer *Investition* setzen Sie langfristig Geldmittel zum Beispiel für Betriebsgebäude, Anlagen, Maschinen und Rechte ein, um Güter produzieren zu können.

Ihr Ziel ist dabei,

- das eigene Privatvermögen zu vergrößern,
- zukünftige Gewinne zu sichern oder
- den Wert des Unternehmens zu erhöhen.

Sie unterscheiden zwischen

- **Sachinvestitionen** (zum Beispiel Grundstücke, Maschinen, Vorräte)
- **Finanzinvestitionen** (zum Beispiel Beteiligungen)
- **immaterielle Investitionen** (zum Beispiel Forschung, Werbung, Fortbildung der Mitarbeiter)

Um festzustellen, ob sich eine Investition lohnt, stehen Ihnen die Verfahren der Investitionsrechnung zur Verfügung. Sie erfahren zunächst, welche Überlegungen den sogenannten statischen Investitionsrechnungen zugrunde liegen. Danach lernen Sie die verschiedenen Verfahren kennen und wissen dann, bei welcher Fragestellung Sie die Rechenverfahren einsetzen können.

Gut überlegen: Investitionsbedarf feststellen

Investitionen sind eine wesentliche Voraussetzung, dass Ihr Unternehmen bei dynamischen Veränderungen am Markt bestehen kann. Dazu müssen die Investitionen aber auch betriebswirtschaftlich sinnvoll sein. Damit Sie das herausfinden können, steht Ihnen eine Vielfalt von Bedarfsanalysen und Investitionsrechnungen zur Verfügung, die Ihnen als Entscheidungshilfe dienen können. In diesem Kapitel erfahren Sie, welche unterschiedlichen Investitionsarten es gibt und mit welchen Instrumenten Sie ermitteln, ob sie auch sinnvoll sind.

»Investieren ist wie ein Blind Date: Man weiß nie, ob es ein Treffer oder ein Reinfall wird.«

Komplex: Investitionsanlässe

Im Rahmen der Investitionsrechnung werden Entscheidungen getroffen, bei denen es um hohe Beträge und langfristige Kapitalbindung geht, die weitreichende Wirkung haben können. Zur Investitionsrechnung gehören Rechenverfahren, die helfen, unter verschiedenen Alternativen diejenige auszuwählen, die für das Unternehmen und seine Ziele am besten ist.

Die Aufgabenstellungen in der Bilanzbuchhalterprüfung folgen dem zahlungsstromorientierten Investitionsbegriff, der in der Praxis am gebräuchlichsten ist. Eine zahlungsstromorientierte Investition erkennen Sie daran, dass

- ✔ die Anschaffung eines Vermögensgegenstandes zunächst zu Ausgaben führt.

Sie kaufen einen geeigneten Pkw für Ihr Taxiunternehmen.

- ✔ Sie durch diese Mittelverwendung zu einem späteren Zeitpunkt Einzahlungsüberschüsse erzielen können.

Die Taxitarife, die die Fahrgäste zahlen, übersteigen Ihre Kosten für Kraftstoffe, Wartung, Personal und so weiter.

Mögliche Gründe, die Sie zu einer Investition veranlassen:

- ✔ **Erweiterungen des Betriebes**

Auf regionalen Märkten, die Sie bisher noch nicht beliefert haben, soll ein Angebot bereitgestellt werden.

- ✔ **Neue Produkte**

Zusätzlich zu Ihren Taxifahrten wollen Sie auch Krankentransporte anbieten. Dazu müssen Sie ein entsprechendes Fahrzeug anschaffen, aber auch Werbung betreiben.

- **Erforderliche Modernisierungen**

Die Kunden Ihres Taxiunternehmens erwarten Komfort und Sicherheit entsprechend den aktuellen Standards.

- **Veränderte Wertschöpfungsketten**

Das regionale Nahverkehrsunternehmen bietet an, in verkehrsarmen Zeiten Taxis statt Busse einzusetzen. Dazu benötigen Sie zusätzliche Fahrzeuge mit einer größeren Zahl von Sitzplätzen.

Langfristig: Investitionsplanung

Bei der Investitionsplanung gehen Sie nach strategischen Gesichtspunkten vor. Für Sie bedeutet das, unterschiedliche Phasen des Entscheidungsprozesses für Investitionen zu beachten. Systematisch gehen Sie so vor:

1. Prüfen Sie, ob die geplante Investition notwendig ist.
2. Ermitteln Sie geeignete Investitionsobjekte.
3. Bewerten Sie die Alternativen.
4. Entscheiden Sie, ob Sie die Investition sinnvoll durchführen können.
5. Realisieren Sie die Investition.

Wenn Sie im dritten Schritt überlegen, ob sich die vorgesehene Investition »lohnt«, benötigen Sie Kriterien und Instrumente, die Ihnen eine Beurteilung ermöglichen. Dazu kommen jetzt die Investitionsrechnungen ins Spiel. Unterscheiden Sie bei den Verfahren der Investitionsrechnung zwei grundsätzliche Herangehensweisen:

- **Statische Verfahren berücksichtigen den Zeitfaktor nicht.** Sie übernehmen Ihre Informationen direkt aus dem externen oder internen Rechnungswesen. Die gesammelten Daten fassen Sie dann zu Durchschnittsgrößen zusammen. Veränderungen von Ein- und Auszahlungen im Verlauf der Investitionszeit lassen Sie unberücksichtigt. Ihre Ergebnisse liefern ein repräsentatives Bild, sie zeigen eine durchschnittliche Periode. Bei Ihren Berechnungen nutzen Sie ausschließlich diese Durchschnittswerte.
- **Dynamische Verfahren berücksichtigen den Zeitfaktor.** Sie nehmen die gesamte Zeit der Nutzung in den Blick und betrachten jede Periode einzeln. Sie berechnen zunächst das Ergebnis für jede einzelne Periode und beziehen es (damit überhaupt ein Vergleich möglich wird) auf einen Zeitpunkt, der t_0 genannt wird. Die Summe der Periodenergebnisse ist dann der Vergleichswert, den Sie suchen.

Auch nach einer Investitionsentscheidung müssen Sie beobachten, ob die Ein- und Auszahlungen mit den Prognosen übereinstimmen, die Sie zu der gewählten Alternative veranlasst haben. Bei Abweichungen müssen Sie die Ursachen ermitteln und gegebenenfalls Gegenmaßnahmen einleiten.

Im Rahmen der Investitionsrechnung gibt es für Sie einiges zu tun:

- ✔ Sie regen neue Investitionen an und planen sie.
- ✔ Sie bereiten Entscheidungen vor.
- ✔ Sie überwachen die Durchführung.
- ✔ Sie prüfen permanent die Ergebnisse.

Alles gleich: Statische Investitionsrechnungen

Hier geht es los mit den Investitionsrechnungen, die in praktisch jeder Bilanzbuchhalter-Prüfung auftauchen.

Gilt für alle: Grundlagen

Bei statischen Investitionsrechnungen arbeiten Sie nur mit Zahlen einer Periode, obwohl die Nutzungsdauer tatsächlich länger ist. Der Kniff dabei: Sie bilden aus allen Angaben – egal zu welchem Zeitpunkt sie anfallen – Durchschnittswerte. So erhalten Sie eine »repräsentative« Periode, die Sie für Ihre weiteren Überlegungen nutzen.

Die Materialkosten betragen bei der Klar AG im Jahr 1 80.000 €, im Jahr 2 90.000 € und im Jahr 3 100.000 €. Sie ermitteln den Durchschnitt

$$\frac{80.0000\text{ €} + 90.000\text{ €} + 100.000\text{ €}}{3}$$

und gehen bei Ihren weiteren Überlegungen von Materialkosten in Höhe von 90.000 € für alle Perioden aus.

Für alle statischen Investitionsrechnungen berücksichtigen Sie folgende Gemeinsamkeiten:

- ✔ Die zeitliche Struktur der anfallenden Zahlungsströme beachten Sie nicht.
- ✔ Die Durchschnittsgrößen bilden die Grundlage für Ihre Überlegungen.
- ✔ Nur für kurze Zeiträume können Sie sinnvolle Aussagen treffen.
- ✔ Sie können nur einzelne Investitionsobjekte miteinander vergleichen.
- ✔ Kosten, Erlöse und das eingesetzte Kapital bilden die Grundlage Ihrer Berechnungen.

Abbildung 19.1 zeigt Ihnen die verschiedenen statischen Investitionsrechnungen.

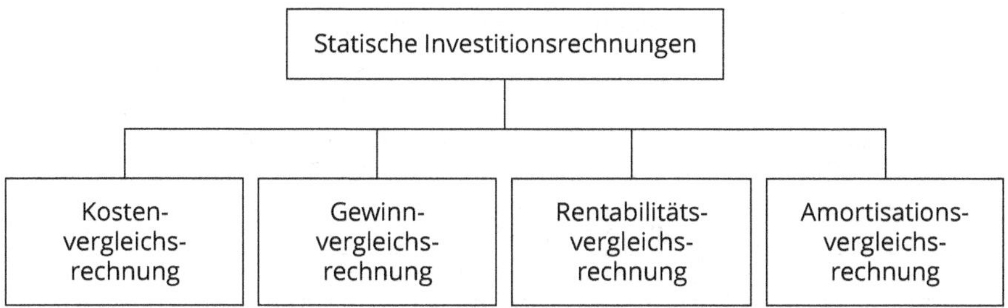

Abbildung 19.1: Statische Investitionsrechnungen

Bei den statischen Investitionsrechnungsverfahren müssen Sie bei den Kostenarten großen Wert auf die korrekte Berechnung der durchschnittlichen Werte legen:

- **Kalkulatorische Zinsen.** Sie werden mit dem Kapital berechnet, das die Investition im Durchschnitt der Nutzungsjahre bindet. Dazu gehört auch ein eventueller Restwert (Liquidationserlös) am Ende der Nutzungsdauer. Nutzen Sie deshalb die Formel

  $$\text{Kalkulatorische Zinsen} = \frac{\text{Anschaffungskosten} + \text{Restwert}}{2} * \text{Kalkulationszinsfuß}$$

- **Kalkulatorische Abschreibungen.** Gehen Sie von einer linearen Abschreibung aus und vergessen Sie den Restwert nicht. Die Formel lautet:

  $$\text{Jährliche Abschreibungen} = \frac{\text{Anschaffungskosten} - \text{Restwert}}{\text{Nutzungsdauer in Jahren}}$$

Damit verteilen Sie den Restwert gleichmäßig über die Nutzungsdauer.

Die Kosten entscheiden: Kostenvergleichsrechnung

Bei der Kostenvergleichsrechnung vergleichen Sie mehrere Investitionsmöglichkeiten mit dem Ziel, die kostengünstigste Alternative zu finden.

Sie wollen in Ihrem Unternehmen »KitchenPro« zusätzlich Kochtöpfe herstellen. Für die Produktion haben Sie zwei mögliche Anlagen ausgewählt:

	Anlage 1	**Anlage 2**
Anschaffungskosten	200.000 €	400.000 €
Gewöhnliche Nutzungsdauer	5 Jahre	8 Jahre
Produktionskapazität	6.000 Stück	10.000 Stück
Maximale Absatzmenge	5.000 Stück	5.000 Stück
Fixkosten ohne Abschreibungen/Jahr	40.000 €	10.000 €
Variable Kosten pro Stück	10 €	5 €
Restwert am Ende der Nutzungsdauer	40.000 €	0 €

Sie berechnen, welche Anlage die niedrigsten Kosten verursacht:

		Anlage 1	Anlage 2
Fixkosten ohne Abschreibungen		40.000 €	10.000 €
Variable Kosten	5.000 × 10 €	50.000 €	
	5.000 × 5 €		25.000 €
Abschreibungen	200.000 €/5 Jahre	40.000 €	
	400.000 €/8 Jahre		50.000 €
Restwert	40.000 €/5 Jahre	–8.000 €	
Summe		122.000 €	85.000 €

Sie entscheiden sich für die Anlage 2, weil sie geringere Kosten verursacht.

Die Methode mag Ihnen zunächst überzeugend erscheinen. Berücksichtigen Sie aber, dass

- ✔ Sie die Ausbringungs- beziehungsweise Absatzmengen prognostizieren müssen, was Ihnen in der Regel nur unbefriedigend genau möglich sein wird.
- ✔ Sie die Entwicklung der Verkaufserlöse nicht berücksichtigen können.
- ✔ die Rentabilität des eingesetzten Kapitals keine Rolle spielt.
- ✔ die Kosten allein keine Entscheidungsgrundlage für eine Investition sein können.

Zur Kostenbetrachtung gehört auch das Problem der kritischen Menge. Weil Sie die Produktionsmenge schätzen müssen, wird Sie interessieren, ob bei unterschiedlichen Ausbringungsmengen Ihre Entscheidung dann auch unterschiedlich ausfällt.

Natürlich wollen Sie dann wissen, wo die »Grenze« ist, bis zu welcher Ausbringungsmenge die eine Alternative günstiger und die andere schlechter ist. Und die liegt offenbar bei genau der Menge, in der die Kostensituation bei beiden Alternativen genau gleich aussieht.

Rechnerisch müssen also die Gesamtkosten der Alternative 1 (K_1), die sich aus den fixen Kosten K_{f1} und den variablen Kosten $k_{v1} * x_{krit}$ zusammensetzen, mit den Gesamtkosten der Alternative 2 (K_2) übereinstimmen:

$$K_{f1} + k_{v1} * x_{krit} = K_{f2} + k_{v2} * x_{krit}$$

oder umgeformt

$$x_{krit} = \frac{K_{f2} - K_{f1}}{k_{v1} - k_{v2}}$$

	Anlage 1	Anlage 2
Fixe Kosten pro Jahr (K_f)	20.000 €	25.000 €
Variable Stückkosten pro Jahr (k_v)	4,00 €	3,50 €
Kritische Menge	$x_{kr} = \frac{25.000\ € - 20.000\ €}{4,00\ € - 3,50\ €} = 10.000$ Stück	

Bis zu einer Produktionsmenge von 10.000 Stück ist die Anlage 1 günstiger, ab 10.000 Stück die Anlage 2.

Was am meisten bringt: Gewinnvergleichsrechnung

Bei der Gewinnvergleichsrechnung stellen Sie die Gewinne von zwei oder mehr alternativen Investitionen gegenüber, indem Sie zusätzlich zu den Kosten auch die Erlöse in Ihre Überlegungen einbeziehen. Entscheiden Sie sich dann für die Alternative, die den höchsten Gewinn verspricht.

Die Maxi KG beabsichtigt, ein Produkt »Brummbär« in ihr Produktionsprogramm aufzunehmen. Die Marktforschung hat folgende Absatzprognosen aufgestellt:

1. Jahr	10.000 Stück
2. Jahr	15.000 Stück
3. Jahr	20.000 Stück
4. Jahr	20.000 Stück
5. Jahr	15.000 Stück

Zur Produktion haben Sie die Wahl zwischen zwei Anlagen:

	Anlage 1	Anlage 2
Anschaffungskosten	100.000 €	150.000 €
Nutzungsdauer	5 Jahre	5 Jahre
Restwert nach 5 Jahren	25.000 €	30.000 €
Fixe Kosten (ohne Zinsen) pro Jahr	30.000 €	20.000 €
Variable Kosten pro Stück	3 €	2 €
Erlös pro Stück	8 €	
Kalkulatorischer Zinssatz	10 %	

Sie berechnen mit einer Gewinnvergleichsrechnung, welche Anlage Sie bevorzugen:

Die durchschnittliche Absatzmenge beträgt 16.000 Stück.

Der durchschnittliche Jahreserlös beträgt 16.000 Stück * 8 € = 128.000 €.

	Anlage 1 (in €)		Anlage 2 (in €)	
Abschreibungen	$\frac{100.000 - 25.000}{5}$	15.000	$\frac{150.000 - 30.000}{5}$	24.000
Kalkulatorische Zinsen	$\frac{100.000 + 25.000}{2} * 10\%$	6.250	$\frac{150.000 + 30.000}{2} * 10\%$	9.000
Sonstige Fixkosten		30.000		20.000
Fixkosten gesamt		51.250		53.000
Variable Kosten	16.000 * 3	48.000	16.000 * 2	32.000
Kosten gesamt		99.250		85.000
Erlöse		128.000		128.000
Gewinn		28.750		43.000

Sie entscheiden sich für die Anlage 2, weil sie den höchsten Gewinn verspricht.

Unterschätzen Sie nicht die Herausforderungen dieser Investitionsrechnung. Das Problem liegt meistens nicht in der banalen Berechnung des Gewinns, sondern in der Ermittlung der Kosten und Erlöse.

Die Gewinnvergleichsrechnung bildet die Situation realitätsnah ab und ist trotzdem einfach zu nutzen. Sie sollten aber auch die Nachteile kennen:

- Sie können nur eine **kurzfristige Betrachtung** anstellen.
- Die **Aufteilung in fixe und variable Kosten** ist nicht immer einfach möglich.
- Die Rentabilität des **Kapitaleinsatzes** spielt keine Rolle.
- Die **Zuteilung der Erlöse** ist nicht immer eindeutig möglich.

Rendite entscheidet: Rentabilitätsvergleichsrechnung

Bei den beiden bisher dargestellten Verfahren der Investitionsrechnung konnten Sie nicht berücksichtigen, ob das eingesetzte Kapital rentabel eingesetzt ist. Tatsächlich wollen Sie aber auch die durchschnittliche jährliche Verzinsung Ihres eingesetzten Kapitals kennen. Zur Berechnung der Rentabilität beziehen Sie das Jahresergebnis auf das durchschnittlich eingesetzte Kapital:

$$\text{Rentabilität} = \frac{\text{Erlöse} - \text{Kosten}}{\text{durchschnittlicher Kapitaleinsatz}} * 100$$

Der durchschnittliche Kapitaleinsatz entspricht

- bei abnutzbaren Anlagegütern den halben Anschaffungskosten,
- bei nicht abnutzbaren Anlagegütern und Gütern des Umlaufvermögens den Anschaffungskosten.

Bei verschiedenen Investitionsalternativen entscheiden Sie sich für die Möglichkeit mit der höchsten Rendite.

	Maschine 1		Maschine 2	
Anschaffungskosten in €		180.000		160.000
Gesamte Kosten in €		98.000		85.000
Erlöse in €		124.000		110.000
Gewinn in €		26.000		25.000
Rentabilität	$\frac{26.000}{180.000/2} * 100$	28,9 %	$\frac{25.000}{160.000/2} * 100$	31,3 %

Sie entscheiden sich für Maschine 2, weil sie die bessere Rentabilität erwarten lässt.

Das kann dauern: Amortisationsvergleichsrechnung

Bei der Amortisationsvergleichsrechnung legen Sie ein anderes Prinzip zugrunde: Sie ermitteln, ob Ihre Entscheidung für oder gegen eine ganz bestimmte Investition ausfallen muss. Sie prüfen dazu, wann die Anschaffungskosten, die Sie für eine Investition getätigt haben, durch die erwarteten Einzahlungen gedeckt sind. Sie bestimmen den Zeitpunkt, zu dem ihr Unternehmen wieder über die Finanzmittel verfügen soll, die zum Investitionszeitpunkt abgeflossen sind.

- Sie ermitteln die jährlich erwarteten Überschüsse.
- Sie berechnen, wie lange es dauert, bis die Anschaffungsauszahlung durch die erwarteten Überschüsse ausgeglichen ist:

$$\text{Amortisationsdauer} = \frac{\text{Anschaffungskosten}}{\text{Jählicher Gewinn} + \text{jährliche Abschreibungen}}$$

- Bei verschiedenen Investitionsalternativen wählen Sie diejenige mit der kürzesten Amortisationsdauer.

Der Geschäftsleitung der Knall KG beabsichtigt, zusätzlich Lutschbonbons herzustellen. Sie sieht für die Produktion zwei Möglichkeiten:

	Alternative A	Alternative B
Anschaffungskosten	500.000 €	1.000.000 €
Gewinn pro Jahr	60.000 €	90.000 €
Abschreibungen pro Jahr	100.000 €	125.000 €

Die Amortisationszeit soll maximal 5 Jahre betragen. Sie rechnen:

	Alternative A	Alternative B
Berechnung	$\frac{500.000\,€}{60.000\,€ + 100.000\,€}$	$\frac{1.000.000\,€}{90.000\,€ + 125.000\,€}$
Amortisationsdauer	3,125	4,65

Sie wählen aber die Alternative A, weil sie eine deutlich kürzere Amortisationsdauer hat.

Trotz der eindeutigen Ergebnisse Ihrer Berechnungen entsteht bei der Amortisationsvergleichsrechnung ein gravierendes Problem: Wenn Sie die gewünschte Amortisationsdauer niedriger ansetzen als die tatsächliche wirtschaftliche Nutzungsdauer beträgt, müssen Sie die Investition ablehnen, auch wenn es wirtschaftlicher wäre, sie zu tätigen, als Ihre ältere Anlage weiter zu nutzen. Wenn Sie bei Ihren Entscheidungen zu vorsichtig sind, kann es sein, dass Sie damit Neuerungen und Modernisierungen verhindern.

Statische Investitionsrechnungsverfahren können Sie wegen ihrer einfachen Annahmen gut für kleinere Vorhaben einsetzen. Sie lassen zwar Änderungen während der oft längeren Investitionsdauer außen vor, aber bei kleineren Projekten führen sie zu ausreichend genauen Entscheidungsempfehlungen.

Zum richtigen Zeitpunkt: Dynamische Investitionsrechnungen

Auch die dynamischen Investitionsrechnungsverfahren sollen eine Aussage über die Vorteilhaftigkeit einer Investition ermöglichen. Und indem Sie dynamische Verfahren anwenden, können Sie den hauptsächlichen Nachteil der statischen Investitionsrechnungen vermeiden: Die Annahme, dass alle Ein- und Auszahlungen gleichmäßig auf die Perioden verteilt werden könnten und deshalb mit einer repräsentativen Periode abgebildet werden könnten, ersetzen Sie aber durch realistischere Berechnungen.

- ✔ Sie bewerten eine Investition, indem Sie gegenwärtige und zukünftige Einzahlungen und Auszahlungen betrachten.
- ✔ Sie berücksichtigen dabei, dass eine früher anfallende Zahlung höher zu bewerten ist als eine gleich hohe Zahlung zu einem späteren Zeitpunkt.
- ✔ Sie betrachten deshalb jede Periode einzeln.
- ✔ Durch Auf- oder Abzinsungen erreichen Sie, dass alle Zahlungen auf einen gleichen Zeitpunkt t_0 bezogen werden.
- ✔ Wenn Sie verschiedene Investitionen für den Zeitpunkt t_0 berechnen, sind sie auch dann vergleichbar, wenn ganz unterschiedliche Zahlungsströme zugrunde liegen.

- Sie erkennen, ob eine Investition unter den gegebenen Annahmen sinnvoller ist als eine andere. Diejenige, die zum Planungszeitpunkt den günstigsten Wert aus den abgezinsten Ein- und Auszahlungen aufweist, ist die vorteilhafteste.

Abbildung 19.2 zeigt Ihnen zunächst die vier wesentlichen Varianten der dynamischen Investitionsrechnung.

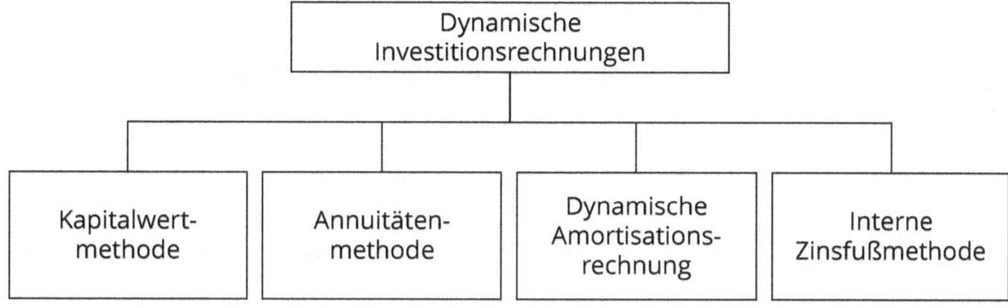

Abbildung 19.2: Dynamische Investitionsrechnungen

Handwerkszeug: Grundlagen der dynamischen Investitionsrechnungen

Da Sie auf- und abzinsen müssen und auch Zinseszinseffekte zu berücksichtigen sind, machen Sie sich zunächst nochmals klar:

- Jede Ein- und Auszahlung hat zu dem Zeitpunkt, an dem sie erfolgt, einen bestimmten Wert, der als Zeitwert bezeichnet wird.
- Zukünftige Zahlungen sind weniger wert als Zahlungen zum jetzigen Zeitpunkt.

Überlegen Sie, welchen Unterschied es macht, ob Sie von der Oma 1.000 € heute oder in genau einem Jahr bekommen. Natürlich bevorzugen Sie den aktuellen Zeitpunkt: Sie könnten das Geld verzinslich anlegen und hätten dann in einem Jahr einen höheren Betrag zur Verfügung.

Wenn Sie umgekehrt am Ende eines Jahres über einen Betrag von 1.000 € verfügen möchten und für eine Anlage 6 % p.a. Zinsen bekommen, müssen Sie am Anfang des Jahres (jetzt) nur 943,40 EUR investieren.

Rufen Sie sich gegebenenfalls nochmals die Berechnung der Zinsen und Zinseszinsen in Erinnerung.

- Damit Sie vergleichende Berechnungen anstellen können, müssen Sie einen Zeitpunkt festlegen, auf den Sie alle Zahlungen beziehen. Dieser Zeitpunkt wird mit t_0 bezeichnet. Das Prinzip zeigt Abbildung 19.3.

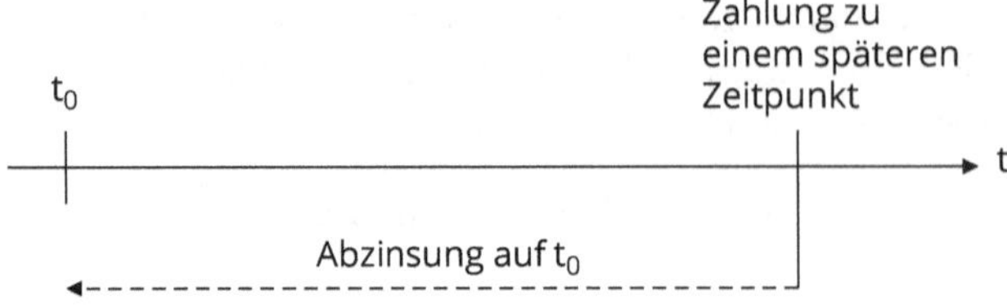

Abbildung 19.3: Abzinsung auf t_0

- Den heutigen Wert zukünftiger Zahlungen berechnen Sie durch Abzinsung. Er wird als Barwert bezeichnet.
- Dazu müssen Sie den Zinsfaktor festlegen, mit dem Sie abzinsen.

Der *Barwert* ist der Wert, den zukünftige Ein- oder Auszahlungen zum aktuellen Zeitpunkt besitzen.

- Um alle einer Investition zurechenbaren Einzahlungen und Auszahlungen für die erwartete Investitionsdauer zu erfassen, stehen Ihnen finanzmathematische Methoden zur Verfügung.

Die gute Nachricht zum Schluss: Sie müssen die Berechnungen zwar verstanden haben, die Formeln und sogar bereits vorab ausgerechnete Auf- und Abzinsungsfaktoren stehen Ihnen aber in einer Formelsammlung zur Verfügung. Die müssen Sie nicht auswendig lernen.

Meist genutzt: Kapitalwertmethode

Bei der Kapitalwertmethode zinsen Sie alle Einzahlungen (E) und Auszahlungen (A), die mit einer Investition verbunden sind, auf den Zeitpunkt t_0 ab. Die Abbildung 19.4 verdeutlicht Ihnen das einfache Prinzip:

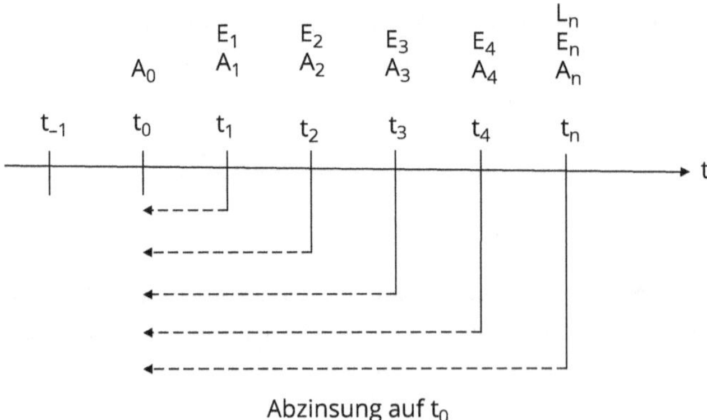

Abbildung 19.4: Prinzip der Kapitalwertmethode

Dazu gehen Sie wie folgt vor:

1. **Bestimmen Sie die Anschaffungsauszahlung für die Investition.**

2. **Alle zukünftigen Auszahlungen (A_1, A_2,…,A_n) und die Einzahlungen (E_1, E_2 …E_n) beziehen Sie mit dem Abzinsungsfaktor auf den Zeitpunkt der Investition t_0.**

   A_0 steht für die Anfangsinvestition, L_n für den Liquidationserlös zum Zeitpunkt n, also am Ende des Investitionszeitraums.

   Der Wert, den Sie durch die einzelnen Abzinsungen ermitteln, wird als *Barwert* bezeichnet.

3. **Legen Sie einen Kalkulationszinsfuß fest.**

   Damit drücken Sie die erwartete Verzinsung aus. Sie können sich dabei orientieren

   - an den Zinssätzen, zu denen Sie Fremdkapital leihen könnten,
   - an den Zinssätzen, die Sie für Anlagen mit gleichem Risiko erzielen könnten,
   - an einer gewünschten Mindestverzinsung.

4. **Summieren Sie alle Barwerte und Sie erhalten den Kapitalwert.**

   Ist der Kapitalwert

   - *größer 0,* ist die Investition von Vorteil. Die erwartete Verzinsung wird übertroffen. Mit den Einzahlungsüberschüssen erzielen Sie eine Rendite, die höher ist als der Kalkulationszins.
   - *genau 0,* verzinst sich die Investition genau zum Kalkulationszinssatz.
   - *kleiner 0,* sollten Sie die Investition abzulehnen. Die erwartete Verzinsung wird nicht erreicht.

Erfassen Sie immer alle Ein- und Auszahlungen mit einem Zeitstrahl, wie in Abbildung 19.5 gezeigt. Dadurch gehen Ihnen keine Zahlungen verloren.

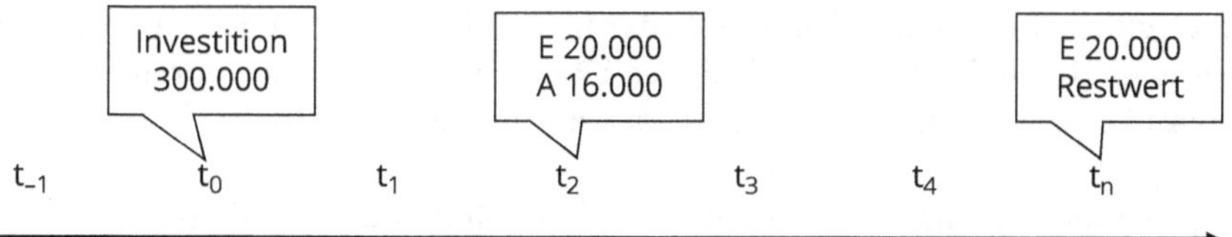

Abbildung 19.5: Zeitstrahl

Alle Zahlungen erfolgen am Ende der jeweiligen Periode. Konsequent erfolgt die Anfangsausgabe für die Investition zum Zeitpunkt t_0, denn das Ende der Periode 0 ist zugleich der Beginn der Periode 1, mit der die Nutzungsdauer beginnt.

Die Kapitalwertmethode bietet Ihnen einen Vergleich zwischen der Investition, die Sie tätigen möchten, mit einer anderen Form der Kapitalanlage, die Sie alternativ tägigen könnten.

Sie planen eine Investition in eine Maschine in Höhe von 10.000 €. Die Nutzungsdauer soll 5 Jahre betragen, Sie rechnen mit einem Zinssatz von 10 %. Folgende Ein- und Auszahlungen werden prognostiziert:

Zeitpunkt	t_1	t_2	t_3	t_4	t_5
Einzahlungen	4.000	3.800	3.500	3.500	3.500
Auszahlungen	1.500	800	700	800	600

Daraus ermitteln Sie den Kapitalwert:

Zeitpunkt	Einzahlungen	Auszahlungen	Einzahlungsüberschuss	Abzinsungsfaktor		Barwert
t_0		10.000 €	–10.000 €	$1{,}1^0$	1,000000	–10.000 €
t_1	4.000 €	1.500 €	2.500 €	$1{,}1^1$	0,909091	2.273 €
t_2	3.800 €	800 €	3.000 €	$1{,}1^2$	0,826446	2.479 €
t_3	3.500 €	700 €	2.800 €	$1{,}1^3$	0,751315	2.104 €
t_4	3.500 €	800 €	2.700 €	$1{,}1^4$	0,683013	1.844 €
t_5	3.500 €	600 €	2.900 €	$1{,}1^5$	0,620921	1.801 €
Kapitalwert						501 €

Der Kapitalwert ist positiv. Sie können die Investition durchführen, die Verzinsung von 10 % wird sogar übertroffen.

Wenn Sie schon Zahlungen vor dem Investitionszeitpunkt t_0 geleistet haben (zum Beispiel Anzahlungen), müssen Sie die auch auf t_0 berechnen, also aufzinsen.

Periodenbezogen: Annuitätenmethode

Die Annuitätenmethode ist eine Abwandlung der Kapitalwertmethode. Mit der Kapitalwertmethode haben Sie den Totalerfolg der Investition ermittelt. Es wird Sie aber auch interessieren, wie hoch die durchschnittlichen Überschüsse je Periode voraussichtlich sind. Das wäre nämlich der Betrag, den Sie je Periode entnehmen könnten.

Eine *Annuität* ist ein immer gleichbleibender Zahlenwert. Zur Ermittlung rechnen Sie den Kapitalwert in gleiche Jahreswerte (Annuitäten) um.

1. Berechnen Sie dazu zunächst den Kapitalwert der Investition. Die Kennzahl ist ein hoch aggregierter Wert, weil sie den Totalerfolg einer Investition anzeigt.

2. Die gleichmäßige Verteilung auf die Perioden erfolgt mit dem Kapitalwiedergewinnungsfaktor (KWF), den Sie aus den Tabellen der Formelsammlung entnehmen können. Multiplizieren Sie den Kapitalwert mit dem KWF, das Ergebnis ist die Annuität.

3. Sie erhalten einen Durchschnittswert, der Ihnen unter Einbeziehung von Zinsen und Zinseszinsen angibt, wie hoch der Periodenerfolg einer Investition ist.

Im Beispiel zur Kapitalwertmethode haben Sie bereits den Kapitalwert mit 501 € ermittelt. Der KWF (Kapitalwiedergewinnungsfaktor) für 5 Jahre bei einem Kalkulationszins von 10 % beträgt 0,263797 (aus der Formelsammlung) . Die Annuität errechnen Sie so: 501 € * 0,263797 = 132,16 €. Sie können also aufgrund dieser Investition jährlich 132,16 € entnehmen.

Eine Investition ist vorteilhaft, wenn die Annuität größer 0 ist. Wenn Sie die Annuitätenmethode benutzen, um mögliche Investitionen miteinander zu vergleichen, wählen Sie die, die die höchste Annuität hat.

Die Kapitalwert- und die Annuitätenmethode führen Sie zu den gleichen Entscheidungen.

Die Null finden: Interne Zinsfußmethode

Mit der Kapitalwertmethode konnten Sie nur feststellen, ob Sie eine höhere oder niedrigere Verzinsung als den Kalkulationszinsfuß erreichen können. Mit der internen Zinsfußmethode können Sie feststellen, wie hoch die Verzinsung tatsächlich ist, die Sie bei einer Investition erwarten können.

Den internen Zinsfuß berechnen Sie üblicherweise mit Näherungsverfahren. Sie nutzen dabei die Tatsache, dass Sie bei Anwendung der Kapitalwertmethode erkennen können, ob die tatsächliche Verzinsung höher oder niedriger ist als der Kalkulationszinssatz:

- ✔ Bei einem positiven Kapitalwert ist die Verzinsung höher als der Kalkulationszinssatz.
- ✔ Bei einem negativen Kapitalwert ist die Verzinsung niedriger als der Kalkulationszinssatz.

Daraus können Sie folgern, dass der Kapitalwert bei der tatsächlichen Verzinsung genau null ist.

1. Berechnen Sie für eine Investition deren Kapitalwert mit einem Kalkulationszinssatz, der einen positiven Kapitalwert ergibt. Die tatsächliche Verzinsung ist also höher als der Kalkulationszinsfuß.

2. Berechnen Sie für dieselbe Investition deren Kapitalwert mit einem Kalkulationszinssatz, der einen negativen Kapitalwert ergibt. Die tatsächliche Verzinsung ist also niedriger als der Kalkulationszinsfuß.

3. Jetzt wissen Sie, dass der interne Zinsfuß zwischen den beiden benutzten Versuchszinssätzen liegen muss.

4. Durch Interpolation können Sie daraus den Zinsfuß ermitteln, bei dem der Kapitalwert genau 0 ist. Die Näherungsformel dazu lautet

   $$r = i_1 - C_{01} * \frac{i_2 - i_1}{C_{02} - C_{01}}, \text{ wobei}$$

   r = gesuchter Zinssatz

   C_{01} = Kapitalwert, der mit dem Zinssatz 1 ermittelt worden ist

   C_{02} = Kapitalwert, der mit dem Zinssatz 2 ermittelt worden ist

   i_1 = Zinssatz 1, mit dem der Kapitalwert 1 ermittelt worden ist

   i_2 = Zinssatz 2, mit dem der Kapitalwert 2 ermittelt worden ist

Diese Formel können Sie auch nutzen, wenn beide Kapitalwerte positiv oder negativ sind.

Diese Methode wird auch als *Regula falsi* bezeichnet.

	Zinssatz 1 6 %	**Zinssatz 2** 3 %
Kapitalwert	−542,38	1.555,93

$$r = i_1 - C_{01} * \frac{i_2 - i_1}{C_{02} - C_{01}}$$

$$r = 0{,}03 - 1.555{,}93\ € * \frac{0{,}06 - 0{,}03}{-542{,}38\ € - 1.555{,}93\ €}$$

$$r = 0{,}03 - \frac{1.555{,}93\ € * 0{,}03}{-2.098{,}36\ €}$$

$$r = 0{,}03 - \frac{46{,}68\ €}{-2.098{,}31\ €}$$

$$r = 0{,}03 + 0{,}022$$

$$r = 0{,}052$$

Die Verzinsung dieser Investition beträgt 5,2 %.

Dynamische Amortisationsrechnung

Genau wie bei der statischen Amortisationsrechnung ermitteln Sie, wie lange es dauert, bis die Höhe der Anfangsausgabe A_0 durch Rückflüsse aus den jeweiligen Perioden erreicht ist. Allerdings bilden Sie diesmal keinen Durchschnitt, sondern addieren die Rückflüsse aus den einzelnen Perioden auf. Es handelt sich um eine Kumulationsrechnung.

Die Berechnung wird genauer, wenn Sie die Rückflüsse aus den einzelnen Perioden auf t_0 abzinsen und anschließend die Barwerte kumulieren.

Sie investieren in eine Anlage, die 250.000 € kostet. Die Nutzungsdauer beträgt 6 Jahre, einen Restwert gibt es nicht. Ermitteln Sie mit einem Kalkulationszinssatz von 8 %, wann sich die Anlage amortisiert hat, wenn Sie von den angegebenen Rückflüssen ausgehen, die in der Tabelle angegeben sind.

Jahr	Jährlicher Rückfluss in €	Abzinsungsfaktoren 8 %	Barwerte	Barwerte kumuliert
1	64.000	0,925926	59.259	59.259
2	68.000	0,857339	58.299	117.558
3	76.000	0,793832	60.331	177.889
4	78.000	0,735030	57.332	235.221
5	68.000	0,680583	46.280	281.501
6	76.000	0,630170	47.893	329.394

Nach 5 Jahren sind die abgezinsten Rückflüsse höher als die Anfangsausgabe. Die Anlage hat sich amortisiert.

Investitionskontrolle

Bei einer Investition müssen Sie eine Reihe von juristischen, technischen und betriebswirtschaftlichen Fragestellungen beachten. Die finanziellen Risiken und Chancen, die mit den Investitionsmaßnahmen verbunden sind, müssen Sie sachgerecht bewerten, denn nur auf dieser Grundlage können Sie fundierte rationale Entscheidungen treffen. Ein wesentliches Merkmal eines wirksamen Investitionscontrollings ist es, Auswirkungen von Investitionen auf die wichtigsten Ergebnisgrößen wie Cashflow, GuV-Ergebnis und Betriebsergebnis zu bestimmen.

Sie führen *Investitionscontrolling* durch, um festzustellen, ob mit einer Investition die gewünschten Ziele erreicht werden konnten.

Ihre Hauptaufgaben sind dabei:

- **Optimieren Sie die Kapitalkosten**, indem Sie das investierte Kapital optimieren.
- **Verbessern Sie das Ergebnis**, indem Sie die investitionsbedingten Folgekosten reduzieren.
- **Erhöhen Sie investitionsbedingte Einnahmen.**

Wie Sie das Investitionscontrolling durchführen, hängt davon ab, wie das Controlling in Ihrem Unternehmen in die Entscheidungsprozesse eingebunden ist und welche Bedeutung das Berichtswesen in Ihrem Unternehmen zur Entscheidungsvorbereitung hat.

Aus betriebswirtschaftlicher Sicht müssen Sie jede Investition mit einem Soll-Ist-Vergleich daraufhin kontrollieren, ob sich die zugrunde gelegten Annahmen bestätigt haben. Dadurch können Sie

- Abweichungen von den geplanten Werten feststellen,

Die Materialkosten sind höher als geplant, Sie stellen mehr Stillstandszeiten fest.

- die Ursachen von Abweichungen analysieren und
- mögliche Korrekturen bei der Investitionsplanung vornehmen.

Sie können die Störanfälligkeit durch den Austausch von Komponenten verringern.

Langfristig soll die Investitionskontrolle zu

- einer realistischen Investitionsplanung,
- einer Optimierung der Informationsgrundlagen,
- der Vermeidung von Manipulationen und
- gegebenenfalls zu frühzeitigen Korrekturmaßnahmen beitragen.

Gilt für alle: Probleme der Investitionsrechnungen

Sowohl bei den statischen wie bei den dynamischen Verfahren gibt es erhebliche systematische Probleme, die Sie bei der praktischen Anwendung berücksichtigen müssen:

- **Steuern:** Gewinnunabhängige Steuern (zum Beispiel USt) können Sie berücksichtigen, weil die Zahlungsströme unmittelbar mit der Investition zusammenhängen. Gewinnabhängige Steuern (zum Beispiel ESt, KSt, GewSt) führen zu geringeren Einzahlungsüberschüssen. Weil die Bemessungsgrundlage aber der steuerpflichtige Gewinn ist, können sie nur durch Näherungsverfahren bestimmt werden.

- **Unsicherheit:** Alle Verfahren gehen davon aus, dass Sie die zukünftigen Zahlungsströme kennen. In der Praxis sind diese jedoch unsicher. Wichtige Einflussgrößen (zum Beispiel der Kalkulationszinssatz, die Absatzmenge, die Nutzungsdauer, Umsatzerlöse, Faktorpreise, Wartung und Instandhaltung) können Sie nicht mit hinreichender Genauigkeit prognostizieren.
- **Interdependenzen:** Sie untersuchen jedes Investitionsobjekt isoliert. Die Zurechnung der Zahlungsströme auf eine einzelne Investition ist jedoch problematisch, weil Sie Einflüsse von anderen Investitionen nicht ausschließen können.
- **Repräsentative Periode bei statischen Verfahren:** Die Bildung von durchschnittlichen Perioden führt zu Ungenauigkeiten, die umso größer sind, je unterschiedlicher die Periodenergebnisse sind und je länger die Nutzungsdauer ist. Außerdem können Sie Zinseszinseffekte nicht erfassen.
- **Nutzungsdauer:** Die dynamischen Verfahren setzen voraus, dass Sie die gesamte Nutzungsdauer kennen und auch überblicken können. Insbesondere bei größeren Investitionen würde das zu unüberschaubaren Zahlungsreihen führen.
- **Zahlungszeitpunkte:** Die Annahme, alle Ein- und Auszahlungen würden zum selben Zeitpunkt am Ende der jeweiligen Periode anfallen, ist extrem unrealistisch. Da folgerichtig unterjährig keine Zinsen berücksichtigt werden, sind die Werte der Zahlungsströme zu niedrig.

Mit – teilweise komplizierten – Korrekturverfahren können Sie diese Probleme verringern, aber nicht vollständig ausschließen.

Optimale Nutzungsdauer

Nach einer Investitionsentscheidung für eine Maschine werden Sie wissen wollen, wie lange Sie die Maschine betriebswirtschaftlich sinnvoll nutzen können.

Die technisch mögliche Nutzungsdauer eines Investitionsobjektes muss mit der wirtschaftlich sinnvollen Nutzungsdauer nicht übereinstimmen. Die wirtschaftliche Nutzungsdauer kann nicht größer als die technische Nutzungsdauer sein

Die maximale Nutzungsdauer ist durch die technischen Möglichkeiten vorgegeben, aber Sie wollen eine betriebswirtschaftlich optimale Entscheidung. Deshalb müssen Sie entscheiden,

- wann eine Anlage – unter Berücksichtigung eines erzielbaren Restwertes – nicht weiter betrieben werden soll.
- wann Sie – aus betriebswirtschaftlicher Sicht – eine Anlage durch eine gleichartige ersetzen müssen.

Die optimale Nutzungsdauer zeigt Ihnen, wann eine technisch noch nutzbare Anlage nicht weiter eingesetzt werden sollte.

Bei der Feststellung der optionalen Nutzungsdauer untersuchen Sie, wie viele Perioden eine Anlage genutzt werden muss, um den Kapitalwert der Investitionen zu maximieren.

Die optimale Nutzungsdauer bestimmen Sie mit der Kapitalwertmethode.

Einmalige Investition

Für jede Periode berechnen Sie den Kapitalwert, der erreicht würde, wenn die Nutzungsdauer am Ende dieser Periode beendet sein würde und die Anlage zum Restwert veräußert würde. Die Periode mit dem höchsten Kapitalwert zeigt Ihnen die optimale Nutzungsdauer. Für die A & B GmbH schaffen Sie eine neue Presse an. Die technische Nutzungsdauer beträgt 6 Jahre. Die A & B GmbH kalkuliert mit einem Kalkulationszinssatz von 8 %. Alle Angaben in Tsd. €.

Die Einnahmeüberschüsse der Perioden und den jeweiligen Restwert zeigt die Tabelle:

Periode	t	0	1	2	3	4	5	6
Anfangsinvestition		–800						
Einnahmeüberschüsse	$E_t - A_t$		200	180	160	140	120	100
Restwert	R_t	800	680	580	480	400	320	240

Ihre Lösungstabelle ergibt:

t	$E_t - A_t$	R_t	Abzinsungsfaktor	Barwert $E_t - A_t$	$\sum_0^t$ Barwerte		Barwert R_t		Kapitalwert am Ende der Periode
0	–800	800	1	–800,00	–800,00	+	800,00	=	0,00
1	200	680	0,925926	185,19	–614,81	+	629,63	=	14,82
2	180	580	0,857339	154,32	–460,49	+	497,26	=	36,77
3	160	480	0,793832	127,01	–333,48		381,04	=	47,56
4	140	400	0,735030	102,90	–230,58	+	294,01	=	63,43
5	120	320	0,680583	81,67	–148,91	+	217,79	=	68,88
6	100	240	0,630170	63,02	–85,89	+	151,24	=	65,35

Der Kapitalwert ist am Ende der fünften Periode am höchsten. Die optimale wirtschaftliche Nutzungsdauer beträgt 5 Jahre.

Investitionskette

Wenn Sie eine Anlage regelmäßig durch eine neue mit denselben technischen Eigenschaften und unter denselben Rahmenbedingungen ersetzen, suchen Sie ebenfalls nach einer Regel: Der Ersatz ist dann lohnend, wenn der Einkommenszuwachs durch die neue Anlage pro Periode höher ist als bei der alten Anlage.

Dann benötigen Sie noch einen Maßstab, um die Einkommenszuwächse messen und vergleichen zu können. Das machen Sie sinnvoll mit der Annuität: Wählen Sie die Nutzungsdauer mit der höchsten Annuität.

Für die A & B GmbH schaffen Sie in immer demselben Rhythmus neue Pressen an. Die technische Nutzungsdauer beträgt 6 Jahre, aber Sie wollen wissen, wann Sie jeweils die Ersatzbeschaffung vornehmen sollen. Sie rechnen mit der Annuität:

t	Kapitalwert	Annuitätenfaktor bei 8%	Annuität
1	14,82	1,080000	16,01
2	36,77	0,560769	**20,62**
3	47,56	0,388034	18,45
4	63,43	0,301921	19,15
5	68,88	0,250456	17,25
6	65,35	0,216315	14,16

Die höchste Annuität ergibt sich bei einer Nutzungsdauer von zwei Jahren. Optimal sollten Sie die Anlage nach jeweils zwei Jahren ersetzen.

Rendite messen: Kennzahlen

Den Erfolg des eingesetzten Kapitals in einer Rechnungsperiode stellen Sie mithilfe der Rentabilitätskennziffern fest. Die Kennzahlen lassen erkennen, welcher Erfolg beziehungsweise Misserfolg durch den Einsatz finanzieller Ressourcen erzielt worden ist. Durch den Vergleich mehrerer Perioden können Sie erkennen, ob Investitionen den erwarteten Erfolg gebracht haben.

Eigenkapitalrentabilität

Mit der Eigenkapitalrentabilität messen Sie den Erfolg des Kapitals, das von den Eigentümern bereitgestellt worden ist. Dazu beziehen Sie das Jahresergebnis ein:

$$\text{Eigenkapitalrentabilität in \%} = \frac{\text{Jahresergebnis}}{\varnothing \text{ Eigenkapital}} * 100$$

Gesamtkapitalrentabilität

Der Gesamtkapitalrentabilität sollten Sie für die Beurteilung eines Unternehmens noch größere Beachtung schenken. Wenn Sie die Effizienz des gesamten eingesetzten Eigen- und Fremdkapitals messen, spielt die Art der Finanzierung keine Rolle mehr.

Da für das Fremdkapital Finanzierungskosten entstanden sind, die bei der Ermittlung des Jahresüberschusses zu einem niedrigeren Ausweis geführt haben, korrigieren Sie das

Jahresergebnis um die Fremdkapitalzinsen. Damit vermeiden Sie, dass die – richtige oder falsche – Finanzierung Ihr Ergebnis beeinflusst.

$$\text{Gesamtkapitalrentabilität in \%} = \frac{\text{Jahresergebnis} + \text{Fremdkapitalzinsen}}{\varnothing\ \text{Gesamtkapital}} * 100$$

Die Kennzahlen werden Ihnen ausführlich in Teil I erläutert.

IN DIESEM KAPITEL

Risiken erkennen

Zinsrisiken

Währungsrisiken

Kreditrisiken

Beschaffungsmarktrisiko

Länderrisiken

Kapitel 20
Die Klippen umschiffen: Risikosteuerung

Sie treffen Entscheidungen in Ihrem Unternehmen immer und unvermeidbar unter Unsicherheit, weil der Blick in die Zukunft eben immer mit Unsicherheiten verbunden ist. Dafür sind ganz unterschiedliche

- ökonomische
- soziologische
- politische
- demografische
- ökologische
- volkswirtschaftliche und
- betriebswirtschaftliche

Änderungen der Rahmenbedingungen verantwortlich.

In diesem Kapitel erfahren Sie zunächst, welche Aspekte bei Ihrer Risikoanalyse eine wesentliche Rolle spielen müssen. Erst eine möglichst vollständige Erfassung und wirksame Steuerung der Risiken ermöglicht Ihnen, das vorhandene Potenzial Ihres Unternehmens vollständig auszuschöpfen. Sie lernen Instrumente zur Risikosteuerung kennen und erfahren, wie Sie durch den gezielten Einsatz eines Risikomanagements Krisen von Ihrem Unternehmen abwenden können. Abbildung 20.1 zeigt Ihnen den Zusammenhang.

Abbildung 20.1: Risikomanagement

Unvorhersehbares erkennen: Risikoanalyse

Ihr Unternehmen arbeitet mit vielfältigen Unsicherheiten. Eine Risikoanalyse hilft Ihnen, sie stets im Auge zu behalten. Sie müssen dabei alle Unternehmensbereiche berücksichtigen und die Risiken identifizierten, bewerten und minimieren.

Ein *Risiko* stellt jede Abweichung von einer Zielgröße dar, die für Ihr Unternehmen zu einem Nachteil führt.

Die Höhe der Risiken hängt ab von dem möglichen Schaden und der Eintrittswahrscheinlichkeit. Abbildung 20.2 zeigt, wie Sie beide Aspekte in einer Risikomatrix erfassen können:

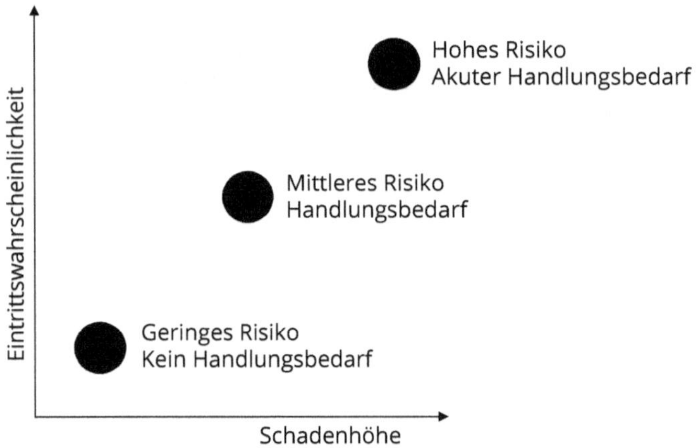

Abbildung 20.2: Risikomatrix

Schritt für Schritt gefährlicher: Risikostufen

Die Absicherung von Risiken ist aufwendig und vollständig kaum möglich. Sie müssen deshalb beim Risikomanagement in Ihrem Unternehmen festlegen, in welchem Ausmaß und für welche Bereiche Absicherungen erfolgen sollen. Dazu nutzen Sie ein stufenweises Vorgehen. Abbildung 20.3 verdeutlicht die Möglichkeiten:

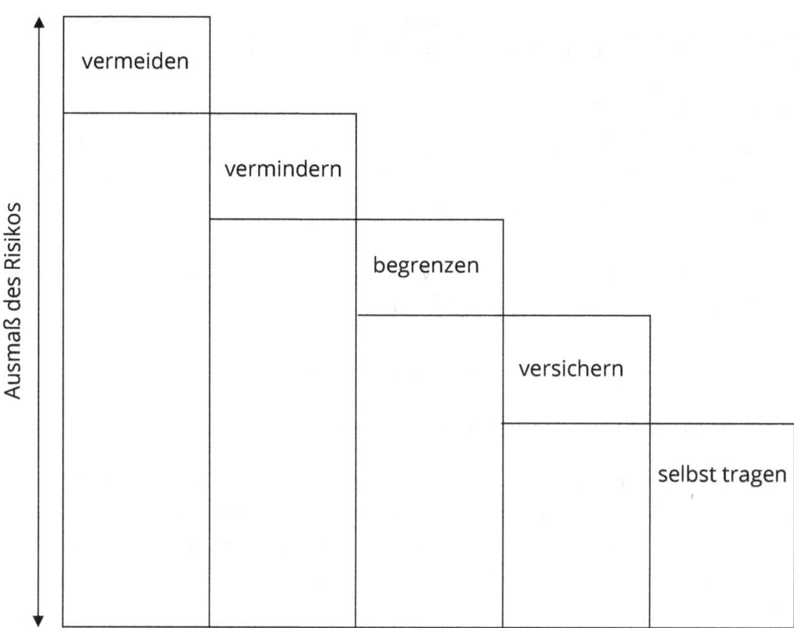

Abbildung 20.3: Risikostufen

- **Vermeidung:** Aktivitäten, die Risiken verursachen, sollen nicht durchgeführt werden.

Kein Import und Export

- **Verringerung:** Die Eintrittswahrscheinlichkeit eines Ereignisses soll geringer werden.

Sie sichern das Betriebsgelände mit Zäunen und Kameras gegen unbefugten Zutritt.

- **Begrenzung:** Die Höhe eines möglichen Schadens soll eingeschränkt werden.

Sie sichern sich gegen steigende Darlehenszinsen ab.

- **Versicherung:** Das Schadensrisiko wälzen Sie gegen Zahlung einer Prämie auf einen Dritten ab.

Mit einer Bankgarantie sichern Sie sich gegen Zahlungs- und Lieferausfälle ab.

Änderung unerwünscht: Zinsrisiko

Sie tragen ein Zinsrisiko, weil Zinssätze für ein Darlehen oder eine Anlage sich während der Laufzeit ändern können. Bei Geldaufnahmen und Geldanlagen mit variablen Zinssätzen schwankt der Wert je nach Entwicklung der Finanzmärkte. Ihr Kapital und Ihre Investments können durch Veränderungen der Zinssätze an Wert verlieren.

Zinsänderungen für Forderungen werden als aktives, Zinsänderungen für Verbindlichkeiten passives Zinsrisiko bezeichnet.

Ihr Unternehmen ist dabei mit zwei Unsicherheiten konfrontiert:

- Ein **Volationsrisiko** entsteht durch die Veränderung des Zinsniveaus.
- Ein **Durationsrisiko** ergibt sich durch die Dauer der Kapitalbindung. Je länger entfernt der Zeitpunkt für die Rückzahlung einer Anlage ist, desto schwieriger können Sie die zukünftige Bonität des Darlehensnehmers einschätzen. Das Risiko, dass Sie Ihr Geld nicht zurückerhalten, steigt mit zunehmender Laufzeit.

Sie können leicht einschätzen, ob ein Schuldner in der Lage sein wird, Ihnen im nächsten Jahr die vereinbarte Rückzahlung zu leisten. Für einen Zeitpunkt in zehn Jahren ist das sehr viel schwieriger.

Beachten Sie die beiden gegensätzlichen Aspekte des Zinsrisikos: Bei einer Geldanlage stellen sinkende Zinsen das Risiko dar, bei der Kreditaufnahme besteht das Risiko dagegen in steigenden Zinsen.

Steuerung des Zinsrisikos

Machen Sie sich nochmals klar, wie bei einem Zinsrisiko die Interessen aussehen. Immer geht es darum, in welche Richtung sich ein Zinssatz verändern kann und für wen das günstig und für wen das schlecht ist:

- **Festzins:** Bei einem Festzins besteht während der Laufzeit des Geschäftes kein Risiko. Weder Darlehensnehmer noch Darlehensgeber können von einer Verschlechterung der Konditionen betroffen sein.
- **Steigender Zins:** Wenn ein variabler Zins steigt, ist das ungünstig für den Darlehensnehmer. Er muss die höheren Zinsen zahlen und hat ein Interesse, sich dagegen abzusichern.
- **Sinkender Zins:** Wenn ein variabler Zins sinkt, ist das ungünstig für den Darlehensgeber. Er bekommt weniger Zinsen und hat ein Interesse, sich dagegen abzusichern.

Sie können das Zinsrisiko verringern, indem Sie gezielt Instrumente zur Absicherung gegen steigende oder fallende Zinsen einsetzen. Dann sind Sie nicht mehr so anfällig bei einer Zinsänderung. Beachten Sie aber:

- Für die Sicherungsinstrumente müssen Sie in der Regel eine Prämie bezahlen. Deshalb müssen Sie Ihr Risiko sorgfältig ermitteln.
- Sie blicken immer in die Zukunft. Eine Prognose ist aber immer eine Einschätzung der zukünftigen Entwicklung. Eine sichere Voraussage gibt es nicht.
- Sie wenden eine defensive Strategie an. Sie zielt nicht auf die Maximierung der Gewinne, sondern auf die Minimierung möglicher Verluste.

Von oben geschützt: Cap

Mit einem Cap können Sie sich vor hohen Zinsen schützen, wenn Sie ein Darlehen mit variablem Zins abgeschlossen haben. Zwar ist auch dann noch eine Zinserhöhung möglich, aber nur bis zu einer vereinbarten Obergrenze. Abbildung 20.4 zeigt Ihnen das Prinzip.

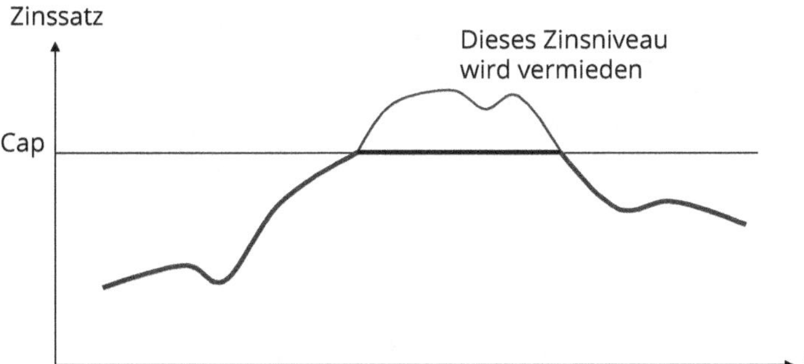

Abbildung 20.4: Funktionsweise eines Caps

Ein *Cap* sichert Sie vertraglich gegen ein steigendes Zinsniveau durch Vereinbarung einer Zinsobergrenze für einen nominellen Darlehensbetrag.

Für diese Absicherung müssen Sie Ihrem Vertragspartner eine Prämie zahlen, entweder als Einmalprämie oder in mehreren regelmäßigen Zahlungsschritten. Ihre Höhe richtet sich nach

- der Laufzeit des Vertrages,
- dem Nominalwert,
- dem Referenzzinssatz.

Ihr Vertragspartner kann Ihnen natürlich nicht garantieren, dass sich der Zins nicht ändert. Deshalb bezieht sich die Vereinbarung nicht auf den Zins selbst, sondern auf die Folgen: Der Verkäufer des Caps verpflichtet sich, Ihnen einen Ausgleichsbetrag in Höhe der Differenz zwischen Referenzzinssatz und Zinsobergrenze zu zahlen, wenn der Referenzzinssatz höher ist als der Cap. Dem Darlehensgeber zahlen Sie den vereinbarten Zins.

Typische Referenzzinssätze, an denen sich die Vertragspartner orientieren, sind zum Beispiel EURIBOR und LIBOR.

Für ein Darlehen über 100.000 € mit einem variablen Zins möchten Sie eine Zinsobergrenze in Höhe von 7,5 % festlegen. Sie kaufen deshalb einen Cap und zahlen dafür 500 € Prämie (siehe Abbildung 20.5).

a) Der Zins steigt und Sie müssen an den Darlehensgeber 8 % = 8.000 € zahlen. Aus dem Cap bekommen Sie aber eine Ausgleichzahlung von 0,5 % * 100.000 € = 500 €. Ihre Zinsbelastung beträgt damit 8.000 € – 500 € = 7.500 €. Das entspricht 7,5 % von 100.000 €.

b) Der Zins sinkt auf 5 %. Sie zahlen entsprechend 5.000 € Zinsen. Eine Ausgleichszahlung erfolgt nicht, an den Cap-Verkäufer muss trotzdem die Prämie gezahlt werden.

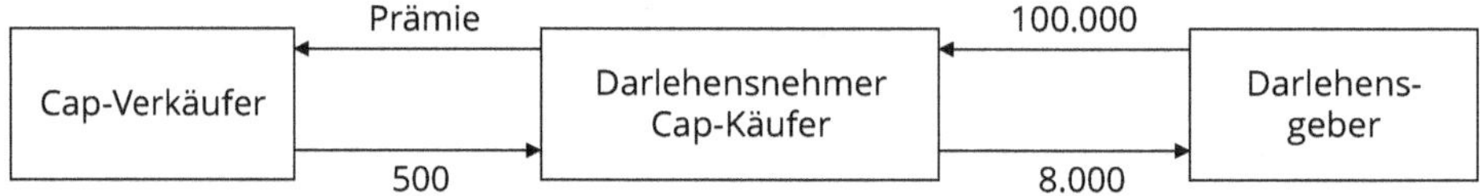

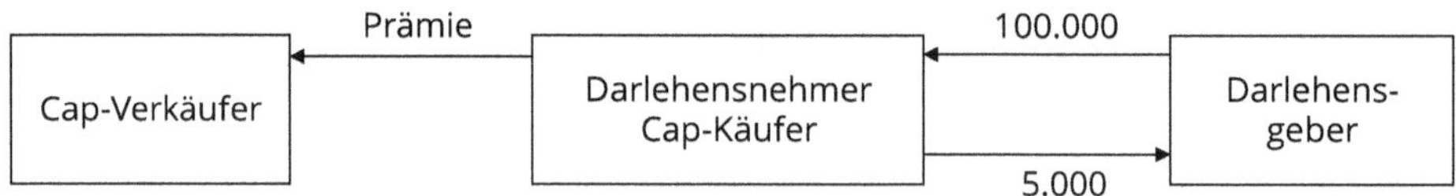

Abbildung 20.5: Ihr Darlehen: oben a), unten b)

Boden eingezogen: Floor

Als Darlehensgeber können Sie sich mit einem Floor gegen einen sinkenden Zinssatz absichern. Die Abbildung 20.6 zeigt Ihnen die Funktionsweise.

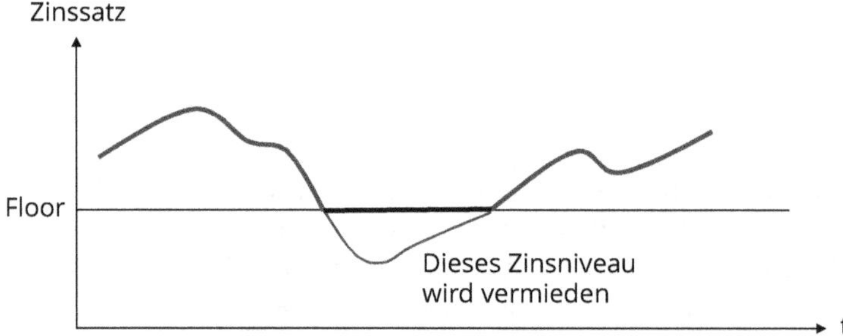

Abbildung 20.6: Funktionsweise eines Floors

- Der Floor-Verkäufer leistet eine Ausgleichszahlung, wenn der Zinssatz unter dem vereinbarten Basiswert liegt.
- Bleibt der Zinssatz oberhalb der vereinbarten Grenze, wird keine Zahlung geleistet, die Prämie ist dann verloren.

Als Darlehensgeber garantiert der Floor Ihnen eine Mindestrendite und bietet bei steigenden Zinsen zusätzliches Potenzial. Dafür müssen Sie eine Prämie zahlen.

Für ein Darlehen über 100.000 € mit einem variablen Zins möchten Sie eine Zinsuntergrenze in Höhe von 3 % festlegen. Sie kaufen deshalb einen Floor und zahlen dafür 500 € Prämie (siehe Abbildung 20.7).

a) Der Zins sinkt und der Darlehensnehmer muss Ihnen nur 2 % zahlen. Sie erhalten eine Ausgleichszahlung in Höhe von 100.000 € * 1 % = 1.000 €. Sie bekommen dann 100.000 € * 2 % Zinsen und die Ausgleichzahlung von 1.000 €. Das entspricht 3 % von 100.000 €.

b) Der Zins steigt auf 4 %. Der Darlehensnehmer zahlt Ihnen entsprechend 4.000 €. Der Darlehensgeber erhält keine Ausgleichszahlung, an den Floor-Verkäufer muss trotzdem die Prämie gezahlt werden.

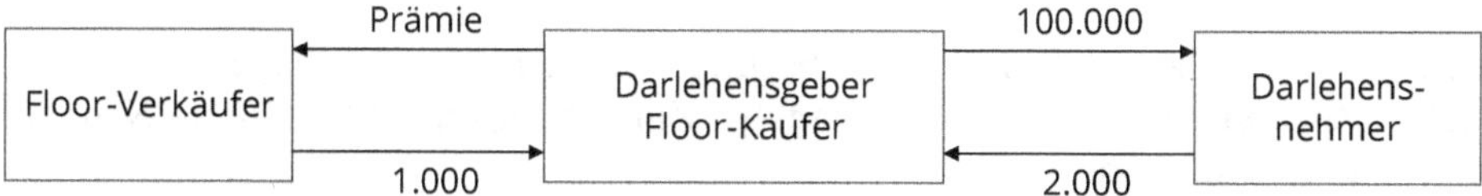

Abbildung 20.7: Ihr Darlehen: oben a), unten b)

Umfassend: Collar

Bei einem Collar kombinieren Sie einen Cap mit einem Floor. Dadurch wird eine Bandbreite für den Zins gesichert. Sie nutzen dabei die unbestreitbare Tatsache, dass Zinsen entweder nur steigen oder nur fallen können – beides gleichzeitig geht nicht.

Wenn Sie gleichzeitig einen Cap kaufen und einen Floor verkaufen (oder umgekehrt), werden sich die Prämien zumindest teilweise kompensieren. Im Idealfall ist die Risikoabsicherung dadurch kostenneutral. Sie verzichten dann allerdings auf das Kurspotenzial, das sich außerhalb der Bandbreite ergeben könnte.

Die Rot AG kauft bei einem Zinsniveau von 6 % für ein Darlehen i.H. v. 1.000.000 € einen Cap zu 7 %, um sich gegen steigende Zinsen abzusichern. Die Prämie beträgt 0,5 %. Gleichzeitig verkauft sie für ein Darlehen in gleicher Höhe, das sie selbst gewährt, einen Floor zu 5 % mit einer Prämie von 0,45 %.

a) Solange das Zinsniveau zwischen 5 und 7 % liegt, sind keine Ausgleichzahlungen fällig. Die Kosten belaufen sich auf (0,50 – 0,45 =) 0,05 %.

b) Steigen die Zinsen über 7 %, erhalten Sie eine Ausgleichszahlung.

c) Fallen die Zinsen unter 5 %, müssen Sie eine Ausgleichszahlung leisten. Da aber die Zinsen für das eigene Darlehen ebenfalls gesunken sind, wird die Ausgleichszahlung ganz oder teilweise ausgeglichen.

Getauscht: Zinsswap

Sie schließen einen Zinsswap ab, wenn Sie variable Zinsen gegen feste Zinszahlungen tauschen wollen (oder umgekehrt). Dafür brauchen Sie einen Partner, der die genau gegenteiligen Interessen hat. Die variable Zahlung bezieht sich dabei auf einen Referenzzinssatz, zum Beispiel den 6-Monats-Euribor. Der feste Zinssatz wird bei Abschluss des Geschäftes für die gesamte Laufzeit festgelegt.

Ein *Zinsswap* ist eine Vereinbarung zwischen zwei Vertragspartnern, in der Zukunft zu bestimmten Zeitpunkten Zinszahlungen auf bestimmte Nennbeträge auszutauschen.

Mit einem Zinsswap können Sie sich gegen steigende Zinsen bei variabler Finanzierung schützen. Sie vereinbaren dazu

- ✔ den Referenzzinssatz,
- ✔ die Laufzeit,
- ✔ den Nominalbetrag und
- ✔ die Zahlungsmodalitäten.

Bei einem Zinsswap tauschen Sie nur die Zinszahlungen. Die zugrunde liegenden Geldbeträge tauschen Sie nicht, die Grundgeschäfte bleiben unberührt.

Der Zinsswap dient Ihnen nicht dazu, Liquidität zu schöpfen. Sie steuern damit allein die Zinsposition.

Die Bank A mit erstklassiger Bonität und die Bank B mit schlechterer Bonität können sich zu den in Abbildung 20.8 gezeigten Bedingungen variable und festverzinsliche Mittel beschaffen.

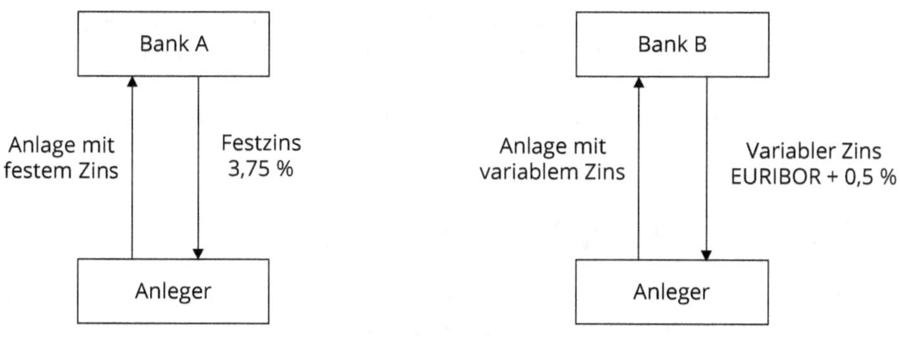

EURIBOR

Abbildung 20.8: Die Bedingungen der Bank A und der Bank B

Bank A wünscht variable Konditionen, Bank B wünscht feste Zinsen. Sie vereinbaren, die Zinsen zu tauschen und handeln dazu aus, dass Bank A an Bank B den EURIBOR und Bank B an Bank A 4,25 % zahlt (siehe Abbildung 20.9).

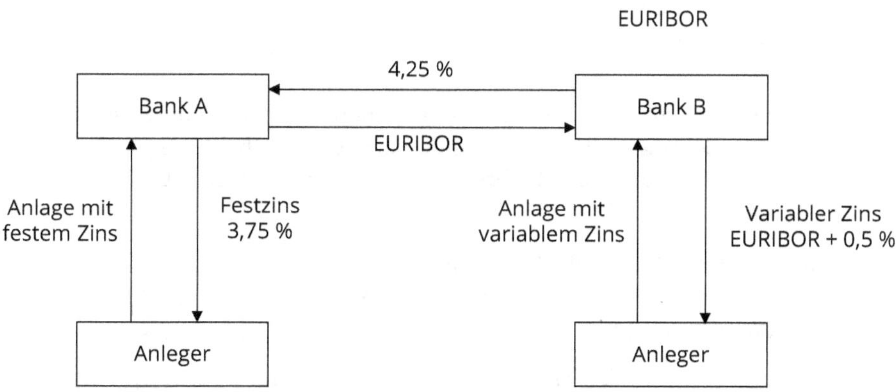

Abbildung 20.9: Der Zinsswap zwischen Bank A und Bank B

Sie rechnen nach und stellen fest, dass beide Banken besser dastehen als vor dem Swap-Geschäft. Eine echte Win-win-Geschichte:

Bank B		**Bank A**	
zahlt an Anleger	EURIBOR + 0,5 %	zahlt an Anleger	3,75 %
zahlt an Bank A	4,25 %	zahlt an Bank B	EURIBOR
erhält von Bank A	EURIBOR	erhält von Bank B	4,25 %
Kosten	4,75 %	Kosten	EURIBOR – 0,5 %
fester Zinssatz	5 %	variabler Zinssatz	EURIBOR
Vorteil durch Zinsswap	0,25 %	Vorteil durch Zinsswap	0,5 %

Weil Zinsswaps in der Regel über hohe Beträge abgeschlossen werden, können sie normalerweise nur von Banken, Versicherungen und großen Unternehmen genutzt werden.

Sie können Swaps auch bei Währungen einsetzen. Sie tauschen dann Beträge in zwei verschiedenen Währungen einschließlich der Zinsbeträge.

In Zukunft fest: Forward Rate Agreement

Mit einem *Forward Rate Agreement* (FRA) können Sie sich ebenfalls einen festen Zinssatz für ein zukünftiges Geschäft sichern. Abbildung 20.10 verdeutlicht Ihnen den zeitlichen Ablauf:

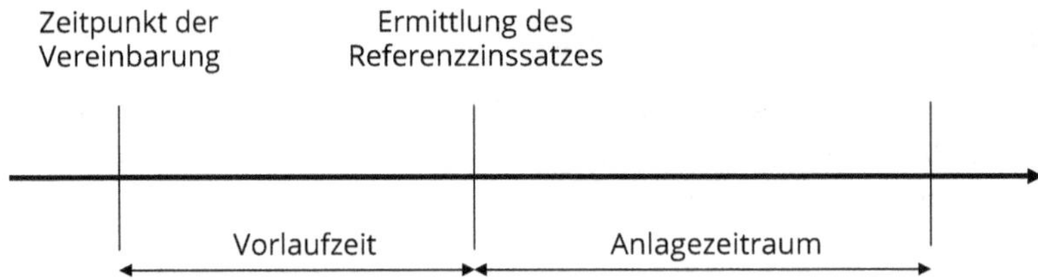

Abbildung 20.10: Forward Rate Agreement

Sie vereinbaren außerbörslich mit einem Partner, dass Ihnen zu Beginn eines –späteren – Anlagezeitraums ein fester Zins gesichert wird. Beide Parteien verpflichten sich, eine Ausgleichszahlung zu leisten, wenn dann der Referenzzinssatz (zum Beispiel EURIBOR) über beziehungsweise unterschritten wird.

Sie kaufen bei Ihrer Hausbank ein FRA mit einer Vorlaufzeit von 3 Monaten und einem Terminzins von 3 %. Zu Beginn des Anlagezeitraums von 6 Monaten beträgt der Referenzzins 4 %. Sie erhalten von Ihrer Bank eine Ausgleichszahlung in Höhe von 1 % * $\frac{6}{12}$. Weil Sie den Ausgleich zu Beginn des Anlagezeitraums erhalten, wird der Betrag diskontiert.

Die Anlage ist nicht Gegenstand des FRA, Sie sichern nur die Zinszahlungen ab.

Zins-Futures

Mit *Zins-Futures* gehen Sie ein echtes Termingeschäft ein. Käufer und Verkäufer vereinbaren den Kurs eines Papieres, der sich aus dem Zins ergibt. Den Zins selbst verhandeln Sie nicht. Damit ist ein Zins-Future ein Kauf oder Verkauf einer Anleihe per Termin. Sie können Zins-Futures als standardisierte Terminkontrakte an Terminbörsen erwerben.

In Europa können Sie Termin-Futures zum Beispiel an der Eurex (European Exchange) in Frankfurt und an der Liffe (London International Financial Futures and Options Exchange) in London kaufen.

Tauschen nicht einfach: Währungsrisiko

Währungsrisiken treten ausschließlich im Außenhandel auf. Wenn Sie Geschäfte in einer ausländischen Währung abwickeln, besteht die Gefahr von Schwankungen des Wechselkurses zwischen Vertragsabschluss und Zahlung. Je nach Entwicklung auf den Devisenmärkten fällt der Betrag, den Sie als Exporteur erhalten, höher oder geringer aus.

Exportforderungen, Wertpapiere

Bilaterale Zinsniveauunterschiede beeinflussen die Preise für Devisen unter Umständen entscheidend. Inflationsraten oder konjunkturelle Entwicklungen spielen eine Rolle und Ungleichgewichte in Leistungsbilanzen haben sogar auf lange Frist Auswirkungen.

Statt der Bezeichnung »Währungsrisiko« finden Sie oft auch den Begriff »Wechselkursrisiko«.

Als Wechselkurs wird der Preis für eine Einheit ausländischer Währung bezeichnet. Er wird (bei flexiblen Wechselkursen) durch Angebot und Nachfrage am Devisenmarkt bestimmt.

Die Währung ist das gesetzliche Zahlungsmittel eines Landes.

- ✔ Eine **Aufwertung** liegt vor, wenn eine Währung – ausgedrückt in Einheiten einer anderen Währung – wertvoller wird. Bei konstanten inländischen Preisen folgt daraus:
  - Die Preise der (importierten) ausländischen Güter sinken im Inland. Für den Importeur steigen die Erlöse – gemessen in inländischer Währung – bei Abwertung der inländischen beziehungsweise bei Aufwertung der ausländischen Währung.
  - Die Preise (exportierter) inländischer Güter steigen im Ausland. Für den Exporteur sinken die Erlöse – gemessen in inländischer Währung – bei Aufwertung der inländischen beziehungsweise bei Abwertung der ausländischen Währung.
- ✔ Entsprechend liegt eine **Abwertung** vor, wenn die Währung in Einheiten anderer Währung weniger wert ist.

Die Tabelle 20.1 zeigt Ihnen nochmals beispielhaft die Auswirkungen von Wechselkursänderungen bei Import und Export:

Aufwertung des Euro gegenüber dem USD	
Preis eines europäischen Pkw in USD steigt	Nachfrage in den USA sinkt
Preis von amerikanischem Ketchup in Euro sinkt	Nachfrage im Euroraum steigt
Abwertung des Euro gegenüber dem USD	
Preis eines europäischen Pkw in USD sinkt	Nachfrage in den USA steigt
Preis von amerikanischem Ketchup in Euro steigt	Nachfrage im Euroraum sinkt

Tabelle 20.1: Wirkung von Wechselkursänderungen

Bei der Darstellung des Wechselkurses müssen Sie zwischen der Preis- und der Mengennotierung unterscheiden:

- Bei der **Preisnotierung** wird der Preis einer ausländischen Währung in inländischer Währung angegeben, zum Beispiel 0,95 € entsprechen 1 USD.
- Bei der **Mengennotierung** wird angegeben, welche Menge der ausländischen Währung Sie für eine Einheit inländischer Währung zahlen müssen, zum Beispiel 1,07 USD entsprechen 1 €.

Dadurch können Sie Preise international vergleichen.

Sie exportieren einen Kran nach Kanada. Sie berechnen ihrem Kunden 77.800,00 CAD. Bei einem Wechselkurs von 1,40 erhalten Sie 55.571,43 €. Verschlechtert sich der Wechselkurs auf 1,50 erhält sie nur noch 51.866,67 €.

- Bei einer verstärkten inländischen **Nachfrage nach ausländischer Währung,** zum Beispiel um die importierten Güter zu bezahlen, werden die Importgüter wegen des gestiegenen Preises für die ausländische Währung teurer. Als Folge werden sich die internationalen Güterströme verlagern.
- Bei verstärkter **Nachfrage nach inländischer Währung** aus dem Ausland wird der Preis der inländischen Währung steigen, Importgüter werden dann preiswerter. Gleichzeitig wird der Export erschwert, weil die Exportgüter wegen des höheren Preises der inländischen Währung für die Importeure im Ausland teurer werden.

Steuerung des Währungsrisikos

Ein Währungsrisiko besteht für Sie, wenn Sie eine finanzielle Transaktion in einer anderen Währung als der eigenen durchführen, weil Sie

- als Importeur in Fremdwährung zahlen müssen oder
- als Exporteur Fremdwährung erhalten.

Da sich die Wechselkurse durch Auf- oder Abwertung ständig ändern, ergeben sich Unterschiede bei der Umrechnung in die inländische Währung. Ihr Vermögen

- schrumpft durch eine Währungsabwertung,
- nimmt durch eine Währungsaufwertung zu.

Damit können Währungsschwankungen einen erheblichen Einfluss auf Ihre Rendite haben.

Das Währungsrisiko wird auch als Wechselkursrisiko bezeichnet.

Arten des Währungsrisikos

Zur Analyse und Steuerung der Risiken aus Geschäften in fremder Währung werfen Sie einen genaueren Blick auf die Teilrisiken. Erst wenn Sie wissen, welche Gefahren drohen, können Sie die notwendigen Gegenmaßnahmen ergreifen. Abbildung 20.11 zeigt Ihnen die drei Teilrisiken.

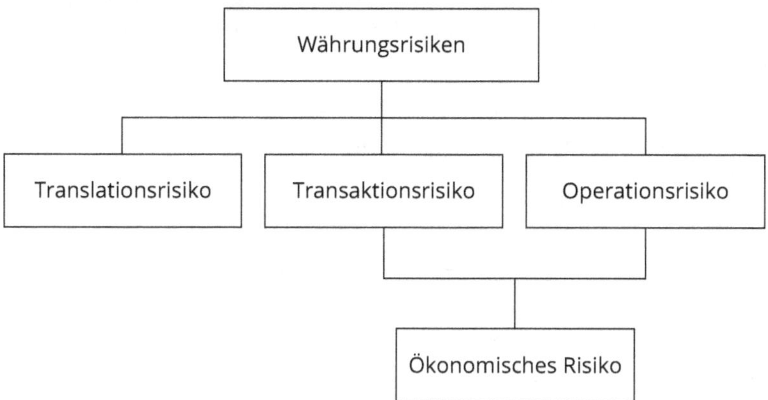

Abbildung 20.11: Währungsrisiken

- Das **Translationsrisiko** bezieht sich auf mögliche Wertschwankungen bei Umrechnung von Positionen der Bilanz und der GuV zu einem späteren Stichtag.

Bewertung von Beteiligungen im Ausland

- Das **Transaktionsrisiko** entsteht, wenn Sie Import- oder Exportgeschäfte durchführen und der Preis in der Fremdwährung angegeben ist. Bestehenden Forderungen und Verbindlichkeiten in Fremdwährung verändern sich durch Wechselkursschwankungen. Wenn die Wechselkurse zwischen den Ländern schwanken, müssen Sie die betroffenen Vermögenswerte neu berechnen.

Sie müssen in Ihrer Heimatwährung mehr bezahlen, wenn die Fremdwährung gegenüber Ihrer Heimatwährung aufwertet.

- Das **Operationsrisiko** ergibt sich, weil bei Auslandsgeschäften die Höhe erwarteter zukünftiger Zahlungsströme noch ungewiss und von der Wechselkursentwicklung abhängig ist.

Instrumente zur Risikobegrenzung

Um die Währungsrisiken möglichst gering zu halten und Ihre Positionen abzusichern, stehen Ihnen verschiedene Steuerungsmöglichkeiten zur Verfügung. Abbildung 20.12 gibt Ihnen einen Überblick.

Devisenkassageschäfte

Bei einem Devisenkassageschäft wickeln Sie das Geschäft in fremder Währung sofort ab. Das bedeutet, dass zwischen dem Kauf der Devisen und dem Geschäftsabschluss üblicherweise nur zwei Werktage liegen. Als Käufer müssen Sie innerhalb dieser Frist den Kaufpreis zahlen, als Verkäufer im Gegenzug die verkauften Devisen liefern.

Die Absicherung gegen Währungsschwankungen ist äußerst gering, sie resultiert ausschließlich aus der kurzen Zeitspanne. Sie sind völlig abhängig von positiven oder negativen Entwicklungen des Wechselkurses.

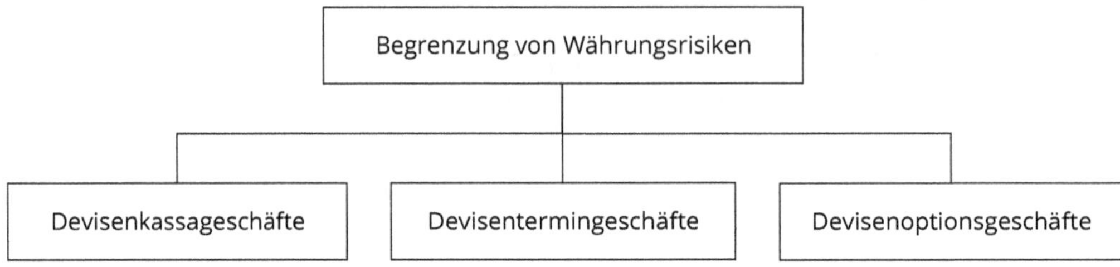

Abbildung 20.12: Begrenzung von Währungsrisiken

Devisentermingeschäfte

Bei einem Devisenkauf oder -verkauf vereinbaren Sie in diesem Fall verbindlich einen festgelegten Kurs zu einem späteren Zeitpunkt. Abbildung 20.13 verdeutlicht den Ablauf. Der Tauschkurs ist Ihnen bei Abschluss des Geschäftes bekannt.

Es besteht Erfüllungszwang, Käufer und Verkäufer können von ihrer Verpflichtung nicht zurücktreten. Der Verkäufer verpflichtet sich, den Währungsbetrag zum festgelegten Termin zu liefern, der Käufer muss den Währungsbetrag zum vereinbarten Kurs abnehmen.

Ein *Devisentermingeschäft* ist die feste Vereinbarung über einen Kauf und Verkauf von später verfügbaren Devisen zu einem festgelegten Kurs. Zwischen Verkäufer und Käufer wird vereinbart, dass der Erfüllungstermin für das Geschäft später liegt als der Termin des Geschäftsabschlusses.

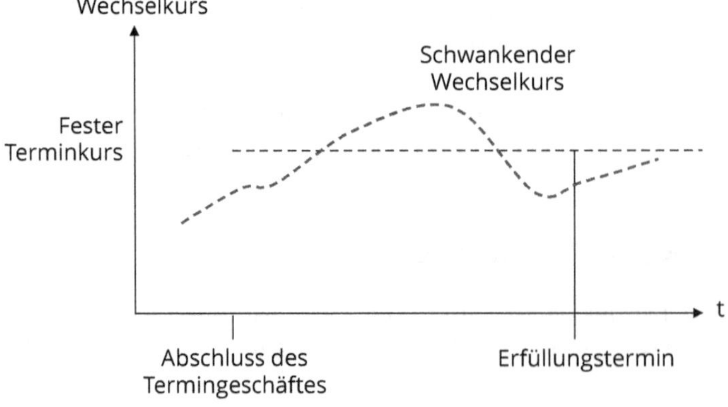

Abbildung 20.13: Devisentermingeschäft

Mit Ihrem Geschäftspartner vereinbaren Sie

- **den Erfüllungstermin.** Die Laufzeit des Geschäfts kann unterschiedlich und individuell vereinbart werden, üblich sind ein, drei oder sechs Monate.
- **die zu tauschenden Währungen.**
- **den dann anzuwendenden Kurs.** Er wird frei vereinbart, als Basis dient der Kassakurs am Tag des Geschäftsabschlusses.
- **die Zahlungsmodalitäten.**

Durch die Festschreibung des Kurses erreichen Sie eine vollständige Absicherung. Sie haben eine feste Kalkulationsbasis, allerdings keine Möglichkeit, positive Wechselkursentwicklungen zu nutzen.

Terminkontrakte sind wie ein Versprechen: Man hofft, dass alles gut geht, aber manchmal hätte man besser nicht gehofft.

Sie verkaufen Rennräder auf Ziel und erwarten die Begleichung Ihrer Rechnung in US-Dollar in 60 Tagen. Bereits bei Rechnungsstellung verkaufen Sie die erwarteten Devisen zu einem fest vereinbarten Kurs. Damit kennen Sie bereits den Eurobetrag, den Sie in 60 Tagen erhalten werden.

Devisenoptionsgeschäfte

Beim Kauf einer Devisenoption haben Sie ebenfalls das Recht, einen festen Währungsbetrag zu einem bestimmten Termin zu kaufen oder zu verkaufen.

Im Gegensatz zu einem Termingeschäft besteht für Sie keine Verpflichtung, das Recht tatsächlich auszuüben.

Damit der Verkäufer der Option Ihnen diese Möglichkeit einräumt, müssen Sie ihm eine Prämie zahlen. Das gilt auch dann, wenn Sie die Option nicht ausüben. Je länger die Laufzeit ist, desto höher ist der Wert der Option, denn mit längerer Laufzeit erhöht sich die Wahrscheinlichkeit von größeren Kursveränderungen. Außerdem ist der Preis einer Option umso höher, je stärker die erwarteten Kursschwankungen sind.

Wenn sich der Wechselkurs so entwickelt, dass für Sie ein Umtausch zum geltenden Kurs günstiger ist als zu dem vereinbarten, können Sie die Option verfallen lassen. Die Prämie müssen Sie aber trotzdem zahlen.

Unterscheiden Sie zwei Arten von Optionsgeschäften:

- Als Käufer einer **Call-Option** erwerben Sie das Recht, einen vereinbarten Betrag einer bestimmten Währung zu kaufen.
- Als Käufer einer **Put-Option** erwerben Sie das Recht, einen vereinbarten Betrag einer bestimmten Währung zu verkaufen.

In der Tabelle 20.2 sind die beiden Alternativen zusammengefasst:

Devisen-Kaufoption (Call)	Devisen-Verkaufsoption (Put)
Sie erwerben das Recht, einen vereinbarten Währungsbetrag zu einem bestimmten Termin vom Verkäufer der Option zu beziehen.	Sie erwerben das Recht, einen vereinbarten Währungsbetrag zu einem bestimmten Termin an den Verkäufer der Option zu veräußern.
Für dieses Recht zahlen Sie dem Verkäufer bei Kauf der Option eine Prämie.	Für dieses Recht zahlen Sie dem Verkäufer bei Kauf der Option eine Prämie.
Sie erwarten steigende Kurse.	Sie erwarten fallende Kurse.
Der Verkäufer der Option erwartet fallende Kurse.	Der Verkäufer der Option erwartet steigende Kurse.

Tabelle 20.2: Call und Put

Sie müssen in drei Monaten 2 Mio. USD an einen südafrikanischen Lieferanten zahlen. Sie möchten sich gegen einen Kursanstieg des USD absichern, aber gleichzeitig die Möglichkeit haben, von einem schwächeren USD zu profitieren. Deshalb entscheiden Sie sich zum Kauf einer dreimonatigen EUR/USD-Put-Option zum Basispreis von 1,0600. Die Optionsprämie beträgt 0,0100. Am Fälligkeitstag müssten Sie 1.960.784,31 € zahlen, wenn Sie die Option ausüben.

Wie Ihre Entscheidung ausfällt, hängt ab vom Kassakurs am Fälligkeitstag:

–	Kurs zur Berechnung	Sie müssten zahlen		Ihre Entscheidung
1,0900	1,09 – 0,01 = 1,08	2 Mio. $: 1,08	1.851.851,80 €	Günstiger, Verfall der Option
1,0300	1,03 – 0,01 = 1,02	2 Mio. $: 1,02	1.960.784,31 €	Ungünstig, Ausübung der Option
1,0600	1,06 – 0,01 = 1,0500	2 Mio. $: 1,05	1.904.761,90 €	indifferent

- ✔ Bei einer **amerikanischen Option** können Sie das Geschäft jederzeit bis zum Verfallstag ausüben.
- ✔ Bei der **europäischen Option** können Sie das Geschäft ausschließlich am Verfallstag ausüben.

Mit einem Devisenoptionsgeschäft begrenzen Sie Ihre Risiken, können Kurschancen aber weiterhin nutzen.

Angst vor dem Schuldner: Kreditrisiken

Ein Kreditrisiko besteht für Sie im Wesentlichen aus dem Ausfallrisiko. Sie befürchten also, dass der Schuldner nicht in der Lage sein wird, seinen Zahlungsverpflichtungen vollständig nachzukommen. Dann werden Sie – unfreiwillig – zu einem Fremdkapitalgeber.

Forderungsmanagement

Mit der Reduzierung der Kreditrisiken beginnen Sie bereits, bevor eine Forderung entsteht. In jedem Einzelfall vereinbaren Sie angepasste Konditionen. Möglich sind zum Beispiel

- ✔ Festlegung des Zahlungsziels,
- ✔ Vorauskasse,
- ✔ Anzahlungen und
- ✔ Abschlagzahlungen.

Ihre Einschätzung des Kunden wird durch sein bisheriges Zahlungsverhalten, die Beurteilung des Managements und Auskünfte von spezialisierten Agenturen beeinflusst. Aus diesen Informationen entwickeln Sie eine Einschätzung, die Sie aber flexibel an veränderte Situationen anpassen müssen.

Die zentrale Aufgabe Ihres Forderungsmanagements besteht darin, die Forderungen gegenüber Ihren Kunden durchzusetzen und die Ausfälle so gering wie möglich zu halten. Wichtige Maßnahmen dazu sind

- ✔ die Anlage und sorgfältige, permanente Pflege von Debitorenkonten,
- ✔ die Prüfung der Kundenbonität vor Vertragsabschluss,
- ✔ eine zeitnahe Erstellung der Rechnungen,
- ✔ die permanente und sorgfältige Überwachung von Fälligkeiten,
- ✔ rechtzeitige Mahnungen, in funktionierendes Mahnwesen ist der entscheidende Faktor eines erfolgreichen Forderungsmanagements,
- ✔ die Einleitung von rechtlichen Maßnahmen bei Zahlungsverzug.

Mit einem erfolgreichen Debitorenmanagement reduzieren Sie die Unternehmensrisiken insgesamt. Dadurch werden auch weitere Finanzierungen vereinfacht.

Controlling

Aus dem Controlling werden Ihnen Kennzahlen zur Verfügung gestellt, mit denen Sie das Kreditrisiko Ihres Unternehmens insgesamt steuern können.

- ✔ Die **Forderungsintensität** beschreibt den Anteil der Forderungen am Gesamtvermögen. Bei einem hohen Wert können Sie auf ein verbesserungsfähiges Risikomanagement schließen.

$$\text{Forderungsintensität} = \frac{\text{Forderungen aus LuL}}{\text{Gesamtvermögen}} * 100$$

- ✔ Die **Debitorenlaufzeit** zeigt Ihnen die durchschnittliche Zeitspanne zwischen Rechnungsstellung und Zahlungseingang in Tagen an. Sie erkennen, wie pünktlich oder unpünktlich Ihre Kunden zahlen. Je niedriger diese Kennzahl ist, desto geringer ist tendenziell das Ausfallrisiko.

$$\text{Debitorenlaufzeit in Tagen} = \frac{360}{\text{Umschlagshäufigkeit der Forderungen}} * 100$$

Vergleichen Sie die aktuelle Debitorenlaufzeit mit den Werten aus den vergangenen sechs Jahren. Daran erkennen Sie, ob es eine Tendenz zu immer längeren Laufzeiten gibt, ob es sich um eine kurzfristige Entwicklung handelt oder ob Einmaleffekte zu einem schlechten Wert der Kennzahl geführt haben.

Wert lass nach: Besicherungsrisiko

Bei der Vergabe von Krediten lassen Sie sich eine Kreditsicherheit einräumen. Es ist aber möglich, dass ein dafür vorgesehener Vermögensgegenstand ganz untergegangen ist oder einen geringeren als den geschätzten (erwarteten) Wert aufweist. Bei der möglichen Verwertung kann er seine Sicherungsfunktion nicht mehr erfüllen.

Vertrauen hin oder her: Bonitätsrisiko

Die *Bonität* beschreibt Ihnen die Fähigkeit des Schuldners, seinen Verpflichtungen bedingungsgemäß nachzukommen. Er ist möglicherweise dauerhaft oder nur vorübergehend nicht in der Lage, Zinszahlungen oder den Kapitalbetrag eines Kredits zurückzuzahlen.

Ein *Bonitätsrisiko* besteht in jedem Einzelfall, aber je schlechter Sie die Bonität einschätzen, desto höher ist Ihr Risiko infolge eines Zahlungsausfalls. Wenn die Bonität abnimmt, steigt die Wahrscheinlichkeit eines vollständigen oder teilweisen Zahlungsausfalls.

Je schlechter die Bonität, desto höher ist das Bonitätsrisiko.

Einen anerkannten Maßstab für das Bonitätsrisiko kann Ihnen ein externes oder internes Rating liefern. Durch eine sorgfältige Analyse der Finanzkennzahlen und der wirtschaftlichen Rahmenbedingungen können Sie das Bonitätsrisiko minimieren.

Vollständig vermeiden könnten Sie das Bonitätsrisiko aber nur, wenn Sie »Zug um Zug« vereinbaren. Dann lägen Leistungserbringung und Zahlung zusammen. Das ist aber in den meisten Bereichen unüblich.

Die Bonitäten lernen Sie ausführlich in Teil I kennen.

Beschaffungsmarktrisiko

Zu den großen Risikopotenzialen gehören Risiken in der Zulieferkette. die zu Versorgungsengpässen und Produktionsausfällen führen können. Die Gründe können vielfältig sein, zum Beispiel

- ✔ Preiserhöhungen von Lieferanten
- ✔ Insolvenz eines Lieferanten
- ✔ Lieferverzögerungen
- ✔ Störungen in der Transportkette
- ✔ Änderungen von Ein- und Ausfuhrbestimmungen

Fast alles anders: Länderrisiken

Im Auslandsgeschäft haben Sie im Vergleich zum Binnenhandel immer noch das Risiko »Abnehmerland«. Sie haben es mit ausländischen Regularien und Rechtsvorschriften zu tun. In der Regel kennen sich auch Käufer und Verkäufer weniger gut. Sie unterliegen in der Außenwirtschaft länderspezifischen Verlustrisiken, die aus den politischen und wirtschaftlichen Gegebenheiten resultieren. Geschäftsprozesse laufen dann nicht wie gewohnt ab und es besteht die Gefahr, dass die vertraglich vereinbarten Zahlungen teilweise oder vollständig ausfallen.

Länderrisiken ergeben sich insbesondere aus Krieg, Unruhen, Embargo und Streik. Sie stehen in Zusammenhang mit den staatlichen Strukturen eines bestimmten Landes.

Politische Risiken

- ✔ Ein **Transferrisiko** besteht für Sie, wenn durch behördliche oder gesetzgeberische Maßnahmen der Staat in den grenzüberschreitenden Handels- und Zahlungsverkehr so eingreift, dass die Überweisung des Rechnungsbetrages nicht möglich ist. Ihr ausländischer Partner kann trotz Zahlungswilligkeit und -fähigkeit Ihre Forderungen nicht rechtzeitig und in voller Höhe begleichen.
- ✔ Ein staatliches **Zahlungsverbot** macht jede Begleichung der Schulden unmöglich.

Zahlungsverbote ins Ausland oder Einschränkungen des Zahlungsverkehrs können Ihnen einen gewaltigen Strich durch Ihre Planungen machen.

- ✔ Durch ein **Moratorium** bestehen zeitlich befristet Beschränkungen des internationalen Handels. Ihr Schuldner ist dann nicht in der Lage, den vereinbarten Zahlungstermin einzuhalten.

- Sie haben ein **Konvertierungsrisiko,** wenn Devisen zeitweise nicht konvertibel sind und der Wechsel der Fremdwährung in Ihre inländische Währung nicht möglich ist.
- Ein **Wechselkursrisiko** besteht für Sie durch die Möglichkeit, dass sich das Austauschverhältnis zwischen eigener und fremder Währung zu Ihren Lasten verändert. Außerdem können Währungsumrechnungen zeitweise nicht durchführbar sein, weil die Wechselkursnotierung ausgesetzt ist.
- Wegen **Devisentransferbeschränkungen** kann der vom Schuldner im Ausland geleistete Betrag nicht ins Inland gebracht werden.
- Wegen **Devisenmangel** können die notwendigen Mittel nicht beschafft werden.

Politische Risiken können Sie zum Beispiel durch die Hermesdeckung verringern.

Wirtschaftliche Risiken

Auch wirtschaftliche Risiken können für den Exporteur unangenehme Folgen haben:

- Sie haben ein **Marktrisiko,** weil Ihnen durch unterschiedliche Sprache, Mentalität, Rechtssituation und andere Faktoren die Situation auf dem Auslandsmarkt weitgehend unbekannt ist. Gebräuche, Traditionen und Konsumgewohnheiten können Sie nur bedingt berücksichtigen.
- Das **Vertragserfüllungsrisiko** besteht in der Gefahr, dass Ihr ausländischer Kunde die Ware nicht annimmt oder nicht bezahlt.
- Ein **Transportrisiko** besteht insbesondere, wenn Sie Ihre Kunden im weit entferntem Ausland haben. Die Gefahr der Beschädigung, des Diebstahls oder des Verlustes steigt mit der Länge und der Komplexität der Transportwege. Verzögerte Auslieferungen wegen Zollformalitäten kommen häufig vor.

Das Transportrisiko können Sie durch Versicherungen oder die Vereinbarung von Incoterms verringern.

- **Rechtliche Risiken** können Ihnen durch Sanktionen, unterschiedliche Rechtssysteme mit unterschiedlichen Rechtsfolgen oder bei Vertragsverletzungen entstehen. Wenn sich rechtliche Vorschriften ändern, kann ein Exportgeschäft daran scheitern.

IN DIESEM KAPITEL

Rating

Möglichkeiten der Kreditsicherung

Personal- und Realsicherheiten

Kapitel 21
Vorbeugen: Kredite absichern

Sie erhalten in diesem Kapitel einen Überblick über Möglichkeiten, die Abwicklung von Kreditgeschäften für beide Seiten möglichst risikolos zu gestalten. Die Einschätzung der Partner gehört ebenso dazu wie die breite Palette der Instrumente, die Sie einsetzen können, um Sicherheit bei der Kreditvergabe herzustellen.

Vor der Kreditentscheidung prüft die Bank Ihre Kreditfähigkeit und Ihre Kreditwürdigkeit.

- **Kreditfähig** sind Sie, wenn Sie für Ihr Unternehmen einen Vertrag rechtswirksam abschließen können.
- **Kreditwürdig** sind Sie, wenn Sie alle vereinbarten Zins- und Tilgungsleistungen erbringen können.

Abwicklung von Kreditgeschäften

Die Bewertung des Kreditrisikos durch die Banken darf sich nicht ausschließlich auf externe Ratings stützen. Sie müssen mit eigenen Methoden feststellen, ob das Kreditrisiko entsprechend ihren **Eigenkapitalanforderungen** ausreichend berücksichtigt ist.

Banken haben nämlich nicht nur die Ratingeinschätzungen, sondern auch weitere Vorgaben zu beachten. Zur Verbesserung der Sicherheit und Solidität des internationalen Finanzsystems richten sich die Kapitalanforderungen an die Banken verstärkt nach ihrem wirtschaftlichen Risiko.

Die Eigenkapitalrichtlinie »Basel IV« enthält international einheitliche Vorschriften, um die Liquidität der Banken zu verbessern und ihre Verschuldung zu verringern. Zusätzliche Kapitalanforderungen

- können sich aus der jährlichen Prüfung durch die Aufseher der Europäischen Zentralbank (EZB) und der Aufsichtsbehörden der teilnehmenden Länder ergeben.
- gelten für die allgemeine Kapitalerhaltung und zur Absicherung gegen zyklische und nicht zyklische Systemrisiken.

Je höher die Risken, desto mehr Eigenkapital muss eine Bank vorhalten.

Kreditverhandlungen

Das Ergebnis von Kreditverhandlungen hängt – wie bei anderen Verhandlungen – von den Verhandlungspositionen der Beteiligten ab. Deshalb muss Ihre Vorbereitung zugleich sorgfältig und umfangreich sein.

- Ergreifen Sie selbst die Initiative und legen Sie frühzeitig den Zeitpunkt für das Kreditgespräch fest.
- Suchen Sie rechtzeitig den Kontakt zu Verhandlungspartnern, die über die notwendige Entscheidungskompetenz verfügen.
- Versichern Sie sich, dass allen Beteiligten die bisherigen Konditionen, Sicherheiten und eventuelle Mängel und Fehler bekannt sind.
- Legen Sie Ihr Verhandlungsziel präzise fest. Auf Fragen müssen Sie mit aussagekräftigen Unterlagen und überzeugenden Antworten reagieren können.
- Aus Ihren Unterlagen muss die Bonität Ihres Unternehmens plausibel nachvollziehbar sein.
- Versuchen Sie, Ihre Erwartungen realistisch zu formulieren. Sie sind als Kreditnehmer kein Bittsteller, aber der Verhandlungsspielraum hängt entscheidend von der Risikoeinstufung durch die Bank ab.

Ihre Bank wird zunächst ein Ratingverfahren durchführen, weil Ihre Bonität und die Sicherheiten die Schlüsselgrößen bei der Kreditvergabe sind. Die Abbildung 21.1 verdeutlicht Ihnen den typischen Ablauf.

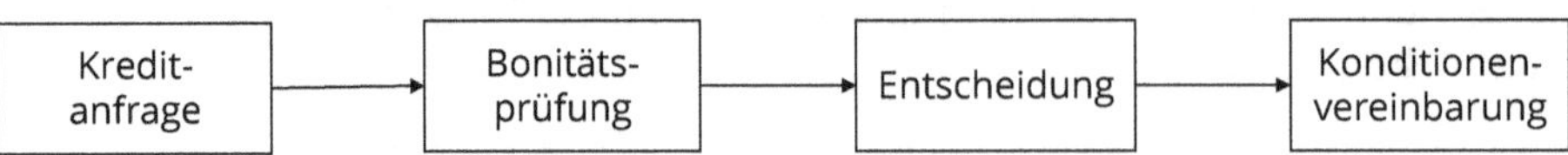

Abbildung 21.1: Kreditverhandlungen

Weiter so: Handlungsempfehlungen

Weil das Ergebnis von Kreditverhandlungen entscheidend von der Bonitätseinstufung durch Ihre Bank abhängt, müssen Sie die Kriterien für die Einstufung permanent beobachten und frühzeitig jede Verbesserungsmöglichkeit nutzen. Das wird sich direkt auf die Konditionen auswirken, zu denen Sie Darlehen aufnehmen können.

- ✔ Gehen Sie konsequent von der aktuellen Situation in Ihrem Unternehmen aus. Das setzt voraus, dass Sie eine Vielzahl von Fakten, Daten, Entwicklungen und Einschätzungen berücksichtigen.
- ✔ Berücksichtigen Sie die Anforderungen der Banken konkret und umfassend. Ihre Empfehlungen müssen die rechtlichen und faktischen Ansprüche detailliert berücksichtigen.
- ✔ Erstellen Sie eine möglichst vollständige Übersicht, die alle sinnvollen Möglichkeiten zur Verbesserung des Ratings enthält. Die konkreten Entscheidungen bleiben der Unternehmensleitung vorbehalten.

Gütesiegel von A bis C: Rating

Wenn Sie jemandem Geld leihen, werden Sie vorher abschätzen wollen, ob Sie das jemals wiedersehen. Was im privaten Bereich eher Vertrauen und persönliche Einschätzung ausmacht, muss bei Banken und anderen Kreditgebern systematisiert und organisiert sein.

Mit einer Kreditwürdigkeitsprüfung werden Sie dazu

- ✔ die **persönliche Integrität** (Zuverlässigkeit und Zahlungswilligkeit eines Vertragspartners) und
- ✔ die **materielle Bonität** (wirtschaftliche Fähigkeit, die finanziellen Verpflichtungen zu erfüllen)

feststellen. Je nach der Höhe des abzusichernden Risikos nutzen Sie sowohl interne als auch externe Informationen

- ✔ aus bestehenden Geschäftsverbindungen,
- ✔ über das bisher bekannte Zahlungsverhalten des Schuldners und auch
- ✔ von Wirtschaftsauskunfteien und Ratingagenturen.

Abbildung 21.2 gibt Ihnen einen Überblick.

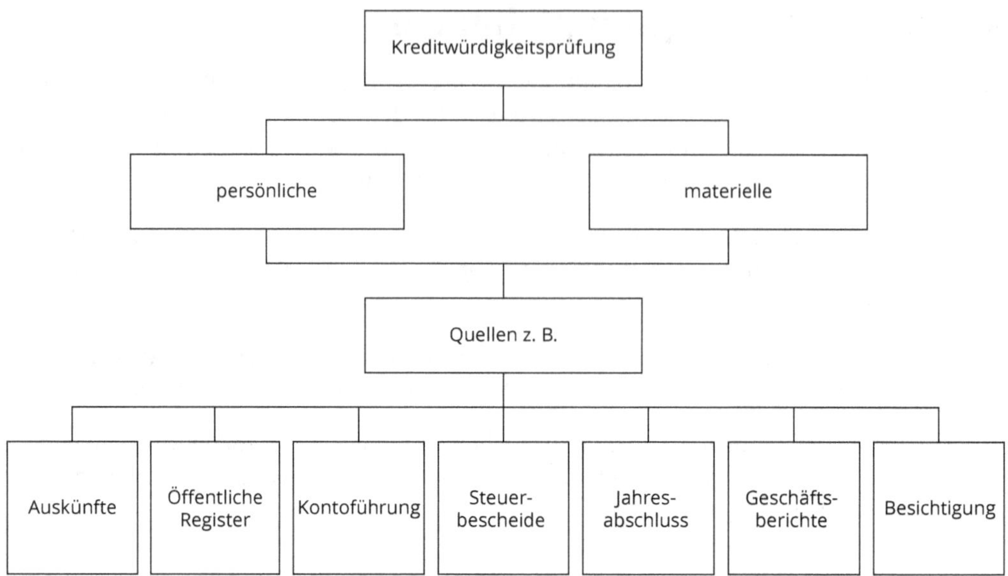

Abbildung 21.2: Kreditwürdigkeitsprüfung

Bonität ist die Fähigkeit und Bereitschaft eines Kreditnehmers, seine Zahlungsverpflichtungen vollständig und fristgerecht zu erfüllen.

Eine besondere Nummer ist dabei nochmals die Notwendigkeit, ein objektives und ganzheitliches Bild über einen Darlehensnehmer zu erhalten, damit Sie das *Kreditausfallrisiko* einschätzen können. Selbstverständlich greifen Sie dazu auf systematische Verfahren zurück. Sie nutzen

- »**harte**« **Faktoren**, die Sie aus der Abschlussanalyse erhalten und mit betriebswirtschaftlichen Kennzahlen wie Liquidität, Kapitalquoten oder Vermögensintensitäten ausdrücken.
- »**weiche**« **Faktoren**, die Sie nicht als Kennzahlen darstellen können. Die Leistung des Managements, Controlling, Produktion und Marktumfeld, aber auch das Wissen und Verhalten der Mitarbeiter können Sie lediglich qualitativ erfassen.

Die Verfahren, mit denen Sie Unternehmen auf ihre Kreditwürdigkeit hin bewerten können, werden *Rating* genannt.

Mit einem Rating nutzen Sie ein standardisiertes Verfahren, um beurteilen zu können, wie kreditwürdig ein Unternehmen ist.

Die Einstufung wird entweder von einem Kreditinstitut oder von einer Ratingagentur durchgeführt. Dazu stufen Sie die Kreditnehmer in **Bonitätsklassen** ein, für die Sie Ausfallwahrscheinlichkeiten ermitteln können. Je besser die Ratingklasse, die Sie vergeben, desto geringer schätzen Sie das Ausfallrisiko der Kredite ein.

Die Bonitätsklassen bilden Sie anhand einer definierten Skala. Ihre Bezeichnungen und Beschreibungen können dabei leicht unterschiedlich sein. Die Bonitätsstufen der Agentur Standard & Poor´s finden Sie in Tabelle 21.1.

Ratingklasse	Beschreibung	Aussage zur Bonität	
AAA	Schuldner höchster Bonität geringstes Ausfallrisiko	ausgezeichnet	Investment Grade
AA+ AA AA-	Sichere Anlage Geringes Ausfallrisiko		
A+ A A-	Geringes Ausfallrisiko Bei unvorhergesehenen negativen Ereignissen ergeben sich aber Auswirkungen auf die Bonität	sehr gut	
BBB+ BBB BBB-	Mittleres Ausfallrisiko Anfällig bei negativer Wirtschaftsentwicklung	gut überdurchschnittlich	
BB+ BB BB-	Hohes Ausfallrisiko Befriedigende Sicherheit, dass Zins und Tilgung geleistet werden können	durchschnittlich	Speculative Grade
B+ B-	Sehr hohes Ausfallrisiko Geringe Sicherheit, dass Zins und Tilgung geleistet werden können	unterdurchschnittlich Bestand des Unternehmens gefährdet	
CCC+ CCC CCC-	Nur bei günstiger Entwicklung droht kein Zahlungsausfall	Insolvenzgefahr	
CC C	Hohe Wahrscheinlichkeit eines Zahlungsausfalls		
D	Zahlungsausfall		

Tabelle 21.1: Bonitätsstufen bei Standard & Poor´s

Auf Nummer sicher: Kreditsicherheiten

Wenn Sie einen Kredit vergeben, wollen Sie sich vor einem möglichen Kapitalverlust schützen. Deshalb verlangen Sie Sicherheiten, um Ihr Risiko für den Fall abzusichern, dass der Schuldner seine Verpflichtungen nicht erfüllt oder nicht erfüllen kann. Abbildung 21.3 zeigt Ihnen, dass Sie grundsätzlich zwei Arten der Kreditsicherheit unterscheiden können:

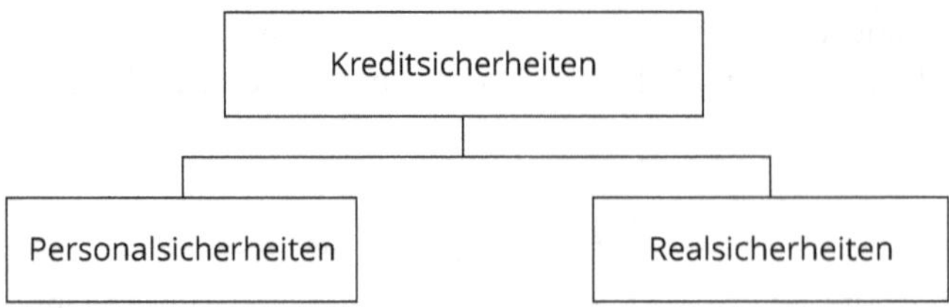

Abbildung 21.3: Einteilung der Kreditsicherheiten

Kreditsicherheiten sind wie ein Sicherheitsgurt: Wie wichtig sie sind, merkt man erst, wenn man sie braucht.

Wer bürgt, wird erwürgt: Personalsicherheit

Wenn Sie als Gläubiger eine Personalsicherheit akzeptieren, genügt Ihnen die Bonität eines Sicherungsgebers: Eine dritte Person springt ein, wenn der Gläubiger sein Darlehen nicht bedienen kann. Sie verpflichtet sich Ihnen gegenüber, die ausstehende Zahlung für den Schuldner zu übernehmen.

Wichtigste Personalsicherheit ist die *Bürgschaft*. Der Bürge verpflichtet sich, für die Schulden gegenüber dem Gläubiger aufzukommen. Die Bürgschaft ist akzessorisch, sie hängt vom Bestehen der zugrunde liegenden Forderung ab. Abbildung 21.4 verdeutlicht den vertraglichen Zusammenhang.

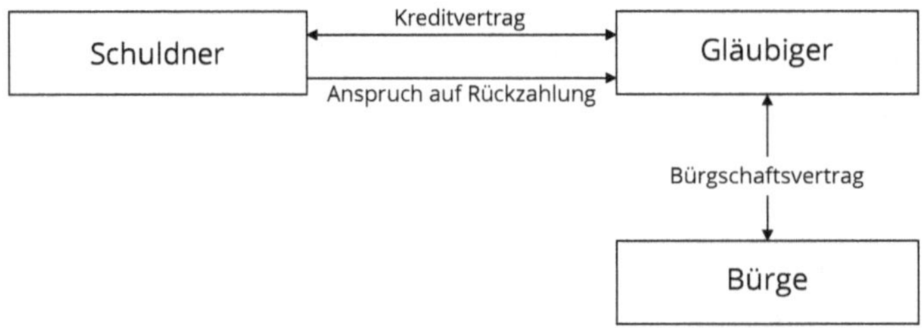

Abbildung 21.4: Bürgschaft

Realsicherheiten

Bei einer Realsicherheit wird die Sicherheit durch eine Sache gewährleistet. Sie erhalten als Gläubiger das Recht, die betroffene Sache zu verwerten, um aus dem Erlös Ihre Forderung zu befriedigen. Als Sicherheit dient also ein Vermögensgegenstand. Abbildung 21.5 zeigt Ihnen die verschiedenen Instrumente.

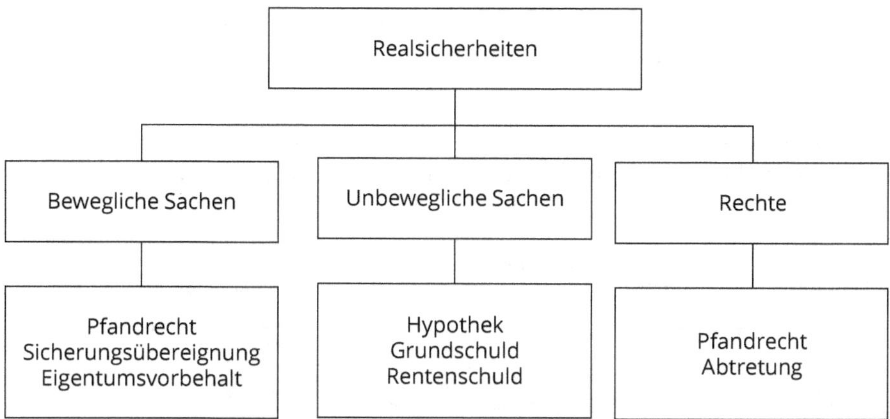

Abbildung 21.5: Realsicherheiten

- **Pfandrecht**. Bei einer Verpfändung (§§ 1204 ff. BGB) wird Ihnen als Gläubiger das Pfand übergeben. Sie erhalten den unmittelbaren Besitz, das Eigentum verbleibt aber beim Schuldner. Wegen des Zwangs zur Übergabe und aus Kostengründen kommt vor allem die Verpfändung von Wertpapieren, Forderungen und hochwertigen Waren infrage.
- Bei einer **Sicherungsübereignung** wird Ihnen als Gläubiger das Eigentum an einer Sache verschafft, sie bleibt jedoch im Besitz des Schuldners, damit er sie nutzen kann. Dazu ist ein eigener Sicherungsübereignungsvertrag (Besitzkonstitut § 930 BGB) erforderlich. Abbildung 21.6 zeigt Ihnen das Prinzip.

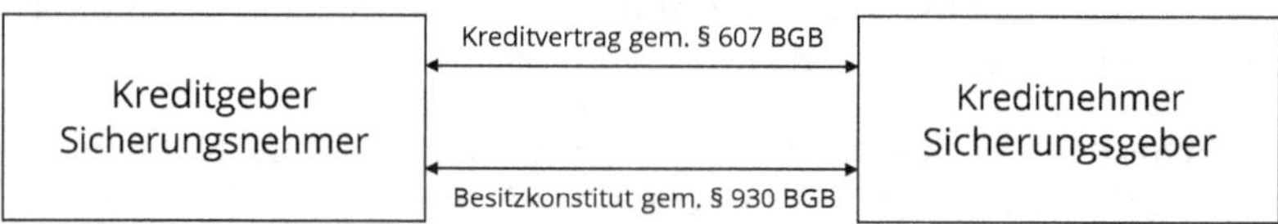

Abbildung 21.6: Sicherungsübereignung

- **Eigentumsvorbehalt:** Ihn können Sie bei beweglichen Sachen nutzen (§ 449 BGB). Sie behalten dann die Eigentumsrechte an der Ware bis zur vollständigen Bezahlung.
- **Hypothek** (§§ 1113 ff.): Bei ihr wird bestimmt, dass Ihnen der Schuldner eine bestimmte Geldsumme aus einem Grundstück wegen einer Forderung bezahlen muss. Die Hypothek wird ins Grundbuch eingetragen.
- **Grundschuld** (§§ 1191 ff. BGB): Sie als Gläubiger erhalten eine bestimmte Summe aus dem Grundstück. Der Unterschied zur Hypothek besteht darin, dass für Ihre Bestellung kein Schuldverhältnis bestehen muss:

»Die Grundschuld ist eine Schuld ohne Grund.«

- **Rentenschuld:** Sie ist eine Sonderform der Grundschuld: Aus dem Grundstück muss der Schuldner zu regelmäßig wiederkehrenden Terminen eine bestimmte Geldsumme zahlen.
- **Sicherungsabtretung** (Zession):Sie erhalten von Ihrem Schuldner Forderungen oder Rechte übertragen, die er gegenüber Dritten besitzt. Die Abbildung 21.7 zeigt das Prinzip.

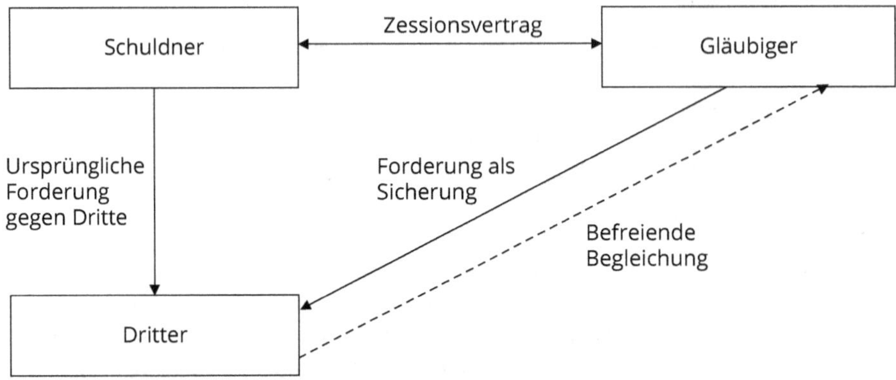

Abbildung 21.7: Sicherungsabtretung

Schwer zu merken: Akzessorische und fiduziarische Sicherheiten

- **Akzessorische Sicherheit:** Eine Sicherheit ist akzessorisch, wenn sie vollständig vom Bestehen einer Forderung abhängig ist.
- **Fiduziarische Sicherheit:** Sie besteht auch weiter, wenn die Forderung nicht mehr existiert. Der Zugriff ist Ihnen aber nur erlaubt, solange und soweit die Forderung besteht.

Aus der Abbildung 21.8 können Sie die Zuordnungen entnehmen.

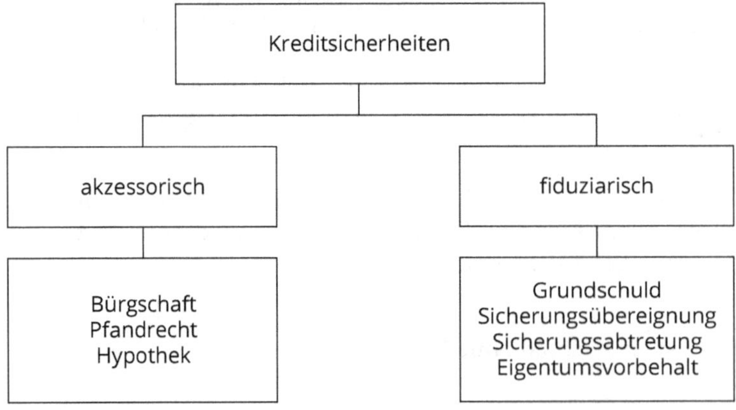

Abbildung 21.8: Akzessorische und fiduziarische Sicherheiten

Hinter der Grenze wird´s schwierig: Kreditsicherheiten im Außenhandel

Im internationalen Handel kommen Sie mit zahlreichen Geschäftspartnern zusammen, deren Zuverlässigkeit Ihnen nicht bekannt ist. Um die Handelsbeziehungen zu unterstützen, können Sie eine Reihe von Absicherungsinstrumenten in Anspruch nehmen.

Bankgarantien

Bei einer *Bankgarantie* übernimmt ein Kreditinstitut die Verpflichtung, einen Geldbetrag an den Garantiebegünstigten zu bezahlen.

Die *Bankgarantie* ist ein abstraktes Zahlungsversprechen eines Kreditinstitutes.

- Als **Auftraggeber** einer Bankgarantie vermitteln Sie Ihrem Geschäftspartner ein hohes Maß an Sicherheit und verbessern damit ihre Verhandlungsposition.
- Als **Begünstigter** einer Bankgarantie sichern Sie sich selbst gegen Zahlungs- und Lieferausfälle ab.

Ihre Bank übernimmt die Garantien in der Regel zeitlich befristet mit der Zusage, auf erste Anforderung zu zahlen.

- Die **Liefergarantie** schützt Sie als Importeur vor den finanziellen Folgen, wenn Ihr Lieferant nicht vertragsgemäß (zum Beispiel nicht fristgerecht) liefert oder leistet. Umgekehrt zahlt Ihre Bank an Ihren Kunden eine Entschädigung, wenn Sie als Exporteur nicht vertragsgemäß liefern können.
- Bei der **Zahlungsgarantie** übernimmt das beauftragte Institut die Zahlung des vereinbarten Preises, wenn Ihr Kunde nicht bezahlen kann oder will. Umgekehrt garantiert Ihre Bank Ihnen die Rückzahlung von bereits geleisteten Anzahlungen, wenn Ihr Geschäftspartner die vereinbarte Leistung nicht erbringt.

Über diese Zusagen hinaus gibt es eine große Zahl von weiteren Möglichkeiten, die Risiken im Außenhandel zu begrenzen.

Hermesdeckung

Mit *Hermes-Bürgschaften* können sich einheimische Exporteure und Banken gegen wirtschaftliche und politische Risiken absichern. Die Exportgarantien werden im Auftrag und auf Rechnung der Bundesrepublik Deutschland durch die Allianz Trade SA (früher Euler Hermes) und die PricewaterhouseCoopers Wirtschaftsprüfungsgesellschaft (PwC) wahrgenommen.

Die *Hermesdeckung* ist eine Exportkreditgarantie des Bundes, die zur staatlichen Absicherung der wirtschaftlichen und politischen Risiken deutscher Exporteure dient.

Eine Hermesdeckung gibt Ihnen Sicherheit, wenn Sie in bestimmte Länder exportieren. Sie greift im Versicherungsfall, wenn der Kunde im jeweiligen Land nicht zahlt, und kommt im vereinbarten Rahmen für die Kosten auf. Abbildung 21.9 verdeutlicht Ihnen das Prinzip.

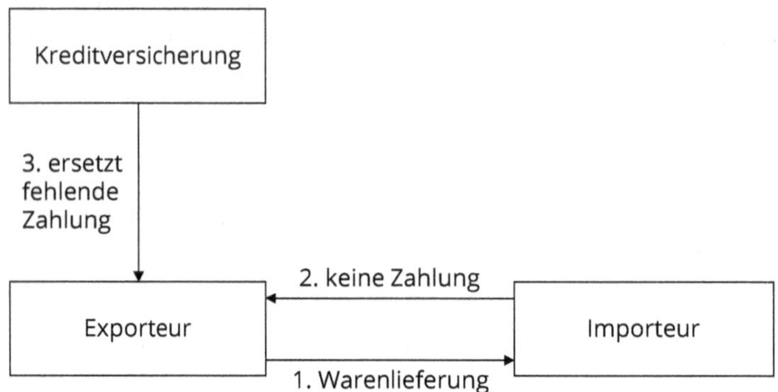

Abbildung 21.9: Kreditversicherung

Die Hermesdeckung bietet Ihnen als Exporteur erhebliche Vorteile:

- ✔ In vielen Fällen ermöglicht Ihnen die Hermesdeckung erst eine Finanzierung Ihres Exportgeschäftes.
- ✔ Durch die zusätzliche Sicherheit über die gute Bonität der Bundesrepublik Deutschland kann Ihre Bank Ihnen günstigere Konditionen einräumen.
- ✔ Dadurch können Sie Ihren ausländischen Kunden günstigere Preise bieten.

IN DIESEM KAPITEL

EU-Zahlungsverkehr

Kreditkarten

Auslandszahlungsverkehr

Kapitel 22
In- und ausländischer Zahlungsverkehr

In diesem Kapitel wird es noch mal konkret. Sie erfahren, welche Instrumente und Methoden Sie einsetzen können, um den Zahlungsverkehr im Inland und mit ausländischen Partnern abzuwickeln. Verschaffen Sie sich einen Überblick, damit Sie mit den Begrifflichkeiten keine Probleme bekommen. Insbesondere sollten Sie die Unterschiede bei den internationalen Zahlungsmodalitäten kennen.

Allgemeine Zahlungsverkehrsinstrumente

In Ihrem Rahmenplan ist hier die Rede von »EU-Zahlungsverkehrsinstrumenten«. Tatsächlich sind sie aber nicht auf die Länder der Europäischen Union beschränkt.

Kassengeschäfte

Als *Kassengeschäfte* werden halbbare Zahlungen bezeichnet.

- Bei **Einzahlungen** erhält Ihre Bank Bargeld und schreibt es auf einem Konto gut.
- Bei **Auszahlungen** belastet Ihre Bank Ihr Konto und händigt Bargeld aus.

Bei Kassengeschäften entsteht Ihnen erheblicher Aufwand:

- Sie müssen das Bargeld sicher aufbewahren und regelmäßig auf ein Bankkonto einzahlen.

- Der Transport des Bargeldes zur Bank bringt zudem einen hohen Sicherheitsaufwand mit sich.
- Bargeld ist nicht fälschungssicher.
- Bargeld wird nicht verzinst.
- Sie müssen die Vorschriften des Geldwäschegesetzes beachten.

SEPA-Überweisungsverkehr

Mit der »Single Euro Payments Area« (SEPA) ist der bargeldlose Zahlungsverkehr in Europa – auch auf einer technischen Ebene – vereinheitlicht. Überweisungen und Lastschriften werden im Inland und im europäischen Ausland gleich gehandhabt.

SEPA ist die Bezeichnung für den gemeinsamen Zahlungsverkehrsraum von 36 europäischen Staaten. Das sind alle 27 Staaten der Europäischen Union und das Vereinigte Königreich, Island, Liechtenstein. Norwegen, Schweiz, Andorra, Monaco, San Marino und Vatikanstadt.

Überweisung

Mit einer SEPA-Überweisung können Sie als Privatperson und Unternehmen Geld von einem Bankkonto in einem SEPA-Land auf ein Konto in einem anderen SEPA-Land überweisen. Einzige Voraussetzung ist, dass die Empfänger/-innen über eine IBAN (International Bank Account Number) verfügen.

Lastschrift

Sie können dem Zahlungsempfänger ein Lastschriftmandat erteilen und ihm so erlauben, fällige Rechnungsbeträge per SEPA-Basis-Lastschriftverfahren einzuziehen und zugleich Ihre Bank anweisen, die Lastschrift einzulösen. Das ist eine

- günstige,
- schnelle und
- rechtssichere

Abwicklung der Transaktion, die ohne Belege auskommt.

Für ein SEPA-Lastschriftmandat müssen Sie die folgenden Angaben machen:

- Zahlungsempfänger
- Identifikationsnummer des Gläubigers,
- Kundenname
- Bank des Kunden
- IBAN des Kunden

Einer autorisierten SEPA-Basislastschrift können Sie innerhalb von acht Wochen ab dem Fälligkeitstag widersprechen.

Abweichende Regeln gelten für SEPA-Firmenlastschriften, die ausschließlich zum Einzug von fälligen Forderungen zwischen Unternehmen eingesetzt werden.

Das SEPA-Lastschriftverfahren bietet Ihnen beachtliche Vorteile:

- ✔ Rechnungen bezahlen Sie bequem und einfach bargeldlos innerhalb des gesamten SEPA-Raumes.
- ✔ Sie erreichen eine hohe Sicherheit, weil ohne Lastschriftmandat niemand abbuchen darf.
- ✔ Weil der Zahlungsempfänger das Geld einzieht, zahlen Sie immer pünktlich.
- ✔ Ihre Lastschriftzahlungen sind nachvollziehbar, weil Sie den Zahlungsempfänger immer eindeutig identifizieren können.
- ✔ Unberechtigten Lastschriftzahlungen können Sie innerhalb von acht Wochen widersprechen.

Scheckverkehr

Mit einem *Scheck* weisen Sie Ihr Kreditinstitut an, einem Dritten bei Vorlage einen bestimmten Betrag zulasten Ihres Kontos auszuzahlen.

- ✔ Bei einem Barscheck stellen Sie einen Scheck aus und übergeben ihn an den Zahlungsempfänger. Der legt den Scheck bei Ihrer Bank vor. Der Empfänger erhält die Zahlung bar, gleichzeitig wird Ihr Konto belastet.
- ✔ Legt der Zahlungsempfänger Ihren Scheck bei einer anderen Bank vor, wird ihm der Betrag gutgeschrieben und nicht bar ausgezahlt.
- ✔ Ein Scheck kann auch an einen anderen Gläubiger als Zahlungsmittel weitergegeben werden.

Der Scheck verliert in Deutschland immer mehr an Bedeutung. Sein Anteil im Vergleich zu allen Zahlungsinstrumenten ist verschwindend gering. Im Zahlungsverkehr spielt er heute praktisch keine Rolle mehr.

Kartengestützte Zahlungen

Der Trend beim Bezahlen geht immer stärker weg von der Barzahlung hin zum Bezahlen mit Karte, Smartphone oder Wearables. Das Geld wird dann vom Konto der Kunden eingezogen.

Nach der Abrechnungsart können Sie vier Typen von Kreditkarten nutzen, die – je nach Anbieter und Vertragsart – zusätzlich in Details verschieden ausgestattet sein können.

Entscheidender Unterschied bei kartengestützten Zahlungen ist der Zeitpunkt, zu dem die Liquidität bei Ihnen abfließt.

- **Charge Card:** Sie vereinbaren ein persönliches Kreditlimit. Die Umsätze werden auf Ihrem Kartenkonto gesammelt und müssen einmal monatlich vollständig zurückgezahlt werden. Ihre maximale Kreditdauer beträgt also einen Monat.
- **Credit Card:** Ihre Umsätze werden ebenfalls auf einem Kartenkonto gesammelt und einmal pro Monat abgerechnet. Sie müssen aber nicht in einem Betrag bezahlen. Meistens wird ein monatlicher Mindestbetrag vereinbart, den Rest können Sie auch über einen längeren Zeitraum zurückzahlen. Dafür werden dann Zinsen fällig.
- **Debit Card:** Ihre Umsätze werden taggenau zinswirksam erfasst, aber monatlich abgerechnet. Die Debit Card hat keine Kreditfunktion.

Die *girocard* (ehemals ec-Karte oder electronic cash) ist die meistverbreitete Debitkarte der Deutschen Kreditwirtschaft.

- **Prepaid Card:** Sie können nur über ein Guthaben verfügen, das Sie im Voraus eingezahlt haben. Eine Kreditfunktion hat diese Karte nicht. Sie müssen sie wieder aufladen, wenn das Guthaben verbraucht ist.

Vorsicht bei Unbekannten: Auslandszahlungsverkehr

Im Zahlungsverkehr mit ausländischen Geschäftspartnern regeln internationale Zahlungsmodalitäten die Zahlungsverpflichtung der Kunden. Abbildung 22.1 zeigt Ihnen Zahlungsbedingungen mit und ohne Dokumente.

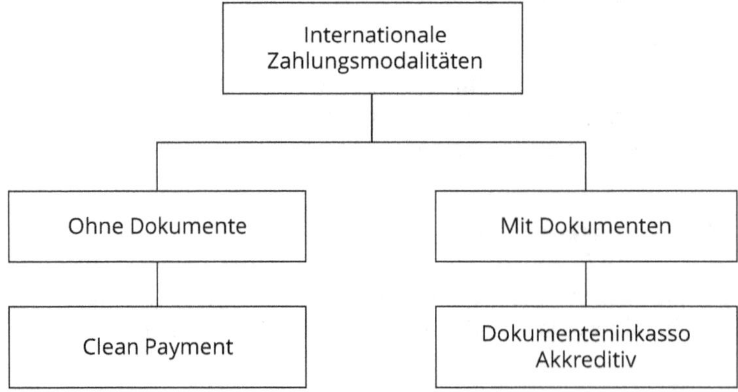

Abbildung 22.1: Internationale Zahlungsmodalitäten

Wenn Sie Handelsbeziehungen mit ausländischen Partnern pflegen, wissen Sie, dass

- die rechtliche Situation,
- Handelsgebräuche,
- Mentalitäten,
- Traditionen,
- weite Entfernungen und
- Sprachbarrieren

nicht selten zu Differenzen führen können. Zusätzlich begegnen Sie wirtschaftlichen und politischen Risiken. Um die Risken aus Sicht des Exporteurs zu vermindern, haben Sie unterschiedliche Möglichkeiten, die auch unterschiedliche Sicherheiten bieten.

Ohne alles: Clean Payment

Zahlungsverkehr ohne Dokumente wird im Finanzmanagement als *Clean Payment* bezeichnet. Dabei können Sie unterschiedliche Instrumente nutzen. Als Exporteur ist für Sie wichtig, wann der Importeur genau zahlen muss:

- **Cash on Delivery:** Exporteur und Importeur sind zur Leistung nur dann verpflichtet, wenn gleichzeitig auch die andere Vertragspartei ihre Leistung erbringt. Der Importeur zahlt direkt nach Erhalt der Lieferung. Sie haben trotzdem das Restrisiko, dass er die Ware nicht annimmt. Bei einem solchen Zug-um-Zug-Geschäft kann die Zahlung außer durch Barzahlung auch zum Beispiel per Nachnahme, Bezahlung durch Scheck oder Banküberweisung erfolgen.

  Das Verfahren ist zwar für beide Vertragsparteien im Außenhandel sicher, aber unpraktisch. Üblicherweise wird deshalb eine Bank oder ein Spediteur eingeschaltet.

- **Clean Payment:** Der Importeur zahlt Ihre Rechnung erst nach Lieferung, nach Prüfung der Qualität und nach Ausnutzung des Zahlungsziels. Sie verzichten als Exporteur auf jede Zahlungsabsicherung.

- **Cash before Delivery:** Sie erhalten eine Vorauszahlung des Kunden über den kompletten Warenwert. Der Käufer zahlt den Kaufpreis, bevor Sie die Ware versenden. Das ist für Sie ideal, denn bei dieser für Sie so sicheren Zahlungsart trägt der Käufer das gesamte Risiko. Einen Zahlungsausfall können Sie so vollständig verhindern. Eine solche Vereinbarung birgt für den Käufer ein hohes Risiko. Als Absicherung können Sie eine Bankgarantie vereinbaren.

- **Payment on Account:** Wenn Sie Payment on Account vereinbaren, erhalten Sie eine Anzahlung. Dann tragen Sie das Restrisiko für den noch nicht bezahlten Betrag. Dabei ist es üblich, dass der Lieferant eine Bankgarantie als Sicherheit zur Verfügung stellt.

In der Praxis werden Zahlungen aus dem Ausland über SWIFT abgewickelt. Die »Society for Worldwide Interbank Financial Telecommunication« ist ein weltweites Übermittlungssystem im Zahlungsverkehr. Sie arbeitet als reines Nachrichtenübermittlungssystem zwischen Geschäftsbanken.

Mit Papieren: Dokumenteninkasso

Wenn Sie als Exporteur an einen ausländischen Importeur liefern, können Sie mit einem Dokumenteninkasso die Zusicherung Ihrer Bank erhalten, dass der Kaufpreis gezahlt wird, wenn die Ware vom Importeur abgeholt wird. Der bekommt die notwendigen Papiere nämlich erst, wenn er gezahlt hat.

Sowohl die Bank des Exporteurs als auch die Bank des Importeurs sind an der Abwicklung beteiligt. Abbildung 22.2 zeigt den Ablauf.

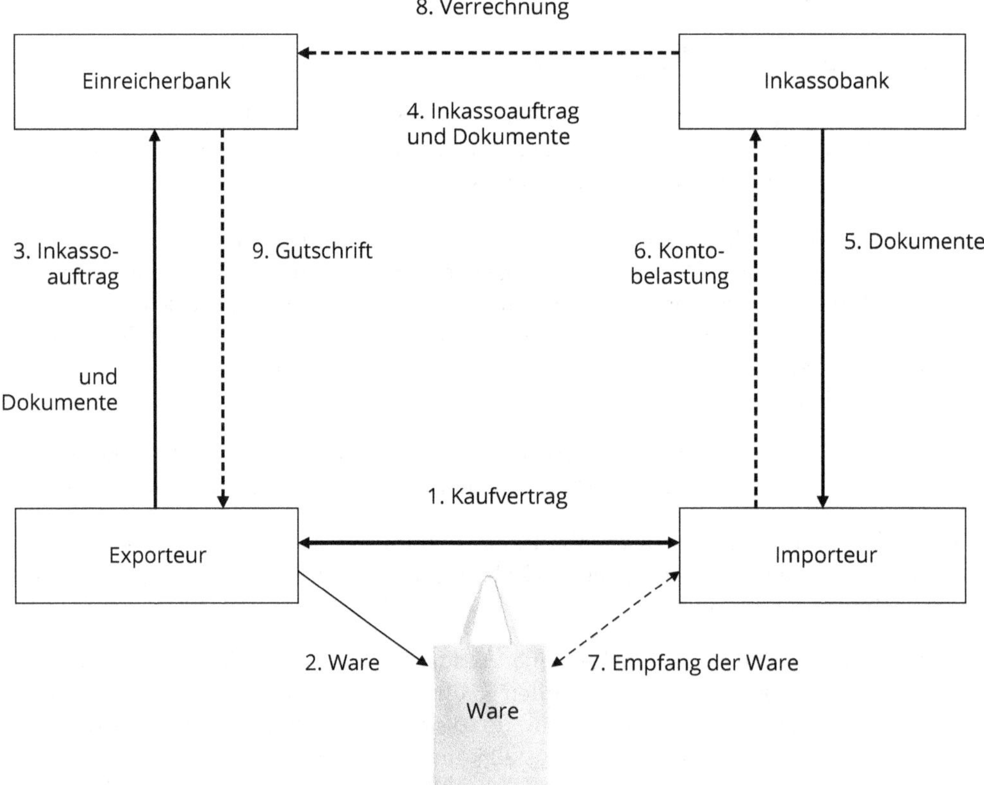

Abbildung 22.2: Ablauf eines Dokumenteninkassos

1. Zwischen Ihnen (Exporteur) und dem Importeur wird ein Kaufvertrag abgeschlossen.
2. Sie versenden die Ware. Risiko: Sie haben noch keine Papiere und erst recht kein Geld gesehen.

3. Sie reichen Ihrer Bank die notwendigen Papiere ein. Gleichzeitig erteilen Sie einen Inkassoauftrag. Die Bank muss die Papiere nicht prüfen.

4. Ihre Bank schaltet jetzt die Bank des Importeurs ein. Sie versendet die eingereichten Papiere an die Inkassobank, die sie dem Importeur aushändigt, damit er die Ware in Besitz nehmen kann. Gleichzeitig beauftragt Ihre Bank die ausländische Bank, den Kaufpreis einzuziehen.

5. Die Bank des Importeurs informiert ihren Kunden über die Inkassobedingungen und händigt ihm die Dokumente aus. Das kann gegen Zahlung (*Documents against payment*) erfolgen oder gegen die Verpflichtung, über einen akzeptierten Wechsel den Dokumentengegenwert zu zahlen (*Documents against acceptance*).

6. Die Bank des Importeurs belastet dessen Konto. Das passiert also, bevor der Importeur die Ware erhält.

7. Mit den Dokumenten kann der Importeur die Ware in Empfang nehmen.

8. Die Bank des Importeurs überweist an Ihre Bank. Sie zahlt allerdings nicht, wenn der Importeur die Dokumente nicht annimmt.

9. Ihre Bank schreibt Ihnen den Betrag gut.

Für beide Beteiligten sind durch das Dokumenteninkasso allerdings nicht alle Risiken abgedeckt:

✔ Der Importeur muss darauf vertrauen, dass der Exporteur tatsächlich die vereinbarte Ware auf den Weg gebracht hat. Er kann sie grundsätzlich nicht vor Einlösung der Dokumente prüfen.

✔ Der Importeur nimmt in Kauf, vor Besichtigung oder Überprüfung die Ware abnehmen zu müssen. Dann ist er bereits rechtskräftig mit der Bezahlung belastet.

✔ Als Exporteur tragen Sie die Folgen, wenn der Importeur die Ware nicht annimmt. Das können Verderb der Ware, Lagerkosten, Rücksendekosten und anderes sein.

✔ Der Importeur könnte auch ohne Dokumente Zugriff auf die Ware erhalten. Bei einem »böswilligen« Importeur tragen Sie das Risiko des Warenverlustes.

✔ Sie tragen als Exporteur die politischen Risiken des Importlandes. Es sind keinerlei Zahlungsgarantien der vorlegenden Bank (Inkassobank) gegeben.

Das Dokumenteninkasso ist einerseits sicherer als das Clean Payment, aber kostengünstiger als ein Akkreditiv.

Die Bank zahlt: Akkreditiv

Als Exporteur erhalten Sie bei einem *Akkreditiv* das Versprechen einer Bank, eine Zahlung zu leisten. Das Zahlungsversprechen ist selbstschuldnerisch und abstrakt, aber an die Vorlage akkreditivkonformer Dokumente gebunden.

Beruhigend für Sie ist dabei, dass es sich um die Bank des Importeurs handelt, der an Ihre Ware kommen will. Die Initiative geht von ihm aus. Dass die Bank dazu entsprechende Unterlagen sehen will, werden Sie gerne in Kauf nehmen.

Bei einem *Akkreditiv* handelt es sich um einen Auftrag eines Kunden an seine Bank, einem Dritten (»Begünstigten«) eine bestimmte Geldsumme zu zahlen.

Aus Abbildung 22.3 können Sie den Ablauf ersehen.

Abbildung 22.3: Abwicklung eines Akkreditivs

1. Sie schließen als Exporteur einen Kaufvertrag mit dem ausländischen Importeur.

2. Der Importeur beauftragt seine Bank (Akkreditivbank) mit der Eröffnung eines Dokumentenakkreditivs. Das gibt Ihnen ein gutes Gefühl: Die Initiative kommt von demjenigen, der zahlen muss.

3. Nach positiver Kreditprüfung eröffnet die Hausbank des Importeurs das Akkreditiv und schickt es an Ihre Bank.

4. Sie erhalten jetzt von Ihrer Bank eine schriftliche Mitteilung (»Avisierung«) über alle Details. Das ist für Sie ein entscheidender Punkt: Ab diesem Zeitpunkt besitzen Sie das Zahlungsversprechen der Akkreditivbank, bei Vorlage der Dokumente das vereinbarte Geld zu zahlen.

5. Mit dieser Zusage geben Sie die Ware auf den Weg.

6. Die Dokumente dazu reichen Sie bei Ihrer Bank ein. Ihre Bank prüft die Dokumente. Wenn sie den Akkreditivbestimmungen entsprechen, erfolgt die Auszahlung des Dokumentengegenwerts an Sie.

7. Ihre Bank versendet die Dokumente an die Bank des Importeurs.

8. Die Akkreditivbank prüft die Dokumente, leitet sie an den Importeur weiter und belastet jetzt sein Konto mit dem Dokumentengegenwert.

Den allgemeinen Ablauf können Sie in der Praxis durch spezielle Formen des Akkreditivs beeinflussen:

- ✔ **unwiderrufliches und bestätigtes Akkreditiv:** Ihre Bank fügt (gegen eine Provision) eine »Bestätigung« hinzu. Sie verpflichtet sich damit ebenfalls. Dann haben Sie zwei Zahlungsversprechen: Von der eigenen Bank und von der Bank des Importeurs.
- ✔ **revolvierendes Akkreditiv:** Sie können das Akkreditiv in bestimmten Zeitabständen mehrmals in Anspruch nehmen.
- ✔ **übertragbares Akkreditiv:** Es ermöglicht Ihnen die Übertragung eines Akkreditivs auf einen Dritten. Es muss von der eröffnenden Bank ausdrücklich als »übertragbar« bezeichnet werden.
- ✔ **teilbares Akkreditiv:** Sie sind ermächtigt, Teile des Akkreditivs mehreren Zweitbegünstigten zur Verfügung zu stellen.
- ✔ **Nachsichtzahlung:** Haben Sie eine Nachsichtzahlung vereinbart, erhalten Sie den Dokumentengegenwert nicht sofort, sondern erst nach Ablauf eines bestimmten Zeitraums.

Ein Akkreditiv bietet sowohl Vorteile für den Exporteur als auch für den Importeur.

- ✔ Das Dokumenten-Akkreditiv können Sie vor allem bei Aufnahme neuer Geschäftsbeziehungen verwenden, wenn Sie die Bonität des Importeurs nicht genau beurteilen können.
- ✔ Als Exporteur wird Ihnen die Zahlung des Kaufpreises zum Zeitpunkt der Versendung der Ware garantiert. Das selbstständige Leistungsversprechen der Akkreditivbank befreit Sie vom Risiko der Zahlungsunfähigkeit oder Zahlungsunwilligkeit des Käufers. Die Bank trägt das Bonitätsrisiko.
- ✔ Der Importeur ist sicher, nur dann zahlen zu müssen, wenn von der Bank die Ordnungsmäßigkeit der Dokumente festgestellt worden ist, die zur Verfügung über die Ware berechtigen. Schon vor dem Eintreffen der Ware am Bestimmungsort kann der Käufer mittels der Dokumente über die Ware verfügen.
- ✔ Der Importeur kann sicher sein, dass die Zahlung nur unter Bedingungen erfolgt. Die Erfüllung aller Akkreditivbedingungen anhand von Dokumenten muss geprüft und nachgewiesen sein.

Allerdings können Sie nicht alle Risiken durch ein Akkreditiv ausschließen:

- ✔ Die ausstellende Bank kann oder will ihren Zahlungsverpflichtungen nicht nachkommen. Eine Insolvenz der Akkreditivbank kann zu Problemen führen, weil das Zug-um-Zug Geschäft nicht mehr vollständig abgewickelt werden kann.
- ✔ Politische Risiken können nicht ausgeschlossen werden, beispielsweise durch einseitige Aufkündigung der Konvertibilität (Umtauschmöglichkeit) einer Währung.
- ✔ Der Importeur wird nach dem Akkreditivauftrag an seine Hausbank nicht mehr gefragt. Bei ihm verbleibt das Risiko einer Lieferung, die qualitativ seinen Erwartungen nicht entspricht.

In der Bilanzbuchhalter-Prüfung wird sehr häufig nach Akkreditiven gefragt.

IN DIESEM KAPITEL

Typische Prüfungsaufgaben

Exemplarische Lösungen

Kapitel 23 Prüfungsvorbereitung

In diesem Kapitel haben Sie die Möglichkeit, Ihr erlerntes Wissen anzuwenden und zu überprüfen. Der Schwierigkeitsgrad der Aufgabenstellungen entspricht dem Niveau, das Sie in einer IHK-Bilanzbuchhalter-Prüfung erwarten können.

Lösen Sie zunächst die Aufgaben ausschließlich mit erlaubten Hilfsmitten (zum Beispiel Taschenrechner, Gesetzestexte, DIHK-Formelsammlung). Erst danach sehen Sie sich die Lösungen zu den Aufgaben an. Falls notwendig, lesen Sie noch mal in den entsprechenden Kapiteln nach.

Gehen Sie auf keinen Fall umgekehrt vor! Wenn Sie sich zuerst die Lösungen ansehen, betrügen Sie sich selbst. Der Lerneffekt wird dann deutlich geringer ausfallen.

Aufgabenteil

Aufgabe 1

Die Hell AG beabsichtigt, eine neue Produktionslinie einzurichten. Sie werden beauftragt, den Kapitalbedarf festzustellen. Die Hell AG macht Ihnen dazu folgende Angaben:

Die Kosten für das Grundstück betragen 200.000 €.

Der Bau des Produktionsgebäudes kostet 600.000 €.

Es werden 25 Maschinen benötigt.

- Jede Maschine kostet 30.000 €.
- Beim Kauf von mehr als 20 Maschinen gewährt der Hersteller einen Rabatt in Höhe von 20 %.

- ✔ Die Hell AG nutzt den eingeräumten Skonto von 2 % aus.
- ✔ Bei Inbetriebnahme fallen je Maschine 2.080 € an.

Bei der Produktion entstehen täglich Kosten für

Rohstoffe	500 €
Löhne	2.700 €
Verwaltungs- und Vertriebsgemeinkosten	1.460 €
Gemeinkostenzuschlag Material	20 %
Gemeinkostenzuschlag Löhne	400 %

Die Gemeinkosten haben dieselbe Bindungsdauer wie die Einzelkosten.

- ✔ Die Rohstoffe werden durchschnittlich 48 Tage gelagert.
- ✔ Die Lieferanten räumen ein Zahlungsziel von 30 Tagen ein.
- ✔ Die Produktionszeit beträgt 12 Tage.
- ✔ Die fertigen Erzeugnisse werden durchschnittlich 14 Tage gelagert.
- ✔ Die Kunden zahlen durchschnittlich nach 26 Tagen.

Ermitteln Sie den Kapitalbedarf der Hell AG für die neue Produktionslinie.

Aufgabe 2

Beurteilen Sie die folgenden Finanzierungsvorgänge. Entscheiden Sie, ob es sich um Außen- oder Innenfinanzierung und um Eigen- oder Fremdfinanzierung handelt.

1. Der Bilanzbuchhalter der Pico AG überzieht das Geschäftskonto bei der Hausbank.
2. Die Grün AG gibt junge Aktien aus.
3. Die Spar AG folgt dem Rat ihres Steuerberaters und setzt Rückstellungen für einen laufenden Prozess an, obwohl erkennbar ist, dass keine Kosten entstehen werden.
4. Die Expo KG nimmt zwei neue Kommanditisten auf, die ihre Einlagen sofort leisten.
5. Die Wende AG gibt eine Wandelschuldverschreibung in Höhe von 1 Mio. € aus.
6. Herr Schnapp verkauft Forderungen aus Lieferungen und Leistungen an ein Finanzierungsinstitut.
7. Die Raff AG stellt 3 Mio. € zurück für zukünftige Zahlungen von Betriebsrenten.
8. Die Nimm AG stellt 500.000 € des erwirtschafteten Jahresüberschusses in die Gewinnrücklage ein.
9. Die Lang GmbH veräußert eine 26%ige Beteiligung an der Kurz GmbH.

Aufgabe 3

Die Schlau-AG plant eine Kapitalerhöhung. Folgende Angaben sind bekannt:

Kurs einer alten Aktie vor Kapitalerhöhung	25 €
Nennwert der alten Aktien	5 €
Ausgabepreis einer jungen Aktie	19 €
Nennwert der jungen Aktien	5 €
Grundkapital vor Kapitalerhöhung	18 Mio. €
Grundkapital nach Kapitalerhöhung	30 Mio. €

Ermitteln Sie

a) den Kurs der Aktie, der sich nach der Kapitalerhöhung einstellen wird

b) den Wert des »Bezugsrechtes«

Aufgabe 4

Sie wollen für die Prass GmbH ein Annuitätendarlehen aufnehmen:

Darlehenshöhe	2.000.000 €
Zinssatz	6 %
Zahl der Raten	5

Stellen Sie für dieses Darlehen einen Tilgungsplan auf.

Aufgabe 5

Sie werden von Ihrer Geschäftsführerin gebeten, zwei Finanzierungsalternativen für die Errichtung einer neuen Produktionshalle zu prüfen:

a) Aufnahme eines Darlehens mit einer Annuität von 22.015 € pro Monat, beginnend am 01.03.01, endend am 30.8.03 (30 Monate).

b) Abschluss eines 5-jähriger Leasingvertrages, beginnend ebenfalls am 01.03.01 mit monatlichen Raten i. H. v. 11.000 €.

Die Halle hat am 30.08.03 noch einen geschätzten Wert von 30.000 €.

Berechnen Sie, welche Alternative bei einer Nutzungsdauer von 5 Jahren zu einem geringeren Gesamtaufwand führt.

Aufgabe 6

Die Flitz KG plant die Anschaffung eines Kleintransporters.

- ✔ In der gewünschten Ausstattung beträgt der Listenpreis 27.739,25 €.
- ✔ Die Hausbank ist bereit, die Investition zu 100 % zu finanzieren.
- ✔ Bei einer Laufzeit von 4 Jahren beträgt der Nominalzinssatz für das Darlehen 8 %, wobei sofort ein Disagio von 3 % fällig wird.
- ✔ Der Autohändler gewährt bei Sofortzahlung einen Rabatt von 12,5 %.

Ermitteln Sie wie hoch die jährlichen Zahlungen der Flitz KG für den Transporter sein werden.

Aufgabe 7

Die Flausen AG beabsichtigt, einen neuen Produktionsautomaten für Plüschhasen anzuschaffen. Nach einer Vorauswahl stehen zwei Alternativen zur Wahl:

	Automat A	Automat B
Anschaffungskosten	80.000 €	100.000 €
Nutzungsdauer	8 Jahre	8 Jahre
Restwert am Ende der Nutzungsdauer	0 €	0 €
Maximale Kapazität	20.000 (Stück/Jahr)	25.000 (Stück/Jahr)
Kalkulatorischer Zinssatz	9 %	9 %
Variable Kosten bei Vollauslastung	3.000 €	2.250 €
Sonstige fixe Kosten pro Jahr	2.800 €	600 €

- ✔ Beide Automaten haben dieselbe Leistung.
- ✔ Der gewählte Automat soll linear abgeschrieben werden.
- ✔ Voraussichtlich können pro Jahr 15.000 Plüschhasen hergestellt werden.

Sie sollen für die Geschäftsleitung eine Empfehlung erarbeiten.

a) Ermitteln Sie mithilfe der Kostenvergleichsrechnung, welcher Automat vorteilhafter ist.

b) Berechnen Sie, bei welcher durchschnittlichen Absatzmenge die jährlichen Kosten der Automaten gleich hoch wären. Geben Sie auch an, wie hoch die Kosten je Stück in diesem Falle wären.

Aufgabe 8

Bei den SchnippSchnapp Studios ist ein neuer Schneidetisch angeschafft worden:

Anschaffungskosten	150.000 €
Restwert nach 5 Jahren	30.000 €
Abschreibungen	24.000 €
Gewinn	44.000 €

Sie sind beauftragt, die Amortisationsdauer zu berechnen.

Aufgabe 9

Die Haibau AG beabsichtigt, ein Gebäude für Zwecke des Einzelhandels zu errichten. Sie geht von folgenden Annahmen aus:

- ✔ Die Haibau AG pachtet ein Grundstück. Die jährliche Pacht beträgt 140.000 €. Laufzeit des Vertrages 50 Jahre.
- ✔ Das Gebäude wird von einem Bauunternehmen zum Festpreis von 1.370.000 € errichtet. Die Verkaufsfläche beträgt 900 m^2.
- ✔ Die Handelsgesellschaft Redeka pachtet die gesamte Verkaufsfläche und zahlt dafür netto 16,50 € je m^2 und Monat. Laufzeit des Vertrages 6 Jahre.
- ✔ Nach 6 Jahren kann das Gebäude an die Schlau GmbH zu einem Preis von 2 Mio. € verkauft werden.

Die Haibau AG wünscht eine Mindestverzinsung ihrer Investition von 6 %.

a) Berechnen Sie, ob unter diesen Annahmen die gewünschte Mindestverzinsung von 6 % erreicht wird.

b) Berechnen Sie, wie hoch die tatsächliche Verzinsung ist.

Aufgabe 10

Die Druck AG schafft eine neue Presse an. Die technische Nutzungsdauer beträgt 4 Jahre, danach soll keine Ersatzinvestition getätigt werden. Die Druck AG kalkuliert mit einem Zinssatz von 8 %.

Die Einnahmenüberschüsse der Perioden (Alle Angaben in Tsd. €) können Sie der Tabelle entnehmen:

Periode	t	0	1	2	3	4
Anfangsinvestition		– 800				
Einnahmen	E_t		800	850	600	400
Ausgaben	A_t	– 800	400	350	200	200

Der Restwert verringert sich gleichmäßig in jedem Jahr um ein Viertel der Anfangsinvestition.

Ermitteln Sie die optimale Nutzungsdauer.

Aufgabe 11

Die Produktionsfirma Schnippschnapp hat in den USA Filmrechte erworben. In drei Monaten muss sie 200.000 USD bezahlen. Schnippschnapp möchte sich gegen einen Kursanstieg des USD absichern, aber die Möglichkeit behalten, von einem schwächeren USD-Kurs zu profitieren. Sie entscheidet sich zum Kauf einer dreimonatigen Put-Option zum Basispreis von 1,08 USD/€. Die Optionsprämie beträgt 0,01.

Erläutern Sie, wie sich Schnippschnapp entscheiden sollte, wenn der Kurs zum Fälligkeitstag

a) 1,08

b) 1,12

c) 1,06

beträgt.

Lösungsteil

Lösung 1

Die Höhe der Kapitalbindung ermitteln Sie getrennt für das Anlage- und Umlaufvermögen.

1. Anlagevermögen			
Grundstück			200.000 €
Gebäude			600.000 €
Maschinen	25 * 30.000 €	750.000 €	
	Rabatt 20 %	150.000 €	
		600.000 €	
	Skonto 2 %	12.000 €	
		588.000 €	
Inbetriebnahme	25 * 2.080 €	52.000 €	640.000 €
			1.440.000 €

2. Umlaufvermögen

Rohstoffe	(48 – 30) + 12 + 14 +26 = 70 Tage	* 500 €	35.000 €
Materialgemeinkosten		*100 €	7.000 €
Löhne	12 + 14 + 26	* 2.700 €	140.400 €
Lohngemeinkosten	= 52 Tage	* 10.800 €	561.600 €
Verwaltung und Vertrieb	48 + 12 + 14 + 26 = 100 Tage	* 1.460 €	146.000 €
			890.000 €

3. Gesamter Kapitalbedarf

Anlagevermögen	1.440.000 €
Umlaufvermögen	890.000 €
	2.330.000 €

Lösung 2

Aufgabe	Außenfinanzierung	Innenfinanzierung	Eigenfinanzierung	Fremdfinanzierung
1	X			X
2	X		X	
3		X	X	
4	X		X	
5	X			X
6		X	X	
7		X		X
8		X	X	
9		X	X	

Lösung 3

	Zahl der Aktien		Kurs		Gesamtwert
Grundkapital vor der Kapitalerhöhung	$\frac{18\ \text{Mio.}\ €}{5\ €}$	3,6 Mio.		25,00 €	90,0 Mio. €
Kapitalerhöhung	$\frac{12\ \text{Mio.}\ €}{5\ €}$	2,4 Mio.		19,00 €	45,6 Mio. €
Grundkapital nach der Kapitalerhöhung	$\frac{30\ \text{Mio.}\ €}{5\ €}$	6,0 Mio.	$\frac{135{,}6\ \text{Mio.}\ €}{6\ \text{Mio.}}$	22,60 €	135,6 Mio. €

Kurs der Aktie nach der Kapitalerhöhung:

$$\frac{(\text{Zahl der alten Aktien} * \text{Kurs der alten Aktien}) + (\text{Zahl der neuen Aktien} * \text{Kurs der neuen Aktien})}{\text{Zahl der alten Aktien} + \text{Zahl der neuen Aktien}}$$

$$\frac{(3{,}6\ \text{Mio.} * 25\ €) + (2{,}4\ \text{Mio.} * 19\ €)}{3{,}6\ \text{Mio.} + 2{,}4\ \text{Mio.}} = 22{,}60\ €$$

a) Der Kurs der Aktien wird nach der Kapitalerhöhung 22,60 € betragen.

b) Der Wert des Bezugsrechtes beträgt 25,00 € – 22,60 € = 2,40 €.

Lösung 4

Sie ermitteln zunächst die Annuität:

Annuitätenfaktor	0,237396 (aus der Formelsammlung)
Annuität	0,237396 * 2.000.000€ = 474.792 €

Jahr	Restschuld	Zinsen	Tilgung	Annuität
1	2.000.000 €	120.000 €	354.792 €	474.792 €
2	1.645.208 €	98.712 €	376.080 €	474.792 €
3	1.269.128 €	76.148 €	398.644 €	474.792 €
4	870.484 €	52.229 €	422.563 €	474.792 €
5	447.921 €	26.875 €	447.917 €	474.792 €
	4 €	373.964 €	1.999.996 €	

Die Prass GmbH muss unter diesen Voraussetzungen jährliche Raten i. H. v. 474.792 € (+ 4 € aus der Rundungsdifferenz) zahlen. Insgesamt müssen Sie in den fünf Jahren 373.964 € Zinsen zahlen.

Lösung 5

Sie berechnen den Gesamtaufwand für das Darlehen:

	Annuitäten	30 Monate * 22.015 €	660.450 €
–	Restwert		30.000 €
=	Gesamtaufwand		630.450 €

a) Beim Leasing beträgt der Gesamtaufwand (60 Monate * 11.000 €) 660.000 €.

b) Bei dem Darlehen ist der Aufwand über 5 Jahre um 29.550 € geringer.

Lösung 6

Gesucht wird die Annuität. Dazu müssen Sie zuerst den Kreditbetrag berechnen.

Listenpreis	27.739,25 €
12,5 % Rabatt	3.467,41 €
Barpreis	24.271,84 €
Disagio	728,16 €
Kreditbetrag	25.000,00 €

Den Annuitätenfaktor Kapitalwiedergewinnungsfaktor entnehmen Sie der Formelsammlung.

Die Annuität beträgt 25.000,00 € * 0,301921 = 7.548,03 €.

Lösung 7

a)

		Alternative A		Alternative B	
Variable Kosten	Anteil an maximaler Kapazität	75 %	2.250 €	60 %	1.350 €
Abschreibungen	Linear bei 8 Jahren Nutzungsdauer		10.000 €		12.500 €
Kalkulatorische Zinsen	9 % von ½ Anschaffungskosten		3.600 €		4.500 €
Sonstige Fixkosten			2.800 €		600 €
Durchschnittskosten/Jahr			18.650 €		18.950 €

Alternative A ist die günstigere.

b) Bei der gesuchten Menge x müssen die Kosten auf beiden Automaten dieselben sein:

$$x * \frac{2.250}{15.000} + 10.000\ € + 3.600\ € + 2.800\ € = x * \frac{1.350}{15.000} + 12.500\ € + 4.500\ € + 600\ €$$

$$x * 0{,}15 + 16.400\ € = x * 0{,}09 + 17.600\ €$$

$$x * 0{,}06 = 17.600\ € - 16.400\ €$$

$$x = 1.200\ € : 0{,}06 = \mathbf{20.000}$$

Bei einer durchschnittlichen jährlichen Absatzmenge von 20.000 Plüschhasen wären die jährlichen Kosten bei beiden Automaten gleich hoch:

$$0{,}15 + 16.400\ € : 20.000 = 0{,}09 + 17.600\ € : 20.000 = 0{,}97\ €$$

Lösung 8

Kapitaleinsatz = Anschaffungskosten – Liquidationserlös

Kapitalrückfluss = Gewinn + Abschreibungen

$$\text{Amortisationszeit} = \frac{150.000\ € - 30.000\ €}{44.000\ € + 24.000\ €} = 1{,}76\ \text{Jahre}$$

Der Schneidetisch hat sich nach etwas mehr als einem Jahr und neun Monaten amortisiert.

Lösung 9

a) Um die Kapitalwertmethode anwenden zu können, berechnen Sie zunächst den jährlichen Überschuss:

900 m^2 × 16,50 € × 12 Monate	178.200 €
Jahrespacht	140.000 €
Überschuss	38.200 €

Berechnen Sie den Kapitalwert mit einem Zinsfuß von 6 %:

	Überschuss	Abzinsungsfaktor	Barwerte
1. Jahr	38.200 €	0,943396	36.038 €
2. Jahr	38.200 €	0,889996	33.998 €
3. Jahr	38.200 €	0,839619	32.073 €
4. Jahr	38.200 €	0,792094	30.258 €
5. Jahr	38.200 €	0,747258	28.545 €
6. Jahr	38.200 €	0,704961	26.930 €
	2.000.000 €	0,704961	1.409.922 €
Barwert			1.597.764 €
Investition			1.370.000 €
Kapitalwert			227.764 €

Bei einem Zinsfuß von 6 % ist der Kapitalwert positiv, die Investition ist lohnend.

b) Um die tatsächliche Verzinsung der Investition zu berechnen, wenden Sie die Methode des internen Zinsfußes an. Hier beträgt der alternative Zinssatz 8 %, andere sind möglich.

	6 %	8 %
1. Jahr	36.038 €	35.370 €
2. Jahr	33.998 €	32.750 €
3. Jahr	32.073 €	30.324 €
4. Jahr	30.258 €	28.078 €

	6 %	8 %
5. Jahr	28.545 €	25.998 €
6. Jahr	26.90 €	24.072 €
	1.409.922 €	1.260.340 €
Barwert	1.597.764 €	1.436.932 €
Investition	1.370.000 €	1.370.000 €
Kapitalwert	227.764 €	66.932 €

Sie nutzen die Formel zur Berechnung des internen Zinsfußes:

$$r = i_1 - C_1 * \frac{i_2 - i_1}{C_2 - C_1}$$

$$r = 6 - 227.764 * \frac{(8-6)}{66.932 - 227.764}$$

$$r = 6 - \frac{227.764 * 2}{-160.832}$$

$$r = 6 + 2{,}83$$

$$r = 8{,}83$$

Der interne Zinsfuß beträgt 8,83 %.

Lösung 10

Sie suchen die Periode mit dem höchsten Kapitalwert (Alle Angaben in Tsd. €):

t	$E_t - A_t$	R_t	Abzinsungs-faktor	Barwert $E_t - A_t$	$\sum_0^t$ Barwerte		Barwert R_t		Kapitalwert am Ende der Periode t
0	– 800	800	1	– 800,00	– 800,00	+	800,00	=	0,00
1	400	600	0,925926	370,37	– 429,63	+	555,56	=	125,93
2	500	400	0,857339	428,67	– 0,96	+	342,94	=	341,98
3	400	200	0,793832	317,53	316,57	+	158,77	=	**475,34**
4	200	0	0,735030	147,01	463,58	+	0,00	=	463,58

Die optimale Nutzungsdauer beträgt 3 Jahre.

Lösung 11

Sie berechnen zunächst, wie viel Schnippschnapp in den genannten Fällen tatsächlich bezahlen muss:

	Kurs am Fälligkeitstag	200.000 USD entsprechen ohne Prämie	200.000 USD entsprechen mit Prämie	
a)	1,08	185.185 €	1,07	186.916 €
b)	1,12	178.571 €	1,11	180.180 €
c)	1,06	188.679 €	1,05	190.476 €

a) Der Kurs am Fälligkeitstag entspricht dem vereinbarten Basispreis. Die Prämie muss in jedem Fall gezahlt werden. Ob Schnippschnapp die Option wahrnimmt oder verfallen lässt und zum tagesaktuellen Kurs kauft, ergibt dasselbe Ergebnis.

b) Schnippschnapp muss 186.916 € zahlen, wenn die Option wahrgenommen wird. Tagesaktuell können die 200.000 € aber zum Preis von 180.180 € gekauft werden. Die Option verfällt.

c) Zum Kurs am Fälligkeitstag müsste Schnippschnapp 190.476 € zahlen. Die Option wird ausgeübt, weil dann nur 186.916 € gezahlt werden müssen.

Teil III

Kommunikation, Führung und Zusammenarbeit

IN DIESEM TEIL …

Im dritten Teil stehen die zwischenmenschlichen Aspekte der Unternehmensführung im Mittelpunkt. Sie lernen, wie klare und effektive Kommunikation nicht nur die Zusammenarbeit im Team und das Verständnis zwischen Mitarbeitenden und Führungskräften stärkt, sondern auch eine Basis für erfolgreiche Konfliktlösungen schafft. Sie erfahren auch, wie Sie mit modernen Führungstechniken Teams motivieren, deren Leistungsfähigkeit steigern und gemeinsam gesetzte Ziele effizient erreichen. Praktische Methoden im Personalmanagement und Strategien für wirkungsvolle Präsentationen runden diesen Teil ab.

IN DIESEM KAPITEL

Grundlagen der Kommunikation

Kommunikation im interkulturellen Kontext

Moderation von Gruppen

Konfliktmanagement

Erfolgreich präsentieren

Kapitel 24
Kommunikation, Moderation und Präsentation

Die effektive Zusammenarbeit mit Mitarbeitern des eigenen Unternehmens und mit externen Partnern ist eine wesentliche Voraussetzung für den Unternehmenserfolg. Hier stehen besonders Führungskräfte in der Verantwortung, diese Zusammenarbeit mit allen Parteien durch kontinuierliche und erfolgreiche Kommunikation zu gestalten und sicherzustellen. Neben den Grundsätzen guter (interkultureller) Kommunikation liegt in diesem Kapitel der Fokus auf typischen Situationen, die gerade für neue Führungskräfte zunächst ein wenig schwierig sind: die Moderation von Gruppen, der Umgang mit Konflikten und das Präsentieren.

Nicht einfach nur reden: Kommunikation

Doch was ist eigentlich Kommunikation? Das lässt sich sehr schön mit diesem Zitat, das dem Verhaltensforscher Konrad Lorenz zugeschrieben wird, zusammenfassen:

> *»Gedacht heißt nicht immer gesagt,*
>
> *gesagt heißt nicht immer richtig gehört,*
>
> *gehört heißt nicht immer richtig verstanden,*
>
> *verstanden heißt nicht immer einverstanden […].«*

Finden Sie sich in diesem Zitat wieder? Gehen wir jeden Teil kurz durch und bedienen uns hierbei der Stereotypen von Frau und Mann.

- **»Gedacht heißt nicht immer gesagt«**

Frauke sagt zu ihrem Ehemann Manfred: »Schatz, gehst du bitte einkaufen und holst auch Getränke?!« Manfred kommt vom Einkaufen zurück und Frauke fragt, ob er denn auch Wasser geholt hat. Manfred verneint mit »Das hast du nicht gesagt«, woraufhin Frauke antwortet: »Muss ich das sagen, ich dachte das wäre klar.«

- **»Gesagt heißt nicht immer richtig gehört«**

Pantoffelheld Manfred schaut die Sportschau auf der Couch. Frauke erzählt ihm währenddessen etwas, er nickt ab und zu und sagt »Ja, ja«. Frauke fragt daraufhin: »Und wie ist deine Meinung?«, er antwortet: »Meinung wozu?«

- **»Gehört heißt nicht immer richtig verstanden«**

Frauke sagt ihren beiden Kindern etwas und wundert sich, wieso diese es nicht verstanden haben, zum Beispiel: »Räumt bitte jetzt euer Zimmer auf!« Die Kinder räumen ihr Zimmer trotzdem nicht sofort auf, weil sie es später machen wollten.

- **»Verstanden heißt nicht immer einverstanden«**

Auf der Arbeit teilt Manfreds Chef allen Mitarbeitern etwas mit. Alle nicken, sind damit nicht einverstanden, aber sagen nichts.

Welche Schlussfolgerungen ziehen wir aus diesem Zitat:

- Kommunikation ist nicht simpel und es kann eine Menge schiefgehen.
- Kommunikation muss gelernt werden.
- Gerade im Bereich der Unternehmenskommunikation sind Kommunikationsstörungen nicht nur ärgerlich, sondern unter Umständen auch mit hohen Kosten verbunden. Die Sicherstellung guter Kommunikation ist daher von besonderem Interesse.

Im Grunde genommen gibt es keine richtige oder falsche Kommunikation. Sie haben aber die Möglichkeit die Wahrscheinlichkeit zu erhöhen, dass das, was Sie kommunizieren möchten, auch richtig verstanden wird.

Kommunikation als Austausch von Informationen

Was ist damit genau gemeint? Es gibt verschiedene Definitionen, hier ist eine einfache:

Unter Kommunikation verstehen wir den Austausch von Informationen mit anderen.

Schauen wir uns zunächst ein einfaches Grundmodell der Kommunikation an. In den anderen Abschnitten folgen zwei weitere bekannte Modelle, die jeweils bestimmte Aspekte der Kommunikation detaillierter betrachten.

Ein *Modell* ist eine vereinfachte Darstellung realer Sachverhalte. Es hilft uns, das Wesentliche herauszustellen und das – für die augenblicklich betrachtete Fragestellung – Unwesentliche wegzulassen.

Kommunikationsmodelle stellen wesentliche Aspekte der Kommunikation dar, damit überhaupt überschaubare Ansatzpunkte für die Beschreibung der Abläufe, die Analyse von Problemen und die Gestaltung von Lösungsvorschlägen gewonnen werden. Oft bemerken Sie zwar, dass ein Gespräch »nicht rund« gelaufen ist – die Stimmung war nicht gut, das gewünschte Ergebnis wurde nicht erreicht – aber woran es gelegen hat, ist nicht ganz klar. Die Strukturierung anhand von Kommunikationsmodellen hilft, sich über sonst eher unbewusst wirkende Einflussfaktoren der Kommunikation klarzuwerden.

Das Sender-Empfänger-Modell

Ein Grundmodell der Kommunikation, das in zahlreichen Varianten verwendet wird, sieht wie in Abbildung 24.1 aus.

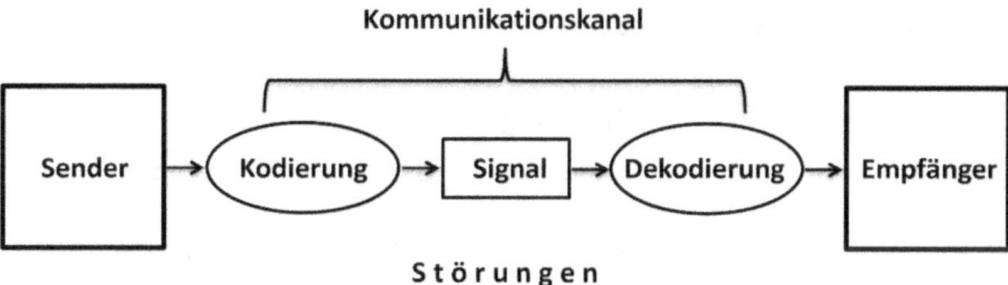

Abbildung 24.1: Grundmodell der Kommunikation

Beim Sender-Empfänger-Modell erfolgt die Kommunikation zwischen einem Sender, der eine Nachricht weitergeben möchte, und einem Empfänger, der die Nachricht erhält. Dazu wird die Nachricht durch den Sender codiert und ein Signal gesendet. Der Empfänger muss den Code verstehen und entschlüsseln. Störungen können sich durch Probleme bei der Übertragung und bei der Decodierung ergeben.

Sender und Empfänger können auf verschiedene Arten miteinander kommunizieren. Sind Sie sich über die verschiedenen Kommunikationsformen und ihre Besonderheiten bewusst, können Sie Ihre Kommunikation so gestalten, dass frühzeitig mögliche Störungen bedacht und vermieden werden.

Hier sind einige mögliche Kommunikationsformen:

- ✔ direkte und indirekte Kommunikation (siehe Tabelle 24.1)
- ✔ verbale und nonverbale Kommunikation (siehe Tabelle 24.2)

- ✔ einseitige und zweiseitige Kommunikation (siehe Tabelle 24.3)
- ✔ Vertikal- und Horizontalkommunikation (siehe Tabelle 24.4)

Direkt	Indirekt
Ein Gespräch, in dem wir unser Anliegen unmittelbar ausdrücken *Beispiel: »Ihr Vorschlag überzeugt mich nicht.«*	Kommunikation besteht nicht nur aus Wörtern, sondern auch aus Anspielungen, Unter- und Übertreibungen, Geschichten und Berücksichtigung des Kontextes der stattfindenden Kommunikation. Die Kommunikation ist dadurch oft mehrdeutig und die Bedeutung liegt »zwischen den Zeilen«. Dies kann dem Gegenüber Aufschluss über Ihre eigentliche Ansicht oder Absicht geben. *Beispiel: »Das ist ein Ansatzpunkt. Lassen Sie uns noch mal gemeinsam weiter überlegen.«*

Tabelle 24.1: Direkte und indirekte Kommunikation

Verbal	Nonverbal
Sprachliche Kommunikation *Beispiel: Ein Verkäufer begrüßt einen Kunden mit »Guten Tag!«*	Nichtsprachliche Kommunikation wie Gestik und Mimik *Beispiel: Ein Lagerarbeiter weist durch Gesten einen Lkw-Fahrer an der Laderampe ein.*

Tabelle 24.2: Verbale und nonverbale Kommunikation

Einseitig	Zweiseitig
Ein Kommunikationspartner redet, der andere hört nur zu. *Beispiel: In einem Kaufhaus werden Kunden per Lautsprecher auf das Ende der Ladenöffnungszeit aufmerksam gemacht.*	Beide Kommunikationspartner tauschen sich im Wechsel aus. *Beispiel: Personalchefin und Abteilungsleiter erörtern die Einstellung eines Bewerbers.*

Tabelle 24.3: Einseitige und zweiseitige Kommunikation

Vertikal	Horizontal
Abwärtskommunikation *Beispiel: Die Vorgesetzte führt ein Beurteilungsgespräch mit dem Mitarbeiter.* **Aufwärtskommunikation** *Beispiel: Ein Mitarbeiter unterbreitet der Vorgesetzten einen Verbesserungsvorschlag.*	**Horizontalkommunikation** Kommunikation auf gleicher Ebene. *Beispiel: Eine Arbeitsgruppe diskutiert die technische Umsetzung neuer* Sicherheitsanforderungen.

Tabelle 24.4: Vertikal- und Horizontalkommunikation

Kommunikation, die im Zusammenhang mit und in Bezug auf die Geschäftstätigkeit von Unternehmen stattfindet, wird als *Unternehmenskommunikation* bezeichnet.

- Die **interne Unternehmenskommunikation** umfasst alle Kommunikationsprozesse, die zwischen organisatorischen Einheiten oder Mitarbeitern eines Unternehmens erfolgen. Dazu zählen zum Beispiel
  - Mitarbeitergespräche,
  - Teamsitzungen,
  - Betriebsversammlungen,
  - Schulungen und
  - Videokonferenzen.
- Zur **externen Unternehmenskommunikation** zählt der Informationsaustausch mit Personen oder Organisationen außerhalb des Unternehmens. Dazu zählen zum Beispiel
  - Geschäftsessen mit Kunden,
  - Verhandlungen mit Lieferanten,
  - Telefonate mit der Presse und
  - Kommunikation mit aktuellen und potenziellen Investoren, um diese durch den Geschäftsbericht über die wirtschaftliche Lage des Unternehmens zu informieren.

Die Formen der Kommunikation werden nicht überall gleich bezeichnet.

Das Vier-Seiten-Modell der Kommunikation

Das Sender-Empfänger-Modell liefert einen Rahmen für die Beschreibung von Kommunikationssituationen. Die wesentlichen Elemente sind Sender und Empfänger. Bei der Codierung, Sendung und Decodierung kann es zu Problemen kommen.

Nun schauen wir uns ein bekanntes Kommunikationsmodel für die nähere Analyse von Kommunikationssituationen und möglichen Problemen an. Im Kommunikationsmodell nach dem Kommunikationspsychologen Friedemann Schulz von Thun, das als *Vier-Seiten-Modell* der Kommunikation oder *Vier-Schnäbel/Vier-Ohren-Modell* bezeichnet wird, stehen bestimmte Kommunikationsstörungen im Vordergrund, die sich aus einer Abweichung zwischen Codierung und Decodierung ergeben.

Das Modell zeigt, dass wenn Sie als Mensch etwas von sich geben, jede Ihrer Äußerungen vier Botschaften gleichzeitig enthält:

- **Sachinhalt:** Worüber Sie informieren, Daten, Fakten und Sachverhalt; keine Interpretationen, nur das, was wortwörtlich gesagt wird.

- ✔ **Selbstkundgabe:** Äußerung über Sie selbst, zum Beispiel Ihre Gefühle, Werte, Eigenarten und Bedürfnisse. Der Empfänger nimmt diese Informationen mit dem Selbstkundgabe-Ohr auf: Was ist das für eine Person? Wie ist sie gestimmt?
- ✔ **Appell:** Was Sie beim Gegenüber erreichen möchten. Sie äußern Wünsche, Appelle, Ratschläge, Aufforderungen oder Handlungsanweisungen.
- ✔ **Beziehung:** Was Sie von Ihrem Gesprächspartner halten und wie Sie zu ihm stehen. Diese Beziehungshinweise (zum Beispiel Respekt, Wertschätzung, Wohlwollen, Gleichgültigkeit, Verachtung in Bezug auf den anderen zeigen) werden durch Formulierung, Tonfall, Mimik und Gestik (Körpersprache) vermittelt.

Die vier Botschaften aufseiten des Senders und Empfängers sehen Sie in Abbildung 24.2.

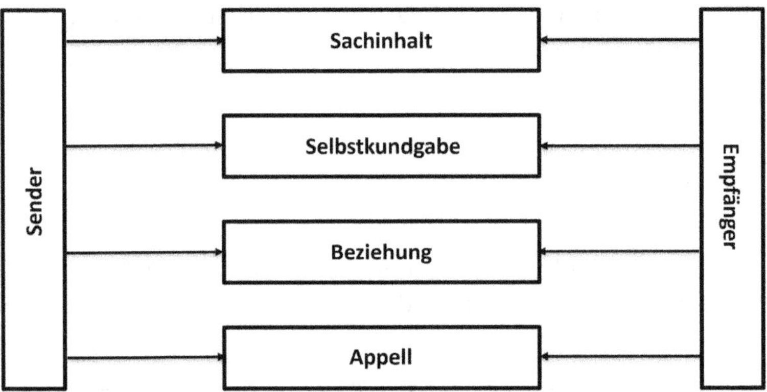

Abbildung 24.2: Das Vier-Seiten-Modell nach Schulz von Thun

Während Sie als Sender also vier Botschaften gleichzeitig kommunizieren, hört der Empfänger mit vier verschiedenen »Ohren« vier Botschaften gleichzeitig. Daher wird auf Empfängerseite auch vom »Vier-Ohren-Modell« gesprochen, während auf der Senderseite (spaßhaft) neben den oben schon genannten Bezeichnungen auch »vier Schnäbel« unterschieden werden. Sofern der Empfänger die einzelnen Botschaften anders versteht als von Ihnen beabsichtigt, kann es zu Missverständnissen kommen.

In der Schule stehen Entwicklungsgespräche an. Eine Lehrerin möchte heute Nachmittag einen Termin mit der Mutter eines Kindes vereinbaren. Morgens sieht die Lehrerin die Mutter im Gespräch mit anderen Eltern und spricht sie an: »Ich würde gerne heute Nachmittag kurz etwas mit Ihnen besprechen. Können Sie gegen 16 Uhr zu mir kommen?«

Die Mutter antwortet aufgebracht: »Ich komme nicht zu Ihnen und ich finde es eine Unverschämtheit, dass Sie mich vor allen anderen Eltern so bloßstellen.«

Die Lehrerin ist über diese Reaktion verwundert.

Die Analyse der Kommunikation anhand des Vier-Seiten-Modells zeigt, dass es ein Missverständnis gab, weil die vier Botschaften unterschiedlich gewichtet und interpretiert wurden. Die möglichen Botschaften könnten wie in Abbildung 24.3 aussehen.

Vier »Schnäbel« des Senders			
Sachinhalt	**Selbstoffenbarung**	**Appell**	**Beziehung**
Gesprächstermin um 16 Uhr	»Mir ist es wichtig, dass Sie über den Entwicklungsstand Ihres Kindes informiert sind.«	»Lassen Sie uns einen Termin für ein Entwicklungsgespräch finden.«	»Sie als gute Mutter, wollen informiert sein.«
	ϟ	ϟ	ϟ
Gesprächstermin um 16 Uhr	»Die Lehrerin ist sauer, weil mein Kind Ärger gemacht hat.«	»Kümmern Sie sich besser um Ihr Kind.«	»Sie sind eine schlechte Mutter.«
Sachinhalt	**Selbstoffenbarung**	**Appell**	**Beziehung**
Vier »Ohren« des Empfängers			

Abbildung 24.3: Kommunikationsanalyse anhand des Vier-Seiten-Modells

Wie hätte dieses Missverständnis vermieden werden können?

- ✔ Die Aussage der Lehrerin hätte genauer sein können, beispielsweise mit der Sachinformation, dass es sich um ein Gespräch zur Terminfindung für ein Entwicklungsgespräch handelt.
- ✔ Ebenso hätte sich die Mutter als Zuhörerin weitere Infos durch Rückfragen einholen können.
- ✔ Die Mutter hätte idealerweise auf der Sachebene der Kommunikation bleiben und ausschließlich auf die gestellte Frage eingehen sollen, anstatt auf die mitschwingenden Botschaften zu reagieren.

Die Transaktionsanalyse

Ein weiteres Kommunikationsmodell ist die Transaktionsanalyse. Sie betrachtet das Wechselspiel zwischen den äußeren Vorgängen der Kommunikation und dem inneren Erleben der Kommunizierenden.

Transaktionen sind Vorgänge der Kommunikation, bei denen neben dem äußerlich beobachtbaren Kommunikationsverhalten die inneren Vorgänge von Sender und Empfänger einbezogen werden.

Die Transaktionsanalyse ermöglicht Ihnen, das Erleben und Verhalten von Menschen zu analysieren, besser nachzuvollziehen und zu verbessern. Sie geht davon aus, dass wir Menschen zwischen verschiedenen Gemütszuständen (»Ich-Zuständen«) wechseln und dass sich diese Empfindungen auf unsere Kommunikation auswirken. Die jeweiligen – zum Teil unbewussten – Empfindungen prägen nicht nur unser Kommunikationsverhalten, sondern auch nach innen wird unsere Haltung durch den jeweiligen Ich-Zustand geprägt. Drei mögliche Ich-Zustände existieren gleichzeitig in jedem Menschen und beeinflussen die Kommunikation mit anderen Menschen, siehe Abbildung 24.4.

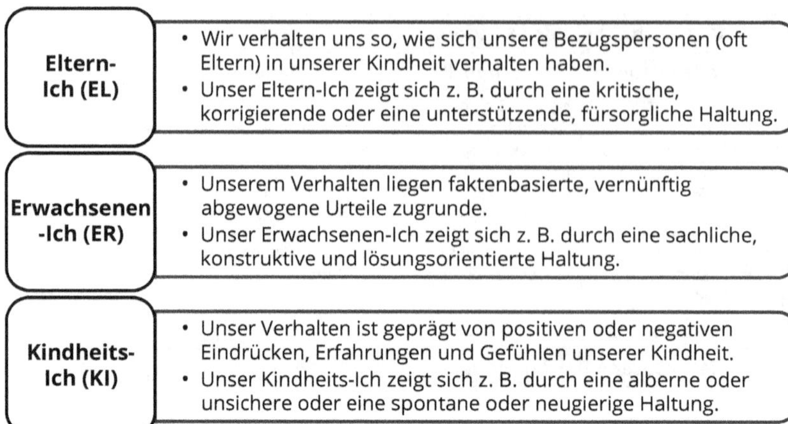

Abbildung 24.4: Transaktionsanalyse

Alle drei Ich-Zustände sind geprägt durch eigene Erfahrungen, Sozialisation und weitere Faktoren, vor allem Eindrücke, Gegebenheiten und Erfahrungen aus der Kindheit. In Situationen, die Sie erleben, kommt es dazu, dass einer der Ich-Zustände sozusagen die Oberhand gewinnt und dadurch beeinflusst, wie Sie diese Situation erleben und wie Sie sich verhalten. Ich-Zustände können während der Kommunikation wechseln.

Schauen wir uns zwei Beispiele für eine stimmige Transaktion an:

»Ist der Bericht eigentlich schon fertig?«

»Ja, habe ich dir gerade geschickt.«

Beide Personen befinden sich im gleichen Ich-Zustand (parallele oder stimmige Transaktion). Empfänger erhält eine Botschaft und spricht die gleiche Ich-Ebene des Senders an. Das Gespräch verläuft reibungslos und sachlich (Abbildung 24.5, links).

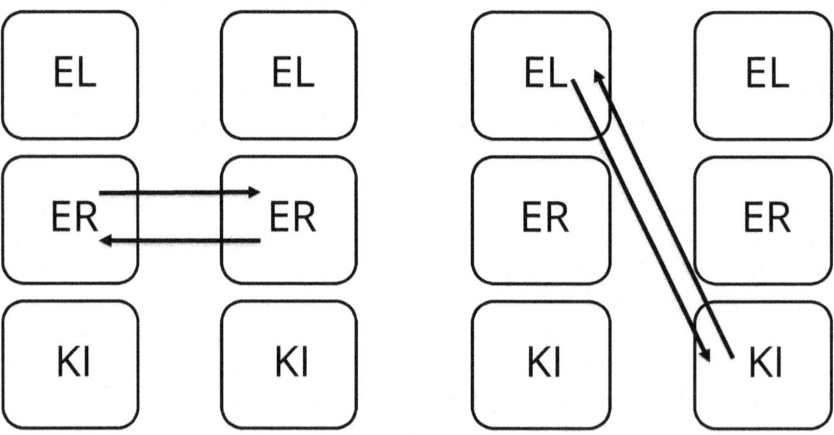

Abbildung 24.5: Stimmige Transaktionen

»Kannst du dir denn nicht endlich mal merken, wie das funktioniert?«

»Ich fühle mich sicherer, wenn du mich noch mal unterstützt.«

Der Empfänger könnte dies als Ausdruck eines Eltern-Ich verstehen, das sein Kindheits-Ich anspricht. Falls er bereit ist, diesen Zustand zu akzeptieren, wird er entsprechend antworten und die Kommunikation geht reibungslos weiter (Abbildung 24.5, rechts).

Der Empfänger im zweiten Beispiel hätte auch anders reagieren können:

»Kannst du dir denn nicht endlich mal merken, wie das funktioniert?«

»Wenn du es mir mal richtig erklären würdest, könnte ich das eventuell auch.«

In diesem Fall entsteht keine stimmige Situation: Das Eltern-Ich des Senders hat das Kindheits-Ich des Empfängers angesprochen, dessen Reaktion erfolgt jedoch durch sein Eltern-Ich. Es entsteht eine »Überkreuzsituation« und die Kommunikation ist unterbrochen (siehe Abbildung 24.6).

Damit nach einer Überkreuztransaktion die Kommunikation weiterlaufen kann, muss der erste Sender auf die erhaltene Rückmeldung reagieren und gegebenenfalls in einen anderen Ich-Zustand wechseln.

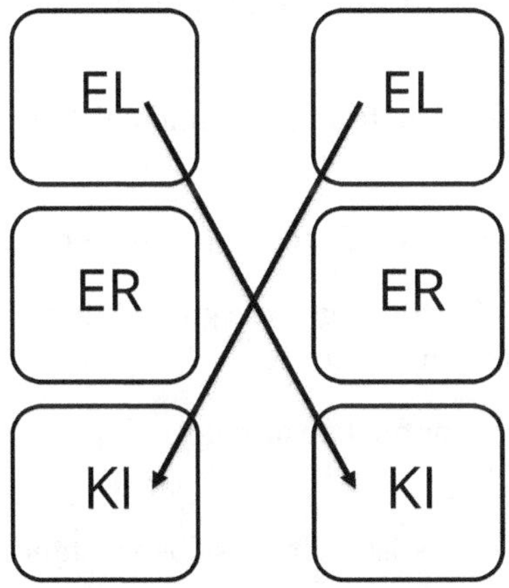

Abbildung 24.6: Unstimmige Transaktion

Für die Prüfung müssen Sie diese Kommunikationsmodelle kennen. Sie müssen die Grundannahmen und die Aussagen dazu kennen und beschreiben können. Zusätzlich wird eine Transferleistung erwartet: Sie sollen Ihr Wissen auf eine beschriebene Situation anwenden können.

Kommunikation im interkulturellen Kontext

Nicht selten findet die interne oder externe Kommunikation mit Mitarbeitern und Partnern aus verschiedenen Kulturkreisen statt.

- Mitarbeiter der Tochterunternehmen eines internationalen Konzerns in verschiedenen Ländern telefonieren, schreiben oder treffen sich bei Besprechungen.
- Einkäufer eines mittelständischen Unternehmens verhandeln mit Lieferanten aus der ganzen Welt.

Im internationalen Kontext ist besonderes Einfühlungsvermögen bei Äußerungen und Verhaltensweisen erforderlich. Unterschiedliche Ansichten von Personen mit unterschiedlichem kulturellen Hintergrund müssen nachempfunden und eigene Werte und Normen relativiert werden. Toleranz ist dazu nicht ausreichend, es muss eine gemeinsame Perspektive angestrebt werden.

Der Begriff »Kultur« wird in verschiedenen Bedeutungen gebraucht. Im Zusammenhang mit der interkulturellen Kommunikation hat »Kultur« die Bedeutung eines Orientierungssystems, das

- konkrete Gegenstände ebenso umfasst wie Ideen und Werte,
- sich in der Sprache, der Gestik und Mimik, der Kleidung und anderen Symbolen äußert,
- die Zugehörigkeit zu einer Gruppe oder Gesellschaft definiert und das Verhalten der Mitglieder prägt,
- von Menschen weiterentwickelt und an nachfolgende Generationen weitergegeben wird.

- In Teilen Asiens ist es ein grober Verstoß gegen die guten Sitten, mit ausgestrecktem Zeigefinger auf Personen zu zeigen.
- Zustimmung wird meistens durch Kopfnicken ausgedrückt, in manchen Kulturen auch durch Kopfschütteln.
- Die Begrüßung mit einem Händedruck ist vielfach selbstverständlich, gilt aber in anderen Ländern bereits als Übergriff.
- In manchen Kulturkreisen gilt es als unhöflich zu einer Verabredung zu spät zu kommen, während ein flexibler Umgang mit Zeit in anderen Kulturen sogar erwartet wird.

In westlichen Gesellschaften gilt es als unhöflich oder bestenfalls schüchtern, mit dem Gesprächspartner keinen Blickkontakt zu halten. In asiatischen Gesellschaften kann, insbesondere im Verhältnis von Jüngeren zu Älteren, das Vermeiden von Blickkontakt als Zeichen des Respekts interpretiert werden.

Eisbergmodell der Kultur

Für diejenigen, die einer bestimmten Kultur nicht angehören, sind manche Merkmale leicht zu erkennen, teilweise aber erst nach längerer Beobachtung und Beschäftigung mit der anderen Kultur.

Eine Veranschaulichung bietet das *Eisbergmodell* der Kultur, das den – fließend verlaufenden – Unterschied zwischen der expliziten und der impliziten Kultur einer Gesellschaft oder Gruppe verdeutlicht. Wie bei einem Eisberg, bei dem der über der Wasseroberfläche liegende, sichtbare Teil nur den kleineren Teil seiner gesamten Masse ausmacht, sind die kulturellen Differenzen nur zu einem kleinen Teil unmittelbar zu erkennen und zu verstehen.

Unsichtbar in einer noch tieferen Schicht liegen die Werte und Überzeugungen, die der fremden Kultur zugrunde liegen. Sie können erst nach längerer Beschäftigung damit verstanden werden. Abbildung 24.7 stellt das Eisbergmodell grafisch dar.

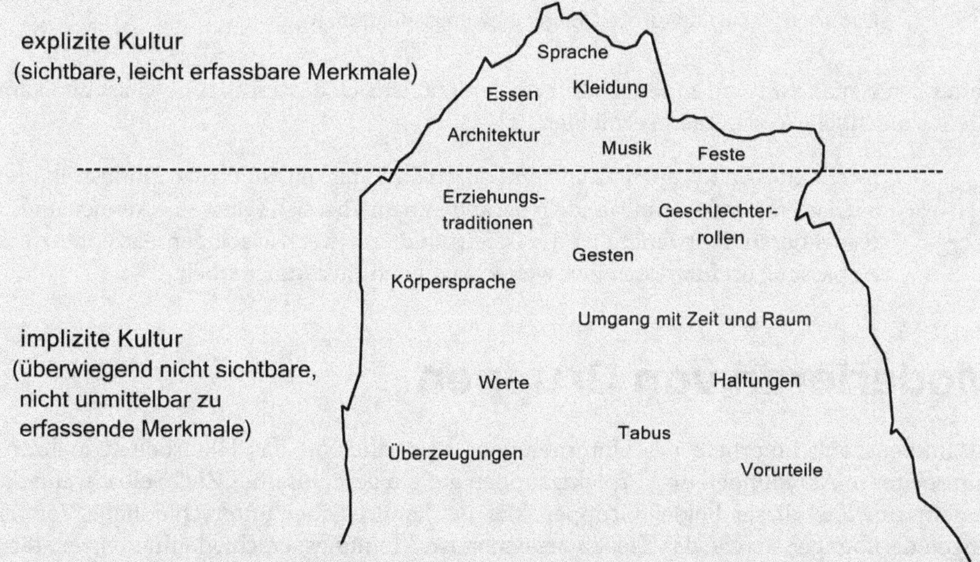

Abbildung 24.7: Eisbergmodell der Kultur

Die erworbenen Regeln und Gewohnheiten der eigenen, vertrauten Kultur dienen jedem Akteur als Orientierungssystem. Sie prägen – meist unbewusst – einerseits das eigene Verhalten, zugleich aber auch die Erwartungen an das Verhalten anderer Menschen.

Weil bei der Kommunikation zwischen Angehörigen unterschiedlicher Kulturen fast notwendigerweise die Sach- und die Beziehungsebene von Nachrichten nicht übereinstimmen, besteht die Gefahr von Missverständnissen.

Während das bei der Verwendung einer Fremdsprache ganz offensichtlich ist, wirken nichtsprachliche Signale unter Umständen, ohne dass sich die Beteiligten dessen bewusst sind. Zur Entschlüsselung von Gesten, Mimik und anderem Verhalten werden zunächst die Regeln verwendet, die mit der eigenen Kultur erworben wurden.

Bleibt es bei der »ethnozentrischen«, auf die eigene Kultur bezogenen Interpretation der Signale des Kommunikationspartners, kommt es zu Störungen. Interkulturelles Handeln setzt voraus, sich bewusst zu machen, dass aus dem Zusammentreffen der eigenen und der fremden Prägung eine neue Situation entsteht (siehe Abbildung 24.8), die durch die bisher verfolgten Kriterien der Orientierung allein nicht bewältigt werden kann.

Abbildung 24.8: Kulturelle Überschneidungssituationen

Damit kennt man zwar die andere Kultur noch nicht, ist sich dessen aber bewusst und kann eigene vorschnelle Wertungen vermeiden.

Interkulturelle Kompetenz entsteht durch die Fähigkeit, kulturelle Einflussfaktoren auf das Empfinden und Handeln bei anderen und bei sich selbst zu erkennen und zu respektieren. Notwendig ist die Bereitschaft zur wechselseitigen Akzeptanz und Anpassung im Interesse einer wertschätzenden Zusammenarbeit.

Moderieren von Gruppen

Zusammenarbeit innerhalb des Unternehmens beinhaltet oft das Hinarbeiten mehrerer Mitarbeiter in Abteilungen und Projektgruppen auf ein gemeinsames Ziel. Selbst wenn das gemeinsame Ziel dieser beider Gruppen klar ist, kann es aber unterschiedliche Vorstellungen darüber geben, wie das Ziel zu erreichen ist. Meinungsverschiedenheiten, verstärkt durch die Gruppendynamik, können die Arbeit einer Gruppe erheblich beeinträchtigen oder gar unmöglich machen.

Moderation kann einer Gruppe helfen, gemeinsame Ziele nicht aus dem Blick zu verlieren und alle Beteiligten miteinzubeziehen.

Der Moderator hat folgende Aufgaben:

- ✔ Teilnehmer bei der Erarbeitung eines Ziels oder einer Lösung zu unterstützen und dabei stets neutral zu bleiben.
- ✔ Kein hierarchisches Verhältnis entstehen zu lassen – alle Mitglieder sind gleichberechtigt, niemand darf »das letzte Wort« bei wichtigen Entscheidungen beanspruchen.

- ✔ Keinen inhaltlichen Einfluss zu nehmen, sondern methodisch zu unterstützen: Der Moderator stellt Methoden und Techniken zur Verfügung, damit in der Gruppe effektiv und zielgerichtet gearbeitet werden kann.
- ✔ Verantwortlich für die Vorbereitung, Durchführung und Nachbereitung der Moderation.

Anforderungen an den Moderator

Um die Moderation einer Gruppe erfolgreich durchführen zu können, sind unterschiedliche Kompetenzen erforderlich:

- ✔ **Persönliche Kompetenzen**
  - *Selbstbewusstsein und Ausgeglichenheit:* Der Moderator sorgt dafür, dass niemand sich in den Vordergrund spielt oder sich persönlich angegriffen fühlt, wenn in der Gruppe hitzig diskutiert wird.
  - *Neutralität:* Der Moderator sollte weder einzelne Gruppenmitglieder persönlich zuvorkommender behandeln als andere noch in Sachfragen eine bestimmte, vorgefasste Meinung bevorzugen.
  - *Einfühlungsvermögen (Empathie):* Der Moderator muss Konflikte frühzeitig wahrnehmen und entschärfen.
  - *Persönliche Integrität und Autorität,* um von der Gruppe akzeptiert zu werden und sich im Rahmen der Aufgabenstellung durchsetzen zu können.
- ✔ **Kommunikative Kompetenzen**
  - *Rhetorische Fähigkeiten:* Bewusster Einsatz von Stimme und Sprache sowie von körpersprachlichen Signalen
  - *Beherrschen von Impuls- und Fragetechniken,* um bei stockender Gruppenarbeit einen Anstoß geben zu können
- ✔ **Methodenkompetenz**
  - *Konfliktmanagement:* Identifikation, Analyse und konstruktive Lösung von Konflikten
  - *Organisatorische Fähigkeiten:* Termin- und Zeitmanagement, Raumplanung sowie die Vorbereitung und Verteilung von Materialien
  - *Medienkompetenz:* Auswahl und Verwendung geeigneter Medien zur Förderung der Arbeitsprozesse in der Gruppe

Gut vorbereitet in die Moderation

Sofern der Teilnehmerkreis, die Gruppe, bereits feststeht, umfasst die Vorbereitung der Moderation vier Bereiche:

1. **Inhaltliche Vorbereitung**
   - *Zielsetzung klären:* Gesamtthema beziehungsweise -zielsetzung, um darauf aufbauend ein geeignetes methodisches Konzept entwerfen zu können
   - *Auf Teilnehmer vorbereiten:* Teilnehmer dort »abholen, wo sie stehen«, das heißt eventuell viel Zeit für Einstieg einplanen, Vorschlag zur Einführung von »Spielregeln zur gemeinsamen Arbeit« überlegen
2. **Methodische Vorbereitung**
   - Ziel für jeden Moderationsschritt möglichst genau planen
   - Geeignete Moderationsmethoden und Kreativitätstechniken auswählen
   - Benötigte Hilfsmittel bedenken
   - Zeitbedarf abschätzen
   - Visualisierungen vorbereiten (zum Beispiel Flipcharts, Karten, Plakate)
3. **Organisatorische Vorbereitung**
   - *Räumliche Planung:* Verfügbarkeit von Räumen prüfen, Raumbelegung vornehmen, eventuell Versorgung mit Essen und Getränken
   - *Zeitplanung:* Mögliche Termine mit Gruppenmitgliedern abstimmen und einladen, Ablaufplanung für Veranstaltungstag(e) entwerfen, festlegen wann Zwischenergebnisse zusammengefasst und allen präsentiert werden
   - *Medienplanung:* Für alle Phasen muss geplant und festgelegt werden, welche Medien und Materialien wann und gegebenenfalls wo verfügbar sein müssen und wie sie eingesetzt werden sollen
4. **Persönliche Vorbereitung**
   - Einstimmung auf die Veranstaltung und ihre Teilnehmer
   - Vorkehrungen für das pünktliche Eintreffen am Veranstaltungsort
   - Vorbereitung auf das Thema
   - Planung ausreichender Pausen zur Reflexion und Regeneration
   - Nach Möglichkeit im Vorfeld mit den Örtlichkeiten vertraut machen

Der Moderationszyklus: Wie eine Moderation idealerweise abläuft

Für die Durchführung der Gruppenveranstaltung ist ein Ablauf im Sinne des *Moderationszyklus* gebräuchlich. Dabei werden sechs Phasen unterschieden (siehe Abbildung 24.9).

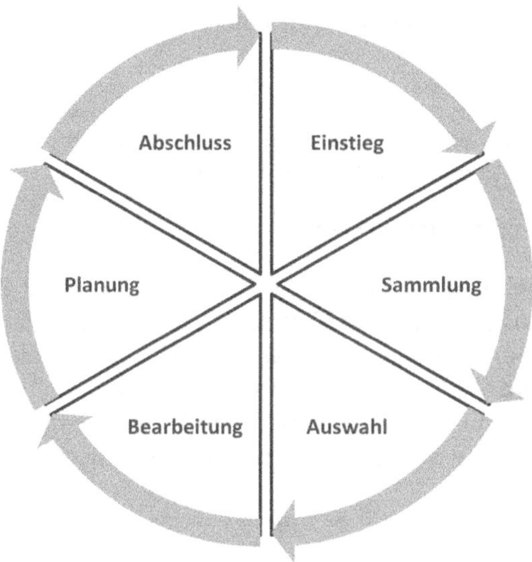

Abbildung 24.9: Moderationszyklus

Alle Phasen werden nun einzeln anhand des Beispiels einer Abteilung »Finanz- und Rechnungswesen« erläutert.

1. **Einstieg**

   - Begrüßung und Willkommenheißen aller Anwesenden
   - Rahmen und Basis schaffen (Regeln für die Zusammenarbeit etablieren, Pausen-, Verpflegungs- und sonstige Ablaufdetails)
   - Gegenseitiges Kennenlernen
   - Erwartungen klären und Ausblick geben (Thema, Zielsetzung, zeitlicher Ablauf)

Im letzten Monat haben zwei Mitarbeiter die Abteilung »Finanz- und Rechnungswesen« verlassen. Nun müssen die Aufgaben in der Abteilung unter den verbliebenen Mitarbeitern neu verteilt werden. Einige Aufgaben müssen eventuell priorisiert werden, andere könnten vorerst vernachlässigt werden. All dies soll innerhalb eines Arbeitstages in einem Tagungszentrum außerhalb des Unternehmens von allen Mitarbeitern der Abteilung erarbeitet werden. Das Treffen wird von Ihnen moderiert. Zu Beginn des Treffens heißen Sie zunächst Ihre Kollegen und Kolleginnen willkommen. Anschließend stellen Sie die Ziele und den zeitlichen Ablauf für den Tag vor und beantworten Fragen. Sie erarbeiten gemeinsam Regeln für die Zusammenarbeit, die wie folgt lauten:

- Wir lassen uns gegenseitig ausreden.
- Wir sind offen miteinander.
- Wir betrachten alle Beiträge als wichtig.
- Wir üben Selbstdisziplin bei unserem Anteil am Redebudget.
- Wir sind hier als aktive Kompetenzträger, nicht als passive Beobachter.

2. **Sammlung**

   - Visualisierung des Zentralthemas und Abstimmung, welche Teilthemen zur Erreichung der Zielsetzung im Einzelnen behandelt werden sollen
   - Fragestellungen klären, Ideen und Beiträge sammeln

Sie bitten nun alle Teilnehmenden ihre wichtigsten Aufgaben und Projekte innerhalb der Abteilung auf jeweils einen Zettel zu schreiben und an eine dafür vorgesehene Tafel zu kleben (Abfrage mit Karten). Sie gruppieren alle gesammelten Zettel nun nach Themen. Alternativ hatten Sie überlegt, die Aufgaben aller Teilnehmer auf ein Flipchart schreiben zu lassen (freie Abfrage). Dies hätte den Aufwand reduziert, aber dafür weniger Strukturierungsmöglichkeiten geboten.

3. **Auswahl**

   - Festlegen, welche Themen in welcher Reihenfolge bearbeitet werden
   - Die wichtigsten sollen zuerst bearbeitet werden.

Nun sollen alle Teilnehmer abstimmen, welche Aufgaben beziehungsweise Projekte Priorität haben und vertieft im Laufe des Tages besprochen werden. Dafür erhält jeder Teilnehmer drei Punkte, die er oder sie auf jeweils drei Zettel an der Tafel kleben kann (Punktverteilung zur Gewichtung). Die Zettel mit den meisten Punkten sollen im Anschluss bearbeitet werden. Alternativ wären eine offene Abstimmung mit Strichliste oder eine geheime Abstimmung zur Auswahl der Themen möglich.

4. **Bearbeitung**

   - Nun werden alle festgelegten Themen abgearbeitet.
   - Die Wahl der Methoden hängt vom Thema und der Situation ab.

Nach der Abstimmung haben sich fünf Aufgaben/Projekte zur weiteren Bearbeitung ergeben. In Zweiergruppen erarbeiten nun die Teilnehmer mögliche Reorganisationen, Umverteilungen oder Einsparungen ihrer Aufgabe/ihres Projektes, um diese mit dem nun reduzierten Mitarbeiterstamm bewältigen zu können.

5. **Planung**

   - Nachdem in der vorherigen Phase alle Maßnahmen zur weiteren Umsetzung der Ziele festgelegt wurden, werden diese nun auf die Teilnehmer aufgeteilt.

- Am Ende soll feststehen, wer welche Teilaufgaben bis zu welchen Terminen erledigen wird (Aktionsplan).

Nachdem die Zweiergruppen nun konkrete Vorschläge zur Optimierung der einzelnen Aufgaben und Projekte erarbeitet haben, sollen diese Optimierungen in den nächsten Wochen umgesetzt werden. Dafür wird ein Aktionsplan erstellt, der alle zur weiteren Umsetzung identifizierten Maßnahmen enthält. Es ist nun ersichtlich, welcher Mitarbeiter beziehungsweise welche Mitarbeiterin welche Teilaufgaben bis zu welchem Termin erledigen soll.

6. **Abschluss**

   - Anerkennung/Würdigung der Mitarbeit aller und des Erreichten
   - Ausblick/Motivation für weitere Entwicklung
   - Teilnehmer reflektieren den Verlauf und die Ergebnisse der Veranstaltung
   - Wichtig ist, einen möglichst positiven Abschluss zu finden

Zum Abschluss fassen Sie die Ergebnisse des heutigen Tages zusammen und bedanken sich im Anschluss bei allen Teilnehmern für die Mitarbeit. Um die Ergebnisse der Veranstaltung festzuhalten, fotografieren Sie alle erarbeiteten Zettel und Aktionspläne, um diese allen Teilnehmern noch heute Abend per Email zur Verfügung zu stellen. Die letzten acht Minuten verwenden Sie, um den Verlauf und die Ergebnisse der Veranstaltung mit allen Teilnehmern zu reflektieren. Folgende Leitfragen werden hierfür verwendet:

- Wurden alle Erwartungen erfüllt?
- Wurde die Arbeit als effektiv erlebt?
- Ist das Ergebnis zufriedenstellend?
- Hat man sich in der Gruppe wohlgefühlt?

In allen Phasen der Gruppenarbeit hat der Moderator folgende Aufgaben:

✔ **den zeitlichen Ablauf zu kontrollieren und zu lenken**

✔ **für einen geordneten Ablauf des Gruppengesprächs zu sorgen**, indem er zum Beispiel Wortmeldungen sammelt und nacheinander abruft

✔ **ausgewogene Möglichkeiten der Beteiligung sicherzustellen**, das heißt dominante Gesprächsteilnehmer zu bremsen und zurückhaltende Teilnehmer zur Beteiligung zu motivieren

✔ **Konflikte zu vermeiden**, zu erkennen, zu entschärfen oder zu klären

✔ **die Zielsetzung der Veranstaltung im Blick zu behalten** und die Gruppe bei Abschweifungen wieder in die entsprechende Richtung zurückzuführen

- **den Gesprächsverlauf zu unterstützen,** zum Beispiel durch Visualisierung von Fragen, Vorschlägen, Alternativen oder Lösungsmöglichkeiten
- **Zwischenergebnisse zusammenzufassen** und für alle sichtbar festzuhalten sowie einen Konsens darüber herbeizuführen

Kreativitätstechniken und Methoden der Ideenfindung

Eines der Ziele der Gruppenarbeit ist, das kreative Potenzial der Teilnehmer zu nutzen. Während der Gruppensitzung bedarf es manchmal eines Anstoßes, um die Ideenfindung in Gang zu setzen. Der Moderator kann dazu auf eine Reihe von Kreativitäts- oder Ideenfindungstechniken zurückgreifen. Neben der bereits beschriebenen »Abfrage mit Karten«, der »freien Abfrage» und »Punktverteilung zur Gewichtung« gibt es drei weitere häufig verwendete Techniken.

Spontan: Brainstorming

Beim Brainstorming werden Vorschläge zu einer bestimmten Frage gesammelt, wobei jeder Teilnehmer spontan alle Ideen, die ihm einfallen, äußern soll. Die Vorschläge werden zunächst weder kommentiert noch bewertet. Es wird gesammelt, bis keine neuen Vorschläge mehr gemacht werden. Erst im Anschluss werden die gesammelten Ideen bewertet.

Vor-/Nachteile:

- viele Ideen in kurzer Zeit
- Teilnehmer stimulieren sich gegenseitig
- Fehlen jeglicher Struktur
- Wertung, Strukturierung im Folgeschritt notwendig

Sechs Leute, drei Ideen, fünf Weitergaben: Die 6-3-5-Methode

Bei dieser Methode geht die Ideenfindung nicht nur in die Breite, sondern auch in die Tiefe. Sechs Personen schreiben je drei Lösungsideen zur aktuellen Fragestellung auf ein Blatt Papier. Danach werden die Blätter jeweils weitergereicht, und die Teilnehmer versuchen, die notierten Ideen zu ergänzen und weiterzuentwickeln. Das wird so lange wiederholt, bis jeder der sechs Beteiligten alle Blätter gesehen und bearbeitet hat, bis also eine fünfmalige Weitergabe erfolgt ist.

Vor-/Nachteile:

- Ideenstimulierung bei gewisser Anonymisierung
- gleiche Einbindung aller Teilnehmer
- gut geeignet für Gruppen, die sich nicht kennen

- beschränkte Gruppengröße (gegebenenfalls > 6)
- zeitaufwendig

Assoziativ: Das Mindmapping

Diese Methode ermöglicht ebenfalls, Gedanken zunächst ungeordnet zu sammeln. Informationen werden nicht mehr geradlinig in Listen oder Fließtext zusammengestellt, sondern visuell in einer Art Landkarte (= Map). Auf dieser Karte wird das zentrale Thema in der Mitte aufgeschrieben. Ausgehend von dem zentralen Thema werden alle relevanten und damit assoziierten Informationen in einer Zweigstruktur um das zentrale Thema angeordnet. Bei der Erstellung von Mindmaps können Farben und Bilder benutzt werden, um die Ideen schneller lesen und überblicken zu können. Abbildung 24.10 zeigt ein Beispiel einer Mindmap.

Vor-/Nachteile:

- komprimierte und übersichtliche Darstellung aller relevanten Informationen
- Ideengenerierung
- Teilnehmer stimulieren sich gegenseitig
- hoher Platzbedarf
- schnell unstrukturiert

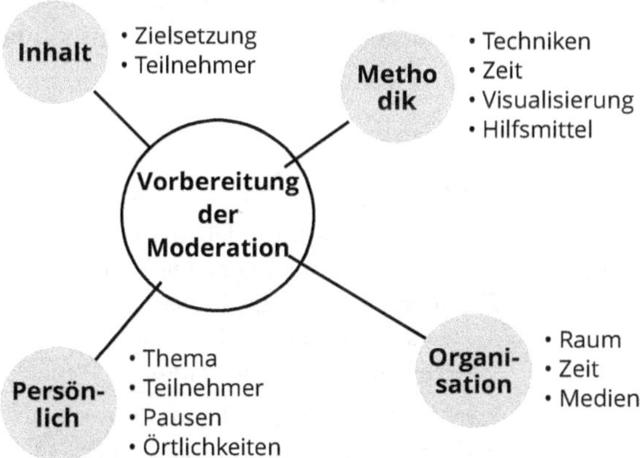

Abbildung 24.10: Mindmap zum Thema »Vorbereitung der Moderation«

Lessons Learned: Nach der Moderation

Zur Nachbereitung der Moderation gehört

- **die Dokumentation der Ergebnisse der Veranstaltung.** Sie sollte zeitnah an die Teilnehmer verschickt werden. Gegebenenfalls sind weitere Stellen zu informieren.

- **als persönliche Nachbereitung die Rückschau des Moderators**, inwieweit seine Vorbereitung angemessen war und der Verlauf der Sitzung gelungen ist.

Halten Sie Verbesserungsmöglichkeiten für Folgeveranstaltungen fest, um sie bei Ihrer nächsten Moderation umsetzen zu können.

Für die Prüfung müssen Sie Ziele, Ablauf und Methoden der Moderation kennen. Die Aufgabenstellungen verlangen aber meistens, dass Sie Ihr Wissen auf eine konkrete Situation anwenden.

Wenn oder besser bevor es knallt: Konfliktmanagement

Die Zusammenarbeit innerhalb und außerhalb des Unternehmens bietet Konfliktpotenzial, falls sie nicht bewusst und gekonnt gestaltet wird.

Bei einem *Konflikt* stoßen zu einem bestimmten Zeitpunkt mindestens zwei verschiedene Interessen, Ziele, Ansichten, Gefühle oder Wahrnehmungen aufeinander, die zugleich gegensätzlich und unvereinbar sind.

Warum eigentlich? Konfliktursachen

Um Konflikte konstruktiv lösen zu können, müssen Sie die Art des Konfliktes und den Anlass kennen. Unter anderem sind die in Tabelle 24.5 aufgeführten Konfliktarten häufig anzutreffen.

Konfliktart	Beschreibung	Beispiel
Verteilungskonflikt	Beteiligte Parteien versuchen sich auf Kosten der anderen einen größeren Anteil an begrenzten Ressourcen zu sichern.	Zwei Kollegen mit vergleichbaren Aufgaben erhalten unterschiedliche Gehälter. Laut Kollege B erhält Kollege A die vorteilhafteren Kunden, wodurch er höhere Umsätze erzielen kann.
Zielkonflikt	Einzelne Personen oder Gruppen verfolgen Ziele, die unvereinbar sind.	Zwei Kollegen teilen sich ein Büro und stehen häufig im Konflikt. Einer bevorzugt frische Luft, während der andere eine wärmere Raumtemperatur bevorzugt.
Rollenkonflikt	Anforderungen stimmen nicht mit den Kompetenzen überein.	Im Reklamationsmanagement soll Frau R. die Kunden zufriedenstellen. Bei Gewährung von Preisnachlässen muss sie jedoch die Zustimmung des Abteilungsleiters einholen.

Konfliktart	Beschreibung	Beispiel
Beziehungskonflikt	Beteiligte Personen sind sich mehr oder weniger sympathisch. Es gibt Ablehnung, weil eine Seite ihre Bedürfnisse durch die andere Seite missachtet sieht.	Herr A. empfindet das Verhalten seines Vorgesetzten als verletzend, da er in den Teambesprechungen wiederholt vor allen Kollegen kritisiert wird.
Wertekonflikt	Zwei Werte widersprechen sich und können nicht gleichzeitig verwirklicht werden. Ein Konflikt tritt entweder zwischen verschiedenen Personen oder innerhalb einer einzelnen Person auf.	Frau S. ist Ehrlichkeit wichtig. Auf der Arbeit gibt es einen Konflikt, da Frau S. ihrem Kunden ein Angebot unterbreiten muss, das wesentlich höher ist als ein anderes mit denselben Leistungen, nur weil ihr Arbeitgeber möchte, dass immer das Teuerste angeboten wird.

Tabelle 24.5: Konfliktarten

Konfliktentwicklung: Das Eskalationsmodell nach Glasl

Konflikte entstehen nicht plötzlich ohne Vorgeschichte. Nach dem *Eskalationsmodell* des österreichischen Konfliktforschers Friedrich Glasl kann die Entwicklung eines Konfliktes in neun Stufen mit einer Treppe »abwärts« beschrieben werden, siehe Abbildung.

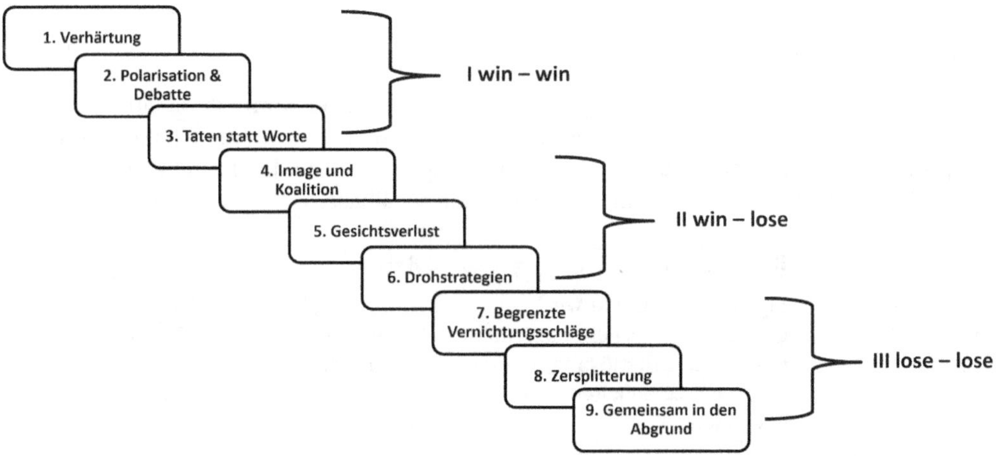

Abbildung 24.11: Eskalationsmodell nach Glasl

Schauen wir uns jede Phase einzeln an, indem wir den Konflikt zwischen einem Produktions- und einem Einkaufsleiter als Beispiel nehmen.

I. Phase: Win-Win

In der Win-Win-Phase (Kooperationsphase) ist der Konflikt noch lösbar, ohne dass eine Partei zu Schaden kommt. Das Ziel ist es, eine Lösung zu finden, von der beide Seiten profitieren. Tabelle 24.5 zeigt die drei Stufen dieser Phase.

Stufe	Beschreibung	Beispiel
1. Verhärtung	Spannungen und Reibungen treten als erste Zeichen eines Konfliktes auf.	Ein Produktionsleiter bittet den Einkaufsleiter, die nächste Maschine von einem anderen Lieferanten als bisher zu kaufen. Der Einkaufsleiter verspricht darüber nachzudenken.
2. Polarisation und Debatte	Falls durch Argumentation keine Einigung erreicht wird, werden die Konfliktparteien zu Gegnern.	Produktions- und Einkaufsleiter versuchen sich gegenseitig durch rationale Argumente zu überzeugen. Dennoch beharrt jeder auf seinem Standpunkt.
3. Taten statt Worte	Die Auseinandersetzung wird demonstrativ verstärkt. Gegenseitige Reaktionen signalisieren das Gefühl, ungerecht behandelt zu werden.	Der Produktionsleiter hat die Schnauze voll vom »Heini vom Einkauf«, also bestellt er einfach die Maschine von einem anderen Lieferanten, ohne das abzusprechen.

Tabelle 24.6: Win-Win-Ebene des Eskalationsmodells nach Glasl

Zur Deeskalation sind Selbsthilfe oder Hilfe durch Kollegen in dieser Phase noch möglich.

II. Phase: Win-Lose

In der Win-Lose-Phase (Wettbewerbsphase) verschärft sich der Konflikt, da eine Seite versucht, die andere zu dominieren. Die Machtkämpfe nehmen zu, und die Chancen auf eine kooperative Lösung sinken. In diesem Stadium muss eine der beiden Parteien als Verlierer hervorgehen. Tabelle 24.7 enthält alle drei Stufen dieser Phase.

Stufe	Beschreibung	Beispiel
4. Sorge um Image und Koalition	Eigener Standpunkt wird untermauert. Es geht nicht mehr um eine Konfliktlösung, sondern um Recht zu behalten und zu gewinnen.	Gerüchte über den anderen werden verbreitet. »Was dieser Einkäufer unser Unternehmen durch seine Fehlentscheidungen schon alles gekostet hat!«
5. Gesichtsverlust	Gegenseitige Angriffe werden direkt und persönlich. Unmoralische »Schläge unter die Gürtellinie« beginnen.	»Dieser unfähige Idiot hat nicht mal seine Ehe retten können! Wie will der eine Produktion leiten?!«
6. Drohstrategien	Mit Drohungen wird versucht, den Gegner zum Aufgeben zu zwingen.	»Ich sorge dafür, dass Sie in diesem Unternehmen nie wieder ein Projekt bekommen!«

Tabelle 24.7: Win-Lose-Ebene des Eskalationsmodells nach Glasl

Ab Stufe 4 wird Hilfe von außen benötigt, zum Beispiel Mediator, Vermittler, um zu deeskalieren.

III. Phase: Lose-Lose

In der Lose-Lose-Phase (Zerstörungsphase) sind beide Seiten so stark in den Konflikt verstrickt, dass sie primär darauf abzielen, den Gegner zu schädigen, selbst wenn dies eigene Verluste mit sich bringt. Diese destruktive Eskalation führt zu gegenseitigen Verlusten und kann letztlich zur Vernichtung beider Parteien führen, siehe Tabelle 24.8.

Stufe	Beschreibung	Beispiel
7. Begrenzte Vernichtungsschläge	Eskalation ist so weit fortgeschritten, dass bewusst Schaden angerichtet und die Vernichtung des Gegners angestrebt wird.	Der Einkäufer verzögert eine Rohstofflieferung, nur um dem Produktionsleiter zu schaden.
8. Zersplitterung	Durch Druck auf deren Netzwerk soll die gegnerische Konfliktpartei isoliert werden.	Jetzt werden endgültig alle anderen mit reingezogen. Wer auf der gegnerischen Seite steht, wird ebenfalls bedroht, erpresst oder sabotiert.
9. Gemeinsam in den Abgrund	Beide Konfliktparteien wollen den Konflikt auf jeden Fall gewinnen, selbst wenn sie sich dabei selbst schaden. Rationales Handeln ist nicht mehr möglich.	»Den mache ich fertig, auch wenn es mich meinen Job kostet!«

Tabelle 24.8: Lose-Lose-Ebene des Eskalationsmodells nach Glasl

Ab Stufe 7 ist eine Intervention durch Dritte beziehungsweise ein Machteingriff von oben nötig, um den Konflikt aufzulösen.

Mithilfe des Eskalationsmodells können beide Parteien folgende Fragen beatworten:

- ✔ Wie sind wir in den Konflikt reingeraten?
- ✔ Wie tief stecken wir drin?
- ✔ Wie kommen wir da wieder raus?

Wenn den Parteien bewusst ist, auf welcher Stufe sie sich befinden, können sie ihren Konflikt analysieren und während des Konfliktverlaufs angemessener reagieren. Am Ende der Treppe ist eine Konfliktlösung ohne Hilfe von außen nicht mehr möglich.

Konfliktlösung: Das Harvard-Verhandlungskonzept

Bei unterschiedlichen Positionen müssen zwischen den Konfliktparteien Lösungen verhandelt werden, die einerseits sachgerecht sind und andererseits den Interessen der Beteiligten gerecht werden.

Die Grundprinzipien der professionellen Verhandlungsführung sind im *Harvard-Verhandlungskonzept* erforscht worden. Danach geht es bei Auseinandersetzungen nicht allein um Sachfragen, sondern auch die persönlichen Beziehungen zwischen den Beteiligten. Vertrauen und Misstrauen sind danach wesentlich für den Erfolg von Verhandlungen. Das Harvard-Verhandlungskonzept beruht auf vier grundlegenden Prinzipien, die Sie in Abbildung 24.12 sehen.

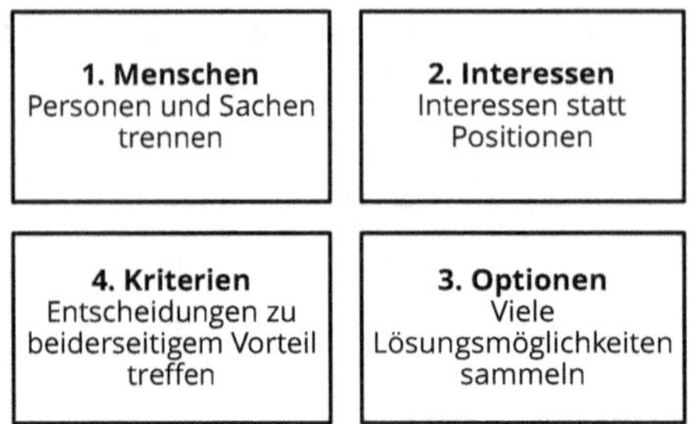

Abbildung 24.12: Harvard-Verhandlungsmodell

Lassen Sie uns jedes Prinzip einzeln betrachten:

1. **Menschen**

   - In Verhandlungen neigen wir oft dazu, Sachfragen mit der Beziehungsebene zu vermischen.
   - Für eine erfolgreiche Kommunikation und Zusammenarbeit ist jedoch eine störungsfreie Beziehung zwischen den Parteien unerlässlich.
   - Deshalb ist es entscheidend, das zugrunde liegende Problem zu erkennen und die Perspektive des anderen zu verstehen.

Ihr Lieferant hat erneut den vereinbarten Liefertermin nicht eingehalten. Sie könnten ihm vorwerfen, unzuverlässig zu sein, und mit der Beendigung der Zusammenarbeit drohen. Wahrscheinlich würde dies jedoch nicht zu einem Lösungsvorschlag führen, sondern lediglich zu einer Rechtfertigung seinerseits. In einer solchen Situation vermischen sich menschliche und sachliche Ebenen, wodurch das eigentliche Thema – die verspätete Lieferung – aus dem Fokus gerät.

Ein besserer Ansatz wäre es, nach dem Harvard-Konzept zu verhandeln:

Erklären Sie dem Lieferanten sachlich, welche Auswirkungen die verspätete Lieferung für Ihr Unternehmen hat, und schlagen Sie vor, gemeinsam eine Lösung für die Zukunft zu erarbeiten. Auf diese Weise sehen Sie den Lieferanten nicht als Gegner, der sich verteidigen muss, sondern als Partner, der zusammen mit Ihnen an einer Lösung arbeitet. Dies führt zu einem Verhandlungsergebnis, das für beide Seiten zufriedenstellender ist.

2. **Interessen**

- In der Regel beginnen Verhandlungen damit, dass eine der beiden Parteien Forderungen erhebt, beispielsweise möchte Ihr Mitarbeiter ein höheres Gehalt.
- Daraufhin reagieren Sie mit dem Hinweis, dass das Unternehmen aktuell nicht in der Lage ist, eine Lohnerhöhung zu gewähren.
- Oft entwickelt sich daraus ein langwieriges Feilschen um verschiedene Positionen, bei dem beide Seiten schrittweise Zugeständnisse machen, bis sie sich in der Mitte treffen oder gar nicht einig werden.
- Häufig fühlt sich danach mindestens eine der beiden Parteien als Verlierer, da sie das Gefühl hat, zu viele Kompromisse eingegangen zu sein.
- Anstatt eine Forderung sofort abzulehnen, sollten Sie sich und Ihrem Gegenüber die Frage stellen, welche Interessen hinter seiner Verhandlungsposition stehen: Warum strebt der Mitarbeiter eine Gehaltserhöhung an? Sucht er Anerkennung, oder sind die Lebenshaltungskosten gestiegen? Warum muss das Unternehmen derzeit sparen? Liegt es an finanziellen Aspekten oder an der Gehaltsstruktur im Unternehmen?

Nur wenn beide Parteien ihre eigenen Interessen und die des Gegenübers verstehen, können sie gemeinsam nach einer zufriedenstellenden Lösung streben.

3. **Optionen**

- Sobald die Interessen beider Parteien geklärt sind, können Sie gemeinsam nach Lösungen suchen.
- Dabei sollten alle Beteiligten zunächst eine Vielzahl an Alternativen in Betracht ziehen, anstatt sich auf eine einzige »perfekte« Lösung zu konzentrieren.

Ihr Mitarbeiter wünscht sich mehr Anerkennung für seine Leistung, wobei finanzielle Aspekte nicht im Vordergrund stehen. Sie können ihm jedoch Wertschätzung auch ohne eine Gehaltserhöhung entgegenbringen, indem Sie:

- ✔ ihm mehr Verantwortung übertragen und ihm zum Beispiel größere Projekte anvertrauen
- ✔ seine Erfolge im Team oder vor der Geschäftsführung öffentlich hervorheben
- ✔ ihm Weiterbildungs- und Entwicklungsmöglichkeiten anbieten und finanzieren
- ✔ durch regelmäßiges Feedback, persönliche Dankesworte oder flexible Arbeitszeitmodelle zur Steigerung seiner Motivation beitragen

4. Kriterien

- Legen Sie gemeinsam objektive Kriterien fest (zum Beispiel Marktwert, frühere Vergleichsfälle et cetera) und bewerten Sie die erarbeiteten Optionen, um die für beide Seiten beste Lösung zu finden.
- Wenn das Ergebnis auf der Grundlage gemeinsam vereinbarter und als fair empfundener Kriterien erreicht wird, wirkt selbst ein vermeintlich »schlechtes« Verhandlungsergebnis nicht wie eine Niederlage. Stattdessen erscheint es der Situation angemessen, da beide Parteien das Beste für sich herausgeholt haben.

Statt einer Gehaltserhöhung erhält der Mitarbeiter eine Fortbildung zum Bilanzbuchhalter. Der Mitarbeiter erkennt dadurch, dass das Unternehmen in seine berufliche Entwicklung investiert und ihn wertschätzt. Für das Unternehmen sind die Kosten der Fortbildung mit insgesamt rund 4.000 € überschaubar, im Vergleich zu einer Gehaltserhöhung von 500 € pro Monat zuzüglich Sozialabgaben. Beide Seiten konnten ihre Interessen erfolgreich durchsetzen und erzielen ein Verhandlungsergebnis, von dem beide gleichermaßen profitieren (Win-Win).

Das Harvard-Verhandlungskonzepts zielt darauf ab, die Sach- und Beziehungsebene voneinander zu trennen, die Interessen beider Parteien auszugleichen und durch neutrale Beurteilungskriterien alternative Lösungen zu finden, um eine für alle Beteiligten vorteilhafte Win-Win-Situation zu erreichen.

Leider funktioniert das nicht immer:

- ✔ Manchmal legen die Verhandlungspartner ihre tatsächlichen Interessen nicht vollständig offen.
- ✔ In manchen Verhandlungssituationen verfolgen die Beteiligten nicht das Ziel, das Beste für beide Seiten zu erreichen.

In solchen Fällen stößt das Harvard-Konzept an seine Grenzen. Eine partnerschaftliche Lösung ist nur dann möglich, wenn alle Beteiligten offen, fair und mit einer positiven Einstellung in die Verhandlung gehen.

Dennoch ist das »sachbezogene Verhandeln« eine gute Verhandlungsstrategie, um Verhandlungen erfolgreich und positiv zu führen.

Für die Prüfung sollten Sie die Konfliktarten, das mögliche Konfliktmanagement und Wege zur Konfliktlösung kennen. Bei handlungsorientierten Fragestellungen können Sie auch gebeten werden, Ihr Wissen auf konkrete Fälle (zum Beispiel zur Konfliktlösung) anzuwenden.

Erfolgreich präsentieren: So überzeugen Sie Ihr Publikum

Eine *Präsentation* ist ein Vortrag, der durch visuelle Hilfsmittel unterstützt wird. Mögliche Zielgruppen einer Präsentation können sein:

- ✔ Mitarbeiter (zum Beispiel bei internen Schulungen oder Meetings)
- ✔ Kunden (zum Beispiel bei Produktvorstellungen)
- ✔ Geschäftsführung (zum Beispiel bei Projektvorstellungen)
- ✔ Investoren (zum Beispiel bei Unternehmenspräsentationen)
- ✔ Schüler oder Studierende (zum Beispiel bei Bildungs- oder Unterrichtsvorträgen)
- ✔ Prüfungsausschuss (zum Beispiel bei mündlicher Prüfung zum Bilanzbuchhalter)

Die Ziele einer Präsentation hängen von der Zielgruppe, dem Anlass und dem Thema ab. Als Präsentierender möchten Sie generell

- ✔ informieren und/oder
- ✔ überzeugen und/oder
- ✔ Interesse wecken und/oder
- ✔ anregen und motivieren.

Damit Ihnen die Präsentation gelingt, sollten Sie drei Faktoren beachten:

- ✔ Struktur und Inhalt
- ✔ Auftritt
- ✔ Visualisierung

Struktur und Inhalt: Präsentieren mit System

Die Grundstruktur einer Präsentation besteht aus drei Teilen:

- ✔ **Einleitung:** Vorstellung des Präsentierenden, Begrüßung der Anwesenden, Erläuterung der Struktur der Präsentation, Einführung in das Thema und Darstellung der Problemstellung
- ✔ **Hauptteil:** detaillierte Ausarbeitung des Themas, gegliedert in klare Abschnitte, mit nachvollziehbaren Argumenten und Informationen

- ✔ **Schluss:** Zusammenfassung der Ergebnisse mit anschließendem Ausblick, Klärung möglicher offener Fragen und Dank an die Anwesenden

In der mündlichen Prüfung könnte die grobe Gliederung Ihrer Präsentation folgendermaßen aussehen:

1. Ausgangssituation

1.1 Unternehmen ABC

1.2 Problemstellung

2. Analyse relevanter Kennzahlen

2.1 Kennzahl A

2.2 Kennzahl B

…

3. Schlussfolgerung und Empfehlung

Die »Ausgangssituation« ist in diesem Fall die Einleitung und umfasst die Vorstellung des Unternehmens sowie die Problemstellung. Im Hauptteil ermitteln und interpretieren Sie relevante Kennzahlen. Anschließend führen Sie im Schlussteil aus der Analyse resultierende Schlussfolgerungen und mögliche Handlungsempfehlungen auf.

Bezüglich des Inhalts der Präsentation sollten Sie für die mündliche Prüfung zum Bilanzbuchhalter Folgendes beachten:

- ✔ Ihr selbstgewähltes Thema sollte unbedingt aus dem Fachbereich der Jahresabschlussanalyse stammen und nicht etwa aus anderen Bereichen wie zum Beispiel dem Finanzmanagement.
- ✔ Das Thema Ihrer Präsentation muss aus der betrieblichen Praxis stammen. Es darf kein Personal-, Vertriebs- oder Steuerproblem sein und auch kein rein theoretisches Thema wie zum Beispiel die Kapitalflussrechnung. Idealerweise basiert das Thema auf einem konkreten Problem Ihres eigenen Arbeitgebers oder Mandanten.
- ✔ Das formulierte Problem sollte von großer Bedeutung für das Unternehmen sein (zum Beispiel eine drohende Insolvenz, falls es nicht gelöst wird) und darf nicht trivial sein. Sie sollten das Problem ebenfalls durch die Berechnung von Kennzahlen quantifizieren.
- ✔ Am Ende der Präsentation sollten Sie Lösungen oder Maßnahmen vorstellen, die das Problem tatsächlich beheben können. Die Prüfer beurteilen, ob Ihre Empfehlungen geeignet sind, das zu Beginn formulierte Problem zu lösen. Es kann hilfreich sein, die zu Beginn verwendeten Kennzahlen nach der Durchführung Ihrer empfohlenen Maßnahmen erneut zu präsentieren, um zu zeigen, dass sich die Situation verbessert hat.

Während Ihrer 15-minütigen Präsentation wird Sie der Prüfungsausschuss nicht unterbrechen. Nach der Präsentation folgt ein 30-minütiges Fachgespräch, in dem Prüfer häufig Fragen zur Präsentation stellen. Fachbegriffe oder Themen aus Ihrer Präsentation werden dann erneut aufgegriffen. Seien Sie daher nicht überrascht, wenn Begriffe wie zum Beispiel »Leasing«, die Sie selbst eingebracht haben, im Fachgespräch abgefragt werden.

Ihre Präsenz zählt: Ein professioneller Auftritt macht den Unterschied

Neben dem Inhalt sind Stimme und Körpersprache für den Erfolg einer Präsentation entscheidend. Unabhängig von Ihrer fachlichen Kompetenz beeinflusst Ihre persönliche Erscheinung den Erfolg ebenfalls stark. Obwohl Sie Gewohnheiten in Sprache, Haltung und Gestik nur schwer kurzfristig ändern können, lassen sich langfristig ungünstige Verhaltensweisen erkennen und vermeiden. Folgende Grundregeln können bei der mündlichen Prüfung zum Bilanzbuchhalter hilfreich sein:

- ✔ Stehen Sie ruhig und sicher, um Ihre Präsenz und die Wirkung Ihrer Präsentation zu stärken. Eine aufrechte Haltung und ein fester Stand verringern sichtbare Nervosität und lassen Sie kompetenter wirken.
- ✔ Halten Sie Blickkontakt zum Prüfungsausschuss, vermeiden Sie jedoch, einzelne Personen zu lange »anzustarren«. Lassen Sie Ihren Blick langsam von einer Seite zur anderen wandern und schauen Sie einzelnen Personen zwischendurch für 2–3 Sekunden in die Augen.
- ✔ Sprechen Sie laut, deutlich und dynamisch, aber nicht zu schnell. Richten Sie Ihre Stimme an den Prüfungsausschuss, nicht an die Projektionsfläche. Achten Sie darauf, Wortendungen klar auszusprechen, und verwenden Sie eine abwechslungsreiche Satzmelodie, um den Inhalt zu betonen. Setzen Sie gezielte Pausen ein, um wichtige Punkte hervorzuheben.
- ✔ Unterstützen Sie Ihre Worte mit Gesten der Arme und Hände. Wenn Sie sich nicht zutrauen, ganz frei zu sprechen, können Sie Moderationskarten mit Stichwörtern verwenden, die Sie locker auf Taillenhöhe halten und unauffällig heranziehen.

Visualisierung: Bringen Sie Ihre Botschaft auf den Punkt

Häufig genutzte Präsentationsmedien sind:

- ✔ **Beamer mit Präsentationssoftware:** Verbunden mit einem Laptop projiziert der Beamer Inhalte einer Präsentationssoftware (zum Beispiel PowerPoint) auf eine Leinwand. Mit einem Beamer können Sie visuell ansprechende und strukturierte Präsentationen erstellen, die Texte, Bilder und Videos kombinieren. Da viele Vortragsräume fest installierte Beamer haben, ist diese Art der Präsentation sehr beliebt.

- **Flipchart:** Eine Tafel, an der ein großer Papierblock hängt. Darauf können Sie Informationen schreiben, die für längere Zeit sichtbar sein sollen, beispielsweise die Gliederung Ihrer Präsentation, Übersichten oder Diagramme. Das Flipchart ist gut für interaktive Präsentationen und Diskussionen geeignet. Sie können spontan darauf schreiben oder Inhalte vorbereiten, was es ideal für das Sammeln von Ideen macht.
- **Visualizer (Dokumentenkamera):** Eine Art Kamera, die Schriftstücke oder Objekte aufnimmt und auf eine Leinwand projiziert. Sie wird mit einem Beamer oder Whiteboard verbunden, sodass Sie allen Teilnehmern Ihrer Präsentation Inhalte aus Büchern (zum Beispiel Gesetzestexte), Fotos oder andere Gegenstände zeigen können. Mit der Zoomfunktion können Sie Details vergrößern oder verkleinern.

Die Wahl der passenden Medien ist abhängig vom Anlass der Präsentation, der verfügbaren Technik und Ihrem Arbeits- und Präsentationsstil. Unabhängig vom gewählten Medium können Sie verschiedene Gestaltungselemente wie Text, Fotos, Tabellen und Diagramme verwenden. Präsentationssoftware wie PowerPoint bietet Ihnen die meisten Möglichkeiten. Sie stellt vorgefertigte Layouts bereit, die Farben, Schriften und Symbole harmonisch aufeinander abstimmen.

Generell gilt für das Layout: Weniger ist mehr.

- Folien sollten Ihre Präsentation unterstützen und nicht zum Mitlesen animieren.
- Verwenden Sie Stichpunkte statt langer Texte.
- Jede Folie sollte maximal sieben Zeilen enthalten.
- Ergänzen Sie, falls angebracht, die Stichpunkte durch Abbildungen.
- Schriftgrößen von 16 (Stichpunkte) bis 24 (Überschriften) sind üblich.
- Benutzen Sie gut lesbare Schriftarten wie zum Beispiel Arial oder Calibri.
- Dunkle Schriftfarben wie Schwarz oder Dunkelblau auf hellem Hintergrund wirken in Präsentationen gut.

Vorbereitung ist der erste Schritt zum Erfolg: Planen Sie im Voraus

Eine gute Vorbereitung auf die mündliche Prüfung zum Bilanzbuchhalter schafft Sicherheit und ermöglicht einen reibungslosen Ablauf. Beachten Sie Folgendes:

- Falls Sie sich für eine PowerPoint-Präsentation entscheiden, klären Sie vor der Prüfung, welche Geräte und Materialien vor Ort bereitgestellt werden und welche Sie selbst mitbringen müssen. In der Regel wird ein Beamer mit HDMI- oder VGA-Kabel bereitgestellt. Bringen Sie Ihren eigenen Laptop mit. Da nicht alle Laptops beziehungsweise deren Betriebssysteme mit allen Beamern kompatibel sind, könnte ein Adapter erforderlich sein.

- ✔ Speichern Sie Ihre Präsentationsdateien zusätzlich im PowerPoint- und PDF-Format auf einem USB-Stick ab, falls Ihr Laptop nicht verwendet werden kann.
- ✔ Zusätzliche Unterlagen wie ein Handout sind für die Präsentation nicht zwingend erforderlich. Es kann jedoch hilfreich sein, dem Prüfungsausschuss ein Handout (zum Beispiel eine Bilanz, die Sie in der Präsentation analysieren) mit ergänzenden Informationen zur Verfügung zu stellen.
- ✔ Üben Sie Ihre Präsentation, um sicherzustellen, dass Sie die vorgesehene Präsentationszeit von 15 Minuten nicht überschreiten. Sollten Sie diese Zeit überschreiten, kann Ihre Präsentation spätestens nach 17 Minuten abgebrochen werden.

IN DIESEM KAPITEL

Quantitative und qualitative Personalbedarfsplanung

Maßnahmen der Personalbeschaffung

Maßnahmen der Personalanpassung

Personalentwicklung

Kapitel 25
Personalplanung und -entwicklung

Die Leistungsfähigkeit eines Unternehmens wird maßgeblich durch seine Mitarbeiter bestimmt. Gut ausgebildete, leistungsstarke und motivierte Mitarbeiter zu finden und an sich zu binden, ist eine der größten Herausforderungen für Unternehmen.

Personalplanung: Gute Planung ist alles

Eine gute Personalplanung sorgt dafür, dass das im Unternehmen erforderliche Personal zu jeder Zeit zur Verfügung steht. Dies umfasst

- ✔ die erforderliche Anzahl,
- ✔ die richtigen Qualifikationen,
- ✔ den richtigen Zeitpunkt und
- ✔ den richtigen Ort.

Die Personalplanung beginnt mit der *Personalbedarfsplanung*, in der Sie Folgendes ermitteln:

- ✔ **Personalbedarf:** wie viel Personal im jeweiligen Planungszeitraum benötigt wird
- ✔ **Personalbestand:** wie viel Personal bereits im Unternehmen verfügbar ist

Bei etwaiger Personalunter- oder -überdeckung stehen dem Unternehmen eine Reihe von Maßnahmen zur Verfügung:

- **Personalbeschaffung,**
- **Personalfreisetzung**
- **Personalentwicklung**

Dieses Kapitel gibt Ihnen einen genaueren Einblick in diese Planungsebenen.

Personalbedarfsplanung: Wie viele und welche Mitarbeiter

Die Planung des Personalbedarfs umfasst einen quantitativen und einen qualitativen Aspekt.

Alles eine Frage der Menge: Quantitative Personalbedarfsplanung

Hier ermitteln Sie die erforderliche Anzahl der Mitarbeiter in einem bestimmten Bereich. Um ihn zu bestimmen, ermitteln Sie zunächst den Bruttopersonalbedarf:

Bruttopersonalbedarf = Einsatzbedarf + Reservebedarf

- **Einsatzbedarf:** Anzahl der Mitarbeiter, die zur Erfüllung der anstehenden Aufgaben benötigt wird
- **Reservebedarf:** Zusätzliche Mitarbeiter, die aufgrund von Ausfällen (zum Beispiel Krankheit, Urlaub oder Mutterschutz) benötigt werden

Zur Bestimmung des quantitativen Bruttopersonalbedarfs stehen Ihnen verschiedene Methoden zur Verfügung:

- **Schätzungen:** Vorgesetzte oder Experten schätzen den Personalbedarf aufgrund ihrer Erfahrung.
- **Statistische Verfahren:** Sie ermitteln den Personalbedarf, indem Sie in der Vergangenheit festgestellte Zusammenhänge zwischen erforderlichem Personal und bestimmten Bezugsgrößen erfassen (zum Beispiel produzierte Stückzahl pro Mitarbeiter).
- **Analogieschlussmethode:** Sie leiten den Personalbedarf aus dem Vergleich mit ähnlichen Organisationseinheiten ab (zum Beispiel vergleichbare Abteilungen oder Unternehmen).
- **Arbeitswissenschaftliche Verfahren:** Sie errechnen den Personalbedarf anhand des Zeitbedarfs einzelner Arbeitshandlungen (für die Produktion einer Stückzahl werden zum Beispiel 33 Minuten benötigt).

Nettopersonalbedarf

Aus dem Bruttopersonalbedarf ergibt sich anschließend der Nettopersonalbedarf (auch: Neubedarf). Sie rechnen:

Bruttopersonalbedarf
– Personalbestand
– Feststehende Abgänge
+Feststehende Zugänge
= Nettopersonalbedarf

Was heißt das konkret?

- **Personalbestand:** Bereits vorhandene Mitarbeiter
- **Feststehende Abgänge:** Mitarbeiter, die in der Zwischenzeit das Unternehmen verlassen werden (zum Beispiel Renteneintritt, Versetzungen oder Kündigungen)
- **Feststehende Zugänge:** Mitarbeiter, die in der Zwischenzeit in das Unternehmen eintreten werden (zum Beispiel feste Neueinstellungen oder Elternzeitrückkehrer)

Der *Nettopersonalbedarf* gibt die Anzahl der Mitarbeiter an, die Sie einstellen/beschaffen (positiver Nettopersonalbedarf) oder abbauen/freisetzen (negativer Nettopersonalbedarf) sollten.

Für Ihr Versandhandelsunternehmen nehmen Sie im Sommer die Bedarfsplanung für die Mitte Oktober beginnende Weihnachtssaison vor. Aktuell arbeiten an dem betrachteten Standort 260 Mitarbeiter in dem betroffenen Bereich. Zum 01.09. scheiden davon 30 Mitarbeiter aus, weitere 16 gehen zum 01.10. Bis Mitte Oktober werden 80 neu eingestellte Mitarbeiter ihre Arbeit aufnehmen. Aufgrund der positiven Umsatzentwicklung haben Sie einen Bruttopersonalbedarf für Mitte Oktober in Höhe von 330 ermittelt.

Bruttopersonalbedarf 330
– Personalbestand 260
+Feststehende Abgänge 46(30+16)
– Feststehende Zugänge 80
= Nettopersonalbedarf 36

Alles eine Frage der Kompetenz: Die qualitative Personalbedarfsplanung

Die *qualitative Personalbedarfsplanung* berücksichtigt die Anforderungen an Ihre Mitarbeiter. Sie gibt Auskunft darüber, welche Kompetenzen Ihre Mitarbeiter zur Bewältigung der anfallenden Aufgaben haben müssen. Dazu gehören zum Beispiel:

- **Fachliche Kompetenz:** Aufgaben- und unternehmensbezogene Kenntnisse und Erfahrung, zum Beispiel fundiertes Wissen in speziellen Fachgebieten, Kenntnisse der Kunden und Lieferanten und so weiter
- **Methodenkompetenz:** Beherrschen der notwendigen methodischen Verfahrensweisen und Hilfsmittel für die erfolgreiche Bewältigung der Arbeitsaufgaben, zum Beispiel strategisches Denken, Zielformulierung, Informationsbeschaffung, Medienkompetenz und anderes
- **Persönliche Kompetenz:** Ausprägung individueller Wesenszüge und Verhaltensweisen, die die Aufgabenerfüllung unterstützen: Offenheit, Ehrlichkeit, Zuverlässigkeit, Selbstvertrauen, realistische Selbsteinschätzung, Kritikfähigkeit und anderes
- **Soziale Kompetenz:** Fähigkeit mit anderen Menschen umzugehen, zum Beispiel Kommunikationsfähigkeit, Teamfähigkeit, Konfliktfähigkeit, Führungsfähigkeit und anderes

Personalbeschaffung: Lücken schließen

Die Personalbeschaffung knüpft an die Personalbedarfsplanung an. Bei einem positiven Nettopersonalbedarf, liegt der geplante Bedarf über dem voraussichtlichen Bestand an Personal. Um diese Lücke zu schließen, kommen *Personalbeschaffungs-* und *Personalentwicklungsmaßnahmen* infrage. Letztere spielen besonders in Bezug auf den qualitativen Personalbedarf eine wichtige Rolle und werden am Schluss dieses Kapitels behandelt.

Personalbeschaffung (auch *Recruiting* oder *Mitarbeiterakquisition*) umfasst die Suche und Bereitstellung von qualifizierten Mitarbeitern, die zur Deckung des Personalbedarfs benötigt werden.

Personal können Sie sowohl intern als auch extern rekrutieren.

- **Bei der internen Personalbeschaffung erfolgt die Stellenbesetzung durch bereits im Unternehmen vorhandene Mitarbeiter.** Folgende Maßnahmen sind unter anderem möglich:
  - *Mehrarbeit:* Mitarbeiter werden gebeten ihre vertraglichen Arbeitszeiten durch Überstunden oder Sonderschichten zu verlängern, um kurzfristigen Mehrbedarf zu decken
  - *Aufgabenumverteilung:* Veränderung der bisherigen Arbeitsverhältnisse der Mitarbeiter, zum Beispiel durch Versetzung in eine andere Abteilung, Umschulungen, Übernahme von Auszubildenden oder Entfristung der Beschäftigungsverhältnisse, um langfristigen Mehrbedarf zu decken.
- **Bei der externen Personalbeschaffung erfolgt die Mitarbeitersuche außerhalb des Unternehmens.** Hier können unter anderem folgende Maßnahmen in Betracht gezogen werden:
  - Stellenanzeigen in Printmedien und online
  - Nutzung von Personalvermittlern wie zum Beispiel Agentur für Arbeit oder Headhunter

- Teilnahme an Job-, Ausbildungs- und Hochschulmessen
- Kontaktprogramme für potenzielle Auszubildende und Hochschulabsolventen
- Förderung von Initiativbewerbungen
- Abwerbung Mitarbeiter anderer Unternehmen
- Personalleasing/Leiharbeit (kurzfristige Erweiterung des Personalbestands)

Bei der Überlegung, ob Sie intern oder extern nach Bewerbern suchen, sollten Sie die jeweiligen Vor- und Nachteile bedenken. Tabelle 25.1 gibt einen Überblick:

	Vorteile	Nachteile
Interne Personalbeschaffung	✔ Schnell und kostengünstig ✔ Geringe Gefahr einer Fehlbesetzung ✔ Nutzen bisheriger Personalentwicklungsmaßnahmen kommt weiter dem Unternehmen zugute	✔ Begrenzte Auswahlmöglichkeit ✔ Gefahr der Betriebsblindheit ✔ Bisheriger Arbeitsplatz muss neu besetzt werden
Externe Personalbeschaffung	✔ Größere Auswahl an potenziellen Kandidaten ✔ Externe Kandidaten könnten neue Sichtweisen und Ideen mitbringen ✔ Andere Arbeitsplätze werden nicht frei	✔ Gefahr einer Fehlbesetzung ✔ Höhere Gehaltsforderungen möglich ✔ Höherer organisatorischer und finanzieller Aufwand für Rekrutierung und Eingliederung

Tabelle 25.1: Vor- und Nachteile der internen und externen Personalbeschaffung

Für die Prüfung müssen Sie die Personalbeschaffungswege und ihre jeweiligen Vor- und Nachteile kennen. Nehmen Sie immer auf den konkret beschriebenen Fall Bezug anstatt lediglich mögliche Personalbeschaffungswege aneinanderzureihen.

Personalauswahl: Den passenden Kandidaten finden

Haben Sie im Rahmen der internen und externen Personalbeschaffung ausreichend Bewerbungen eingeholt, folgt mit der Personalauswahl der häufig zeit- und kostenaufwendigste Schritt im Beschaffungsprozess.

Das Ziel der *Personalauswahl* besteht darin, aus einem Pool von Bewerbern die jeweils am besten geeigneten zu identifizieren.

Für die Auswahl der Bewerber stehen Ihnen verschiedene Instrumente zur Verfügung, deren Inhalt, Aufwand, Kosten und Reihenfolge im Auswahlprozess unterschiedlich ausfallen können. Tabelle 25.2 zeigt die maßgeblichen Instrumente der Personalauswahl.

Analyse der Bewerbungsunterlagen	Vorstellungsgespräch	Testverfahren
✔ Anschreiben ✔ Lebenslauf ✔ Bewerbungsfoto ✔ Zeugniskopien ✔ Referenzen ✔ Arbeitsproben	✔ Analyse des Ausdrucksverhaltens ✔ Analyse des Leistungsverhaltens ✔ Analyse des Sozialverhaltens ✔ Analyse von Erwartungen und Motivation	✔ Eignungstests ✔ Intelligenztests ✔ Persönlichkeitstests ✔ Assessment-Center

Tabelle 25.2: Instrumente der Personalauswahl

Bewerbungsunterlagen sichten

Eine Grundlage für die Personalauswahl sind die *Bewerbungsunterlagen*. Durch Analyse dieser Unterlagen können Sie

- ✔ ungeeignete Bewerber identifizieren und ausschließen,
- ✔ die persönlichen und fachlichen Eignungen der Bewerber begutachten und
- ✔ einen Eindruck der Arbeitsweise und Persönlichkeit der Bewerber gewinnen.

Für unterschiedliche Berufe bestehen unterschiedliche Erwartungen an die Bewerbungsunterlagen.

Seit Einführung des Allgemeinen Gleichbehandlungsgesetzes (AGG) darf ein Bewerbungsfoto nicht mehr gefordert werden, um Diskriminierungen bei der Vorauswahl zu vermeiden. Dennoch sehen es viele Unternehmen als Teil einer vollständigen Bewerbung.

Sie haben in der Regel drei Möglichkeiten, die Bewerbungsunterlagen systematisch auszuwerten:

- ✔ **Ranking:** Durch Punktevergabe legen Sie eine Rangordnung der Bewerber nach bestimmten und eventuell gewichteten Kriterien fest, zum Beispiel 30 % Erfahrung, 25 % Fachwissen, 20 % Ausbildung, 15 % Gehaltsanforderungen, 5 % Motivation zum Stellenwechsel, 5 % Potenzial.
- ✔ **Filtering:** Sie klassifizieren Bewerber anhand ihrer Übereinstimmung mit dem Anforderungsprofil einer Stelle in drei Kategorien (ABC-Analyse):
  - A-Bewerber erfüllen das Anforderungsprofil nahezu vollständig.
  - B-Bewerber weichen in einigen Bereichen von der Wunschvorstellung ab.
  - C-Bewerber zeigen erhebliche Abweichungen auf.
- ✔ **Matching:** Sie gleichen die Qualifikationen der Bewerber und die Anforderungen der Stelle detailliert ab. Bewerber mit den geringsten Abweichungen werden bevorzugt.

Nach der groben Vorselektion versuchen Sie, die Qualifikationen der Bewerber mittels weiterer Beurteilungsinstrumente, die Sie sowohl sukzessive als auch parallel zueinander einsetzen können, detaillierter zu erfassen. In den meisten Unternehmen folgt auf die Analyse der Bewerbungsunterlagen die Einladung einer begrenzten Anzahl vielversprechender Bewerber zu einem *Vorstellungsgespräch*. Während dieses Gesprächs können Sie

- ✔ Bewerber besser kennenlernen, und diese Ihr Unternehmen,
- ✔ offene Themen klären und bestimmte Punkte im Lebenslauf vertiefen,
- ✔ Erwartungen und Zielvorstellungen abgleichen (zum Beispiel Gehalt),
- ✔ weitergehende Informationen zum Arbeitsplatz geben und
- ✔ mögliche nächste Schritte besprechen.

Sie dürfen Bewerber nicht alles fragen. Unzulässig sind Fragen zu Religion, sexueller Orientierung, politischer Einstellung, Gewerkschaftszugehörigkeit, Familienstand, Herkunft und Alter. Bei diesen Fragen haben Bewerber das Recht, die Unwahrheit zu sagen. Auf zulässige Fragen müssen Bewerber aber wahrheitsgemäß antworten, da Sie ihre Verträge ansonsten fristlos kündigen können. In bestimmten Fragen besteht eine Offenbarungspflicht. Zum Beispiel müssen Bewerber ungefragt darauf aufmerksam machen, wenn voraussichtlich zum Zeitpunkt des vorgesehenen Eintrittstermins eine Krankheit vorliegen wird, wegen Schwangerschaft die vereinbarte Arbeitsleistung nicht erbracht werden kann, eine Schwerbehinderung vorliegt oder ein Wettbewerbsverbot besteht.

Test, Test … – Testverfahren anwenden

Vorstellungsgespräche können Sie durch verschiedene *Testverfahren* ergänzen. Dazu gehören zum Beispiel:

- ✔ **Eignungstests:** Durch sie können Sie die Fähigkeit prüfen, ob ein Bewerber den anvisierten Job ausführen kann, indem Sie zum Beispiel allgemeines Denkvermögen, Gedächtnis, Wortschatz oder Rechenfähigkeit der Bewerber testen.
- ✔ **Intelligenztests:** Sie helfen Ihnen, die intellektuellen Fähigkeiten der Bewerber quantitativ in Relation zur jeweiligen Altersgruppe (ausgedrückt als Intelligenzquotient) und qualitativ hinsichtlich der Intelligenzstruktur zu testen.
- ✔ **Assessment-Center:** Das ist ein komplexeres und kostenintensiveres Verfahren, bei dem mehrere Instrumente der Personalauswahl miteinander kombiniert werden, um so Merkmale wie Kommunikationsfähigkeit, Organisations- und Planungsfähigkeit, Konfliktlöseverhalten sowie Führungs- und Sozialkompetenz der Bewerber zu erfassen. In der Regel werden dazu zwischen acht und zwölf Personen zu einem ein- oder zwei-tägigen Prüfverfahren eingeladen. Dort durchlaufen sie, meist unter Zeitdruck, simulierte Arbeitssituationen, Rollenspiele, Gruppendiskussionen oder Präsentationen und werden von geschulten Beobachtern beurteilt.
- ✔ **Persönlichkeitstests:** Durch Tests wie die *Big Five* oder den *Myers-Briggs Type Indicator* (MBTI) sollen die Charaktereigenschaften und Persönlichkeitsmerkmale der Bewerber bestimmt werden.

Big Five und Myers-Briggs Type Indicator (MBTI) sind psychologische Modelle zur Beschreibung der Persönlichkeit. Mithilfe der Big Five kann die Persönlichkeit eines Bewerbers anhand von fünf Merkmalen charakterisiert werden: Offenheit, Gewissenhaftigkeit, Extraversion, Verträglichkeit und Neurotizismus. Der MBTI kategorisiert die Persönlichkeit eines Bewerbers in einen von 16 Typen, basierend auf vier Gegensatzpaaren: Extraversion versus Introversion, Sensitives Empfinden versus Intuition, Denken versus Fühlen sowie Urteilen versus Wahrnehmen. Beide Modelle tragen dazu bei, das Verhalten und die Präferenzen eines Bewerbers besser zu verstehen.

Am Ende des Auswahlprozesses entscheiden in der Regel Sie als zukünftiger Vorgesetzter in Abstimmung mit der Personalabteilung, welchem Bewerber Sie ein Stellenangebot machen.

Für die Prüfung müssen Sie die Methoden der Personalauswahl kennen und auf eine konkret beschriebene Situation anwenden können.

Personalfreisetzung: Überkapazitäten abbauen

Haben Sie bei der Personalbedarfsplanung einen negativen Nettopersonalbedarf festgestellt, übersteigt der geplante Personalbestand den erwarteten Bedarf zum Planungszeitpunkt. In diesem Fall bietet sich die *Personalfreisetzung* an, um voraussichtliche Überkapazitäten an Arbeitskraft zu verringern.

Ziel der *Personalfreisetzung* ist die Reduktion der Personalkapazitäten im Unternehmen, um eine voraussichtliche Personalüberdeckung abzubauen.

Anders als oftmals angenommen, ist die Personalfreisetzung kein Synonym der Kündigung. Direkte Kündigungen von Mitarbeitern sind nur eine von vielen Maßnahmen der Personalfreisetzung.

Es gibt verschiedene Ursachen für eine Personalfreisetzung, zum Beispiel:

- ✔ Absatzverluste
- ✔ Saisonale oder periodische Schwankungen
- ✔ Veränderung der Bedürfnisse beim Endverbraucher
- ✔ Verringerter Marktanteil durch wachsende Konkurrenz
- ✔ Produktumstellung, Schwerpunktverlagerung
- ✔ Zusammenführung von Unternehmen oder Abteilungen
- ✔ Standortwechsel, zum Beispiel ins Ausland
- ✔ Betriebsstilllegung, Auslagerung (Outsourcing) von Unternehmensbereichen
- ✔ Rationalisierung durch optimierte Arbeitsprozesse infolge der Digitalisierung
- ✔ Unzureichendes Personalmanagement und Fehlkalkulationen

Intern oder extern?

Sie können auf verschiedene Maßnahmen der Personalfreisetzung zurückgreifen, die sich darin unterscheiden, ob sich die Zahl der Mitarbeiter im Unternehmen durch sie reduziert (externe Personalfreisetzung) oder nicht (interne Personalfreisetzung), siehe Tabelle 25.3.

Interne Personalfreisetzung (ohne Reduktion des Personalbestands)	Externe Personalfreisetzung (mit Reduktion des Personalbestands)
Qualitative Maßnahmen ✔ Personalentwicklung ✔ Redeployment, Personalumbau statt -abbau *Zeitliche Maßnahmen* ✔ Allgemeine Verkürzung der Arbeitszeit ✔ Überstundenabbau ✔ Veränderte Urlaubsplanung ✔ Kurzarbeit *Räumliche Maßnahmen* ✔ Versetzung der Mitarbeiter an einen anderen Ort	*Direkte quantitative Maßnahmen* ✔ Aufhebungsvertrag ✔ Vorzeitige Pensionierung ✔ Outplacement ✔ Kündigung *Indirekte quantitative Maßnahmen* ✔ Einstellungsstopp ✔ Ausnutzen der natürlichen Fluktuation ✔ Nichtverlängerung von befristeten Arbeitsverhältnissen oder Personalleasingverträgen

Tabelle 25.3: Maßnahmen der Personalfreisetzung

Personalfreisetzung ohne Änderung des Personalbestands wird *interne Personalfreisetzung* genannt. Dazu gehören die folgenden Maßnahmen:

- ✔ **Qualitative Maßnahmen:** Sie bieten von der Freisetzung betroffenen Mitarbeitern Personalentwicklungsmaßnahmen (zum Beispiel Fort- und Weiterbildungen, Umschulungen) an, damit diese Mitarbeiter anders qualifizierte Stellen im Unternehmen übernehmen können.
- ✔ **Zeitliche Maßnahmen:** Sie kürzen die reguläre Arbeitszeit für die von der Freisetzung betroffenen Mitarbeiter, zum Beispiel durch allgemeine Verkürzung der Arbeitszeit, Überstundenabbau, veränderte Urlaubsplanung oder Kurzarbeit.
- ✔ **Räumliche Maßnahmen:** Sie setzen von der Freisetzung betroffene Mitarbeiter an einem anderen Ort beziehungsweise Unternehmensstandort ein.

Personalfreisetzung mit Änderung des Personalbestands wird *externe Personalfreisetzung* genannt. Sie kann durch direkte und indirekte Maßnahmen erfolgen.

- ✔ **Direkte quantitative Maßnahmen:** Sie lösen kurzfristig die Arbeitsverhältnisse mit Mitarbeitern auf, zum Beispiel durch einen Aufhebungsvertrag, vorzeitige Pensionierung, Outplacement oder einer Kündigung.

- **Indirekte quantitative Maßnahmen:** Möchten Sie langfristig den Personalbestand Ihres Unternehmens reduzieren, ohne bestehende Arbeitsverhältnisse anzugehen, können Sie dies beispielsweise erreichen durch:
  - Einstellungsstopps,
  - Ausnutzen der natürlichen Fluktuation (Mitarbeiter gehen in den Ruhestand) und
  - durch Nichtverlängerung von befristeten Arbeitsverhältnissen oder Personalleasingverträgen

Aufgrund eines groben Fehlverhaltens soll einem Ihrer Mitarbeiter fristlos gekündigt werden. Um dies zu vermeiden und so die Chancen Ihres Mitarbeiters auf dem Arbeitsmarkt zu erhalten, einigen Sie sich darauf, einen *Aufhebungsvertrag* zu schließen, also Ihr Arbeitsverhältnis zu einem bestimmten Zeitpunkt einvernehmlich zu beenden. Eine Kündigungsfrist müssen Sie nicht einhalten. Sie können Ihrem Mitarbeiter auch eine Abfindung zahlen, damit er dem Auflösungsvertrag zustimmt, aber das hängt von den Umständen des Fehlverhaltens ab.

Mit einem Mitarbeiter im Vorrentenalter treffen Sie eine gesonderte Vereinbarung seinen Arbeitsvertrag unter Berücksichtigung einer *Vorruhestandsregelung* aufzulösen. Ihr Unternehmen verpflichtet sich, dem Mitarbeiter bis zur Auszahlung der gesetzlichen Rente ein Vorruhestandsgeld zu zahlen. Die Höhe dieses Geldes ist üblicherweise im Arbeitsvertrag oder im Rahmen eines Sozialplans festgelegt. Sie machen Ihren Mitarbeiter darauf aufmerksam, dass er beim Vorruhestand mit Abschlägen bei der gesetzlichen Rente rechnen muss.

Sie bieten einem von der Freisetzung betroffenen Mitarbeiter im Rahmen eines *Outplacements* eine Beratung zur beruflichen Neuorientierung an. Diese wird üblicherweise von Ihrem Unternehmen finanziert und hat das Ziel, Ihrem Mitarbeiter schnell neue Perspektiven außerhalb Ihres Unternehmens zu eröffnen und so den Trennungsprozess reibungslos zu vollziehen.

Kündigung: Das Arbeitsverhältnis beenden

Im Gegensatz zum Aufhebungsvertrag ist die Kündigung eine einseitige empfangsbedürftige Willenserklärung des Arbeitsgebers und Arbeitnehmers.

Wichtig für Sie zu wissen:

- Die Kündigung muss vom Mitarbeiter nicht angenommen werden, um wirksam zu sein. Der ordnungsgemäße und rechtzeitige Zugang der Kündigung reicht aus, um das Arbeitsverhältnis zu beenden.
- Sie müssen die Kündigung zwingend schriftlich vornehmen.
- Die Kündigung muss sozial gerechtfertigt sein, um wirksam zu sein.

Diese und weitere Bedingungen für eine Kündigung sind in verschiedenen Gesetzen geregelt, folgende sind die wichtigsten:

- ✔ Bürgerliches Gesetzbuch
- ✔ Kündigungsschutzgesetz bei mehr als 10 Arbeitnehmern
- ✔ Betriebsverfassungsgesetz
- ✔ Teilzeit- und Befristungsgesetz

Für einzelne Gruppen von Mitarbeitern gibt es weitere Bestimmungen zum Kündigungsschutz, zum Beispiel:

- ✔ **Mutterschutzgesetz:** Eine Frau darf während der Schwangerschaft und bis zum Ablauf von vier Monaten nach der Entbindung nicht gekündigt werden.
- ✔ **Bundeserziehungsgeldgesetz:** Der Arbeitgeber darf das Arbeitsverhältnis acht Wochen vor Beginn der Elternzeit und während der Elternzeit nicht kündigen.
- ✔ **Schwerbehindertengesetz:** Ein Mensch mit Schwerbehinderung darf nur nach Zustimmung des Integrationsamtes gekündigt werden.
- ✔ **Mitglieder des Betriebsrats und der Jugend- und Auszubildendenvertretung** dürfen bis 1 Jahr nach Beendigung der Amtszeit nicht gekündigt werden. Möglich ist aber weiterhin eine außerordentliche Kündigung (siehe nächsten Abschnitt).

Grundsätzlich gibt es zwei Kündigungsarten: *ordentliche* und *außerordentliche.*

Ordentliche Kündigung

Sie können einem Mitarbeiter nicht einfach kündigen, nur weil es Ihnen gerade passt. Ihr Arbeitsverhältnis fällt unter das Kündigungsschutzgesetz, wenn

- ✔ Ihr Unternehmen mehr als 10 Mitarbeiter hat und
- ✔ Ihr Mitarbeiter bei Ihnen länger als 6 Monate ununterbrochen beschäftigt war.

Das Gesetz legt fest, dass eine Kündigung nur dann gerechtfertigt ist, wenn triftige Gründe dafür vorliegen, das heißt Sie dürfen nur verhaltens-, personen- oder betriebsbedingt kündigen und sind an bestimmte Kündigungsfristen gebunden.

- ✔ **Verhaltensbedingte Kündigung:** Eine verhaltensbedingte Kündigung dürfen Sie aussprechen, wenn Ihr Mitarbeiter wiederholt gegen seine arbeitsvertraglichen Pflichten verstoßen hat, beispielsweise durch häufiges unentschuldigtes Fehlen, wiederholte Unpünktlichkeit, Beleidigung von Kollegen oder Vorgesetzten, vorsätzliche Nachlässigkeit oder Verletzung der Gehorsams- und Verschwiegenheitspflicht. Voraussetzung für eine solche Kündigung ist jedoch, dass Sie zuvor mehrere Abmahnungen ausgesprochen haben, die zeitlich nicht allzu weit auseinanderliegen (zum Beispiel innerhalb eines Monats).
- ✔ **Personenbedingte Kündigung:** Sie dürfen einem Mitarbeiter personenbedingt kündigen, wenn er aufgrund von fehlender Befähigung oder Krankheit seine vertraglich

vereinbarte Tätigkeit nicht mehr ausführen kann. Dies ist beispielsweise der Fall, wenn Ihr Lagerarbeiter aufgrund einer Rückenkrankheit keine schweren Lasten mehr heben kann oder Ihr Lkw-Fahrer seine Fahrerlaubnis verliert.

- **Betriebsbedingte Kündigung:** Betriebsbedingte Kündigungen dürfen Sie aussprechen, wenn das Unternehmen aus wirtschaftlichen oder organisatorischen Gründen Stellen abbauen muss, beispielsweise im Zuge von Umstrukturierungen oder bei dauerhaftem Auftragsmangel. Voraussetzung für eine betriebsbedingte Kündigung ist, dass für die betroffenen Mitarbeiter keine alternativen Einsatzmöglichkeiten innerhalb des Unternehmens bestehen. Nach einer sorgfältigen Sozialauswahl kündigen Sie in der Regel Mitarbeitern, die ledig sind, keine Kinder haben und erst seit kurzer Zeit im Unternehmen beschäftigt sind.

Außerordentliche Kündigung

Arbeitgeber und Arbeitnehmer können fristlos kündigen, wenn ein besonders schweres Fehlverhalten vorliegt und deshalb eine weitere Beschäftigung nicht zumutbar ist.

- Fehlverhalten des Arbeitnehmers sind zum Beispiel die Vorlage gefälschter Zeugnisse oder Diebstahl.
- Fehlverhalten auf Arbeitgeberseite sind beispielsweise verspätete oder verweigerte Lohnzahlungen sowie unzumutbare Tätigkeiten.

Eben hat Sie ein Kunde angerufen und Ihnen erzählt, dass Ihr Mitarbeiter ihm heute ein Angebot für die Badrenovierung machen sollte. Während des Gesprächs fragte Ihr Mitarbeiter den Kunden, warum er die Renovierung ausgerechnet von Ihrem Unternehmen in Auftrag geben möchte, da Ihr Unternehmen doch als überteuert gilt. Zudem schlug er vor, das Bad des Kunden nach Feierabend für deutlich weniger Geld zu fliesen. Als Sie Ihren Mitarbeiter darauf ansprechen, verwickelt dieser sich in Widersprüche. Für Sie gibt es nur eine Lösung: eine fristlose Kündigung des untreuen Mitarbeiters. Um einen eventuellen aufsehenerregenden Prozess zu vermeiden, überlegen Sie alternativ, Ihrem Mitarbeiter einen Aufhebungsvertrag vorzuschlagen.

Personalentwicklung: Mitarbeiter fördern

Aufgaben und Anforderungen im Unternehmen können sich mit der Zeit verändern. Im Rahmen der Personalentwicklung stellen Sie sicher, dass alle Mitarbeiter heute und in Zukunft fähig sind, alle anfallenden Aufgaben zu bewältigen. Insofern spielt die Personalentwicklung besonders in Bezug auf die Deckung des qualitativen Personalbedarfs – also der zur Leistungserstellung benötigten fachlichen, methodischen, persönlichen und sozialen Kompetenzen – eine wichtige Rolle.

Die Personalentwicklung umfasst alle Maßnahmen der

- **Ausbildung,** die auf die Ausübung eines Berufs vorbereitet.
- **Fort- und Weiterbildung,** bei der Mitarbeitende benötigte Qualifikationen erhalten, erweitern oder an veränderte Rahmenbedingungen anpassen.

Berufsausbildung: Berufliche Grundqualifizierung

Das *Berufsbildungsgesetz* und die *Handwerksordnung* enthalten die wichtigsten Regeln zur Berufsausbildung. Für einige Berufe existieren besondere Regelungen in eigenen Gesetzen.

In Deutschland wird eine Berufsausbildung im *Dualen System* durchgeführt, das heißt an zwei Lernorten:

- ✔ **Berufsschulen** vermitteln die erforderlichen theoretischen Kenntnisse und Allgemeinbildung.
- ✔ **Unternehmen** vermitteln die praktischen Kenntnisse am Arbeitsplatz.

Die duale Ausbildung erfolgt parallel in der Berufsschule und im Unternehmen. Je nach Beruf und persönlichen Voraussetzungen dauert die Ausbildung 2 bis 3,5 Jahre. Am Ende der Ausbildung werden in den circa 350 staatlich anerkannten Ausbildungsberufen Abschlussprüfungen durchgeführt. Die Abschlussprüfung besteht aus einem schriftlichen und einem praktischen Teil.

Die Qualität der Ausbildung und der Schutz der Auszubildenden werden in weiteren Gesetzen geregelt:

- ✔ Das **Jugendarbeitsschutzgesetz** enthält unter anderem Vorschriften zur Arbeitszeit, zum Mindesturlaub und zu ärztlichen Untersuchungen.
- ✔ Das **Betriebsverfassungsgesetz** regelt die Rechte des Betriebsrats und der Jugend- und Auszubildendenvertretung.
- ✔ Das **Mutterschutzgesetz** stellt werdende und junge Mütter unter besonderen Schutz.
- ✔ Das **Bürgerliche Gesetzbuch** bestimmt, dass die Verträge eingehalten werden müssen und regelt Schadenersatzansprüche bei Nichterfüllung.

Folgende Personengruppen sind an der Berufsausbildung beteiligt:

- ✔ **Auszubildende** absolvieren eine Berufsausbildung. Dafür haben sie mit einem Ausbildungsunternehmen einen Ausbildungsvertrag abgeschlossen, der unter anderem Gliederung, Ziel und Dauer der Ausbildung sowie Arbeitszeit, Probezeit, Vergütung und Urlaub enthält.
- ✔ **Ausbildende** sind die Unternehmen (Arbeitgeber), die Auszubildende einstellen. Diese Unternehmen tragen die Verantwortung, dass Auszubildende die nötigen Fähigkeiten und Kenntnisse in ihren Ausbildungsberufen erlangen. Ausbilder können die Ausbildung selbst durchführen oder einen Ausbilder damit beauftragen.
- ✔ **Ausbilder** sind Personen, die im Auftrag des ausbildenden Unternehmens die Berufsausbildung planen, durchführen und kontrollieren.
- ✔ **Ausbildungsbeauftragte** sind Mitarbeiter des ausbildenden Unternehmens, die selbst keine Ausbilder sind, aber dennoch die Ausbilder unterstützen, indem sie bestimmte Ausbildungsaufträge übernehmen. Auszubildende können so unterschiedliche Abteilungen im Unternehmen kennenlernen.

Sie sind *Auszubildender* zum Industriekaufmann bei einem regionalen Unternehmen. Dieses Unternehmen ist der *Ausbildende*. Christian Arnold ist für Ihre Ausbildung verantwortlich. Er selbst ist Industriekaufmann, arbeitet seit vielen Jahren im Unternehmen und hat die Ausbildereignungsprüfung erfolgreich absolviert. Das Unternehmen hat ihm die verantwortliche Betreuung der Auszubildenden übertragen. Christian Arnold ist *Ausbilder*. Sie absolvieren gerade eine Ausbildungsstation im Bereich Marketing und Vertrieb. Anna Bruckner ist dort eine erfahrene Sachbearbeiterin. Sie erläutert Ihnen unter anderem, welche Materialien regelmäßig verschickt werden müssen, welche Regeln für Besuche von Geschäftspartnern gelten und wie Daten potenzieller Kunden (Leads) in das CRM-System eingepflegt werden. Anna Bruckner ist *Ausbildungsbeauftragte*.

Nach dem Berufsbildungsgesetz darf nur ausbilden, wer persönlich und fachlich dazu geeignet ist. Persönlich geeignet sind Sie, wenn keine besonderen Gründe dagegensprechen (zum Beispiel keine schweren Gesetzesverstöße vorliegen). Fachlich geeignet sind Sie, wenn Sie

- ✔ über die erforderlichen beruflichen Fertigkeiten, Kenntnisse und Fähigkeiten verfügen,
- ✔ die Abschlussprüfung in einer dem Ausbildungsberuf entsprechenden Fachrichtung bestanden haben,
- ✔ eine angemessene Berufserfahrung vorweisen können und
- ✔ über berufs- und arbeitspädagogische Kenntnisse verfügen, die normalerweise durch eine bestandene Ausbildereignungsprüfung nachgewiesen werden.

In der Ausbildung werden die für den jeweiligen Ausbildungsberuf erforderten Fähigkeiten und Kenntnisse systematisch und organisiert vermittelt. Dies können Sie in vier Schritten durchführen (Vier-Stufen-Methode):

1. **Vorbereitung:** Als Ausbilder erklären Sie den Auszubildenden die durchzuführende Tätigkeit und wieso diese für das Unternehmen wichtig ist. Sie klären die Vorkenntnisse der Auszubildenden ab und stellen ihnen alle notwendigen Materialien zur Verfügung.

2. **Vorführung:** Sie führen die Tätigkeit zunächst selbst durch. Sie zeigen, erklären und wiederholen gegebenenfalls die einzelnen Arbeitsschritte.

3. **Ausführung:** Nun machen die Auszubildenden die Tätigkeit unter Aufsicht nach. Dabei erklären sie ihr Vorgehen, damit eventuelle Verständnisprobleme deutlich werden. Sie als Ausbilder loben und greifen ansonsten nur bei schwerwiegenden Fehlern ein.

4. **Übung:** Die Auszubildenden wiederholen die Tätigkeit so lange, bis sie diese einwandfrei beherrschen. Als Ausbilder überwachen Sie die Fortschritte und geben notwendige Hilfestellungen.

Als Auszubildender zum Industriekaufmann sollen Sie sich mit den Grundlagen der Rechnungsstellung vertraut machen.

1. **Vorbereitung:** Ihre Ausbilderin stellt Ihnen zunächst alle notwendigen Unterlagen zur Verfügung (zum Beispiel Musterrechnungen, Vorlagen, Produktkataloge, Preisliste). Daraufhin gibt sie Ihnen eine Einführung in die vom Unternehmen verwendete Rechnungssoftware und erklärt Ihnen die theoretischen Grundlagen der Rechnungsstellung (zum Beispiel gesetzliche Anforderungen, Pflichtangaben). Sie erklärt Ihnen ebenfalls, welche Rolle die Rechnungsstellung im Unternehmensprozess spielt.
2. **Vorführung:** Als Nächstes erstellt Ihre Ausbilderin eine Beispielrechnung, erklärt jeden Schritt und zeigt Ihnen, wie die Rechnung im System gespeichert wird. Sie stellen Fragen und machen sich Notizen.
3. **Ausführung:** Nun erstellen Sie selbst eine Rechnung unter Aufsicht der Ausbilderin, die Ihnen konstruktives Feedback gibt.
4. **Übung:** Zur Vertiefung erstellen Sie nun eigenständig mehrere Rechnungen für unterschiedliche Produkte und erhalten regelmäßig Feedback von Ihrer Ausbilderin.

Die Vier-Stufen-Methode ist vor allem geeignet, wenn Auszubildende einfach strukturierte Aufgaben, wie zum Beispiel den Umgang mit bestimmter Software oder das Ausfüllen von Formularen, erlernen sollen. Zur Vermittlung von anspruchsvolleren Tätigkeiten können handlungsorientierte Methoden verwendet werden. Hier übernehmen die Auszubildenden eigenverantwortlich ihren Lernprozess und erarbeiten sich die erforderlichen Fähigkeiten und Kenntnisse selbstständig, während die Ausbilder nur minimal eingreifen.

Fortbildung: Berufliche Fähigkeiten erweitern

Es gibt verschiedene Formen der Fortbildung:

- ✔ **Anpassungsfortbildung:** Mit ihr können Sie Ihre vorhandene berufliche Bildung erhalten und anpassen.
- ✔ **Aufstiegsfortbildung:** Sie hilft Ihnen, die Bildung zu erweitern, um beruflich aufzusteigen.

Eine Fortbildung bezieht sich auf die Aktualisierung, Ergänzung oder Erweiterung Ihrer bereits vorhandenen Qualifikationen, die Sie in Ihrem Ausbildungsberuf erworben haben. Sie verfügen also bereits über entsprechende Berufserfahrung.

Nach Ihrer kaufmännischen Ausbildung waren Sie hauptsächlich im Rechnungswesen beschäftigt. Im Zuge der Einführung einer Warenwirtschaftssoftware, mit der alle Anwendungsbereiche abgedeckt werden, nehmen Sie und Ihre Kollegen an Kursen zur Nutzung der neuen Software teil. Hierbei handelt es sich um Maßnahmen der *Anpassungsfortbildung*.

Ihnen ist in Aussicht gestellt worden, in einigen Jahren die Leitung der Finanzbuchhaltung zu übernehmen. Voraussetzung dafür ist allerdings der Abschluss als Bilanzbuchhalter (IHK). Daher besuchen Sie einen Vorbereitungskurs für die Prüfung zum Bilanzbuchhalter. Hierbei handelt es sich um eine *Aufstiegsfortbildung*.

Weiterbildung: Neue berufliche Qualifikationen

Im Gegensatz zur Fortbildung ist eine Weiterbildung unabhängig von Ihrer derzeit ausgeübten Tätigkeit. Durch eine Weiterbildung erwerben Sie zusätzliche Qualifikationen, um sich beruflich neu zu orientieren oder einen neuen/zusätzlichen Abschluss in einem neuen Berufsfeld zu erlangen.

Sie sind im Rechnungswesen tätig und möchten sich beruflich neu orientieren. Nach einigen erfolgreichen Teilnahmen an Projekten innerhalb Ihres Unternehmens ziehen Sie den Bereich des Projektmanagements in Erwägung. Eine Weiterbildung zum Projektmanager vermittelt Ihnen die Kenntnisse und Fähigkeiten, die für die Planung, Durchführung und Kontrolle von Projekten in verschiedenen Branchen erforderlich sind. Als erfahrener Experte im Rechnungswesen profitieren Sie von dieser Weiterbildung, da Projektmanagementkenntnisse Ihre bisherigen Fähigkeiten ergänzen und die Einsatzmöglichkeiten erweitern. Beispielsweise könnten Sie in Projekten zur Einführung neuer Finanzsoftware, in der Optimierung von Buchhaltungsprozessen oder in der Leitung interdisziplinärer Teams tätig werden.

Personalentwicklung im Unternehmen

Als Unternehmen können Sie Ihre Mitarbeiter auch intern fördern und sie somit weiterqualifizieren. Personalentwicklungsmaßnahmen innerhalb des Unternehmens können zur Deckung des qualitativen Personalbedarfs beitragen und gleichzeitig die Motivation der Mitarbeiter fördern. Hierfür stehen Ihnen verschiedene Maßnahmen zur Verfügung, die nach der Nähe zum aktuellen Arbeitsplatz der Mitarbeiter und ihrer konkreten Tätigkeit unterschieden werden:

- ✔ **Training on the Job:** Als Mitarbeiter werden Sie durch »Learning by Doing« in eine neue Tätigkeit eingeführt. Dabei werden Sie von Ihrem Vorgesetzten, einem erfahrenen Kollegen (Mentoring) oder einem speziellen Trainer begleitet. Diese Begleitung geschieht an Ihrem derzeitigen Arbeitsplatz. Beim Training on the Job gibt es verschiedene Methoden:

  - **Job Enrichment:** Sie erhalten zusätzliche, anspruchsvollere Aufgaben, die mit mehr Verantwortung und Entscheidungsfreiheit verbunden sind.

Sie arbeiten als Buchhalter eines Personaldienstleisters. Im Rahmen eines Job Enrichments erhalten Sie, zusätzlich zu Ihren bisherigen Aufgaben, die Möglichkeit, an der Erstellung und Überwachung des Unternehmensbudgets mitzuwirken. Die Übernahme dieser anspruchsvolleren Aufgabe motiviert Sie zusätzlich und eröffnet Ihnen neue Karrierewege.

- **Job Enlargement:** Als Ergänzung zu Ihren bisherigen Aufgaben werden Ihnen zusätzliche Aufgaben übertragen. Sie arbeiten auf dem gleichen Anforderungsniveau, erledigen aber mehr verschiedenartige Aufgaben als vorher.

Neben Ihren bisherigen Aufgaben der Buchführung und der Erstellung von Finanzberichten werden Ihnen Teilaufgaben des Controllings übertragen. Sie sind nun ebenfalls für die Analyse von Geschäftsdaten und die Erstellung von Budgets zuständig. Diese zusätzlichen Aufgaben erfordern eine vertiefte Analysefähigkeit und strategisches Denken.

- **Job Rotation:** Durch einen systematischen Wechsel von Aufgaben lernen Sie unterschiedliche Tätigkeiten kennen und erweitern Ihr Qualifikationsprofil.

Ihr Unternehmen hat ein Rotationsprogramm für seine Mitarbeiter im Rechnungswesen implementiert, um ihre Fachkenntnisse zu erweitern, ihre Fähigkeiten in verschiedenen Bereichen zu stärken und ihre Arbeit abwechslungsreicher zu gestalten. In einem regelmäßigen Turnus wechseln sie zwischen den Abteilungen Buchhaltung, Finanzen, Controlling und Steuern.

✔ **Training near the Job:** Sie eignen sich neue Qualifikationen an, indem Sie zum Beispiel an Projekten, Arbeitsgruppen oder Gremien teilnehmen, die nicht unmittelbar an Ihrem Arbeitsplatz aber im nahen Arbeitsumfeld stattfinden.

Sie arbeiten im Rechnungswesen einer Bierbrauerei. Aufgrund der verschlechterten Qualität Ihrer Bierdosen gehen Ihre Absatzzahlen runter. Um dieses Problem zu beheben, treten Sie einer Projektgruppe mit Mitarbeitern aus unterschiedlichen Bereichen, wie zum Beispiel Vertrieb, Produktion und Qualitätskontrolle, bei. Zusammen erarbeiten Sie Maßnahmen, um die Qualität der Bierdosen zu verbessern und darüber hinaus die Produktionskosten zu senken. Durch die Teilnahme an der Projektgruppe konnten Sie sich unter anderem in den Bereichen Projektmanagement, Kostenmanagement, Teamarbeit und Datenanalyse weiterentwickeln.

✔ **Training off the Job:** Sie verlassen Ihr gewohntes Arbeitsumfeld, um sich weiterzuentwickeln. Dazu können Sie zum Beispiel an Vorträgen, Schulungen oder Seminaren teilnehmen. Diese können auch unabhängig von Ihrer bisherigen Tätigkeit sein und finden häufig in externen Bildungseinrichtungen statt.

Sie nehmen an einem IHK-Zertifikatslehrgang zur Weiterbildung zum Agilen Projektmanager teil.

Potenzialanalyse: Talente erkennen

Um das Entwicklungspotenzial Ihrer Mitarbeiter zu ermitteln, können Sie eine *Potenzialanalyse* nutzen. Hier beurteilen Sie in regelmäßigen Abständen (zum Beispiel durch Interviews, Intelligenz- oder Persönlichkeitstests oder der Analyse von Arbeitsergebnissen) die vorhandenen fachlichen, methodischen, persönlichen und sozialen Kompetenzen Ihrer Mitarbeiter und vergleichen diese mit den Anforderungen in Ihrem Unternehmen

(*Soll-Ist-Vergleich*). Durch die gerade erläuterten Entwicklungsmaßnahmen können dann festgestellte Defizite beseitigt und erkannte Stärken gefördert werden.

Da sowohl Sie als auch Ihre Mitarbeiter menschlich sind, ist eine hundertprozentig objektive Beurteilung kaum möglich. Hier ist eine Auswahl an möglichen Beurteilungsfehlern:

- ✔ **Halo-Effekt (Heiligenschein-Effekt):** Ein besonders herausragendes Beurteilungsmerkmal (oder eine besondere Fähigkeit) wird auf die übrigen Eigenschaften des zu bewertenden Mitarbeiters übertragen. Wenn Ihr Mitarbeiter Thomas zum Beispiel sehr freundlich und hilfsbereit ist, könnten diese positiven Eigenschaften dazu führen, dass Sie als sein Vorgesetzter ihn insgesamt als hervorragenden Mitarbeiter beurteilen. Auch wenn Thomas in bestimmten Arbeitsbereichen, beispielsweise der Pünktlichkeit bei Abgabeterminen oder der Genauigkeit bei der Dateneingabe, Schwächen zeigt, neigen Sie dazu, diese Mängel zu übersehen oder zu verharmlosen, weil Sie Thomas insgesamt als positiv wahrnehmen.
- ✔ **Recency-Effekt (Nikolaus-Effekt):** Bei der Beurteilung Ihres Mitarbeiters Thomas beziehen Sie sich besonders auf Ereignisse, die erst vor Kurzem stattgefunden haben. So hat Thomas möglicherweise das ganze Jahr über Probleme gehabt, Arbeiten termintreu auszuführen, kurz vor dem anstehenden Mitarbeitergespräch jedoch eine wichtige Aufgabe erledigt. Nur diese erfüllte Leistung steht im Gesprächsfokus.
- ✔ **Hierarchie-Effekt:** Wenn ein Mitarbeiter eine höhere Hierarchiestufe erreicht hat, wird das seine Gründe haben. Sie beurteilen ihn tendenziell besser.
- ✔ **Kleber-Effekt:** Wenn ein Mitarbeiter lange nicht befördert worden ist (»an seinem Stuhl klebt«), wird das seine Gründe haben. Sie beurteilen ihn tendenziell schlechter.
- ✔ **Sympathie/Antipathie:** Sie bewerten Mitarbeiter je nach Sympathie oder Antipathie besser oder schlechter. Häufig erhalten Personen mit ähnlichen Merkmalen (zum Beispiel gleicher Dialekt, ähnlicher Ausbildungsweg oder andere Gemeinsamkeiten) einen Sympathiebonus.

Solche Beurteilungsfehler können Sie durch den Einsatz geeigneter Beurteilungskriterien, Schulungen oder Selbstreflexion minimieren.

Erfolgskontrolle der Personalentwicklung

Es ist nicht immer leicht, den Erfolg von Personalentwicklungsmaßnahmen zu ermitteln. Eine Herausforderung besteht darin, zu beurteilen, ob Ihre Mitarbeiter ihre Arbeitsleistung zum Beispiel aufgrund einer bestimmten Fortbildung verbessert haben oder dies auf andere Einflussfaktoren zurückzuführen ist. Dennoch gibt es verschiedene Möglichkeiten zur Erfolgsmessung:

- ✔ **Prüfungsergebnisse:** Sofern Personalentwicklungsmaßnahmen mit Tests oder Prüfungen abgeschlossen werden, liegt damit eine Form der Erfolgskontrolle vor. Ob Ihre Mitarbeiter das Erlernte auch in die praktische Arbeit übertragen, ist jedoch eine Frage des *Transfererfolgs*, der unterschiedlich ausfallen kann.

- **Bewertung durch Mitarbeiter:** Mitarbeiter bewerten die Personalentwicklungsmaßnahme, an der sie teilgenommen haben, zum Beispiel durch Interviews oder Ausfüllen eines Fragebogens. Allerdings sind solche Bewertungen oft subjektiv und somit schwer mit der Erwartungshaltung des Unternehmens vergleichbar.
- **Hospitation:** Als Vorgesetzter nehmen Sie persönlich oder eine Ihnen vertraute Person an der Fortbildung Ihrer Mitarbeiter teil, um ein möglichst ungefiltertes Feedback über die Veranstaltung und insbesondere über die Unterrichtsgestaltung zu erhalten.
- **Vergleichsgruppen:** Um den Lerneffekt zu isolieren, vergleichen Sie zwei ähnliche Gruppen von Mitarbeitern miteinander: Eine Gruppe nimmt zum Beispiel an einer Fortbildung teil, die andere nicht. Dieses Vorgehen ist allerdings recht aufwendig und es ist fragwürdig, ob der Lerneffekt durch die Fortbildung nicht durch das unterschiedliche Lernverhalten der Mitarbeiter herausgefiltert werden kann.

Achten Sie in der Prüfung darauf, bei Ihren Antworten eine differenzierte und kritische Betrachtung vorzunehmen.

IN DIESEM KAPITEL

Arten der Führung und Motivation

Unterschiedliche Führungsstile

Teamführung

Kapitel 26
Personalführung

Eine der größten Herausforderungen für Unternehmen besteht darin, passendes Personal zu finden und an sich zu binden. Dieses Personal muss gut geführt werden, damit die Unternehmensziele erreicht werden. Keine einfache Aufgabe, denn dazu müssen Mitarbeiter motiviert sein beziehungsweise werden und die Führungskräfte des Unternehmens müssen durch den passenden Führungsstil auf ihre Bedürfnisse eingehen. Andererseits beinhaltet Führung auch die Entwicklung von Teams und die Förderung von Zusammenarbeit.

Die Arten von Führung: Die richtige Mischung macht's

Als Führungskraft sorgen Sie dafür, dass die Unternehmensziele erfolgreich erreicht werden, während Sie gleichzeitig die Kompetenzen, Bedürfnisse und Wünsche Ihrer Mitarbeiter berücksichtigen.

Personalführung ist die gezielte Steuerung und Beeinflussung der Verhaltensweisen von Mitarbeitern.

Um diese komplexe Aufgabe zu meistern, greifen Sie als Führungskraft auf unterschiedliche Arten der Führung zurück.

Führung durch Motivation

Motivation ist entscheidend dafür, dass Mitarbeiter engagiert für ihr Unternehmen arbeiten und die nötige Leistungsbereitschaft zeigen, um die Unternehmensziele zu erreichen. Wir unterscheiden zwischen zwei Arten von Motivation:

- ✔ **Intrinsische Motivation** kommt von innen heraus. Sie bezieht sich auf das Engagement in einer Tätigkeit aufgrund des persönlichen Interesses oder der Freude, die diese Tätigkeit selbst bietet. Sind Sie also intrinsisch motiviert, finden Sie die Tätigkeit an sich (zum Beispiel Lernen aus Interesse, Sport aus Freude oder Helfen aus Überzeugung) erfüllend und befriedigend, unabhängig von externen Belohnungen oder Anerkennung.
- ✔ **Extrinsische Motivation** basiert auf äußeren Faktoren wie Belohnungen (zum Beispiel eine Gehaltserhöhung), Anerkennung oder Vermeidung von Bestrafung. Hierbei wären die Anreize oder Belohnungen, die außerhalb der Tätigkeit liegen, der Hauptantrieb für Ihr Engagement.

Um zu motivieren, müssen Sie verstehen, welche Faktoren Motivation beeinflussen. Motivationstheorien wie Maslows Bedürfnispyramide beschreiben, wie unterschiedliche Bedürfnisse als Motivationsfaktoren wirken.

Die Bedürfnispyramide nach Maslow

Laut Maslows *Bedürfnispyramide* sind menschliche Bedürfnisse hierarchisch angeordnet, ähnlich den Stufen einer Pyramide. Bestimmte Bedürfnisse haben also Vorrang vor anderen. Grundbedürfnisse wie Nahrung haben zum Beispiel Vorrang vor Statussymbolen wie einer neuen Uhr. Nur wenn Bedürfnisse der unteren Stufen befriedigt sind, entwickeln Menschen das Bestreben, die nächsthöheren zu erreichen.

Abbildung 26.1 zeigt die Bedürfnispyramide:

Abbildung 26.1: Bedürfnispyramide nach Maslow

Tabelle 26.1 bietet Beispiele für Bestandteile der einzelnen Bedürfnisstufen:

Stufe	Eigenschaften
Physiologische Bedürfnisse (Grundbedürfnisse)	✔ Nahrung ✔ Sexualität ✔ Schlaf
Sicherheitsbedürfnisse	✔ Schutz vor Gefahren ✔ Arbeit (festes Einkommen) ✔ Wohnraum ✔ Altersvorsorge
Soziale Bedürfnisse	✔ Familie ✔ Freundschaften ✔ Kommunikation
Wertschätzungsbedürfnisse	✔ Status ✔ Erfolg ✔ Anerkennung ✔ Wohlstand ✔ Selbstachtung
Selbstverwirklichungsbedürfnisse	✔ Persönlichkeitsentwicklung ✔ Potenzialausschöpfung ✔ Talententfaltung ✔ Individualität

Tabelle 26.1: Beispiele für Bestandteile der Bedürfnispyramide nach Maslow

Wenn Sie sich als Mitarbeiter unsicher in Bezug auf Ihr Arbeitsverhältnis fühlen, zum Beispiel durch unklare Jobgarantien oder eine unsichere wirtschaftliche Lage Ihres Arbeitgebers, werden Sie sich wahrscheinlich mehr auf Ihre Arbeitsplatzsicherheit und finanzielle Stabilität konzentrieren als auf Ihre Aufgaben und Ziele. Wenn Ihr Arbeitgeber aber transparente Informationen zur Arbeitsplatzsicherheit und eine faire Bezahlung bietet, kann das Ihr Vertrauen stärken und Ihr Engagement erhöhen.

Wenn Sie als Mitarbeiter Anerkennung und Wertschätzung für Ihre Leistung erhalten, etwa durch regelmäßiges Feedback oder Belohnungen, steigen Ihre Motivation und Ihr Engagement. Wenn Ihr Arbeitgeber eine Kultur der Anerkennung pflegt und Erfolge öffentlich lobt, unterstützt es Sie dabei, sich geschätzt und anerkannt zu fühlen.

Wenn Sie als Mitarbeiter die Möglichkeit haben, sich weiterzuentwickeln und Ihre Fähigkeiten voll auszuschöpfen, zum Beispiel mit Weiterbildungsmöglichkeiten oder herausfordernden Projekten, können Sie Ihr volles Potenzial entfalten. Wenn Ihr Arbeitgeber individuelle Entwicklungspläne und Karrierechancen bietet, fördert dies Ihr Wachstum und ermöglicht Ihnen, Ihre beruflichen Ziele zu erreichen.

Menschen verhalten sich nicht immer so wie es Maslows Theorie vorhersagt. Viele bewegen sich hin und her zwischen verschiedenen Bedürfnissen und haben sogar mehrere gleichzeitig. Einige verzichten auf Sicherheit und Freundschaften, um dafür mehr zu lernen oder größere Selbstachtung zu erlangen.

Führung durch Zielvereinbarungen: Management by Objectives

Das *Management by Objectives* basiert auf der Idee, dass die Führung durch eine gemeinsame Zielsetzung zwischen Vorgesetztem und Mitarbeiter erfolgt. Beide definieren zusammen den Aufgabenbereich, die Kompetenzen und die Verantwortung des Mitarbeiters auf Basis des angestrebten Ergebnisses. Innerhalb eines festgelegten Rahmens kann der Mitarbeiter dann selbst entscheiden, wie er das vereinbarte Ziel erreichen möchte. Durch diese Zielvereinbarung wird eine für beide Seiten verbindliche Regelung getroffen, die eigenverantwortliches Handeln im jeweiligen Zuständigkeitsbereich erleichtert. Die Zielvereinbarung sollte *SMART* formuliert werden:

S	spezifisch	Ziel muss präzise formuliert sein
M	messbar	Ziel muss nach klaren Kriterien überprüfbar sein
A	angemessen	Ziel muss herausfordernd und akzeptabel sein
R	realistisch	Ziel muss erreichbar sein
T	terminiert	Ziel muss bis zu einem bestimmten Zeitpunkt erreicht werden

Mit Ihrem Vertriebsmitarbeiter vereinbaren Sie Folgendes:

S	3 neue Klienten an Land ziehen
M	3 Verträge werden unterzeichnet
A	Wird zu unserem Ziel der Umsatzsteigerung beitragen
R	Realistisch, da neue Klienten aus einem neuen Segment, auf das wir uns fokussieren, kommen sollten
T	Innerhalb eines Jahres, bis zum 24. Dezember

Führung durch Übertragen von Verantwortung: Management by Delegation

Beim *Management by Delegation* werden Aufgaben auf untergeordnete Mitarbeiter übertragen, sodass diese selbstständig innerhalb eines festgelegten Rahmens arbeiten können und sollen. Diese Vorgaben sind in den Stellenbeschreibungen festgelegt. Aufgaben, Kompetenzen und Verantwortlichkeiten hängen miteinander zusammen und alle drei werden deshalb auch zusammen delegiert. Ein wesentlicher Vorteil dieses Ansatzes ist, dass die Mitarbeiter eine hohe Akzeptanz für die Unternehmensziele entwickeln, da sie bei der Gestaltung ihrer Arbeit erhebliche Freiheiten genießen.

Führung nach dem Ausnahmeprinzip: Management by Exception

Management by Exception (Eingriff im Ausnahmefall) ermöglicht es Mitarbeitern, innerhalb festgelegter Grenzen eigenständig Entscheidungen zu treffen. Der Vorgesetzte greift nur in den Fällen ein, in denen die Entscheidungen den definierten Rahmen überschreiten. Mitarbeiter erhalten somit Freiraum und Verantwortung, was ihre Motivation zur Zielerreichung und ihre Produktivität erhöht. Gleichzeitig wird die Führungskraft entlastet, da sie sich auf wesentliche Aufgaben konzentrieren kann.

Als Vertriebsmitarbeiter haben Sie die Freiheit, innerhalb einer Preisgrenze von 100.000 € Rabatte und Sonderkonditionen für Kunden auszuhandeln, um Vertragsabschlüsse zu fördern. Wenn jedoch ein Kunde einen Rabatt verlangt, der diese festgelegte Grenze überschreitet oder spezielle Bedingungen fordert, die außerhalb der üblichen Rahmenbedingungen liegen, müssen Sie die Entscheidung an Ihren Vertriebsleiter weiterleiten, der dann über die Ausnahme entscheidet.

Die Vielfalt der Führungsstile

Als Führungskraft tragen Sie dazu bei, dass die Unternehmensziele erfolgreich erreicht werden, während Sie gleichzeitig die Kompetenzen, Bedürfnisse und Wünsche Ihrer Mitarbeiter berücksichtigen. Genau diese beiden Dimensionen, Aufgaben- und Mitarbeiterorientierung der Führungskraft, werden oft zur Kategorisierung von verschiedenen Führungsstilen genommen.

- ✔ **Aufgabenorientierung:** Die Führungskraft konzentriert sich auf die Produktion, die Ergebnisse, die Erzielung von Gewinnen und die Erreichung der vorgegebenen Unternehmensziele. Dies beinhaltet
  - die Organisation der Arbeitsaufgaben,
  - die Regelung von Verantwortlichkeiten,
  - die Kontrolle aller Arbeitsschritte sowie
  - die Planung zukünftiger Maßnahmen.
- ✔ **Mitarbeiterorientierung:** Die Führungskraft konzentriert sich darauf, gute menschliche Beziehungen aufzubauen, Verständnis zu zeigen und Unterstützung zu bieten, mit dem Ziel, eine hohe Arbeitszufriedenheit unter den Mitarbeitern zu erreichen.

Der *Führungsstil* ist das typische und beständige Verhaltensmuster, das eine Führungskraft gegenüber ihren Mitarbeitern zeigt, um Aufgaben zu bewältigen. Kurz gesagt, beschreibt er die Art und Weise, wie eine Führungskraft ihre Mitarbeiter führt.

Wir können Führungsstile in zwei Kategorien einteilen: ein- und zweidimensionale.

Eindimensionale Führungsstile

Bei *eindimensionalen Führungsstilen* wird das Verhalten der Führungskraft nur durch eine Einflussgröße definiert. Die Aufgaben- oder Mitarbeiterorientierung sind also Gegensätze. Führungsstile können nicht gleichzeitig eine hohe Aufgaben- und Mitarbeiterorientierung aufweisen. Schauen wir uns jetzt zwei Führungsstile mit eindimensionalem Charakter an.

Führungsstile nach Lewin

Laut Lewin lassen sich Führungsstile anhand des Ausmaßes unterscheiden, in dem Führungskräfte und Mitarbeiter an Entscheidungsprozessen beteiligt sind. Er definierte die in Tabelle 26.2 gezeigten Führungsstile.

Führungsstil	Eigenschaften
Autoritäre Führung Hohe Aufgabenorientierung Niedrige Mitarbeiterorientierung	✔ Die Führungskraft entscheidet allein und gibt Entscheidungen bekannt. ✔ Mitarbeiter sind nicht gefragt, eigene Ideen einzubringen. ✔ Es gelten klare Anweisungen und Regeln für alle Arbeitsprozesse. ✔ Bei Verstößen gegen Regeln drohen Sanktionen. ✔ Dieser Führungsstil ist vor allem in Krisenzeiten, im Militär oder im Rettungswesen relevant, da dort schnelle Entscheidungen von Autoritätspersonen erforderlich sind.
Kooperative Führung Hohe Aufgabenorientierung Hohe Mitarbeiterorientierung	✔ Das ist ein Führen auf Augenhöhe. ✔ Mitarbeiter haben Mitsprache- und Mitbestimmungsrecht. ✔ Trotz vieler Freiheiten für Mitarbeiter obliegt der Führungskraft die Verantwortung. ✔ Fehler sind erlaubt. ✔ Dieser Führungsstil ist in Unternehmen mit offenem Betriebsklima und häufigem Teamwork vorzufinden.
Laissez-faire-Führung Niedrige Aufgabenorientierung Niedrige Mitarbeiterorientierung	✔ Die Führungskraft greift nicht in die Handlungsprozesse ein. ✔ Die Mitarbeiter entscheiden und arbeiten selbstständig. ✔ Voraussetzung: Die Mitarbeiter bringen die erforderlichen Fähigkeiten mit, um Arbeit eigenständig erledigen zu können. ✔ Die Führungskraft kann sich auf strategisch wichtige Unternehmensaufgaben konzentrieren. ✔ Dieser Führungsstil eignet sich für Unternehmen, die kreativ tätig sind und ohne Hierarchien arbeiten wollen.

Tabelle 26.2: Führungsstile nach Lewin

Autoritäre Führung: Als Abteilungsleiter weisen Sie an, dass dieses Wochenende Sonderschichten durch Mitarbeiter geleistet werden müssen, um die Produktion kurzfristig zu steigern. Ihre Mitarbeiter werden zu dieser Entscheidung nicht befragt und müssen ihr Folge leisten.

Kooperative Führung: Sie verzeichnen eine steigende Nachfrage nach den Produkten Ihres Unternehmens. Um dieser Nachfrage gerecht zu werden, muss die Produktion um eine zusätzliche 8-Stunden-Schicht pro Woche erweitert werden. Als Vorgesetzter fragen Sie Ihre Mitarbeiter mittels Umfrage, ob sie täglich circa anderthalb Stunden länger arbeiten wollen oder eine zusätzliche Schicht am Samstag eingeführt werden soll.

Laissez-faire Führung: In einer Online-Marketing-Agentur sind die Mitarbeiter in Teams eingeteilt. Ein Team übernimmt die Verantwortung für eine neue Werbekampagne. Als Teamleiter praktizieren Sie den Laissez-faire-Führungsstil. Sie geben nur die groben Ziele vor, ohne spezifische Anweisungen oder Fristen zu setzen. Die Teammitglieder entscheiden eigenständig, wie sie die Aufgaben verteilen, welche kreativen Ansätze sie verfolgen und wie sie die Fortschritte überwachen. Sie greifen nur minimal ein und stehen hauptsächlich für Fragen zur Verfügung, lassen dem Team jedoch weitgehend freie Hand bei der Umsetzung der Kampagne. Sie achten darauf, dass Sie Ihren Mitarbeitern dennoch ab und zu Feedback geben, da sonst deren anfängliche Motivation schnell wieder nachlassen könnte.

In der Praxis findet man die drei Führungsstile selten in Reinform, sondern eher Mischungen aus einzelnen Führungsstilen.

Die X-Y-Theorie: Führung anhand von Menschenbildern

Douglas McGregor beschreibt Führungsstile anhand zweier gegensätzlicher *Menschenbilder*, die das natürliche Verhältnis von Menschen zu ihrer Arbeit darstellen. Diese Menschenbilder entstehen oft unbewusst durch den Kontakt mit verschiedenen Personen und beeinflussen unser Handeln sowie den Umgang mit anderen. Laut McGregor erfordert jedes Menschenbild einen bestimmten Führungsstil. Tabelle 26.3 gibt einen Überblick.

	Pessimistisches Menschenbild (Theorie X)	**Optimistisches Menschenbild (Theorie Y)**
Eigenschaften	Menschen als Arbeitnehmer sind von Natur aus ✔ faul ✔ unselbstständig ✔ arbeitsscheu ✔ sicherheitsbedürftig ✔ extrinsisch motiviert	Menschen als Arbeitnehmer sind von Natur aus ✔ leistungsbereit ✔ ehrgeizig ✔ verantwortungsbewusst ✔ kreativ ✔ intrinsisch motiviert
Führungsstil	**Autoritäre Führung** ✔ Strenge Vorschriften ✔ Klare Aufgaben ✔ Enge Kontrollen ✔ Sanktionierungen	**Kooperative Führung** ✔ Vertrauen ✔ Eigenverantwortung ✔ Selbstkontrolle ✔ Mitarbeiterentwicklung

Tabelle 26.3: Menschenbilder und erforderliche Führungsstile

Die X-Y-Theorie soll deutlich machen, dass Ihr Führungsverhalten sich oft daran ausrichtet, wie Sie Ihre Mitarbeiter sehen. Wenn Sie als Führungskraft zum Beispiel bisher autoritär geführt haben, könnte ein kooperativer Führungsstil erfolgreicher sein, wenn Sie Ihre Einstellung zu Ihren Mitarbeitern anpassen.

Zweidimensionale Führungsstile

Bei *zweidimensionalen Führungsstilen* wird das Verhalten der Führungskraft durch zwei Einflussgrößen definiert. Hier sind die Aufgaben- und Mitarbeiterorientierung keine Gegensätze, sondern eigene, sich nicht gegenseitig beschränkende Dimensionen. Zwei Führungsstile mit zweidimensionalem Charakter sind

1. das Managerial Grid, auch Verhaltensgitter genannt, und

2. die situative Führung nach dem Reifegradmodell.

Managerial Grid (Verhaltensgitter)

Blake und Mouton entwickelten das *Managerial Grid (Verhaltensgitter)*, das beide Führungsdimensionen, Aufgaben- und Mitarbeiterorientierung, kombiniert. In diesem Modell werden beide Dimensionen unabhängig voneinander auf einer Skala von 1 bis 9 bewertet, sodass sich theoretisch 81 verschiedene Führungsstile ableiten lassen. Diese werden jeweils durch eine spezifische Zahlenkombination angegeben. Abbildung 26.2 zeigt das Verhaltensgitter.

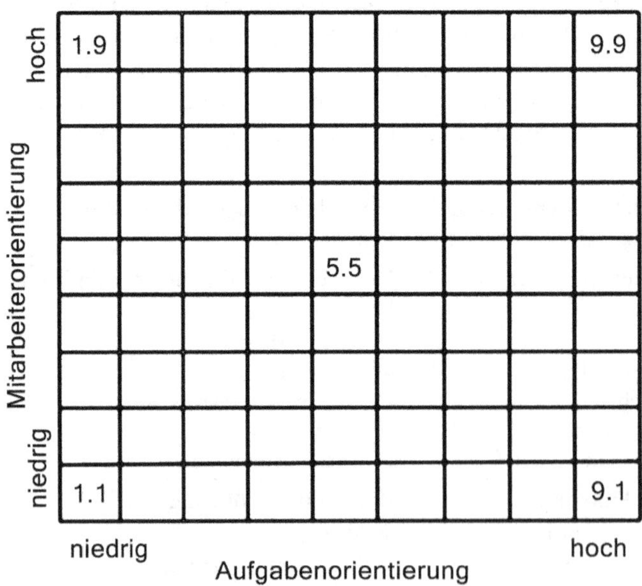

Abbildung 26.2: Managerial Grid (Verhaltensgitter)

Blake und Mouton fokussieren sich einfachheitshalber auf die in Tabelle 26.4 gezeigten fünf Führungsstile.

Führungsstil	Eigenschaften
1.1 Überlebensmanagement Niedrige Aufgabenorientierung Niedrige Mitarbeiterorientierung	✔ Geringe Einflussnahme der Führungskraft ✔ Eingriff nur, wenn unbedingt notwendig
1.9 Glacéhandschuh-Management Niedrige Aufgabenorientierung Hohe Mitarbeiterorientierung	✔ Fokus auf Bedürfnisse der Mitarbeiter ✔ Positives Arbeitsklima auf Kosten der Arbeitsleistung
5.5 Organisationsmanagement Mittlere Aufgabenorientierung Mittlere Mitarbeiterorientierung	✔ Ausgewogenes Verhältnis zwischen Arbeitsaufgaben und Mitarbeiterzufriedenheit ✔ Arbeit wird erledigt und gleichzeitig eine zufriedenstellende Arbeitsmoral aufrechterhalten
9.1 Befehl-Gehorsam-Management Hohe Aufgabenorientierung Niedrige Mitarbeiterorientierung	✔ Fokus auf Arbeitsergebnisse und Zielerreichung ✔ Arbeitsbedingungen werden so gestaltet, dass persönliche Faktoren kaum Einfluss haben
9.9 Teammanagement Hohe Aufgabenorientierung Hohe Mitarbeiterorientierung	✔ Delegation von Aufgaben und gemeinsame Entscheidungsfindung, um übergeordnete Ziele zu erreichen ✔ Hohe Arbeitsleistung, gegenseitiges Vertrauen

Tabelle 26.4: Führungsstile im Managerial Grid (Verhaltensgitter)

Aus diesem Modell ergibt sich eine Präferenz für 9.9 Teammanagement als optimalem Führungsstil.

Situative Führung: Das Reifegradmodell

Hersey und Blanchard entwickelten ein Modell, das den optimalen Führungsstil nicht festlegt, sondern als variabel betrachtet, abhängig vom sogenannten Entwicklungsstand (oder *Reifegrad*) eines Mitarbeiters. Der Reifegrad beinhaltet

- ✔ **die technische Fähigkeit** (Fachwissen, Fertigkeiten, Erfahrung) und
- ✔ **die psychologische Reife** (Zuversicht, Selbstvertrauen, Motivation) eines Mitarbeiters, eine Aufgabe zu erfüllen.

Je nach Entwicklungsstand des Mitarbeiters sollten Sie als Führungskraft Ihren Führungsstil von autoritär über integrierend und partizipativ bis hin zu delegierend anpassen. Die Anpassung des Führungsstils basierend auf dem Reifegrad des Mitarbeiters lässt sich in Form einer Kurve darstellen (siehe Abbildung 26.3).

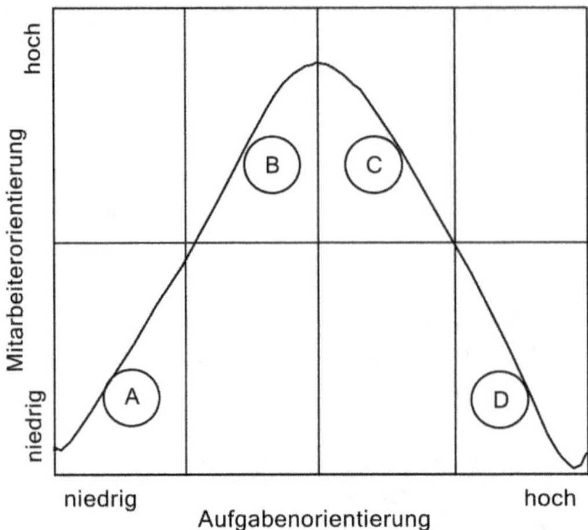

Abbildung 26.3: Reifegradmodell nach Hersey und Blanchard

Tabelle 26.5 fasst die vier möglichen Reifegrade und Führungsstile im Reifegradmodell zusammen.

Reifegrad der Mitarbeiter	Führungsstil
Reifegrad 1	**Autoritäre Führung (D)**
Unerfahren, geringes Selbstvertrauen, aber enthusiastisch	Klare Anweisungen und Aufsicht
Reifegrad 2	**Integrierende Führung (C)**
Etwas Erfahrung, etwas Selbstvertrauen	Coachen, überzeugen, loben
Reifegrad 3	**Partizipative Führung (B)**
Kompetent, etwas Selbstvertrauen	Einbeziehen und unterstützen
Reifegrad 4	**Delegierende Führung (A)**
Erfahren und selbstbewusst	Selbstständiges Arbeiten

Tabelle 26.5: Mögliche Reifegrade und Führungsstile im Reifegradmodell

Sie haben Ihre Ausbildung zum Industriekaufmann begonnen. In der ersten Woche sind Sie noch unsicher und wissen nicht genau, was von Ihnen im Unternehmen erwartet wird. Ihre Ausbilderin gibt Ihnen klare Anweisungen und überwacht Ihre Arbeit streng (*autoritäre Führung*).

Nach einigen Wochen haben Sie die grundlegenden Aufgaben verinnerlicht und fühlen sich etwas sicherer. Ihre Ausbilderin bezieht Sie mehr in die Arbeitsprozesse ein und gibt Ihnen zunehmend Verantwortung, aber Sie arbeiten weiterhin unter Anleitung und werden bei jedem Schritt unterstützt (*integrierende Führung*).

Nach einigen Monaten haben Sie bereits ein gutes Verständnis für die Abläufe in Ihrem Unternehmen entwickelt. Sie arbeiten selbstständig an Projekten, tauschen sich mit Kollegen aus und trauen sich mehr zu. Dennoch benötigen Sie weiterhin ab und zu Feedback und Unterstützung, um eigene Entscheidungen zu treffen (*partizipative Führung*).

Nach einem Jahr haben Sie viel Erfahrung gesammelt und fühlen sich sicher in Ihrer Rolle. Sie übernehmen eigenständig Projekte und treffen Entscheidungen. Ihre Ausbilderin delegiert Ihnen Aufgaben, ohne Ihnen ständig über die Schulter zu schauen, da Sie bewiesen haben, dass Sie kompetent und selbstbewusst arbeiten (*delegierende Führung*).

Hersey und Blanchard befürworten eine Entwicklung hin zum delegierenden Führungsstil und betonen, dass Mitarbeiter durch Trainingsprogramme entlang einer Entwicklungskurve gefördert werden sollen. Sie als Führungskraft haben dabei zwei Aufgaben: Ihre Mitarbeiter sowohl zu führen als auch weiterzuentwickeln.

Das Reifegradmodell gehört zur *situativen Führungstheorie*. Laut dieser Theorie verwenden Sie als Führungskraft nicht immer denselben Führungsstil, sondern passen ihn an die jeweilige Situation und den Entwicklungsstand Ihrer jeweiligen Mitarbeiter an. Erfolgreiche Führungskräfte erkennen den Entwicklungsstand jedes Mitarbeiters und wählen den für diesen Mitarbeiter geeigneten Führungsstil.

Für die Prüfung sollten Sie die unterschiedlichen Führungsstile kennen und beschreiben können.

Teamführung: Teams zu Höchstleistungen führen

Als Führungskraft sind Sie meist für mehrere Mitarbeiter zuständig und leiten somit ein ganzes Team.

Gruppe oder Team?

Gruppen sind nicht gleich Teams. Tabelle 26.6 zeigt die Unterschiede.

	Gruppe	Team
Ziele	Kein gemeinsames Ziel	Zeitlich begrenzte, gemeinsame Zielsetzung
Rollenverteilung	Keine differenzierte Rollenverteilung	Klare, eindeutige Rollenverteilung ist allen bekannt
Verbindlichkeit	Unverbindliches, zufälliges Nebeneinander	Verbindlichkeit in Bezug auf Meetings und Arbeitsabläufe
Aktivität	Passives Warten	Aktiver Lösungsbeitrag von jedem Einzelnen
Verantwortung	Keine gemeinsame Ergebnisverantwortung	Gemeinsame Ergebnisverantwortung nach außen

Tabelle 26.6: Unterschiede zwischen Gruppen und Teams

Menschen, die zufällig nebeneinander an der Bushaltestelle stehen, sind eine Gruppe. Eine funktionierende Fußballmannschaft hingegen wäre ein Team mit einem gemeinsamen Ziel (zum Beispiel Gewinn der Meisterschaft), einer klaren Rollenverteilung (Trainer, Torwart, Verteidiger, Stürmer et cetera), regelmäßigen Trainingseinheiten, aktivem Beitrag jedes Mitglieds (vom Physiotherapeuten bis zu den Ersatzspielern) und gemeinsamer Verantwortung für alle Erfolge oder Niederlagen.

Ein *Team* ist eine Gruppe von Menschen mit sich ergänzenden Fähigkeiten, die sich für ein gemeinsames Ziel einsetzen und gemeinsam für ihre Arbeit verantwortlich sind.

Perfekte Balance: Die ideale Teamgröße für maximale Effizienz

Die optimale Teamgröße von vier bis acht Personen wird oft empfohlen, weil sie ein Gleichgewicht zwischen Effizienz und Vielfalt bietet. Das Team sollte groß genug sein, um eine breite Palette von Fähigkeiten und Perspektiven zu haben, was die Kreativität und Problemlösungsfähigkeit erhöht. Ein zu großes Team kann dagegen zu Koordinationsproblemen, ineffektiver Kommunikation und dem Risiko führen, dass einzelne Mitglieder sich zurückziehen oder weniger Verantwortung übernehmen.

Die Teamentwicklungsuhr

Damit im Unternehmen aus einer Gruppe ein Team wird, müssen sich alle Mitglieder zunächst zusammenfinden, besonders wenn sie sich noch nicht gut kennen. Um diesen Prozess zu verstehen und gezielt zu unterstützen, bietet sich die Teamentwicklungsuhr nach Tuckman an. Das Modell ist in Abbildung 26.4 dargestellt:

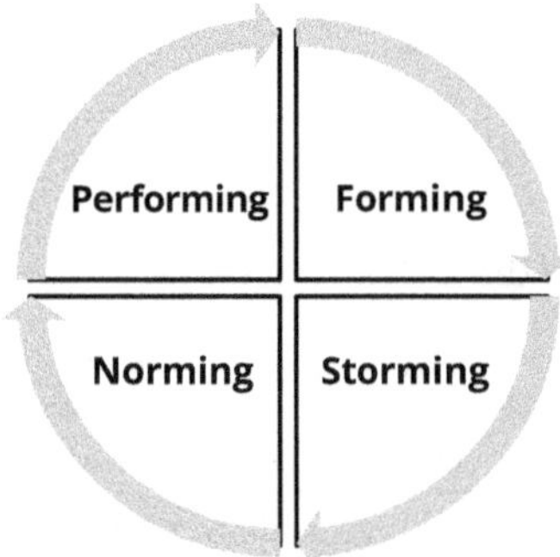

Abbildung 26.4: Teamentwicklungsuhr

Tuckmans Modell beschreibt die Teamentwicklung in fünf Phasen:

- **Forming** (Formierungs- und Findungsphase): Der Grundstein für die Teambildung wird oft durch die Definition einer Arbeitsaufgabe gelegt. In dieser Phase lernen sich die Teammitglieder kennen, und es entwickeln sich erste Sympathien sowie Antipathien. Es herrschen in der Regel Unsicherheit, Zurückhaltung, Neugier und Abtastverhalten vor. Einführungsveranstaltungen können dabei helfen, die anfängliche Unsicherheit zu überwinden.

Sie ziehen in eine neue Stadt und möchten gerne neue Kontakte knüpfen. Eine Möglichkeit wäre, einer Laufgruppe beizutreten. Sie treten einer Online-Gruppe von Laufinteressierten bei, die über die Teilnahme an einem Marathon sprechen. Sie organisieren ein erstes Treffen, um die Aktivitäten der Mitglieder zu koordinieren, einen Termin für den ersten Lauf festzulegen und zu klären, wo und wie lange gelaufen wird. Beim Treffen »beschnuppern« sich alle Teilnehmer zunächst. Die Stimmung ist höflich, unpersönlich und gespannt vorsichtig.

- **Storming** (Sturm- und Konfliktphase): Die Teammitglieder beginnen, sich langsam aneinander heranzutasten und erste Rollenkonflikte auszutragen. Dabei entstehen erste Hierarchien und Koalitionen, während die Spannungen zwischen den Mitgliedern zu Konflikten führen können. Die Teamleistung ist zu Beginn gering, und es liegt an der Teamleitung, neutral zu bleiben, um alle Seiten gleichermaßen anzusprechen. Diese Phase ist entscheidend dafür, ob sich das Team erfolgreich etabliert oder scheitert.

Nach dem ersten Treffen Ihrer Laufgruppe wurde deutlich, dass verschiedene Mitglieder unterschiedliche Ansichten haben, wie oft sich die Gruppe treffen sollte und wie weit jeweils gelaufen werden soll. Aufgrund Ihrer bisher geleisteten Koordinationsarbeit akzeptieren die anderen Mitglieder Sie in der Führungsrolle und Sie treffen eine Entscheidung, mit der alle Untergruppen gut leben können. Der Marathon wird als Ziel ins Auge gefasst.

- **Norming** (Normierungs- und Organisationsphase): Die Wellen glätten sich, Probleme werden gelöst. Die Teammitglieder beschäftigen sich miteinander und fangen an, die Arbeit der anderen zu respektieren. Das Team findet zusammen, entwickelt gemeinsame Regeln und verteilt die Rollen. Die Zusammenarbeit wird stärker, und durch die entstandene Harmonie kann das Team erfolgreich zusammenarbeiten.

Die Laufgruppe akzeptiert Sie in der Rolle als Organisator; es wird aber auch deutlich, dass ein anderer das Tempo beim Laufen vorgibt. Als Lauftermin etabliert sich der Freitag und die Strecke wechselt im Wochenrhythmus. Nach jedem Lauf sitzt die Gruppe noch ein wenig zusammen, spricht voller Vorfreude über den Marathon und schaut gemeinsam Fußball.

- **Performing** (Leistungsphase): Das Team wird für die Mühe in der vorherigen Phase belohnt und konzentriert sich nun auf die Erfüllung seiner Aufgaben und Ziele. Dank der zuvor geklärten Abläufe und der gegenseitigen Anerkennung arbeiten die Mitglieder reibungslos und zielorientiert zusammen. Das Team ist gereift, die Mitglieder zeigen Geschlossenheit und pflegen engen Kontakt untereinander. Manchmal entstehen daraus Freundschaften.

Aus der Gruppe ist ein Team geworden, das eifrig für den bevorstehenden Marathon trainiert. Das Training verläuft reibungslos: Die Mitglieder sind mit dem Laufrhythmus zufrieden und unterstützen sich gegenseitig. Laufzeiten werden gemessen, kontinuierlich verbessert und gemeinsam gefeiert. Auch gemeinsame Lauftrikots werden angeschafft.

- ✔ **Adjourning** (Auflösungsphase): Diese Phase tritt typischerweise bei temporären (Projekt-)Teams auf und nicht bei festen Organisationsformen wie Abteilungen. Das angestrebte Ziel ist erreicht und das Team wird aufgelöst. Zuvor werden die Arbeitsergebnisse dokumentiert, Erfahrungen reflektiert und die Leistungen der Mitglieder gewürdigt.

Die Teilnahme am Marathon ist vorbei und alle sind glücklich mit ihrer Leistung. Als Organisator würdigen Sie die erzielten Leistungen und erstellen eine Fotocollage, um einige Eindrücke festzuhalten. Nach dem Erreichen des angestrebten Ziels kann die Laufgruppe aufgelöst oder fortgeführt werden. Falls bei einer Fortführung neue Mitglieder der Laufgruppe beitreten, sind Sie gefordert, aus der Gruppe ein Team zu formen, da jede Veränderung zu einer Rückentwicklung führen kann.

Das Ziel ist es, möglichst schnell und reibungslos die Phase 4, *Performing*, zu erreichen und so lange wie möglich in dieser Phase zu bleiben. Denn hier läuft es rund: Das Team hat zusammengefunden, funktioniert gut und erzielt optimale Leistungen.

Teambuildings können dabei helfen, ein Team zu formen. Dabei üben die Mitglieder die Zusammenarbeit und das gemeinsame Lösen von Problemen ohne zusätzlichen Druck, was als sogenannte Trockenübung bezeichnet wird.

In welchen Situationen sollte ein effektives Team entwickelt werden?

- ✔ Neue Teams: Menschen haben zuvor noch nicht zusammengearbeitet und müssen sich als Team zusammenfinden.
- ✔ Abteilungen werden umgebaut oder neu aufgestellt.
- ✔ Temporäre Projektteams werden aufgestellt.
- ✔ Ein neuer Mitarbeiter kommt in ein bestehendes Team.
- ✔ Es findet eine Veränderung (zum Beispiel Verantwortlichkeiten werden umverteilt) im Team statt.

Die Teamentwicklungsuhr zeigt, dass Sie einem Team nach seiner Initiierung Zeit geben müssen, um alle Entwicklungsphasen durchlaufen zu können. Die Dauer, klare Unterscheidung und Intensität der Phasen können stark variieren, und es ist möglich, dass Phasen gleichzeitig auftreten oder mehrfach durchlaufen werden. Obwohl der Verlauf idealisiert ist und in der Praxis selten in Reinform vorkommt, bietet das Modell wertvolle Ansatzpunkte für die Analyse und Planung von Teamarbeit.

Rollen im Team: Vom Anführer bis zum Quälgeist

In einem Team übernehmen die Mitglieder, oft unbewusst, bestimmte Rollen, die von ihren Fähigkeiten und Persönlichkeiten abhängen. Typische Rollen in einem Team sind:

- **Leiter** setzen die Ziele des Teams fest, strukturieren und koordinieren alle Mitglieder sowie deren Aufgaben. Ein fehlender Leiter führt möglicherweise zu Orientierungslosigkeit und Cliquenbildung im Team.
- **Umsetzer** setzen Idee und Pläne in die Tat um. Sie besitzen Durchhaltevermögen, legen Wert auf eine strukturierte Arbeitsweise und entwerfen sinnvolle Arbeitspakete für jedes Mitglied. Ohne Umsetzer gibt es wahrscheinlich weder einen klaren Aktionsplan noch zufriedenstellende Ergebnisse.
- **Ideengeber** bringen neue Ideen und Lösungsansätze hervor. Ihre Ideen und Ansichten sind oft unkonventionell, aber sie bringen »frischen Wind« ins Team und eröffnen so die Entwicklung innovativer Lösungen. Fehlende Innovationskraft, Denkblockaden sowie Lustlosigkeit und Langeweile sind mögliche Folgen eines fehlenden Ideengebers.
- **Teamarbeiter** sorgen für Zusammenhalt und eine positive Atmosphäre im Team. Sie unterstützen andere und integrieren Außenstehende. Fehlende Teamarbeiter könnten zu lieblosen Arbeitsbedingungen und mangelndem Wir-Gefühl führen.
- **Vernetzer** stellen alle notwendigen Kontakte her und werben externe Unterstützung an. Durch die Pflege ihrer Außenkontakte sind sie stets über wichtige Entwicklungen im und außerhalb des Unternehmens informiert und sorgen so für einen guten Informationsfluss im Team. Ohne Vernetzer könnte das Team im »eigenen Saft schmoren« und wegen fehlender Außenkontakte externes Know-how sowie wertvolle Unterstützung verlieren.
- **Vielredner** – ob mit oder ohne Autorität oder Expertise – beanspruchen einen überproportionalen Anteil der Gesprächszeit. Gelegentliche Momente der Ruhe sind für diese Personen eine Einladung weiterzureden. Andere Teammitglieder werden abgeschreckt und finden Ausreden, den Meetings fernzubleiben.
- **Schweiger** sprechen selten. Wenn sie zum Sprechen aufgefordert werden, antworten sie häufig: »Wenn ich etwas zu sagen habe, werde ich mich schon melden.« Problematisch wird es, wenn diese Personen nicht zur Teilnahme motiviert werden können.
- **Ungeduldige** sind entweder von Natur aus ungeduldig oder anfällig für Druck durch Dritte (zum Beispiel durch Vorgesetzte). Sie treffen Entscheidungen für ein Problem und dessen Lösung, bevor das Team Zeit hat, verschiedene Optionen zu prüfen. Dadurch drängen sie das Team zu schnellen Entscheidungen und verhindern weitere Analysen oder Diskussionen.

- Nicht jede Rolle findet sich zwingend in jedem Team.
- Einige Rollen tauchen häufiger auf als andere.
- Jedes Teammitglied nimmt in der Regel mehrere Rollen gleichzeitig ein.
- Rollen können sich mit der Zeit ändern.

IN DIESEM KAPITEL

Typische Aufgabenstellungen

Lösungswege

Kapitel 27 Prüfungsvorbereitung

Wie könnten Sie sich besser auf eine Prüfung vorbereiten als mit typischen Prüfungsfragen. In diesem Kapitel können Sie Ihr erlerntes Wissen anwenden und überprüfen.

Aufgabenteil

Aufgabe 1

Bei der Besprechung der Jahresabschlüsse sagt der Finanzdirektor (Sender) zu einem Junior-Analysten (Empfänger): »Diese Zahlen sind ja wieder völlig falsch.« Der Junior-Analyst reagiert gekränkt und antwortet: »Sie kritisieren ständig meine Arbeit, anstatt mir zu helfen.« Der Finanzdirektor ist überrascht von der Reaktion. Analysieren Sie diese Kommunikationssituation anhand des Vier-Seiten-Modells nach Schulz von Thun. Welche Missverständnisse könnten hier vorliegen? Wie hätte die Kommunikation anders verlaufen können?

Aufgabe 2

Zwei erfahrene Mitarbeiter Ihrer Abteilung haben das Unternehmen verlassen. Die Abteilung steht nun vor der Herausforderung, Aufgaben und Verantwortlichkeiten unter den verbliebenen Mitarbeitern neu zu verteilen. Es gibt unterschiedliche Vorstellungen darüber, welche Aufgaben priorisiert werden sollen und wie die Aufgabenumverteilung am effektivsten durchgeführt wird. Als Abteilungsleiter moderieren Sie einen eintägigen Workshop, um eine Lösung zu finden.

1. Wie könnten Sie den Workshop moderieren? Beschreiben Sie, wie Sie den Workshop strukturieren und sicherstellen, dass die Abteilung gemeinsam und effizient zu einer Lösung gelangt. Welche Methoden setzen Sie ein, um die Meinungen und Ideen der Mitarbeiter zu sammeln und zu gewichten? Wie sorgen Sie dafür, dass alle Teilnehmer eingebunden und gehört werden?
2. Beschreiben Sie vier Fähigkeiten/Kompetenzen, die Sie als Moderator besitzen sollten.

Aufgabe 3

In der Abteilung Finanz- und Rechnungswesen gibt es unterschiedliche Meinungen darüber, wie das jährliche Abteilungsbudget verwendet werden soll. Einige Mitarbeiter möchten den Fokus auf interne Weiterbildung legen, während andere das Budget für neue Software einsetzen wollen. Die Diskussion wird zunehmend hitziger und droht zu eskalieren. Als Abteilungsleiter sind Sie am Zug.

1. Welche Art von Konflikt liegt in dieser Situation vor?
2. Welche Auswirkungen hat die Konflikteskalationsstufe im Allgemeinen auf Ihre Möglichkeiten, die Situation zu deeskalieren?
3. Wie können Sie eine Lösung zwischen den Konfliktparteien verhandeln, die einerseits sachgerecht ist und andererseits den Interessen der Beteiligten gerecht wird?

Aufgabe 4

Sie haben die schriftlichen Prüfungen zum Bilanzbuchhalter erfolgreich bestanden und stehen nun vor der mündlichen Prüfung. Der erste Teil der mündlichen Prüfung besteht aus einer Präsentation.

1. Welche Anforderungen sollte das Thema der Präsentation in der mündlichen Prüfung zum Bilanzbuchhalter erfüllen?
2. Welche Gestaltungsrichtlinien sollten Sie für Präsentationsfolien in Bezug auf Textlänge und Lesbarkeit beachten?
3. Welche Grundregeln sollten Sie befolgen, um bei einer Präsentation professionell aufzutreten?

Aufgabe 5

Ein Produktionsunternehmen plant für kommendes Jahr die Erweiterung eines Produktionsstandortes. Der Einsatzbedarf liegt bei 450 Mitarbeitern. Aufgrund von Urlaubszeiten, Krankheiten und anderen Abwesenheiten wird ein Reservebedarf von 10 % kalkuliert. Der Personalbestand beträgt aktuell 400 Mitarbeiter. Zum Jahresende scheiden 25 Mitarbeiter altersbedingt aus. Für den Januar sind bereits 20 neue Mitarbeiter fest eingeplant.

1. Berechnen Sie den Nettopersonalbedarf.
2. Das Unternehmen plant, zur Unterstützung des Produktionsprozesses einen erfahrenen Ingenieur beziehungsweise eine erfahrene Ingenieurin für den Bereich Prozessoptimierung einzustellen. Erläutern Sie zwei Maßnahmen, die (neben der Analyse von Bewerbungsunterlagen) zur Bewerberauswahl in diesem Fall geeignet erscheinen.

Aufgabe 6

Ein Unternehmen im Maschinenbau verzeichnet einen erheblichen Rückgang der Auftragslage und sieht sich mit einer Überkapazität von derzeit 50 Mitarbeitern konfrontiert.

1. Nennen Sie vier Maßnahmen der internen und externen Personalfreisetzung, die ergriffen werden können, um diese Überkapazität abzubauen.
2. Das Unternehmen hat aufgrund eines anhaltenden Auftragsmangels beschlossen, drei Mitarbeitern zu kündigen. Welche Vorgaben müssen bei der Durchführung dieser Kündigungen beachtet werden?

Aufgabe 7

Sie sind Ausbilder in einem mittelständischen Unternehmen. Eine neue Auszubildende beginnt ihre Ausbildung als Industriekauffrau. Welche Schritte sollten Sie gemäß der Vier-Stufen-Methode unternehmen, um sicherzustellen, dass sie die Grundlagen der Angebotserstellung erlernt?

Aufgabe 8

Sie haben festgestellt, dass Ihre Abteilung in der Nutzung einer neuen Warenwirtschaftssoftware unzureichend geschult ist. Welche Art von Fortbildung würden Sie empfehlen und aus welchen Gründen?

Aufgabe 9

Sie sind Vorgesetzter im Finanzwesen und beurteilen die Leistung und das Potenzial Ihrer Mitarbeiter. Nennen Sie vier mögliche Fehler, die bei der Beurteilung auftreten können.

Aufgabe 10

Ein neuer Mitarbeiter im Kundenservice zeigt bei der Bearbeitung von Kundenanfragen hohe Motivation, verfügt jedoch noch über wenig Erfahrung in der Systemnutzung und den Prozessabläufen des Unternehmens. Welche Art von Führung sollten Sie als Vorgesetzter in dieser Situation laut dem Reifegradmodell nach Hersey and Blanchard anwenden?

Aufgabe 11

Als Leiter des Finanz- und Rechnungswesens stehen Sie vor der Herausforderung, das Jahresbudget für das kommende Geschäftsjahr in einem wirtschaftlich unsicheren Umfeld zu planen. Ihr Unternehmen hat in den letzten Monaten mit steigenden Kosten und schwankenden Einnahmen zu kämpfen, was eine besonders präzise und innovative Finanzplanung erfordert. Ihre Aufgabe ist es, Ihre Abteilung dazu zu motivieren, kreative Lösungsansätze zu entwickeln, um die finanzielle Stabilität des Unternehmens langfristig zu sichern. Welchen Führungsstil nach Lewin würden Sie in dieser Situation anwenden? Begründen Sie

Ihre Wahl im Hinblick auf die Aufgaben- und Mitarbeiterorientierung sowie die spezifischen Bedürfnisse Ihrer Abteilung.

Aufgabe 12

Sie haben die Aufgabe ein Projektteam zusammenzustellen, das an der Jahresabschlussanalyse für einen Mandanten arbeitet.

1. Die Geschäftsführung erlaubt Ihnen, die Teammitglieder aus den Fachabteilungen selbst auszuwählen. Nennen Sie drei Kriterien, die Sie bei der Auswahl der Mitglieder beachten, um ein möglichst erfolgreiches Team zu bilden.
2. In den ersten Wochen treten viele Konflikte auf, da die Teammitglieder unterschiedliche Vorstellungen über die Zielsetzung des Projekts, die Aufgabenverteilung und die Vorgehensweise zur Erreichung der festgelegten Meilensteine haben. In welcher Phase der Teamentwicklung befindet sich Ihr Team, und welche Maßnahmen können Sie ergreifen, um diese Phase erfolgreich zu überwinden?
3. Obwohl die Aufgaben verteilt sind, gibt es immer wieder Verzögerungen, weil Entscheidungen zu spät getroffen werden und einige Mitarbeiter passiv bleiben. Wie könnten Sie die Rollen besser verteilen, um die Zusammenarbeit zu verbessern?

Lösungsteil

Lösung 1

Die Analyse der Kommunikation anhand des Vier-Seiten-Modells zeigt, dass es ein Missverständnis gab, weil die vier Botschaften unterschiedlich gewichtet und interpretiert wurden. Die möglichen Botschaften könnten folgendermaßen lauten:

Vier »Schnäbel« des Senders (Finanzdirektor):

- ✔ Sachinhalt: »Die Zahlen sind wieder falsch.«
- ✔ Selbstkundgabe: »Mir ist es wichtig, dass die Zahlen stimmen.«
- ✔ Appell: »Korrigieren Sie die Fehler.«
- ✔ Beziehung: »Als guter Junior-Analyst möchten Sie im Jahresabschluss keine Fehler machen.«

Vier »Ohren« des Empfängers (Junior-Analyst):

- ✔ Sachinhalt: »Die Zahlen sind wieder falsch.«
- ✔ Selbstkundgabe: »Ich bin sauer über die wiederkehrenden Fehler.«

✔ Appell: »Geben Sie sich mehr Mühe und erledigen Sie Ihre Arbeit sorgfältiger und professioneller.«

✔ Beziehung: »Sie sind ein schlechter Analyst, ich respektiere Sie nicht.«

Das Missverständnis entsteht, weil der Junior-Analyst mit dem »Beziehungs-Ohr« hört und die Kritik persönlich nimmt, während der Finanzdirektor eventuell den Sachinhalt betonen wollte. Um das Missverständnis zu vermeiden, hätte der Finanzdirektor seine Kritik sachlicher formulieren können, zum Beispiel »Es gibt Fehler in den Zahlen, lassen Sie uns mal zusammen reinschauen.«

Lösung 2

1. Moderation eines Workshops

   Ihre Moderation des Workshops könnte folgendermaßen aussehen:

   - **Einstieg:** Begrüßung der Teilnehmer, Vorstellung des Ziels (Neuverteilung der Aufgaben), Klärung der Spielregeln (zum Beispiel alle lassen sich ausreden, aktive Teilnahme wird erwartet).
   - **Sammlung:** Sie verwenden die »Abfrage mit Karten«, bei der alle Teilnehmer ihre bisherigen Aufgaben aufschreiben. Die Zettel werden gruppiert und visualisiert.
   - **Auswahl:** Sie nutzen die Punktverteilung, um priorisierte Aufgaben zu bestimmen. Jeder Teilnehmer erhält 3 Punkte, um die wichtigsten Aufgaben zu gewichten.
   - **Bearbeitung:** Sie bilden Kleingruppen, um Lösungen für die Umverteilung und Priorisierung zu erarbeiten.
   - **Planung:** Sie erstellen gemeinsam einen Aktionsplan, der die Verteilung der Aufgaben und Verantwortlichkeiten mit Fristen festlegt.
   - **Abschluss:** Sie fassen die Ergebnisse zusammen, würdigen die Beiträge aller Teilnehmer und geben einen Ausblick auf die nächsten Schritte. Durch Reflexionsfragen holen Sie das Feedback der Teilnehme ein.

2. Kompetenzen des Moderators

   Als Moderator sollten Sie folgende Kompetenzen/Fähigkeiten besitzen:

   - inhaltliche Neutralität, um von allen Teilnehmern akzeptiert zu werden und das Ergebnis nicht in eine bestimmte Richtung zu lenken
   - Kommunikationsfähigkeit, um alle Teilnehmer anzusprechen und einzubeziehen

- Empathie, um den Emotionen unzufriedener Teilnehmer mit Verständnis zu begegnen und sie dadurch in die Diskussion einzubinden
- Konfliktlösungsfähigkeit, um Meinungsverschiedenheiten konstruktiv zu bewältigen und sicherzustellen, dass der Workshop weiterhin zielorientiert verläuft und die gemeinsamen Ziele erreicht werden

Lösung 3

1. In der Situation liegt ein Zielkonflikt vor, da die Parteien unterschiedliche und nicht vereinbare Vorstellungen zur Verwendung des Budgets haben.
2. Wenn sich der Konflikt noch auf der Win-Win-Ebene (Stufen 1–3) des Eskalationsmodells nach Glasl befindet, können Sie durch gezielte Fragetechniken und Impulse eine Lösung ohne externe Unterstützung fördern. Falls der Konflikt weiter eskaliert ist, sollten Sie externe Parteien, wie zum Beispiel einen Mediator, hinzuziehen.
3. Halten Sie sich an die Prinzipien des Harvard-Verhandlungskonzepts, um eine Lösung zu verhandeln, die einerseits sachgerecht ist und andererseits den Interessen der Beteiligten gerecht wird:
   - Trennen Sie die Beziehungsebene von der Sachebene,
   - klären Sie die Interessen der Beteiligten (Weiterbildung versus Software),
   - ermitteln Sie gemeinsam Lösungsoptionen, und
   - wählen Sie die beste Lösung anhand gemeinsam festgelegter, objektiver Kriterien aus.

Lösung 4

1. Anforderungen

   Das Thema sollte

   - aus dem Fachbereich der Jahresabschlussanalyse stammen,
   - aus der betrieblichen Praxis kommen und
   - von großer Bedeutung für das Unternehmen sein.
2. Gestaltungsrichtlinien

   Weniger ist mehr: Ihre Folien sollten Stichpunkte statt langer Texte enthalten und maximal sieben Zeilen umfassen, um eine gute Lesbarkeit zu gewährleisten.
3. Grundregeln

   Um bei einer Präsentation professionell aufzutreten, sollten Sie

- ruhig und sicher stehen,
- Blickkontakt zum Publikum halten,
- laut und deutlich sprechen und
- Ihre Präsentation durch gezielte Gesten unterstützen.

Lösung 5

1. Nettopersonalbedarf

   Der Nettopersonalbedarf wird folgendermaßen ermittelt:

   Bruttopersonalbedarf

   Einsatzbedarf + Reservebedarf = 450 Mitarbeiter + 45 Mitarbeiter (10 %) = 495 Mitarbeiter

   Nettopersonalbedarf

Bruttopersonalbedarf	495
– Personalbestand	400
+ Feststehende Abgänge	25
– Feststehende Zugänge	20
= Nettopersonalbedarf	100

   Das Unternehmen benötigt 100 zusätzliche Mitarbeiter.

2. Bewerberauswahl

   Die folgenden zwei Maßnahmen eignen sich für die Bewerberauswahl:

   - **Vorstellungsgespräche:** In Vorstellungsgesprächen mit der Personal- und Fachabteilung lassen sich unter anderem die fachliche Eignung, Kommunikationsfähigkeit, das analytische Denkvermögen sowie die Persönlichkeit der Bewerber beurteilen. Zudem haben die Bewerber die Gelegenheit, eigene Fragen zu stellen.
   - **Assessment-Center:** Assessment-Center ermöglichen eine umfassende Bewertung von Bewerbern durch praxisnahe Simulationen wie Rollenspiele, Gruppenarbeiten und Fallstudien. Auf diese Weise können Kandidaten ihre Fähigkeiten in Analyse, Problemlösung und Zusammenarbeit unter Beweis stellen. Die Aufgaben sind gezielt auf die Anforderungen der zu besetzenden Stelle zugeschnitten, sodass die Beobachter das Arbeits- und Sozialverhalten der Bewerber ganzheitlich erfassen können.

Lösung 6

1. Personalfreisetzungsmaßnahmen

   Folgende Personalfreisetzungsmaßnahmen könnten zur Reduzierung der Überkapazitäten ergriffen werden:

- **Kurzarbeit:** Vorübergehende Reduzierung der Arbeitszeit für alle oder bestimmte Mitarbeiter.
- **Versetzung:** Mitarbeiter könnten an einen anderen Standort oder eine andere Abteilung versetzt werden, in der mehr Personal benötigt wird.
- **Nichtverlängerung von befristeten Arbeitsverträgen:** Befristete Arbeitsverträge oder Leiharbeitsverträge laufen aus und werden nicht verlängert.
- **Aufhebungsverträge:** Mitarbeiter könnten auf freiwilliger Basis das Unternehmen mit einer Abfindung verlassen.

2. Durchführen einer Kündigung

   Bei der Durchführung der Kündigungen muss das Unternehmen:

   - eine Sozialauswahl durchführen, um zu entscheiden, welche Mitarbeiter entlassen werden,
   - die Kündigungen schriftlich und rechtzeitig aussprechen, unter Berücksichtigung der gesetzlichen Kündigungsfristen,
   - den Betriebsrat, sofern vorhanden, vorab anhören. Kündigungen sind unwirksam, wenn diese Anhörung nicht stattgefunden hat.

Lösung 7

Sie sollten die folgenden vier Schritte unternehmen, um sicherzustellen, dass die Auszubildende die Grundlagen der Angebotserstellung erlernt:

1. **Vorbereitung:** Stellen Sie alle notwendigen Unterlagen zur Verfügung, einschließlich Musterangebote und Preislisten. Erklären Sie der Auszubildenden die Bedeutung von Angeboten im Verkaufsprozess.
2. **Vorführung:** Erstellen Sie ein Beispielangebot, während Sie jeden Schritt erläutern, und zeigen Sie, wie das Angebot im System gespeichert wird. Beantworten Sie Fragen der Auszubildenden.
3. **Ausführung:** Lassen Sie die Auszubildende selbstständig ein Angebot unter Ihrer Aufsicht erstellen und geben Sie ihr konstruktives Feedback.
4. **Übung:** Geben Sie der Auszubildenden die Möglichkeit, mehrere Angebote für verschiedene Produkte zu erstellen, um ihre Fähigkeiten zu festigen und regelmäßig Feedback zu erhalten.

Lösung 8

Eine Anpassungsfortbildung wäre sinnvoll, da sie darauf abzielt, die bestehenden Kenntnisse Ihrer Mitarbeiter an die neuen Anforderungen der Software anzupassen.

Lösung 9

Folgende vier Beurteilungsfehler können bei der Leistungs- und Potenzialanalyse auftreten:

1. **Halo-Effekt (Heiligenschein-Effekt):** Ein besonders herausragendes Beurteilungsmerkmal (oder eine besondere Fähigkeit) wird auf die übrigen Eigenschaften des zu bewertenden Mitarbeiters übertragen.
2. **Recency-Effekt (Nikolaus-Effekt):** Bei der Beurteilung Ihres Mitarbeiters beziehen Sie sich besonders auf Ereignisse, die erst vor Kurzem stattgefunden haben.
3. **Hierarchie-Effekt:** Wenn ein Mitarbeiter eine höhere Hierarchiestufe erreicht hat, wird das seine Gründe haben. Sie beurteilen ihn tendenziell besser.
4. **Sympathie/Antipathie:** Sie bewerten Mitarbeiter je nach Sympathie oder Antipathie besser oder schlechter.

Lösung 10

Da Ihr Mitarbeiter motiviert, aber noch unerfahren ist, handelt es sich um einen Reifegrad 1. Laut dem Reifegradmodell von Hersey und Blanchard sollten Sie einen autoritären Führungsstil anwenden. Das bedeutet, dass Sie klare Anweisungen geben, die Arbeit Ihres Mitarbeiters überwachen und ihm genaue Vorgaben zur Nutzung der Systeme und Prozesse machen, um Unsicherheiten zu vermeiden und Orientierung zu bieten.

Lösung 11

Der kooperative Führungsstil ist in dieser Situation sinnvoll. Die Finanzplanung in einem unsicheren wirtschaftlichen Umfeld erfordert Teamarbeit und die Einbindung verschiedener Fachkenntnisse, um fundierte und kreative Lösungen zu finden. Indem Sie Ihre Mitarbeiter in die Entscheidungsprozesse einbeziehen und auf ihre Expertise vertrauen, fördern Sie deren Motivation und Eigeninitiative. Dieser Führungsstil ermöglicht es, die Verantwortung innerhalb Ihrer Abteilung zu verteilen und gleichzeitig gemeinsam effektive Maßnahmen zur Kostenkontrolle und Einnahmenoptimierung zu entwickeln.

Lösung 12

1. Kriterien bei der Auswahl der Teammitglieder

   Sie könnten folgende drei Kriterien bei der Auswahl der Teammitglieder beachten:

   - Einbeziehung verschiedener Hierarchiestufen, um den Mitarbeitern zu zeigen, dass die Unternehmensleitung das Projekt ernst nimmt,
   - Einladung unterschiedlicher Persönlichkeiten, um eine aktive Teamarbeit zu fördern,
   - Berücksichtigung unterschiedlicher Betriebszugehörigkeiten, um frische Ideen von neuen Mitarbeitern einzubringen.

2. Teamphase

   Ihr Team befindet sich in der Storming-Phase, in der häufig Konflikte und Spannungen auftreten. Als Teamleiter ist es entscheidend, neutral zu bleiben und gezielt einzugreifen, um Konflikte zu moderieren. Es ist wichtig, die Aufgaben klar zu definieren und eine offene Kommunikation zu fördern, um das Team durch diese Phase zu leiten und in die Norming-Phase zu überführen, in der die Zusammenarbeit harmonischer verläuft.

3. Rollenverteilung

   Um die Zusammenarbeit zu verbessern, sollten Sie die Rollen im Team klar definieren. Zum Beispiel könnte ein Umsetzer dafür verantwortlich sein, dass der Zeitplan eingehalten wird, während ein Ideengeber kreative Lösungen für mögliche Probleme vorschlägt. Ein Teamarbeiter könnte darauf achten, dass das Team harmonisch zusammenarbeitet, und ein Vernetzer könnte externe Experten einbinden, um fehlendes Wissen zu ergänzen. Dadurch fördern Sie die aktive Beteiligung jedes Teammitglieds.

Teil IV

Der Top-Ten-Teil

Besuchen Sie uns doch einmal auf `http://www.facebook.de/fuerdummies`!

IN DIESEM TEIL ...

Den Top-Ten-Teil haben wir knapp gehalten, das Buch ist eh schon umfangreich genug. Hier erhalten Sie Tipps und Tricks zur Prüfungsvorbereitung.

Kapitel 28

Zehn Tipps zur Prüfungsvorbereitung

Nur mit Lernen für die Prüfung ist es nicht getan. Auch das »Drumherum« sollte stimmen. Was zu einer guten Prüfungsvorbereitung beziehungsweise Prüfung gehört, erfahren Sie hier.

Lernen Sie, wenn möglich, immer am selben Ort

Richten Sie sich einen Platz zum Lernen ein, an dem Sie sich wohlfühlen, ungestört lernen können und die Unterlagen für das nächste Mal auch mal liegen lassen können.

Ordnung auf dem Schreibtisch, Ordnung im Kopf

Achten Sie darauf, dass Sie immer nur die Unterlagen und Gesetzestexte auf Ihrem Schreibtisch liegen haben, mit denen Sie sich zur Zeit beschäftigen.

Lassen Sie sich nicht ablenken

Zerstreutheit ist kontraproduktiv und stressfördernd. Die Lernzeit sollten Sie ausschließlich zum Lernen nutzen; deshalb: Handy aus und Tür zu.

Belohnungen zwischendurch steigern die Motivation

Wenn Sie etwas besonders gut gemeistert haben, loben Sie sich ruhig auch einmal selbst. Dadurch halten Sie Ihre eigene Motivation aufrecht und lernen leichter.

Planen Sie Pausen ein

Geistige Arbeit kann genauso anstrengend sein wie körperliche. Machen Sie zwischendurch immer mal wieder kleinere Pausen.

Wiederholen, wiederholen und wiederholen

Vermeiden Sie die sogenannte »trügerische Sicherheit«. Mit »einmal durchlesen« ist es häufig nicht getan.

Stellen Sie einen Zeitplan auf

Planen Sie Ihre Lernzeit so, dass Sie sich »Teilziele« setzen: Bis zum Tage X möchte ich das Thema Y durchgearbeitet haben.

Versuchen Sie, das »Dahinterstehende« zu verstehen, statt auswendig zu lernen

In jedem Sachverhalt »versteckt« sich eine Struktur, die Sie von Anfang an herausarbeiten sollten.

Lesen Sie die Prüfungsaufgaben genau

Ihnen nutzt die beste Vorbereitung nichts, wenn Sie den Sachverhalt nicht vollständig erfassen und möglicherweise auf etwas antworten, was nicht gefragt war.

Geben Sie jeden Tag Ihr Bestes

Sie können nicht alle Prüfungen zu 100 % bestehen, aber Sie können sich selbst beweisen, dass Sie scheinbar »Unüberwindbares« schaffen können.

Abbildungsverzeichnis

Abkürzungsverzeichnis

AB	Anfangsbestand
Abs.	Absatz
AG	Aktiengesellschaft
AHK	Anschaffungs- und Herstellungskosten
AKA	Ausfuhrkredit-Gesellschaft mbH
AktG	Aktiengesetz
aRAP	aktiver Rechnungsbgrenzungsposten
AV	Anlagevermögen
BGB	Bürgerliches Gesetzbuch
BK	Bezugskosten
BSC	Balanced Scorecard
bzw.	beziehungsweise
ca.	circa
CAD	Kanadische Dollar
CCC	Cash Conversion Cycle
d. h.	das heißt
DIHK	Deutsche Industrie- und Hadelskammer
DPO	Days Payables Outstanding
DRS	Deutsche Rechnungslegungs Standards
DSO	*Days Sales Outstanding*
e. K.	eingetragener Kaufmann
EBIT	Earnings Before Interest and Taxes
EBITDA	earnings before interest, taxes, depreciation and amortization
EBT	Earnings before Taxes
EK	Eigenkapital
EStG	Einkommensteuergesetz
EU	Europäische Union
EUR	Euro
EURIBOR	Euro Interbank Offered Rate
evtl.	eventuell
EZB	Europäische Zentralbank
FA	Finanzanlagen
ff.	fortfolgende
FK	Fremdkapital

FRA	Forward Rate Agreement
ggf.	gegebenenfalls
GJ	Geschäftsjahr /-e
GKV	Gesamtkostenverfahren
GmbH	Gesellschaft mit beschränkter Haftung
GuV	Gewinn- und Verlustrechnung
GV	Gesamtvermögen
HFF	Halb- und Fertigfabrikate
HGB	Handelsgesetzbuch
i. d. R.	in der Regel
i. H. v.	in Höhe von
IAS	International Accounting Standards
IBAN	International Bank Account Number
IDW	Institut der Wirtschaftsprüfer
IFRS	International Financial Reporting Standards
IHK	Industrie- und Handelskammer
JÜ	Jahresüberschuss
KFR	Kapitalflussrechnung
KfW	Kreditanstalt für Wiederaufbau
KG	Kommanditgesellschaft
kg	Kilogramm
kurzfr.	kurzfristig /-e
KWF	Kapitalwiedergewinnungsfaktor
KWG	Gesetz über das Kreditwesen
langfr.	langfristig /-e
LHKS	Lagerhaltungskostensatz
Libor	London Interbank Offered Rate
LKW	Lastkraftwagen
LuL	Lieferungen und Leistungen
MA	Mitarbeiter
mbH	mit beschränkter Haftung
Mio.	Million /-en
OHG	Offene Handelsgesellschaft
PC	Personal Computer
PKW	Personenkraftwagen
PwC	PricewaterhouseCoopers
RAP	Rechnungsabgrenzungsposten
RHB	Roh-, Hilfs- und Betriebsstoffe

ROA	Return on Assets
RoI	Return on Investment
SA	Société Anonyme
SAV	Sachanlagevermögen
SEPA	Single Euro Payments Area
SWIFT	Society for Worldwide Interbank Financial Telecommunication
SWOT	Strength, Weakness, Opportunities, Threats
T€	Tausend Euro
Tsd.	Tausend
u. a.	unter anderem
u. Ä.	und Ähnliche /-s
u. a. m.	und andere /-s mehr
USA	United States of America
USD	US-Dollar
usw.	und so weiter
UV	Umlaufvermögen
VG	Vermögensgegenstand /-gegenstände
vs.	versus, im Vergleich zu
z. B.	zum Beispiel
z. T.	zum Teil

Stichwortverzeichnis

C

D

E

F

L

M

Z

Diese Bücher könnten Sie auch interessieren

H. Nicolini et al.

Bilanzbuchhalter-Prüfung Band I für Dummies

1. Auflage 2025 **ISBN:** 978-3-527-72203-7
368 Seiten
Format: 176 mm x 240 mm
Ladenpreis: ca. 30,- €*

Lassen Sie sich von sechs erfahrenen Trainern und IHK-Prüfern bei der Vorbe-reitung auf die Bilanzbuchhalterprüfung helfen! Dieser erste von drei Bänden des Werks enthält den Prüfungsstoff für die Situationsaufgabe 1 - verständlich erklärt und mit anschaulichen Beispielen.

H. Nicolini et al.

Bilanzbuchhalter-Prüfung Band III für Dummies

1. Auflage 2025 **ISBN:** 978-3-527-72202-0
424 Seiten
Format: 176 mm x 240 mm
Ladenpreis: ca. 30,- €*

Lassen Sie sich von sechs erfahrenen Trainern und IHK-Prüfern bei der Vorbereitung auf die Bilanzbuchhalterprüfung helfen! Band 3 des dreibändigen Werks enthält den Prüfungsstoff für die Situationsaufgabe 3 - verständlich erklärt und mit anschaulichen Beispielen.

M. Griga und R. Krauleidis

Bilanzen erstellen und lesen für Dummies

5. Auflage 2022 **ISBN:** 978-3-527-71886-3
382 Seiten
Format: 176 mm x 240 mm
Ladenpreis: 25,- €*

Die Autoren zeigen, wie Sie einen Jahresabschluss erstellen und wie Sie eine Bilanz deuten. Anhand vieler Beispiele und Übungen analysieren sie Bilanzen und stellen Break-Even-Analysen, Investitions- und Finanzierungsanalysen sowie Basel III vor.

*Der €-Preis gilt nur für Deutschland. Preisänderungen und Irrtümer vorbehalten.

www.ingramcontent.com/pod-product-compliance
Lightning Source LLC
LaVergne TN
LVHW061931220826
846092LV00004B/1001

* 9 7 8 3 5 2 7 7 2 2 0 4 4 *